电子商务经营模式

主　编　王万山
副主编　郑孝庭

中国商务出版社

图书在版编目（CIP）数据

电子商务经营模式／王万山主编．—北京：中国商务
出版社，2015.7
ISBN 978 – 7 – 5103 – 1351 – 6

Ⅰ.①电…　Ⅱ.①王…　Ⅲ.①电子商务—商业经营—
研究　Ⅳ.①F713.36

中国版本图书馆 CIP 数据核字（2015）第 176786 号

电子商务经营模式

DIANZI SHANGWU JINGYING MOSHI

主　编　王万山

出　版：中国商务出版社
发　行：北京中商图出版物发行有限责任公司
社　址：北京市东城区安定门外大街东后巷 28 号
邮　编：100710
电　话：010 – 64269744　64218072（编辑一室）
　　　　010 – 64266119（发行部）
　　　　010 – 64263201（零售、邮购）
网　址：http：//www.cctpress.com
网　店：http：//cctpress@taobao.com
邮　箱：cctp@cctpress.com　bjys@cctpress.com
照　排：北京宝蕾元科技发展有限责任公司
印　刷：北京密兴印刷有限公司
开　本：787 毫米 × 1092 毫米　1/16
印　张：16.25　字　数：402 千字
版　次：2015 年 8 月第 1 版　2015 年 8 月第 1 次印刷
书　号：ISBN 978 – 7 – 5103 – 1351 – 6
定　价：40.00 元

前　　言

　　人类在走过农业社会、工业社会、服务社会、信息社会后，正走向软件、互联网为载体的智能化社会。电子商务，是信息、智能化社会的商务模式，可以预见，不久将来的商务模式，都是电子商务模式。

　　电子商务是信息、互联网、软件等新兴技术对传统商务的改造，其改造的流程、对象、经营模式不同，形成的商业经营模式及赢利模式也不同。所以，对电子商务而言，没有唯一的经营模式，只有从大类区分的经营模式。本书为使逻辑清晰，按交易对象把电子商务分为常见的 B2B、B2C、C2C 等模式加以阐述与分析。全书共分六章，第一章为绪论，第二至第六章按每种经营模式讲解分析。

　　为突出教材的应用性与操作性，本书较多的采用案例讲授法，每一章基本都绕着案例来介绍、讨论及分析。书中的案例优先选用行业典型企业案例，在此基础上选用我们调研过的九江学院校友创办的电子商务公司的案例。作为本科教材，我们在案例分析的同时，穿插讲解了各种电子商务经营模式的经济学机理。本教材的写作以紧跟应用、通俗易懂为原则。

　　本书由王万山教授任主编，负责全书的组织策划、框架设计、编写修改和统稿工作，撰写了绪论与前言。郑孝庭教授任副主编，参与了本书编写修改与完善工作，撰写了第二章第一、第二节。刘文华、戴卓、杨盛标、雷祺、于芳、代红梅和李再跃老师参与了本书的编写工作，其中刘文华完成第二章第三、第四节；戴卓完成第二章第五、第六节；杨盛标完成第三章第一、第二节；雷祺完成第三章第三、第四节；于芳完成第四章；代红梅完成第五章；李再跃完成第六章。各位老师在本书的编写过程中，都付出了辛勤的努力，在此表示诚挚的感谢。

　　互联网创新层出不穷，电子商务经营日新月异。尽管我们争取把主流和最新的电子商务模式纳入书中，但由于时间仓促，加之内容取舍的原因，一些经营模式及其最新变化可能没有纳入本书的分析之中。本书难免存在不足之处，敬请广大读者提供完善意见。

编　者

2015 年 6 月

目 录

第一章 绪 论

1.1 电子商务与传统商务的差异

根据经济合作与发展组织（OECD）定义，狭义的电子商务定义主要包括利用计算机网络技术进行的商品交易。广义的电子商务将定义的范围扩大到服务领域。简要地说，电子商务是利用计算机和网络技术对传统商务改造形成的新的商务形态。

电子商务与传统商务在交易与服务的本质上并没有什么不同，但由于应用了新技术和新工具，使其在商业性质与经济机理上发生上一定的变化，因此也形成了一定的差异，主要体现在以下几方面：

（1）时空观念的变化。

过去我们赖以生活和工作的基础是建立在工业化社会顺序、精确的物理时空观之上，信息网络化的到来使我们生活和工作（包括生产、经营、营销、管理等）基础的信息需求又建立在网络化社会柔性可变、没有物理距离的时空环境之上，即增加了网络时空观。在电子商务环境下，商务实体和企业都可以实现动态响应用户的即时需求，为顾客提供产品或服务。从空间上来说，企业将彻底打破地理位置的限制，真正做到企业的生产销售实现"天涯若比邻"。例如：网络营销的范围会大大地突破原商品销售范围和消费者群体地理位置及交通便利条件的划界；产品定货会没有了地点和统一时间的概念，取而代之的是一个网址和客户希望的任何时间；局部小范围的产品定货会变成全球范围的电子网络定货交易；消费者了解商品信息的途径，由完全被动式的接收为主，演变为主动在网络上搜信息和被动地从传媒接受信息并重等等。因此，经营电子商务，必须具备网络时空观。

（2）市场性质产生了新变化。

电子商务是行业结构变化的催化剂，因为它改造了市场的分销渠道，还可以取消零售商、代理人或分销商。在网络化环境下，通过电子商务这种手段，产品的生产者会更多地直接面对消费者，消费者在商品交易中的主导地位更加突出。原先那种层层批转的中间商业机构的作用将逐渐淡化，这将引起市场性质发生变化。这些变化主要表现在：生产厂商和消费者在互联网上直接交易；市场的多样化、个性化；市场细分的彻底化；商品流通和交易方式发生改变等。

（3）消费概念和行为发生变化。

网络环境和电子商务拉近了人们之间的空间距离，扩大了商业的领域和人们选择商品的范围。它不但带来了商业流通领域和实务商业运作模式的革命性变化，使企业可以通过网络快速、廉价地满足消费者对商品和售后服务的需求，而且给消费者在选购商品的购买行为带来了重大的变化。主要体现在两方面。一是需求导向的变化。而在网络环境下，消费者会将上网作为了解信息和购买商品的主要途径。这样消费者对于商品信息的了解和可选择的范围都大大地扩展了。各类电子商务系统独特的营销功能也就有了更充分的施展余地。二是更具理性的消费行为。在网络环境和电子商务下，消费者面对的是系统，是计算机屏幕，没有了嘈杂的环境和各种诱惑，商品选择的也不限于少数几家商店或几个厂家，在这种情况下，消费者会完全理性地规范自己的消费行为：大范围地挑选比较、精心挑选；理智型的价格选择；主动地表达对产品的欲望。

（4）交易效率发生变化。

与传统商务相比，电子商务由于应用了最新的电子、计算机和网络技术，使交易关联方更加便捷地在一起讨论交易事宜，交易的信息更加透明，交易的流程更加标准和规范化，物流配送更具规模效应，需求与供应更加匹配。总之，电子商务比传统商务交易效率更高。

1.2　电子商务经营模式

电子商务的经营模式是企业面向供应链，以市场的观点对整个商务活动进行规划、设计和实施的整体结构。简单地说，电子商务经营模式是指利用电子商务交易的各种方式及其相对应的盈利模式。

①按经营的对象产品分类，其经营模式可分为实物产品电子商务和服务产品电子商务。实物产品电子商务交易的是实物，从日用百货至汽车、能源、矿产品不等。京东商城、天猫、亚马逊等商城交易的多为实物交易。服务产品电子商务交易的对象是服务，即提供和满足某种服务需求。服务类电商可细分多种，但大体上可分为 3 种，第一种为直接提供服务的服务型电商，如中国知网等内容提供商；第二种为提供中介服务的电商，如去那儿网等；第三种为电商企业提供服务的第三方服务商，如提供电商培训服务的橙果电商等。

②按电商价值链分类，其经营模式可分为经纪商、广告商、信息中介商、销售商、制造商、合作附属商、社区服务提供商、内容订阅服务提供商、效用服务提供商等 9 大类。其中经纪商又可以分为买卖配送、市场交易、商业贸易社区、购买者集合、经销商、虚拟商城、后中介商、拍卖经纪人、反向拍卖经纪商、分类广告、搜索代理等 11 种模式。

③按交易对象分类，其经营模式可分为 4 种典型的经营模式。第一种为企业与消费者之间交易的电子商务（Business to Customer，即 B2C）。主要形式是企业通过网络为消费者提供产品及服务，代表如亚马逊、京东、天猫网等。第二种为企业与企业之间交易的电子商务（Business to Business，即 B2B）。主要形式是企业之间通过网络交易产品及服务，代表如阿里巴巴、能源 1 号网等。第三种为消费者与消费者之间交易的电子商务（Consumer to Consumer，即 C2C）。主要形式是消费之间通过网络交易产品与服务，代表如 eBay、淘宝网等。第四种为消费者与企业之间交易的电子商务（Consumer to Business，即 C2B），主要形式是消费通过团购等联合起来，一起向商家购买产品或提供服务。代表如美团、拉手网等。

通过以上的分类我们可以发现，电子商务经营模式的种类与划分的切入点有直接关系，与电子商务对传统商务供应链的改造环节也有直接的关联。由于网络技术不断进步，电子商务的新形态也不断涌现。所以，电子商务经营模式并不是一成不变的，而是在不断的扩展中。例如，在交易对象方面，现还流行 B2G 模式（Business to Goverment）、ABC 模式（Agent to Business to Consumer）等。而在电子商务供应链方面，出现了 O2O 模式（Online to Offline，即线上与线下结合经营模式）、B2M 模式（Business to Marketing，即供应网络布点经营模式）等。在技术变革带动方面，出现了移动商务模式、物联网商务模式等新内容。例如，微信的创新直接带动了微商经营模式的流行。今后，电子商务经营模式还将随着技术与商业模式的创新不断涌现。

本教程为逻辑框架清晰及讲解的不重复，主要按交易对象的不同，重点讲解 B2C、B2B、C2C、C2B 这四种类型的电子商务经营模式，在此基础上介绍并分析最新出现的移动电子商务与物联网商务模式。由于各种电子商务经营模式都离不开交易平台的支撑，因此，我们把交易平台的经营模式纳入各种模式的的研究与分析中，使之互相融合。

思考题

1. 电子商务与传统商务差异体现在哪些方面？
2. 电子商务主要有哪些经营模式？

参考文献

［1］王万山. 软件产品价格机制研究［M］. 北京：中国财政经济出版社，2004.
［2］龚民. 电子商务案例教程［M］. 北京：北京大学出版社，2007.

第二章　B2C 经营模式

2.1　B2C 平台经营模式

2.1.1　B2C 平台经营模式概述

1. B2C 平台定义

B2C 是英文 Business – to – Customer（商家对顾客）的缩写，"2"是"to"的谐音，B2C 中文简称为"商对客"。"商对客"是电子商务的一种模式，也就是通常说的网络零售，是商家通过互联网直接面向消费者销售产品和服务的一种方式。

B2C 平台是专门为 B2C 商家开展网络零售活动提供综合服务的网络机构，一般属于商家与顾客之外的第三方交易平台。其服务内容主要有 B2C 网店空间、网店技术服务、信息中介服务、信用担保服务、支付服务及其他关联增值服务。

2. B2C 平台发展历程

B2C 平台是网络商务发展到一定程度的产物。中国 B2C 平台起始于阿里巴巴集团在 2008 年 7 月推出的"淘宝商城"，后于 2012 年 1 月正式更名为"天猫"网。受天猫成功的强大影响，原来自主经营的网络企业，如京东、国美、苏宁云商等纷纷开放自身平台，投入到为其他商家建设网络零售商店的服务行列。

根据易观智库《2012 年网上零售市场实力矩阵专题研究报告》，京东商城、天猫、亚马逊和当当现在已经处于中国 B2C 零售平台第一阵营。据中国电子商务研究中心（100EC. CN）监测数据显示，截至 2013 年 12 月，中国网络购物市场上排名第一的依旧是天猫商城，占 50.1%；京东名列第二，占 22.4%；位于第三位的是苏宁易购，达到 4.9%；后续 4—10 位排名依次为：腾讯电商（3.1%）、亚马逊中国（2.7%）、1 号店（2.6%）、唯品会（2.3%）、当当网（1.4%）、国美在线（0.4%）、凡客诚品（0.2%）。未来，中国网络零售平台可能是天猫和京东双雄争霸的格局。

3. B2C 平台的经营模式

（1）B2C 平台的目标市场。

B2C 平台作为网络零售商店集聚地和零售交易主要场所，目标市场十分明确，就是广大有做网络零售需求的企业。这些企业根据自己提供的产品属性可以分为两大类：一是实体商品网络零售企业；一是非实体商品网络零售企业。实体商品以往是传统零售业交易的主要内容，如衣服、食品、电器等，以往都是通过实体商店展示和销售。现在电子商务提供了突破传统地域空间的办法，让这些实体商品以图片、视频、文字等方式呈现在虚拟的网络空间——网络商店里面，消费者通过浏览网络商店的商品介绍，根据自己的经验来选择需要的商品。事实证明，这种方式也可以实现商品交易。非实体商品在过去必须通过交易双方面对面或者通过其他实体媒介作为载体才能够进行交易，如歌曲需要通过磁带、光碟来销售，咨询方案、广告设计等需要印刷成文来展示，现在通过电子商务方式提供网络歌曲在线下载服务、咨询方案或广告设计在线展示交易等虚拟环境下的真实交易。可见，无论商品属性是什么类型，在网络上都可以开设零售网店，在无边界的空间市场寻找交易机会。这就是 B2C 平台所面临的巨大市场，只要能够解决广大零售商在线交易的问题，就有机会赢得这个市场。

（2）B2C 平台的交易主体。

B2C 平台以网络零售商店为目标对象，通过吸引网络零售企业进入平台开店实现交易。可见，其交易主体主要是两个，即商品供给方—B2C 平台和商品需求方—网络零售企业。

（3）B2C 平台的交易内容。

交易内容是交易双方的利益载体——商品。B2C 平台是商品供给方，提供的商品是"网络零售商店方案和配套服务"；网络零售企业是商品需求方，需要购买"网络零售店和配套支持服务"。

一般而言，网络零售企业在 B2C 平台上开设网店，其网店系统必须包含前台功能模块和后台功能模块。

①前台功能模块必须具备以下功能：商品展示、站内搜索、在线订购、批量采购、网站公告、帮助中心等，也可以提供招商加盟、用户管理、友情链接供商家选择。

②后台功能模块必须具备以下功能：客户管理、订单管理、商品管理、销售管理、客服管理、采购管理、库存管理、出库管理、退货管理、财务管理、统计报表、权限管理、操作日志等。

B2C 平台与客户的交易就是上述功能的确认与实现，平台需要提供配套的网络空间、软件服务、咨询服务和 IT 技术服务，客户只需要支付相关服务费并自主经营网店。

（4）B2C 平台的交易方式。

B2C 平台一般都是先投资建设功能完善且不断创新更新的网上商城系统，然后通过营销、促销手段推广自己的平台，广泛招募符合商城规范标准的零售企业入驻商城，在自定规范标准内和法律法规不禁止的领域内协助零售企业开展商品销售活动。

B2C 平台除了提供网店建设系统、数据存储空间和技术支持外，增值服务内容也较多，如一般商品和网店搜索服务之外，提供商品和网店推广服务，如淘宝商城曾经提供的淘宝直通车、钻石展位、竞价排名等服务就是给予网店基本服务之外的增值服务项目，可以使网店经营更加方便高效。平台为了保障各个加盟网店切实完成交易，还会提供物流管理系统、支付保障系统、信用管理和担保服务、商品退货保险、纠纷处理公证等配套支撑系统和服务。通过这些增值服务，既可以满足零售企业的某些特殊需求，也可以增加零售交易成功率。

网络零售企业在商城中建立自己的网络商店，打造自己的网店品牌，开展不遭禁止范围内的各种营销活动，同时给 B2C 平台缴纳一定的系统服务费、空间服务费、技术服务费和其他增值服务费。

（5）B2C 平台的盈利途径。

B2C 平台的商业模式是吸引（招商）各类网络零售企业入驻平台开设网店，通过收取网店系统服务年费、商品广告费、担保中介费、技术服务费和其他增值服务费实现盈利。

在平台发展的不同时期收取费用的策略可以不同。比如在 B2C 平台初期为了吸引客户入驻平台，可以实施免费策略，免除客户一切费用，只要客户承诺开设标准的网店即可；在平台发展的中期，入驻客商初具规模，且具有一定的依赖度，可以收取系统服务年费，同时根据客户经营业绩按照一定比例返还年费，以便于进一步激励入驻客户加强经营管理，增加经营绩效，从平台整体交易量、商品多样性、网店服务水平、顾客购物体验等多方面提升平台品牌知名度和顾客吸引力；在平台成熟期，可以通过增加商品广告服务、经营管理深度服务、融资担保服务等方式和途径收取广告服务费、管理咨询费、融资担保费，以进一步增加平台收入。

（6）B2C 平台的经营条件。

B2C 平台实际就是一个网络服务企业，其经营条件离不开人、财、物、法、信 5 个方面。

①人，即企业人力资源。包括企业决策层次的人才队伍，董事会成员或者合伙者；企业高层次管理者，如企业总裁、副总裁等队伍；企业中层管理者，如各个职能部门负责人；企业基层管理者和普通员工，他们是具体实务的操作者、经办者。不管哪一级别、哪一层次的人员都是企业发展的动力源泉。B2C 平台必须高度重视人力资源管理，只有人力资源充足，队伍稳定，才能根本上保证平台持续发展。

②财，即企业发展资金。在企业初创时期，需要项目启动资金，否则，购买不到劳动力、原材料、技术、工具等等必须的生产要素；在企业发展中期，需要资金支持发展，否则，企业的业务难以拓展，规模难以增长；在企业发展成熟期，虽然资金实力雄厚，但也要善于运用资金，尤其是企业创新资金是确保企业永不言败的根本。B2C 平台的发展多数情况都是通过自有资金加募集风险投资的模式取得创业初期的启动资金，中后期发展资金则可以通过转增股份、发行公司债、银行贷款、募集风险投资、公开上市融资等多种方式筹集。

③物，即企业物质保障。B2C 平台一般必须具备平台系统机房、平台设备、办公设施、办公场地和日常运营所需的一切物资。

④法，即企业法规环境。B2C 平台属于高新科技产业，既有法律法规是支持的，有良好的法规环境。但是也有很多创新领域，前所未有，现有法规有没有明确支持和体现，需要在试行中谨慎对待，要不断与政府相关部门加强沟通，还需要踊跃参政议政，推动法规完善。

⑤信，即信息和信用。信息是企业发展的关键因素之一。信用的本质也是信息，信用是企业品牌内涵外显于社会的信息。B2C 平台通过搜集和分析商业信息获取商机，通过广告、经营活动、公益活动等多种方式和渠道释放自己的信息，包括维护信用品牌，从而实现平台持续发展。

（7）B2C 平台的风险因素及控制机制。

B2C 平台的风险来自于不同阶段的不同方面，总体上看，一是来自经营条件方面的风险；一是来自经营管理方面的风险。

（1）从经营条件方面来看，前面分析的人财物法信 5 个方面都可能存在风险。

①来自"人"的风险主要是人才队伍的稳定性。如高管队伍不稳定和核心技术人才队

伍不稳定是最大的风险，因为，这两类人才比较稀缺，一旦出现流失，短期内难以找到替补者。因此，B2C 平台必须制定战略性人力资源管理方略：一是要有人才危机意识，时刻储备和培养各类关键人才；二是要切实关注和关爱关键人才队伍，注意人才保健因素和激励因素的满足和满意度，确保关键人才队伍的相对稳定。

②来自"财"的风险主要是发展资金问题。B2C 平台创业初期需要大量资金维持，直到盈利充足才可能自我循环发展。因此，募集资金成为多数平台必须面对的重大风险因素。募集资金的前提是平台瞄准的市场和经营战略必须具有切实的吸引力，才能够吸引投资者；其次是平台的经营管理必须有成效，才能够让投资者看到希望，下定决心投资。

③来自"物"的风险是依托于财的风险。只要解决了发展资金问题，B2C 平台所需的物基本上都能够解决。因为，平台所需的基地、IT 软硬件都可以分阶段进行选择采购和更新。

④来自"法"的风险在于业务创新。创新业务是否能够得到现有法律法规的支持是创新成果能否推广应用的关键。创新是要成本的，如果创新被法规禁止，则血本无归。所以，任何创新都需要首先进行法规风险评估，只有符合法规或者符合法规演变趋势的创新，才能大力投入研发。

⑤来自"信"的风险在于学习与保护。一方面，B2C 平台只有通过不断学习世界先进经验，不断引进世界先进成果，才能够在竞争中不落伍、不掉队。另一方面，必须高度重视自我知识产权保护，自我商业机密保护，才能保有自己的核心竞争力。

（2）从经营管理方面来看，除了管理好上述 5 个方面的风险因素以外，还需要注意加强业务风险管理、平台品牌风险管理、战略风险管理。

①业务风险一般有执行力风险、流程老化风险。B2C 平台的任何服务项目最终都要通过人员来落实，如果人员执行力出现偏差，就会影响服务水平和品牌形象。所以，要加强绩效考核制度建设，要做到件件事情到人头，人人头上有指标，个个指标要核实。另外就是业务流程老化，不适应新的发展要求，使业务效率低下甚至拖企业整体的后腿。

②平台品牌风险主要来自于经营创新不够和信用维持不力。在 B2C 平台市场竞争中，平台创新始终是平台品牌的生命力，没有创新或者落后于人都会使自己丧失竞争力。然而，通过各种手段，帮助客户实现经营网店的目标，是平台积累信用，保持品牌声誉的根本举措。创新创造平台的生命，信用维持平台的生命，二者同等重要。

③战略风险是企业顶层设计风险。B2C 平台选择什么战略指导企业前进十分重要。从平台建设目的来看，B2C 平台可以以赚钱为目的，利润是唯一目标；也可以以占领网络零售市场为目的，市场占有率是根本目标；还可以以成就网络零售产业为目的，打造多少成功的网店是其经营目标。不同的战略会有不同的落地策略，带给社会的是不同的影响和品牌效应。

（8）小结。

综合上述分析，B2C 平台经营模式可以总结为：以互联网为载体，通过开发网络零售空间系统，并配套经营管理信息系统和必要的服务，使广大网络零售企业通过平台开设网络商店并成功经营，从而收取相关佣金或服务费，实现平台的经济效益和社会效益。由平台创立阶段、平台战略目标、平台管理措施等多层次多方面因素影响，使得 B2C 平台出现差异化发展格局，具体经营模式也出现一定差别。

思考题

1. 什么是 B2C 零售平台？
2. B2C 零售平台的盈利来源有哪些？怎么进一步开拓收入来源？
3. B2C 零售平台核心竞争力如何塑造？
4. B2C 零售平台成功关键因素有哪些？分别有什么影响？

2.1.2　B2C 平台经营模式案例

案例　天猫商城经营模式

1. 天猫发展历史

天猫脱胎于阿里巴巴的淘宝商城。阿里巴巴集团于 2008 年 4 月创立淘宝商城，主要提供企业对消费者的零售服务平台。随着淘宝商城日趋成熟，愈来愈多中外知名品牌在其平台上开设官方旗舰店。2010 年 11 月，淘宝商城采用独立域名 www.tmall.com，淘宝商城于 2011 年 6 月从淘宝网分拆独立，以加强品牌认知度并更好地将其企业对消费者商家与淘宝网的小型 C2C 商家区分。2012 年 1 月 11 日，淘宝商城在北京举行战略发布会，宣布更换中文品牌"淘宝商城"为"天猫"。"天猫"是 Tmall 的谐音。公司有关负责人解释，猫是性感而有品位的，天猫网购，代表的就是时尚、性感、潮流和品质；猫天生挑剔，挑剔品质，挑剔品牌，挑剔环境，这恰好就是天猫网购要全力打造的品质之城（图 2 - 1）。

图 2 - 1　天猫商城首页

天猫商城系统包含店铺展示系统、信用评价体系、商家成长机制、即时沟通工具、商品编码系统、API 平台开放系统、正品保障机制、SNS 社区和淘江湖系统、支付体系等八大服务模块，为商家提供网络零售商店整体解决方案，为消费者打造一站式的购物体验平台。截至 2014 年，天猫已经拥有 4 亿多买家，5 万多家商户，7 万多个品牌；多种新型网络营销模式正在不断被开创。天猫自主研发适用于天猫商城商家的 CRM 系统，通过对会员标签化的方式，让商户了解店铺会员在天猫平台的所有购物行为的特点。天猫同时支持淘宝的各项服务，如支付宝、集分宝支付等等。

2. 天猫平台的店铺类型（以 2015 年为例）

天猫根据入驻企业资质和条件，将企业分为 3 大类，即旗舰店、专卖店、专营店。

①旗舰店是商家以自有品牌（商标为 R 或 TM 状态），或由权利人独占性授权，入驻天猫开设的店铺。旗舰店包括以下几种类型：经营一个自有品牌商品的品牌旗舰店；经营多个自有品牌商品且各品牌归同一实际控制人的品牌旗舰店（仅限天猫主动邀请入驻）；卖场型品牌（服务类商标）所有者开设的品牌旗舰店（仅限天猫主动邀请入驻）。开店主体必须是品牌（商标）权利人或持有权利人出具的开设天猫品牌旗舰店独占授权文件的企业。

②专卖店是商家持他人品牌（商标为 R 或 TM 状态）授权文件在天猫开设的店铺。专卖店有以下几种类型：经营一个授权销售品牌商品的专卖店；经营多个授权销售品牌的商品且各品牌归同一实际控制人的专卖店（仅限天猫主动邀请入驻）。品牌（商标）权利人出具的授权文件除个别类目不得有地域限制，且授权有效期不得早于 2015 年 12 月 31 日。

③专营店是经营天猫同一经营大类下两个及以上他人或自有品牌（商标为 R 或 TM 状态）商品的店铺。一个招商大类下专营店只能申请一家。

3. 天猫平台的店铺管理

天猫对入驻企业的管理是通过《天猫规则》和其他要求进行的。《天猫规则》是对天猫用户增加基本义务或限制基本权利的条款。总体上，要求用户应遵守国家法律、行政法规、部门规章等规范性文件。对任何涉嫌违反国家法律、行政法规、部门规章等规范性文件的行为，本规则已有规定的，适用本规则；本规则尚无规定的，淘宝有权酌情处理。但淘宝对用户的处理不免除其应尽的法律责任。用户在淘宝的任何行为，应同时遵守与淘宝及其关联公司所签订的各项协议。同时，淘宝有权随时变更本规则并在网站上予以公告。若用户不同意相关变更，应立即停止使用淘宝的相关服务或产品。淘宝有权对用户行为及应适用的规则进行单方认定，并据此处理。

本规则从法律法规、商品入店、经营活动、违规处理、市场监管、特殊市场等多方面列出明确要求，对规范入驻企业的经营行为，保障天猫平台本身的声誉都有重要意义。

例如，天猫对申请的入驻店铺有具体要求：天猫有权根据包括但不仅限于品牌需求、公司经营状况、服务水平等其他因素退回客户申请；同时天猫有权在申请入驻及后续经营阶段要求客户提供其他资质；天猫将结合各行业发展动态、国家相关规定及消费者购买需求，不定期更新招商标准。天猫特别强调，入驻企业必须确保申请入驻及后续经营阶段提供的相关资质的真实性（若提供的相关资质为第三方提供，如商标注册证、授权书等，请务必先行核实文件的真实有效性），一旦发现虚假资质，该企业将被列入非诚信客户名单，天猫将不再与其进行合作。

另外，天猫暂不接受个体工商户的入驻申请，也不接受非中国大陆企业的入驻申请。天猫暂不接受未取得国家商标总局颁发的商标注册证或商标受理通知书的品牌开店申请（部分类目的进口商品除外），也不接受纯图形类商标的入驻申请。

关于入驻企业的资质，天猫分为店铺资质和行业资质两个层次提出具体要求。如旗舰店店铺资质要求提供：企业营业执照副本复印件（需完成有效年检且所售商品属于经营范围内）、企业税务登记证复印件（国税、地税均可）、组织机构代码证复印件、银行开户许可证复印件、法定代表人身份证正反面复印件、店铺负责人身份证正反面复印件、由国家商标总局颁发的商标注册证或商标注册申请受理通知书复印件（若办理过变更、转让、续展，请一并提供商标总局颁发的变更、转让、续展证明或受理通知书）、商家向支付宝公司出具的授权书、产品清单等。若经营出售多个自有品牌的旗舰店，需提供品牌属于同一实际控制人的证明材料；若由权利人授权开设旗舰店，需提供权利人出具的独占授权（如果商标权人为自然人，则需同时提供其亲笔签名的身份证复印件）；若申请卖场型旗舰店，需提供服务类商标注册证或商标注册申请受理通知书，此类店铺邀请入驻。

行业资质要求很细。例如服饰大类所需行业资质如下：

①商标要求。如商标处于"注册申请受理"状态（即"TM"商标），注册申请时间须满六个月；申请女士内衣/男士内衣/家居服类目：商标状态需为 R 标；女士内衣/男士内衣/家居服：涉及南极人/北极绒/俞兆林/浪莎/七匹狼品牌时，申请专卖店、专营店的商家采取邀请入驻。

②质检要求：每个品牌须至少提供一份由第三方权威机构出具的检测报告，成品检测报告内容须包含品牌名称、产品名称和各类产品对应的下述必检项目。

对于违规商家的处理，《天猫规则》明确规定商家若发生以下任一情形，天猫有权清退：

①未经商标注册人同意，更换其注册商标并将该更换商标的商品进行销售的；

②符合本规则总则中不当使用他人权利且情节严重的；

③向天猫提供伪造、变造的商家资质或商品资料；

④商家违反《天猫招商标准》的；

⑤严重违规扣分达四十八分。

天猫规则的详细内容可以参考天猫网站有关公示。

4. 天猫平台的服务内容

天猫针对会员店铺提供的服务分为 3 大类：商城服务、会员服务、商家服务。其中，商城服务主要包括100% 正品保障、七天无理由退换货、提供发票、品牌直销 4 个方面；会员服务主要包括 Tmall 积分、会员注册、Tmall 俱乐部、会员登录 4 项服务；商家服务则包括入驻 TMall、商家成长、Tmall 规则、商家中心、商家品控、运营服务等 6 项服务。

天猫针对消费者提供的服务分为：商品分类、品牌展示、特色馆、移动商城。其中，商品分类包括服饰、内衣、配件鞋、箱包珠宝饰品、手表、眼镜、化妆品、运动户外、数码、家用电器、家具、建材、居家生活食品、保健母婴用品、汽车、配件、文化、玩乐等；品牌展示包括品牌街、品牌特卖、淘品牌、特色购等；特色馆包括电器城、美容馆、家装馆、上海超市、医药馆等；移动商城推出手机版 Tmall。

5. 天猫平台盈利途径

天猫经营收益主要来源于保证金、技术服务费等。

（1）保证金。

天猫经营必须交纳保证金，保证金主要用于保证商家按照天猫的规范进行经营，并且在商家有违规行为时根据《天猫服务协议》及相关规则规定用于向天猫及消费者支付违约金。保证金根据店铺性质及商标状态不同，金额分为 5 万、10 万、15 万三档。2015 年的具体规定如下：

A. 品牌旗舰店、专卖店：带有 TM 商标的 10 万元，全部为 R 商标的 5 万元；

B. 专营店：带有 TM 商标的 15 万元，全部为 R 商标的 10 万元；

C. 特殊类目说明：

a. 卖场型旗舰店，保证金为 15 万元；

b. 经营未在中国大陆申请注册商标的特殊商品（如水果、进口商品等）的专营店，保证金为 15 万元；

c. 天猫经营大类"图书音像"，保证金收取方式：旗舰店、专卖店 5 万元，专营店 10 万元；

d. 天猫经营大类"服务大类"及"电子票务凭证"，保证金 1 万元；

e. "网游及 QQ""话费通信"及"旅游"大类的保证金为 1 万元；

f. 天猫经营大类"医药、医疗服务"，保证金 30 万元；

g. 天猫经营大类"汽车及配件"下的一级类目"新车/二手车"，保证金 10 万元。

D. 保证金不足额时，商家需要在 15 日内补足余额，逾期未补足的天猫将对商家店铺进行监管，直至补足。

（2）技术服务费年费。

商家在天猫经营必须交纳年费。年费金额以一级类目为参照，多数为 3 万元或 6 万元，少部分为 1 万元或 10 万元以上。各一级类目对应的年费标准详见《天猫 2015 年度各类目技术服务费年费一览表》（可查阅天猫网站公告）。具体规定如下：

A. 年费返还：

为鼓励商家提高服务质量和壮大经营规模，天猫将对技术服务费年费有条件地向商家返还。返还方式上参照店铺评分（"DSR"）和年销售额（不包含运费及"其他"一级类目）两项指标，返还的比例为 50% 和 100% 两档。具体标准为：

协议期间（包括期间内到期终止和未到期终止，实际经营期间未满一年的，以实际经营期间为准）内 DSR 平均不低于 4.6 分；且达到《2015 年天猫各类目技术服务费年费一览表》中技术服务费年费金额及各档返还比例对应的年销售额（协议有效期跨自然年的，则非 2015 年的销售额不包含在年销售额内）。年费返还按照 2015 年内实际经营期间进行计算，具体金额以天猫统计为准。

年销售额是指在协议有效期内，商家所有交易状态为"交易成功"的订单金额总和。该金额中不含运费，亦不包含因维权、售后等原因导致的失败交易金额。

B. 年费结算：

a. 因违规行为或资质造假被清退的不返还年费。

b. 根据协议通知对方终止协议，按照实际经营期间，将全年年费返还均摊至自然月，按照实际经营期间来计算具体应当返还的年费。

c. 如商家与天猫的协议有效期起始时间均在 2015 年内的，则入驻第一个月免当月年费，计算返年费的年销售额则从商家开店第一天开始累计；如商家与天猫的协议有效期跨自然年的，则非 2015 年的销售额不包含在年销售额内。

d. 年费的返还结算在协议终止后进行。

e. "新车/二手车"类目，技术服务年费按照商户签署的《天猫服务协议》执行。

非 2015 年的销售额是"交易成功"状态的时间点不在 2015 自然年度内的订单金额。

（3）实时划扣技术服务费。

商家在天猫经营需要按照其销售额（不包含运费）的一定百分比（简称"费率"）交纳技术服务费。天猫各类目技术服务费费率标准可查阅天猫网站公告《天猫2015年度各类目技术服务费年费一览表》。

例如，服饰配件/皮带/帽子/围巾、女装/女士精品、男装、女士内衣/男士内衣/家居服等服饰商品，均按照销售额的5%实时划扣技术服务费。2013天猫双十一仅仅1分钟，成交额破亿，6分钟左右就突破了10亿元大关。若按照5%费率计算，天猫实时划扣的技术服务费也十分惊人，1分钟0.05亿元，6分钟左右就突破0.5亿元，当天天猫成交额突破350亿元，其获得的技术服务费则高达17.5亿元。

（4）增值服务费。

天猫利用自身数据优势、信息技术优势、行业聚合能力优势，为客户提供一系列增值服务，如图片空间、会员关系管理、装修模板、数据魔方、量子统计等等，收取相关服务费。

例如，数据魔方是淘宝官方推出的附加值很高、很受欢迎的数据产品，目的在于分享海量行业数据，帮助商家实现数据化运营。它有两个版本，专业版数据魔方适用于中大卖家和品牌商，要求是集市一钻（含）以上或者天猫用户，可以帮助用户用数据做行业定位，按年度收费，标准为3600元/年；标准版数据魔方适用于中小卖家，要求是集市一钻（含）以上或者天猫用户，帮助用户分析竞争对手，探究消费买行为，按季度收费，标准是90元/季，按年度有优惠。

（5）广告收入和关键词竞价收费。

天猫商城目前整合了淘宝网数亿卖家，首页每天的访问量接近1亿人，是一个非常好的广告平台。天猫商城广告主要有商品展示广告、品牌展示广告、旺旺植入广告等。另外，由于内部竞争激烈，天猫商城允许商家付费购买关键词，以提高在搜索结果中的排名，提高店铺的流量，这也是天猫商城非常重要的收益来源。还有各类促销活动，如聚划算，也是收费项目。

思考题

1. 天猫成功因素有哪些？
2. 天猫现有收入来源有哪些？未来如何与其他B2C零售平台进行盈利竞争？
3. 请自查资料，对比天猫与京东POP平台营销模式、定价模式的区别，对二者未来的竞争状况进行预测分析。

参考阅读：聚划算收费实施细则（2015年）

第一条 【适用范围】本细则适用于参加聚划算活动（生活汇、旅游团除外）的所有商家。

第二条 【收费模式】聚划算主要的收费模式如下：

（1）基础收费模式。

即基础技术服务费（简称"基础费用"，以下同）、费率佣金、封顶技术服务费（简称"封顶费用"，以下同）的组合模式，基础费用及封顶费用标准均与天数相关。具体含义如下：

①参聚商家在商品获得审核通过后，需要提前止付（定义见《支付宝服务协议》，以下同）一笔基础费用至其绑定支付宝内，在所有商品正式参团时，基础费用将划扣至聚划算帐户并不予退回。

②当开团后累计确认收货交易订单金额根据对应类目佣金费率计算出的佣金等于或低于开团时已扣除的基础费用前，系统将不会执行实时划扣佣金操作（即系统免收佣金）。

③当累计确认收货交易订单金额根据对应佣金费率计算的佣金高于开团时已扣除的基础费用后，系统将对超出免佣成交额（免佣成交额 = 基础费用/对应类目佣金费率）部分按照对应类目佣金费率扣取实时划扣佣金，直至扣除的基础费用及实时划扣佣金合计达到封顶费用时，系统停止扣费。

④单品团基础费用的标准 2500 元/天，封顶费用的标准 25000 元/天，品牌团基础费用的标准 50000 元/团，封顶费用的标准 100000 元/团，部分业务类型对基础费用及封顶费用有特殊规定的从其规定。具体详见商家所报名具体业务类型的活动所展现/公示的收费标准。

（2）特殊收费模式。

①"佣金收费模式"，即免除基础费用的缴纳要求，也不设置封顶费用，仅按照确认收货的成交额及对应类目佣金费率扣取佣金，且部分业务或者品牌按照对应类目佣金费率的 6 折扣费，具体详见商家报名具体业务类型的活动所展现/公示的收费标准。

②"固定费用收费模式"，即商家应在获得审核通过后提前止付一笔固定技术服务费（简称"固定费用"，其他同）至商家绑定支付宝内，并于开团时由系统划扣至聚划算，开团后系统将不再实时监控确认收货成交额，商家也无须再缴纳实时划扣佣金。

③"竞拍费用收费模式"，即商家在竞拍成功后提前止付一笔排期技术服务费（简称"竞拍费用"，其他同）至商家绑定支付宝内，并于开团时由系统划扣至聚划算账户并不予退回；当开团后累计确认收货交易订单金额根据对应类目佣金费率计算出的佣金等于或低于开团时已扣除的竞拍费用前，系统将不会执行实时划扣佣金操作（即系统免收佣金）；当累计确认收货交易订单金额根据对应佣金费率计算的佣金高于开团时已扣除的基础费用后，系统将对超出免佣成交额（免佣成交额 = 竞拍费用/对应类目佣金费率）部分按照对应类目佣金费率扣取实时划扣佣金，佣金不设置封顶费用。具体详见商家报名具体业务类型的活动所展现/公示的收费标准。

第三条　各类目的佣金费率详情见表 2-1。

表 2-1　各类目佣金费率

业务大组	一级类目	二级类目	三级类目	聚划算基础费率	6 折费率
3C 数码家电	3C 数码配件			2.0%	1.2%
3C 数码家电	3C 数码配件	移动电源		1.0%	0.6%
3C 数码家电	智能数码设备			2.0%	1.2%
3C 数码家电	MP3/MP4/iPod/录音笔			2.0%	1.2%
3C 数码家电	办公设备/耗材/相关服务			2.0%	1.2%
3C 数码家电	办公设备/耗材/相关服务	打印机		1.0%	0.6%

续表

业务大组	一级类目	二级类目	三级类目	聚划算基础费率	6折费率
3C 数码家电	厨房电器			2.0%	1.2%
3C 数码家电	大家电			2.0%	1.2%
3C 数码家电	电脑硬件/显示器/电脑			1.0%	0.6%
3C 数码家电	电玩/配件/游戏/攻略			2.0%	1.2%
3C 数码家电	电子词典/电纸书/文化用品			2.0%	1.2%
3C 数码家电	个人护理/保健/按摩器材			3.0%	1.8%
3C 数码家电	个人护理/保健/按摩器材	清洁美容工具	剃须刀	2.0%	1.2%
3C 数码家电	平板电脑/MID			1.0%	0.6%
3C 数码家电	闪存卡/U 盘/存储/移动硬盘			1.0%	0.6%
3C 数码家电	生活电器			2.0%	1.2%
3C 数码家电	手机			1.0%	0.6%
3C 数码家电	数码相机/单反相机/摄像机			1.0%	0.6%
3C 数码家电	品牌台机/品牌一体机/服务器			1.0%	0.6%
3C 数码家电	网络设备/网络相关			1.0%	0.6%
3C 数码家电	影音电器			2.0%	1.2%
家装家纺	床上用品			5.0%	3.0%
家装家纺	电子/电工			5.0%	3.0%
家装家纺	基础建材			2.0%	1.2%
家装家纺	商业/办公家具			5.0%	3.0%
家装家纺	家居饰品			5.0%	3.0%
家装家纺	家装主材			5.0%	3.0%
家装家纺	家装主材	油漆		2.0%	1.2%
家装家纺	家装主材	浴霸		2.0%	1.2%
家装家纺	居家布艺			5.0%	3.0%
家装家纺	摩托车/电动车/装备/配件			2.0%	1.2%
家装家纺	汽车/用品/配件/改装			3.0%	1.8%

业务大组	一级类目	二级类目	三级类目	聚划算基础费率	6折费率
家装家纺	汽车/用品/配件/改装	汽车GPS导航仪及配件		2.0%	1.2%
家装家纺	汽车/用品/配件/改装	汽车零配件		2.0%	1.2%
家装家纺	汽车/用品/配件/改装	汽车零配件	轮胎	1.0%	0.6%
家装家纺	汽车/用品/配件/改装	汽车美容/保养/维修		2.0%	1.2%
家装家纺	汽车/用品/配件/改装	汽车影音/车用电子/电器		2.0%	1.2%
家装家纺	汽车/用品/配件/改装	实体服务		2.0%	1.2%
家装家纺	五金/工具			3.0%	1.8%
家装家纺	住宅家具			3.0%	1.8%
美妆	彩妆/香水/美妆工具			2.5%	1.5%
美妆	美容护肤/美体/精油			2.5%	1.5%
母婴	奶粉/辅食/营养品/零食			1.0%	0.6%
母婴	尿片/洗护/喂哺/推车床			2.0%	1.2%
母婴	尿片/洗护/喂哺/推车床	背带/学步带/出行用品		5.0%	3.0%
母婴	尿片/洗护/喂哺/推车床	背带/学步带/出行用品	汽车安全座椅/安全背带	3.0%	1.8%
母婴	尿片/洗护/喂哺/推车床	童床/婴儿床/摇篮/餐椅		5.0%	3.0%
母婴	尿片/洗护/喂哺/推车床	婴儿手推车/学步车		5.0%	3.0%
母婴	尿片/洗护/喂哺/推车床	纸尿裤/拉拉裤/纸尿片		1.0%	0.6%
母婴	书籍/杂志/报纸			2.0%	1.2%
母婴	玩具/模型/动漫/早教/益智			5.0%	3.0%
母婴	音乐/影视/明星/音像			2.0%	1.2%
母婴	孕妇装/孕产妇用品/营养			5.0%	3.0%

续表

业务大组	一级类目	二级类目	三级类目	聚划算基础费率	6折费率
母婴	孕妇装/孕产妇用品/营养	妈妈产前产后用品		2.0%	1.2%
母婴	孕妇装/孕产妇用品/营养	孕产妇护肤/洗护/祛纹		2.0%	1.2%
母婴	孕妇装/孕产妇用品/营养	孕产妇奶粉		1.0%	0.6%
母婴	孕妇装/孕产妇用品/营养	孕产妇营养品		2.0%	1.2%
生活百货	OTC 药品/医疗器械/隐形眼镜/计生用品			3.0%	1.8%
生活百货	保健食品/膳食营养补充食品			3.0%	1.8%
生活百货	餐饮具			5.0%	3.0%
生活百货	茶/咖啡/冲饮			2.0%	1.2%
生活百货	茶/咖啡/冲饮	乳制品		1.0%	0.6%
生活百货	成人用品/避孕/计生用品			3.0%	1.8%
生活百货	隐形眼镜/护理液			3.0%	1.8%
生活百货	宠物/宠物食品及用品			5.0%	3.0%
生活百货	宠物/宠物食品及用品	狗零食		2.5%	1.5%
生活百货	宠物/宠物食品及用品	猫零食		2.5%	1.5%
生活百货	宠物/宠物食品及用品	猫主粮		2.5%	1.5%
生活百货	宠物/宠物食品及用品	犬主粮		2.5%	1.5%
生活百货	厨房/烹饪用具			5.0%	3.0%
生活百货	中药饮片			3.0%	1.8%
生活百货	传统滋补营养品			3.0%	1.8%
生活百货	家庭/个人清洁工具			5.0%	3.0%
生活百货	节庆用品/礼品			5.0%	3.0%
生活百货	酒类			2.0%	1.2%
生活百货	居家日用			5.0%	3.0%
生活百货	粮油米面/南北干货/调味品			2.0%	1.2%
生活百货	粮油米面/南北干货/调味品	米/面粉/杂粮		1.0%	0.6%

续表

业务大组	一级类目	二级类目	三级类目	聚划算基础费率	6 折费率
生活百货	粮油米面/南北干货/调味品	食用油/调味油		1.0%	0.6%
生活百货	零食/坚果/特产			2.0%	1.2%
生活百货	美发护发/假发			4.0%	2.4%
生活百货	收纳整理			5.0%	3.0%
生活百货	洗护清洁剂/卫生巾/纸/香薰			2.5%	1.5%
生活百货	洗护清洁剂/卫生巾/纸/香薰	纸品/湿巾		1.0%	0.6%
生活百货	水产肉类/新鲜蔬果/熟食			2.00%	1.20%
生活百货	鲜花速递/花卉仿真/绿植园艺			5.00%	3.00%
生活百货	乐器/吉他/钢琴/配件			2.00%	1.20%
男装	服饰配件/皮带/帽子/围巾			5.0%	3.0%
男装	男装			5.0%	3.0%
男装	女士内衣/男士内衣/家居服			5.0%	3.0%
女装童装	ZIPPO/瑞士军刀/眼镜			3.0%	1.8%
女装童装	ZIPPO/瑞士军刀/眼镜	太阳眼镜		5.0%	3.0%
女装童装	女装/女士精品			5.0%	3.0%
女装童装	饰品/流行首饰/时尚饰品新			5.0%	3.0%
女装童装	手表			5.0%	3.0%
女装童装	童鞋/婴儿鞋/亲子鞋			5.0%	3.0%
女装童装	童装/婴儿装/亲子装			5.0%	3.0%
女装童装	珠宝/钻石/翡翠/黄金			3.0%	1.8%
女装童装	珠宝/钻石/翡翠/黄金	铂金/PT（新）		1.0%	0.6%
女装童装	珠宝/钻石/翡翠/黄金	黄金首饰（新）		1.0%	0.6%
鞋包	户外/登山/野营/旅行用品			5.0%	3.0%
鞋包	流行男鞋			5.0%	3.0%
鞋包	女鞋			5.0%	3.0%

续表

业务大组	一级类目	二级类目	三级类目	聚划算基础费率	6折费率
鞋包	箱包皮具/热销女包/男包			5.0%	3.0%
鞋包	运动/瑜伽/健身/球迷用品			5.0%	3.0%
鞋包	电动车/配件/交通工具			2.0%	1.2%
鞋包	运动包/户外包/配件			5.0%	3.0%
鞋包	运动服/休闲服装			5.0%	3.0%
鞋包	运动鞋 new			5.0%	3.0%
鞋包	自行车/骑行装备/零配件			2.0%	1.2%

第四条 【生效时间】本实施细则修订公示时间 2015 年 5 月 28 日，修订生效时间 2015 年 6 月 4 日。

第五条 【新旧衔接】聚划算所有商家的行为，发生在本实施细则生效之日前的，适用当时的标准。发生在本实施细则生效之日后的，适用本细则。

第六条 聚划算亦将定期或不定期组织各类营销活动，营销活动的具体活动标准有特别规定的，从其规定；无特别规定的，按照本细则执行，具体详见商家报名具体业务类型的活动所展现/公示的收费标准。

2.2 B2C 零售经营模式

2.2.1 B2C 零售经营模式概述

1. B2C 零售的定义

B2C 零售是指通过开设网络零售商店或商城面向消费者进行商品销售。

根据零售网站建设主体的不同，可以将 B2C 零售企业分为 B2C 平台零售、B2C 垂直零售，前者是指借助第三方平台开设网店进行网络零售；后者是指企业自建网站进行网络零售。后者还可以根据经营商品种类集中度，细分至少两类，将商品类别齐全的自建商城称为"B2C 自营商城"，典型例子是早期的京东商城；将商品品牌集中度高的称为"B2C 品牌直营"，如凡客诚品等。

根据零售商品属性不同，可以将 B2C 零售分为实体商品零售和虚拟商品零售。实体商品网络零售必须依靠物流才能完成交易，而虚拟商品零售通过网络就可以完成交易。本节内容仅讨论实体商品零售。

2. B2C 零售发展历史

B2C 零售在中国至今还没有达到成熟阶段，因此，其发展只能分为三个阶段，即探索阶段、发展阶段、成长阶段。

①探索阶段可以大致确定为 1999 年到 2003 年。这一阶段的中国网上零售经历了市场认可度的高峰和低谷。1999 年，当当网、8848 成立。2000 年，卓越成立。这两年中国 B2C 泡沫成长到极值，热钱纷纷涌入，而 B2C 本身的盈利模式还处于探索阶段，大量的网络企

业投资巨大，收获甚少，是可怕的"烧钱"阶段。直至 2003 年前后大批网络企业倒闭，使整个互联网行业处于低谷。

8848 成立于 1999 年，是那个时代中国 B2C 的领军者。而 8848 没有和他的名字一样，一直保持在那个世界之巅的高度而最终陨落。其失败的原因主要有两个方面：一是由于电子商务环境的不成熟，物流、支付、用户规模都难以支撑业务的快速发展；二是 8848 的投资方与管理层发生分歧，为求上市放弃核心业务。

②发展阶段可以确定为 2004 年至 2005 年。中国 B2C 市场开始从教训中总结经验，坚持下来的网络企业开始复苏，行业整合也迅速展开。2004 年当当网完成第二轮融资，亚马逊收购卓越网，成为该阶段的标志性事件。

③成长阶段起始于 2006 年，至今仍未达到成熟阶段。2006 年开始，中国电子商务企业大量涌现，品类逐步向百货类扩张。以京东、凡客为代表的自营 B2C 成为该阶段的亮点。2008 年到 2010 年，淘宝推出淘宝商城、电器城和鞋城。2011 年淘宝商城独立成型，2012 年淘宝商城更名为天猫，使得 B2C 零售更加规范。至 2014 年有很多传统零售企业也投入到网络零售行列之中，如苏宁电器推出了"苏宁云商"，国美电器也建了"国美在线"。

据中国电子商务研究中心（100EC.CN）监测数据显示，截止 2013 年 12 月中国网络零售市场交易规模达 18851 亿元，较 2012 年的 13205 亿的同比增长 42.8%；中国网络零售市场交易规模占到社会消费品零售总额的 8.04%。中国 B2C 零售开始出现繁荣景象。

中国 B2C 零售发展至今，也开始出现一些新的动向。一是出现并购潮。从苏宁收购满座网、商圈网入股麦考林、腾讯入股京东等等事件看出，电商并购潮会持续不断。电商市场优胜劣汰，很多小平台会跟别的平台进行合并，最终剩下数家大的电商平台。二是线下线上的融合趋势。传统零售业如苏宁开始逐渐寻求线下线上资源的整合，进行 O2O 的转型；同时电商企业也开始注重线下，线下线上的融合将会向更多的行业扩散。三是移动电商成为电商争抢的蛋糕。移动电子商务为传统企业开辟了新战场，未来传统企业都将通过各种方式进军移动电子商务。移动电商将成为电商的下一个战场。四是物流加入电商大战。2012 年 5 月，顺丰快递的"顺丰优选"上线之后，闻风而来的快递企业纷纷加入电商市场，迅速搭建网购平台，欲分享电商这块巨大的蛋糕。如申通公司开发了"爱买网超"电商平台，圆通公司建立了"圆通新农网"，宅急送推出了 E 购网上平台，中国邮政与 TOM 集团合资建设了 B2C 购物平台，中通快递上线了电商平台"中通优选"。物流电商的加入无疑增加了 B2C 零售行业的竞争力度。

3. B2C 零售的经营模式

电子商务的 B2C 零售经营模式是 B2C 零售企业面向价值网络各利益相关者，以实现商业目标为核心，对整个商务活动进行规划、设计和实施的策略架构。

B2C 零售作为商业企业的新型模式，其交易对象是互联网中具有消费需要并能够进入网店消费的任何顾客，潜在顾客来源不受物理空间限制，因此，其市场几乎没有边界。

B2C 零售企业的盈利模式十分清楚，就是通过互联网销售实现商品利差，在同等价格基础上，成本控制越好，获得利差越大。这与传统零售企业没有什么差别。

B2C 零售企业的日常管理根据规模和经营定位不同呈现出差异。小微型 B2C 零售企业具有人员少、业务量小、商品种类少、库存少等小微型特征，因此，多数是夫妻店或合伙企业类型，日常决策程序简单、自由，管理内容也不复杂。

大中型 B2C 零售企业的经营管理则不同于小微型企业那么简单，它们往往与传统大中型零售企业一样，具有大批量的商品需要仓储管理，有大量员工需要管理，有大额资金流需要财务管理等，企业在完成上述常见管理任务的同时，还要完成与传统零售企业不同的市场营销和促销管理、信息系统维护与信息管理等面向无边界互联网市场的新型管理内容。因此，B2C 零售企业需要格外注意以下几类管理策略。

（1）B2C 网站推广策略。

网站推广是任何电子商务企业都必须做的首要环节，B2C 零售网站也不例外，只有市场认识了企业的网站，才可能发生电子商务交易。网站推广方式很多，比如搜索引擎推广、产品促销推广、事件营销推广、公益广告推广、论坛推广、广告推广等等。不同的企业在不同发展阶段，根据自身实力和需要选择不同的推广方式。上述推广方式都有各自专业内容，需要进行深入细致的研究和学习，本书不做详细讲解。

（2）商品管理策略。

B2C 零售的商品管理分为仓储配送管理和网站商品图文管理。一般，实体商品在通过物流递送给消费者之前都有必不可少的几个环节，一是采购入库，B2C 零售企业如果自己生产商品，则是内部采购入库；如果是依靠社会供应商供货，则是外部采购入库。如果供应链管理比较好，外部采购的商品实时通过物流公司直接递送出去，商品从供应商或者生产基地到达 B2C 零售企业物流分拨中心之间的环节衔接得非常好，B2C 零售企业可以实现商品零库存。比如戴尔公司的部分电脑零配件供应即可实现不入库直接进入装配线，实现了零配件的零库存。完全的零库存几乎是一种理想，B2C 零售企业实现完全零库存也基本不可能，但是可以尽可能的与商品供应环节、物流集输环节联合，实现尽可能多的商品零库存。

另外一个重要工作就是零售网站前台的商品图片和说明文字的铺设，相当于实体商店的商品上架。B2C 零售的对象是网络消费者，他们进入零售网站前台只能够通过观看商品图片，阅读商品介绍文字，查阅过往消费评价等方式来决定是否购买。与在传统实体店的购买不同的是，消费者不能够体验商品本身的功能和规格，需要根据网站前台的商品介绍进行"思想体验"。比如根据屏幕展现的商品颜色来选择自己喜欢的颜色，往往因为电脑、手机等终端设备屏幕显示问题，使看到的颜色与实际商品颜色出现很大偏差，即出现色差问题，导致消费体验不理想；又如根据图片介绍的大小、规格通过自身经验来决定是否购买，如果经验不足或者商品本身规格不符合通行标准，则会出现很大偏差，导致退货，也影响消费体验满意度。诸如此类问题都是影响 B2C 零售的关键因素，必须尽可能采取措施降低负面影响。通常做法是：商品图片需要精美拍摄，亮点突出，尽可能多角度展现商品细节，同时，商品规格一定要符合标准，若有偏差，一定要事前提醒消费者注意；要提醒消费者注意终端设备色差问题；还可以通过视频加强商品立体展示。

商品展示的位置也需要根据市场反应情况和商品推介需要进行调节。一般遵循热销商品在显眼位置展示，以进一步促进销售；新品推介也要在醒目位置展示，便于消费者一眼就能够看到，增加注意力。

（3）市场营销策略。

B2C 零售企业的市场营销策略往往在传统的 4P（产品、价格、渠道、促销）营销策略基础上，综合了 4C（消费者、成本、便利、沟通）、4R（与顾客建立关联、反应、关系、回报)、4S(满意、服务、速度、诚意)等现代营销观念,形成了更加多样化、综合化的经营体系。其中,产品和价格是基础和关键,其他都是锦上添花。

产品策略。B2C 零售百货商城往往以产品丰富,质优价廉为策略,如九江学院毕业生创业的网店——"还不晚"(图 2-2)就以种类繁多的日用百货为产品策略,加上实惠的包邮服务策略,在短短 3 年内成长为淘宝网的五金皇冠店铺;B2C 零售专卖店则以专卖某一类品牌商品为策略,在天猫商城中有很多专卖店,如联想手机专卖店等等;B2C 零售专业店则以专业服务为产品策略,如天猫商城里面有很多经营服装的店铺,它们要么只经营儿童服装,要么只经营经典男装,要么只经营女式皮鞋。专卖店是品牌商品店,多种产品都属于同一品牌;专业店则是专营某一类商品,但是商品可能属于多种品牌。

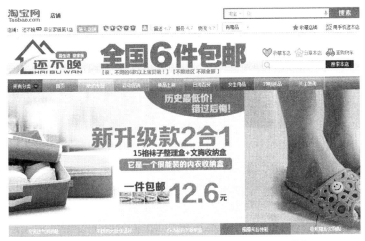

图 2-2　九江学院毕业生的淘宝店铺"还不晚"

商品定价是营销策略的核心之一。B2C 零售商品定价不能像传统商店那样,简单地以产品成本为基础,因为,网络具有开放性,消费者来自互联网各个角落,市场空间没有边界;商品信息在网络上是公开的,消费者可以自由比较,甚至有很多专业的技术公司还提供了比价服务;商品品牌影响力、消费者认可度等等都是影响定价的重要因素。因此,B2C 零售商品定价策略需要根据经营目标策略来灵活制定。在以提高知名度为目标的阶段,可以通过低价促销策略,在 B2C 零售市场中实行竞争性低价或低价折扣,迅速吸引消费者,以增加企业知名度;在企业稳定发展阶段,利用企业信用和服务提升顾客粘度,在与同行业差别化基础上,实行根据顾客可感受价值来定价,适当提高利润空间。

B2C 零售营销除了商品定位和价格定位外,还可以实施一系列的围绕提高顾客粘度的策略,如促销、礼品赠送、节日专享、生日优惠等等;还需要注意加强合作伙伴关系管理,B2C 零售的几个关键伙伴是供应商、物流商、支付服务商,还有保险商。要通过理性选择和维护,让物流、支付和保险围绕提高零售效率而服务,增强顾客满意度。

(4)财务管理策略。

B2C 零售企业的财务管理与传统企业相比具有较多的变化。电子商务能够帮助企业通过网络信息技术实现已有资源的高效整合以及财务的全方位动态管理,这使得传统财务管理模式发生了如下变革:

第一，财务部门的全程参与。电子商务环境下，企业内部产业链链接更为紧密，企业财务管理模式开始呈现出网络化特征，企业财务部门充分融入到企业采购、制造、营销等各个环节。这点在财务管理模式上则表现为，企业财务部门由传统的集中实体机构部门开始向各业务部门分散，财务部门与其他部门职能的分工界线变得日渐模糊。

第二，财务处理方法、技术更为先进。企业财务处理方法由过去的计量资金管理等较为复杂的方式，开始向更为简便如网上结算、网上交易等方式转变。并且随着电子商务的飞速发展财务管理软件系统在技术上更为成熟，其渗入到企业内部各部门，将其紧密连接在一起，形成一个更加完整的高效的内部供给链。

第三，在电子商务环境下，企业的财务成本更多地体现为信息成本。而传统财务管理模式未关注信息的分析和处理，并且传统财务管理模式对信息的反馈监督不及时也导致企业财务管理效率低下。

第四，在资源集中整合方面，鉴于信息技术的落后和组织结构分散的限制，传统的分散化财务管理模式很难实现企业内部各部门之间信息、数据的汇总以及高速无障碍传递，从而导致企业难以集中管理调配资源。在电子商务环境下，其要求企业实现对各交易环节财务信息数据的集中处理，而传统财务管理模式显然无法适应。

第五，在财务管理效率方面，传统财务管理模式在规划、预测、决策、控制和分析等工作环节上往往需要耗费大量时间。在电子商务的应用下双方交易过程在互联网上以最快的方式得以实现，因而也要求交易活动的财务数据能实时得以在线远程化管理。这对于不具备网络化在线办公、在线支付等功能的静态的传统财务管理模式而言则是无法办到的。

可见，电子商务环境下，企业财务管理模式有几大特点：由分散化向集中式财务管理转变，由静态财务管理向动态财务管理模式转变，由财务与业务分开向协同化财务管理模式转变，由定点离线式向远程在线式财务管理的转变。

（5）品牌管理策略。

从电子商务的发展历程来看，电子商务正在发生马太效应，强者越强，弱者越弱，而驱动马太效应大雪球的重要支点就是品牌。现在消费者需求已经不是追求物美价廉的时代，在网络上购物，消费者在乎整个购物过程，从信息的搜索到选择、下单、支付、物流、退换货等一系列与产品本身紧密相连的服务体系。未来趋势是"品牌立市，无品无商"。

从品牌培养与管理角度，B2C零售企业必须做好以下几个方面：

第一，注重品质。电子商务零售市场的顾客已经从"淘便宜"的时代过渡到"淘品质"，越来越多的顾客不再在乎商品价格是否比同类商品便宜多少，更关注商品质量和个性。互联网上每天都有品质相同、价格低廉的网店在破产，在消失，因为，仅仅低价是难以在互联网零售大海里生存的。因此，B2C零售企业必须做出真正的"质优价廉"商品，同时兼顾"专为你而生"的理念，吸引顾客，黏住顾客，赢得顾客。

第二，诚信为本。在没有边界，信息透明的互联网上，任何想成为百年老店的企业都必须以诚信为本。只有让企业真正赢得消费者的心，才能够轻轻松松赚点钱，否则，终究难以持久。我国电子商务还不成熟，在品牌化的道路上，出现过许多问题，如虚构原价，即促销价高于原价；未履行自己承诺，有些电商为了吸引眼球，增加注意力，曾表示所有大家电将在未来三年内保持零毛利，相关部门抽查发现部分产品即使促销后最高的毛利率也达到10%，企业违背了自己的品牌承诺，使品牌的形象大打折扣；有的电商承诺低价出售商品，但在网店上却标明无货，而实际的调查结果显示商家仓库实际有存货。诸如此类不诚信伎俩都是自砸牌子的行为，失去人心就失去了市场。

第三，重视评价。B2C 零售行业普遍实行售后评价制度，让顾客相互影响，相互宣传，真正做到口碑相传。对企业来说，这是一把双刃剑，顾客评价好，有利于企业品牌确立，市场地位自然稳固；若顾客评价不好，则可能香消玉碎，被市场淘汰。所以，必须高度重视顾客评价，以诚信为本，对待顾客的评价，好的要发扬光大，不好的必须改正和补偿。只要把顾客的批评当作改进管理、改进品质的良药，把顾客的任何损失当作自己做大的损失，终究会赢得顾客的支持。

思考题

1. B2C 零售与传统零售有哪些区别？
2. B2C 零售企业或零售网店之间的竞争关键因素有哪些？如何在竞争中顺利成长？
3. 请思考 B2C 零售企业经营模式的共同基础和不同选择。

2.2.2　B2C 平台零售经营模式案例

案例1　杭州穹天电子商务有限公司

1. 公司简介

杭州穹天电子商务有限公司是由 2010 届九江学院本科毕业生黄鹏创办的。其总部位于杭州市下沙经济技术开发区。公司现阶段的主打商品是网络女鞋品牌——朵牧（Dumoo）。该公司创始人黄鹏，同时也是穹天集团董事长、CEO，香港灵泉十字绣国际有限公司创始合伙人、董事，九江学院义乌校友会副会长、义乌市网商协会理事。

2010 年至今，朵牧女鞋首创分销商孵化器模式和分销多渠道体系，获得了社会舆论的广泛关注和认可，被《财经中国》《卖家》《创业邦》《天下网商》等杂志及腾讯网、阿里巴巴网、亿邦动力网等众多网络媒体进行专访报道。2012 年朵牧女鞋被创业与投资界最知名的《创业邦》杂志评为"电子商务领域最值得关注的创新公司"，同时被电商界最具影响力的伟雅网商俱乐部评为"十大点亮人物企业"。在"创新中国 2012"深圳赛区荣获第一名，在总决赛中是唯一一家电商入围前二十强的企业，也是淘宝大学分销总裁班经典案例企业，淘大企业导师企业。2012 年朵牧女鞋淘宝分销位列第一名，是天猫供销平台非标品第一家战略合作品牌。朵牧，在网络品牌中名列前茅，是互联网上发展最快的品牌企业之一。

目前，公司开设有天猫"穹天服饰专营店"（图 2-3）和"朵牧旗舰店"（图 2-4）、京东"Dumoo 朵牧"店（图 2-5）、亲民商城"Dumoo 朵牧"店（图 2-6）、拍鞋网"Dumoo 朵牧"店（图 2-7）以及其他 B2C 零售平台、批发平台网站都开设了分销网店，几乎是覆盖国内所有网络零售市场。

2. 公司经营模式

（1）盈利模式。

穹天公司以网络销售女鞋为核心业务，其盈利模式独具一格，主要特点是通过自主设

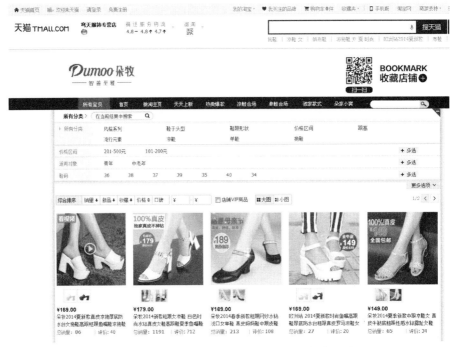

图2-3 公司在天猫开设的"穹天服饰专营店"首页

图2-4 天猫"朵牧旗舰店"

计女鞋，委托加工产品，申请"朵牧"品牌，定价中高端水平，实行全网销售，实现销售目标。2010年公司营业额100万元，2011年达到1300万元，2012年销售额达到3400万元，2013年销售额跃升至5600万元。公司盈利模式得到市场认可并经受住市场考验。分析公司

图 2-5 京东"Dumoo 朵牧"店

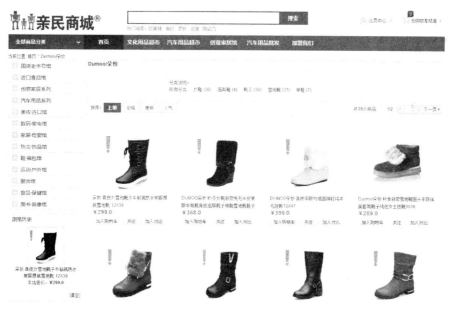

图 2-6 亲民商城"Dumoo 朵牧"店

盈利关键,发现两个环节最为关键,一是自主设计,掌控产品成本;二是全网销售,实现市场扩张。此二者体现在下面的"产品模式"和"营销模式"之中。

(2)产品模式。

穹天公司主打商品为女鞋,拥有自己的品牌——朵牧(DUMOO)。朵牧品牌定位于做成熟时尚的女鞋。主营产品有夏季凉拖、春秋季单鞋、冬季靴子,其中凉拖材质以真皮为

图 2-7　拍鞋网"Dumoo 朵牧"店

主,零售价 130~190 元;单鞋以真皮为主,PU 为辅,零售价 159~230 元;靴子以二层牛皮为主,零售价 230~338 元。

①朵牧女鞋目标市场。主要以 25~32 周岁的女性消费者为主,尤其是重点瞄准有一定的消费能力和独特的时尚审美能力,敢于追求女性独立个性的白领层次消费群体。

②朵牧女鞋产品风格。主打高跟系列女鞋,产品风格主题有优雅性感女人系列;民族风系列;复古风潮系列;夏日小清新梦幻系列。款式设计理念坚持"需求源自国内市场,元素提炼习自国际流行",秉承简单、独到、大方,简约而不简单,款式丰富而不繁杂的设计理念,产品甄选向大牌看齐,如 STEVE MADDEN、JIMMYCHOO、BALLY、ZARA 等,其中注入了大量欧美时尚性感元素以及民族风元素,譬如:铆钉、豹纹、亮片、波西米亚串珠、刺绣、印花等等。总体上,产品呈现出时尚、优雅、甜美、性感、民族的气质。

③产品网络图片展示风格。其一,产品图片以灰色为背景,鞋子放在黑色倒影板上来呈现,主要表达产品的国际性和大牌性。其二,模特展示图片以灰色和暖色背景为主,全部棚拍,大部分为模特大腿以下腿部试穿特写。整体以突出商品特质和穿着风格为目标(图 2-8)。

④朵牧女鞋的色彩设计。一年四季春夏秋冬,朵牧女鞋的颜色搭配也跟随着季节在不断地变化延展。春意盎然之际,单鞋多以杏色、桃红、粉色为主,春色跃然于双足;盛夏酷暑,多以亮色调为主,譬如橙色、金色、紫色等,辅以裸色、米色搭配,百色齐放,艳丽多姿;秋风萧瑟,落叶翩翩,朵牧女鞋则渐渐把颜色加深,增加一种厚重感,黑色、墨绿色、酒红色;到了严寒的冬季,颜色也不断加深,多以黑色和驼色、卡其色为主,为寒冷的季节添一份温暖。

(3) 营销模式。

朵牧女鞋的营销模式是全网渠道布局:"淘宝分销,全网营销",倾力打造成互联网女

图 2-8　朵牧天猫店商品图片

鞋第一品牌。

①通过天猫旗舰店实现品牌营销。朵牧女鞋开设了天猫旗舰店，作为商品直营销售的重要窗口，通过商品图片展示、直销记录、消费评价，发挥旗舰的作用，使天猫成为公司品牌汇聚和管理中心。通过天猫成交数据分析，可以有效实施新品发布和分销广告。为全网销售做了充分的品牌准备。

②展开全网销售渠道建设。公司开拓现有网络营销的各种营销渠道，包括淘宝、天猫、京东、当当、亚马逊、好乐买、QQ 商城等 B2C 网站 20 余个；聚美优品、QQ 团、糯米团、美团、拉手团等近百家团购网站；好易购等电视购物平台；微博、微信、QQ 群、媒体、社交专业性论坛等社会化布局。淘宝、天猫、阿里巴巴以外的 N 家 B2C 网站，团购、特卖、电视购物、杂志、外贸 b2c、社会化营销网站、以 N 家女性社区和女性群体集中的平台做宣传，比如美丽说、微博、微信等。通过上述网络渠道建设，朵牧几乎实现了全网络无处不在的效果。

③采取大团队联合销售模式。大团队联合销售是朵牧在销售模式上的重大创新。电商行业成熟的营销模式是"开单店、搞爆款、集中力量搞 1～2 个店铺挤排名"。朵牧没有按照这个模式去发展，而是另辟蹊径，通过分销，即培养和发展中小卖家一起来做大做强一个品牌。具体分销格局主要分为三个部分。

一是广泛培植淘宝网的一些个人全职或者兼职店铺，积少成多，扩大销售规模。朵牧把所有费劲、耗时、占资金的销售环节，比如拍照、设计、仓储、发货等全部解决，分销商只要承担其网店的运营、日常维护、推广和客服工作即可。分销商轻松赚钱，朵牧轻松占领市场。

二是朵牧受赣州市宁都县政府之邀，回乡培育电商人才，跟县政府达成合作。由朵牧派团队，县财政提供免费的场地和一定的培训费用，以开设朵牧分销为实战演练，培养宁都县电商人才。这也为朵牧的分销模式注入了新鲜的活力，宁都县 80 多万人口，20 万年轻人大有可为。如若此模式得到大面积推广，将为中西部电商的发展贡献力量，同时也为朵牧的县一级O2O做好铺垫，可以在县城步行街开实体店铺，由分销商来完成，作为样品展示，网店购买来实现。

三是结合电商人才聚集地优势，在福建莆田开设档口，莆田有近20万家网店专门从事分销，整个产业优势配套明显，从拍照到档口拿货快递都是完善的。很好的整合了即成的分销优势力量。同时，在广州广大鞋城附近，派驻分销商整合广大鞋城周边专门做仿货的女鞋卖家，仿品和假货在淘宝、天猫越来越严格的规则面前，会越来越难做，这给了我们做自己品牌和正品商家更好的机会，由做的好的分销商作为区域代理，整合这一部分优质女鞋淘宝卖家。

（4）供应链模式。

朵牧对供应链的认识，经过了三个阶段。公司创立之初，是做一家女鞋品牌的代理商。这一阶段的货源常常有不确定性，因为，传统企业的做法是一个款式会做一大批，返单能力差。这样的结果迫使公司自己寻找生产工厂。第二阶段是自己委托加工产品阶段。公司跑遍广东和温州的生产厂，常常因为订单太小而吃闭门羹，产品供给仍然受到很大限制。直到第三阶段，公司采取大团队联合销售，订单大了，具备和加工厂的谈判能力，产品供给问题终于解决。

现在，公司产品生产仍然以委托加工为主，加工厂保持在20多家左右。根据公司市场需求情况，朵牧将这20多家工厂分成三种类型，让不同类型的工厂生产不同特点的女鞋。

①第一种类型的工厂一般是大工厂。这样的工厂对计划性要求高，订单数量大，不怎么接受返单。根据经验，女鞋中的爆款（畅销款）一般有两三年的市场生命，公司据此整理出一批前一年的爆款给这样的大工厂生产。

②第二种类型的工厂是中型工厂。这类工厂各自会有七八条生产线和100多个工人。这样的工厂是朵牧的核心依靠，他们从中选择了4家工厂作为KA供应商，签订框架协议，一年的订货大约是1000万左右，占这类的工厂70%的生产能力。这类工厂因为订单有保证，会主动为朵牧供版、备料，有很强的返单能力。

③第三种类型的工厂是一批小工厂。小工厂很灵活，一般有三四十个工人，擅长做小批量的单子，主要为朵牧生产处在市场试验期的新产品。

这三类工厂的交互组合生产，是朵牧的一个法宝，它彻底解决了朵牧的产品供给问题。

案例2 京东自营商城模式

1. 京东商城的发展过程

京东在2004年正式进军电子商务领域，以销售电脑产品和数码产品为基础，并逐渐扩产其他3C类电子产品，到2008年，京东商城完成3C产品（即计算机通信和消费电子的结合，亦称信息家电）全线搭建，成为名副其实的3C垂直型B2C网络企业。此后，京东不断扩大业务范围，提供更加丰富的产品。目前，京东提供13大类约4,020万SKUs❶的丰

---

❶ SKU = stockkeepingunit（库存量单位）。即库存进出计量的单位，可以是以件、盒、托盘等为单位。SKU这是对于大型连锁超市DC（配送中心）物流管理的一个必要的方法。现在已经被引申为产品统一编号的简称，每种产品均对应有唯一的SKU号。

富商品，品类包括：计算机、手机及其他数码产品、家电、汽车配件、服装与鞋类、奢侈品（如手提包、手表与珠宝等）、家居与家庭用品、化妆品与其他个人护理用品、食品与营养品、书籍、电子图书、音乐、电影与其他媒体产品、母婴用品与玩具、体育与健身器材以及虚拟商品（如国内机票、酒店预订等）。

图 2 - 9　京东商城首页

京东为消费者提供愉悦的在线购物体验。通过内容丰富、人性化的网站（www.jd.com）和移动客户端，京东以富有竞争力的价格，提供具有丰富品类及卓越品质的商品和服务，并且以快速可靠的方式送达消费者。另外，京东还为第三方卖家提供在线销售平台和物流等一系列增值服务。

2008 年 6 月，京东商城营业额突破 1 亿元，成为中国 B2C 网上零售行业单月销售冠军。京东 IPO 招股书显示，近几年，京东实现了大幅增长，其总净营收从 2011 年的 211 亿元人民币增长至 2012 年的 414 亿元人民币，并从 2012 年前 9 个月的 288 亿元人民币增长至 2013 年前 9 个月的 492 亿元人民币（约合 80 亿美元）。虽然，京东 2011 年和 2012 年分别净亏损 13 亿元人民币和 17 亿元人民币，但是，2013 年前 9 个月，京东实现净利润为 6000 万元人民币（约合 1000 万美元）。

根据第三方市场研究公司艾瑞咨询的数据，京东（JD.com）是中国最大的自营式电商企业，2013 在中国自营式电商市场的占有率为 46.5%。

2. 京东商城的经营模式

（1）京东的盈利模式。

京东初期的盈利模式是 3C 产品"正品 + 低价"网络零售模式。2004 年至 2008 年间，京东一直在不懈努力地做 3C 产品零售。当时，国美、苏宁等大型实体连锁店以及各种品牌经销商，都认为毛利润是企业盈利的主要来源。因此，一般 3C 产品的毛利润都比较高。京东从进入 B2C 电子商务市场开始，便旗帜鲜明地和绝大多数业内人士唱起了反调，以创新的思维提出高毛利率对零售业没有意义，微利是京东立足的根本。京东商城放弃了对 3C 产品高毛利润的追逐，更加注重降低内在成本和提高效率，以提高企业的盈利能力。与集贸式、大商场式、连锁店式等传统的零售业务模式相比，网上零售本身就具有成本和效率上的优势：一方面，网上零售没有店面租金、水电陈列品折旧，不需要大量的销售人员，大大降低了企业的运营成本；另一方面，网络零售省去了诸多环节，大大提高了运营效率。一般而言，电子商务的成本约为 6% ~ 15%，运营效率约为 7 ~ 30 天。

京东首创的"正品＋低价"零售模式，给京东带来了巨大优势。京东所售3C商品的价格比大卖场便宜，而且都是正品行货，还可以开具正规发票。这一巨大诱惑吸引了大批欠缺专业知识和砍价能力的消费者，使京东用户数量、销售规模的迅速增加，进一步吸引大批品牌供应商参与合作，改善了公司供应链质量。

京东目前将盈利模式拓展到开放平台，增加更多盈利渠道。

2010年年底，京东开放第三方平台。平台的费用十分明确，除了6000元的平台使用费和1万至10万元不等的保证金之外，基本无其他费用。而另一B2C网购平台天猫商城除了保证金、技术服务费、实时划扣技术服务费之外，还有直通车、搜索优化等其他收费。2011年京东增速在200%~300%左右，占京东总销售额的10%。

2012年9月，京东正式开放网页游戏服务器，涉足网页游戏运营。京东负责提供平台技术及流量支持，游戏内服务由运营商提供，双方按照一定比例进行分成与实体产品交易相比，网页游戏作为黏性较强的虚拟产品，采取的一般是预付费模式，更加有利于京东商城将自身的用户流量优势直接转变为盈利来源。

2012年11月，京东与中国银行签署战略合作协议，京东通过现金流为担保，获得银行打包授信循环信用额度，然后以电子商务的数据平台进行资信评估，向平台上的卖家发放贷款。取得授信额度的供应商，完成对京东的送货后，即可与京东对账，核对无误后，京东给银行指令，银行将货款金额提前给供应商结清，缓解中小供应商资金紧张，提高资金周转率，通过此项业务收取供应商的利息。

2013年，京东POP平台的广告系统正式开放，通过为客户提供全网广告展位、首页单品展位、京东快车等不同种类的广告服务收费。其中，广告展位是面向全网精准流量定价的展示广告模式，以全面精准定向为核心，凭借京东网站大量的用户数据，为客户提供一站式全网广告投放解决方案，迅速提升品牌知名度美誉度及良性销量提升，帮助客户实现全网营销。

（2）创新物流供应链管理。

京东创始人刘强东曾说，"京东商城的秘密武器是供应链，通过缩减中间环节，使商品直接到达消费者手中，我们减少了流通成本。而支撑这条供应链的关键之一就是我们的信息系统，通过信息系统，我们能达到信息流、物流、资金流一体化，提高整个供应链的效益。"京东商城的库存周转率已低于11天，而传统零售商库存周转天数一般为30天左右。京东每年投入数亿元对供应链体系的信息化建设进行研发，使京东的物流体系日益先进。目前，所有送货车都装配GPS，大家电都安装RFID。京东还构建了云计算数据平台，在仓储资源、配送资源之间进行调配，实现路线规划与配送车辆排程自动化；同时对物流配送系统进行了大升级，本着信息化、集成化、模块化设计原则，通过构建更为合理的业务流程，京东商城建造了高效信息管理系统，实现海量信息处理能力，实现了业务自动化处理，提升配送人员工作效率。

①流程优化，对过程精细化管理。为提高效率，京东将商品供应流程分解为34个环节，每个环节由很多细节组成。通过对商品流程环节的控制，京东提升供应链的效率和服务品质。

②持续深化物流战略，布局全国。为了彻底解决高速的订单增长与物流配置不相符导致大量订单配送延迟的问题，提高用户体验和满意度，京东一直持续深化物流战略。在华

北、华东、华南、西南建立了四大覆盖全国的物流中心，在 40 余座重点城市建立配送站。截至 2014 年 3 月 31 日，京东建立了 7 大物流中心，在全国 36 座城市建立了 86 个仓库。同时，还在全国 495 座城市拥有 1,620 个配送站和 214 个自提点。凭借超过 20,000 人的专业配送队伍，京东能够为消费者提供一系列专业服务，如：211 限时达、次日达、夜间配和三小时极速达，GIS 包裹实时追踪、售后 100 分、快速退换货以及家电上门安装等服务，保障用户享受到卓越、全面的物流配送和完整的"端对端"购物体验。

（3）创新行业服务标准。

京东秉承以人为本的服务理念，全程为个人用户和企业用户提供"亲情 360"全方位服务，努力为用户创造亲切、轻松和愉悦的购物环境；不断丰富产品结构，满足消费者的购物需求。在服务方面不断创新，引领 3C 市场服务的潮流。

①不断创新升级，满足顾客购物体验。2004 年 7 月，京东在全国首创即时拍卖系统。京东拍卖场正式开业，消费者不但能够以超低价买到自己喜欢的商品，而且能够体验到在京东购物的刺激、有趣，有效提高了用户的满意度和忠诚度。2006 年 6 月，京东开创业内先河，全国第一家以产品为主体对象的专业博客系统——京东产品博客系统正式开放。2009 年 10 月，京东呼叫中心由分布式管理升级为集中式管理，升级后的京东全国呼叫中心在电话接听率、客户服务水平及业务流程管理方面得到了全面提升。2010 年 4 月，京东推出"售后 100 分"服务承诺。自京东售后服务部收到返修品并确认属于质量故障开始计时，在 100 分钟内处理完一切售后问题。在全面提升网购售后服务反应速度的同时，带给京东网友 100% 满意的服务体验。

②增加服务种类，扩大免费服务范围。2007 年京东打破原来网购只能采用电子支付或货到后现金付款的支付模式，首次实现中国电子商务上门刷卡服务。2009 年 2 月，京东尝试推出一系列特色上门服务，包括上门装机服务、电脑故障诊断服务、家电清洗服务等。2010 年 6 月，京东继"211 限时达""售后 100 分"后，又开创网购行业先河，开通了全国免费上门取件服务。2012 年 9 月，京东再次升级限时达服务，在 150 个城市推出了"次日达"服务。2013 年 1 月，京东与戴尔强强联手，开创了电商行业一种全新的售后服务模式，即针对所销售的戴尔计算机，京东可以通过自我诊断，为消费者提供高效的在线部件订购和安装服务，从而自行解决消费者售后维修方面的相关问题。

（4）京东的营销模式。

京东的营销是多方位的，其中，注重体验式营销做得比较好。

①商品体验。京东品牌商品种类多，可以满足消费者购买品牌正品需求。京东商城有超过 1200 家供应商在线销售家电、数码、通讯、电脑、家居、百货、服装、服饰、母婴、图书、食品等 11 大类数万个品牌 30 余万种优质商品，特别是电子产品。现在京东商城已占据中国网络零售市场份额 35% 以上。

②互动体验。京东借助于计算机技术的领先优势与用户进行多层次的互动与沟通，同时也开展体验式的活动与用户进一步拉近距离。例如，表层互动很好。CNNIC 有关报告指出，京东商城的网站附加功能方面做得最好，尤以页面美观程度、客户服务解决效率、网站登录速度为佳。京东商城网站选用红色为基本色，给人一种热情洋溢、激动的感觉。功能板块分布科学合理，既美观大方又容易查找使用。动态网页内容因人而异也很有特色。京东商城的网站页面是因人而异的，每个人登录网站首页时就会开始不同的购物之旅，从

而带来不一样的购物体验，这是京东商城系统与用户独有的互动方式之一。特别是京东商城的"新品上架""特价专区"可以成功地引导访问者购物，相当于导购员，十分有用。另外，京东还采取多种手段激发用户分享观点。例如，京东商城专门推出最热评价，鼓励广大用户分享购买电子产品、图书、音乐光盘和电影的观后感以及产品和服务的质量评价，进而在网络商城中营造良好的文化氛围。

③服务体验。除了产品，让消费者感受到服务周到也是很有必要的。京东商城在物流服务、退换货服务以及支付服务等方面都做得比较到位。例如，其物流快捷。京东建成北京、上海、广州三大物流体系，在北京、上海、广州、天津四大城市建立了自己的配送队伍，还在北京、上海等八个城市推出加急配送服务以满足客户的特殊需求。京东的支付服务也安全方便。网络购物的支付问题是令消费者最为担忧的一个环节。各个网络商家都在创造良好条件给予消费者最为便利且安全的网上支付方式。京东商城的支付方式多种多样，货到付款算是京东商城的服务特色之一。货到付款不仅消除了购物者的担忧，也实实在在方便了消费者。

（5）京东的财务模式。

京东商城从3C家电数码起家，虽然经营多年，但直至2012年还未实现盈利，需要不断的寻求资本支持才能够持续发展。因此，其财务管理模式的显著特点就是四个字：融资、上市。

①京东曾经进行过多轮融资。根据京东招股书统计，2007年8月，获得今日资本1000万美元注资；2009年1月，获得今日资本、雄牛资本以及亚洲著名投资银行家梁伯韬先生共计2100万美元的联合注资；2011年4月，获得俄罗斯DST、老虎基金、红杉资本等6家基金和个人注资15亿美元；2012年11月获得加拿大安大略教师退休基金、老虎基金注资4亿美元；2013年2月获得加拿大安大略教师退休基金和Kingdom Holdings Company等注资7亿美元；2014年3月，国内著名电商企业腾讯控股公司出资2.14亿美元购买京东普通股351，678，637股。京东自2007年以来供给融资约28.45亿美元。

②企业上市是很多企业募集资金以解决发展资金短缺矛盾的一种方式，企业募集资金的多少由发行市盈率决定。发行市盈率是每股发行价与每股收益的比率，发行市盈率越高，能够募集到的资金也就越多。京东一直在积极谋求上市，其在美国纳斯达克证券交易所的招股书显示，京东确定发行价为每股19美元，共发行93，685，620股，算上承销商有权额外最多购买的14052840股份，京东IPO总计最高发行107，738，460股，最高融资20.47亿美元，京东拟融资17.8亿美元。2014年5月22日晚，京东在纳斯达克正式挂牌上市，股票代码为"JD"，开盘报价为21.75美元，较发行价19美元上涨14.47%，市值达到约297亿美元。京东是迄今为止中国公司在美国资本市场最大的IPO，这使得京东从此拥有了固定的融资渠道，并可以得到更多的融资机会，今后也有机会不断募集发展所需资本。

案例3 凡客（VANCL）品牌直营模式

1. 凡客的发展历程

2007年10月，选择自有服装品牌网上销售的商业模式，发布VANCL（凡客诚品）品牌。VANCL由卓越网创始人之一陈年先生创办，联创策源、IDGVC、软银赛富、启明创投等联合投资。VANCL 运营所属之凡客诚品（北京）科技有限公司，以服装电子商务为主营业务，目前产品涵盖男装、女装、童装、鞋、配饰、家居六大类，为国内最大的自有品牌电子商务企业。其所取得的成绩，不但被视为电子商务行业的一个创新，更被传统服装业称为奇迹。2009 年 5 月被认定为国家高新技术企业（图 2 - 10）。

图 2 - 10　凡客首页

2. 凡客的经营模式

（1）VANCL 的市场定位。

凡客目标消费者主要集中在 25 ~ 30 岁，这类群体又可以简要的分为三类：第一类为校园人群，他们即将毕业走上工作岗位，服饰由追求个性转向商务；第二类为年轻女性，他们有一定的经济基础，喜欢购物，并且开始习惯于网络购物，也喜欢为家人在网络上淘商品；第三类为商务男士，他们穿得最多的是工作装，追求简洁大方，注重时尚和体验，也关注品牌，讲究实效，不喜欢逛街。相对女生来说，男士的服装更加容易进行大批量标准化生产与供应，只需要提供适当的参照标准，顾客就可凭个人喜好选定商品。

（2）VANCL 的产品定位。

坚持国际一线品质，中产阶级合理价位。从 VANCL 商品货架的结构来看，VANCL 现在主要针对男白领，商品货架就是以男衬衫与 POLO 衫为主的，而这一切让男士买衣服变得更加简单有效。VANCL 并不标榜名牌，除了一些特殊的商品会有其他品牌的进入外，VANCL 的产品基本上自己的，VANCL 还有自己的设计师。

VANCL 提倡简单的生活方式。在凡客购物，你能体会到的最大的好处就是简单易选。一个商品子目录下是几个系列，系列下面就是直接可选的有限款式，只需要通过系列进入商品货架，就可以直接选定款式、颜色与尺寸。凡客的购物系统提供了快速定位产品及预览产品的通道，聘请高大帅气或气质大方的模特试穿展示，满意的同时让人赏心悦目。

（3）VANCL 的营销模式。

①VANCL 采用 CPS（Cost Per Sales）联盟合作模式（图 2 - 11）进行产品营销推广。主要有三种方式。第一种是网站或博客加盟，即加盟会员在自己的网站或博客上添加多种形式的广告链接进行凡客促销产品的宣传，所有通过链接产生的订单均为会员的推广业绩，凡客每月将根据该推广业绩计算会员的收益。凡客向会员提供正常商品 16%、特例品 3.5% 的佣金提成；会员收益 = 通过该会员链接售出的正常商品金额 × 16% + 通过会员链接

售出的特例品金额×3.5%。第二种是网店代销，即会员通过在C2C平台（淘宝、paipai、有啊等）上进行店铺展示代销凡客诚品的产品，从而赚取凡客联盟网店会员佣金，规则是正常商品16%、特例品3.5%的佣金提成。第三种是校园代理，招募校园代理人（大学生为主）负责VANCL在该校园的推广活动，有义务代表VANCL处理校园售后服务，包括代客下单、接单和代客处理退换货，同时也有义务维护VANCL在校园的形象。所有推广方式的佣金比例均为10%，其中特例品和Vip/Svip账户订单佣金比例为3.5%。VANCL校园代理是VANCL为进入校园市场而招募的优秀校园人才，同时也是VANCL人才体系培养训练计划的重要一步，让更多的校园学生能够有机会了解电子商务行业知识，在自我实践和学习中得到能力和收入的双丰收。

图2-11　凡客的CPS联盟合作网页

　　②加强门户广告宣传。通过在网易、新浪等门户网站打广告。但是，凡客不是先付广告费，而是通过广告跟踪技术对每一个广告产生的实际交易进行记录，然后定期按照约定的比例支付交易提成。由于15%～18%的交易提成比例在行业中具有很强竞争力，所以凡客获得很多门户网站的加盟支持。这样的广告模式使得广告费来自于实际成交业务，避免了广告空投陷阱。

　　③机智的定价策略。VANCL的商品具有国际一线品质，其品牌原价一般很高，但是VANCL基本不会以原价出售商品，而是经常以批量优惠价，或者是限时抢购等方式以让利的姿态销售，凸显其定价的灵活与机智。

　　④VIP制度。VANCL有VIP、SVIP等用户设置，在购买一定金额之后可以成为相关级别用户，享受价格优惠，从而可以长久吸引回头客，创造更多忠实消费者。

　　⑤名人代言提升品牌吸引力。VANCL产品常常会聘请诸如韩寒（图2-9）、黄晓明、

王珞丹等名人代言，充分利用名人效益吸引消费者，但是运营成本相对也会增加。

⑥促销管理策略。凡客实行自主定价策略，将定价权完全交给加盟商，这种方式可以让加盟商依据自己的实际情况进行促销。虽然定价比较灵活，但难免恶性竞争。而进入凡客商城以后，铺天盖地的都是降价、打折，有点让人感觉像跳蚤市场，对商城品味有负面影响。

⑦凡客体病毒式品牌营销。2010 年 7 月以来，中国青年作家韩寒、演员王珞丹出任凡客诚品（VANCL）形象代言人，公司量身定制了一些广告词。如给韩寒代言制作的广告词是"爱网络，爱自由，爱晚起，爱夜间大排档，爱赛车；也爱 59 块帆布鞋，我不是什么旗手，不是谁的代言，我是韩寒，我只代表我自己。我和你一样，我是凡客。"这则以"爱……，不爱……，是……，不是……，我是……"为基本叙述方式的剖白式广告最早出现在公交站牌上，目的是主推当时热销的 T 恤。没想到效果出奇，网络恶搞之徒模仿这种所谓的"凡客体"写出很多具有恶搞、讽刺、幽默的段子，在网络上迅速病毒式传播，凡客品牌知名度应声鹊起。事后总结发现，VANCL 这次营销的最大特点在于，它并不直接对VANCL 产品进行宣传，而是通过幽默广告词和网友恶搞来吸引眼球，从而提升凡客知名度。与传统营销方式中客户被动接受产品信息截然相反，这种"病毒式营销"激发了消费者和公众参与的热情，公司不仅不需要再次投入广告费，而且还在广泛传播活动中被动受益（图 2－12）。

（4）VANCL 的物流配送服务。

VANCL 的物流配送服务区别于其他 B2C 零售企业的地方不多，但是有特色。

①自建物流，起名"如风达"。如风达创立于 2008 年 4 月 15 日，总部位于北京。后被中信产业投资基金管理有限公司（简称中信产业基金）全资控股的天地华宇集团收购，成为天地华宇旗下的独立运营的全资公司。目前覆盖全国 31 个省及省级直辖市，共计 340 个地级市及省级直辖区域，覆盖 2054 个市区及县级市，初步建成以如风达品牌为

图 2－12　韩寒受聘为凡客品牌代言人

核心的区域型 COD 物流配送网络。如风达仍然是凡客的快递服务主要供应商。

②配送费定价多元化。一般，所有商品快递配送费收费标准为 10 元/单，VANCL 自有商品和限时购商品满 199 元免运费（全场免运费活动期间除外）；合作商家发货商品免收运费，同时不参与累计 VANCL 自有商品和限时购商品的免运费金额。

（5）VANCL 的支付服务模式。

VANCL 提供银联在线支付、财付通支付、财付通快捷支付、工行在线支付、招行在线支付、支付宝支付和中国移动手机支付 7 种在线支付方式，几乎涵盖所有大中型银行发行的银行卡，覆盖率达 98%。选择在线支付，即时到账。

VANCL 提供货到付款服务。VANCL 配送员送货上门，客户收单验货后，直接将货款交

给配送员。但应注意的是，目前暂未开通 POS 机刷卡服务的地区，货到后需要现金支付。单张订单商品金额大于或等于 2000 元时，需要提前支付货款。另外，商家库发货的订单均不支持货到付款及 POS 机刷卡，也不支持上门办理退换货。

VANCL 还支持邮局汇款，即客户将货款通过邮政部门汇到 VANCL 的结算方式。选择此方式支付订单货款的客户，必须在下单后尽快到邮局进行汇款。在下单 10 日后，如未收到货款，系统将自动取消订单。

由于凡客是自营商城模式，其在线支付是依托第三方进行的及时到账服务，没有向淘宝那样采取自建支付宝实行担保支付的优势。但是其"货到付款，当场试穿，如不满意可当场拒收"的自营商品服务有效抵消了没有担保交易的不足。当然，VANCL 指定的特殊商品（如袜子、化妆品、化妆工具等）目前不允许试穿，如发现商品质量问题，可以联系 VANCL 客服中心为进行理退换货。EMS 快递的订单无法当场试穿，允许顾客在签收商品后进行试穿，如不满意可致电 VANCL 客服中心办理退换货业务。

思考题

1. 现有 B2C 零售模式有哪些？请分析各自的市场发展前景。
2. 全网营销模式会成为 B2C 零售企业的必然选择吗？
3. 如何创造病毒式营销？
4. 自营 B2C 零售企业为什么纷纷做起自己的网店平台？有什么必然性吗？

2.3 内容服务经营模式

2.3.1 内容服务经营模式概述

1. 内容提供商的定义

内容提供商（Internet Content Provider）简称为 ICP，是指拥有自己的主页，通过互联网定期或不定期地向上网用户提供信息服务并以此为业的服务主体（网站）。ICP 通常通过选择和编辑加工自己或他人创作的作品，将其登载在互联网上或者通过互联网发送到用户端，供公众浏览、阅读、使用或者下载。

2. 内容提供商的特性

（1）网络内容提供商是网络从业商之一，因此其在网络社会中的地位异于网络用户。

（2）网络内容提供商以创造、采集和传播信息为业，以网络内容建设为本，因此与其他的网络从业商有别。

（3）网络内容提供商的成立必须经过法定程序，非经法律程序设立，不得从事信息服务。

3. 内容经营模式的含义与特点

内容经营模式是指内容经营商通过互联网向用户有偿提供信息内容的服务形式。信息内容包括知识产权的各种形式。信息内容所包括知识产权的各种形式，知识产权指以有形的媒体（如书本、光盘或者 Web）为载体的各种形式的人类表达（Fisher，1992）。具体可包括：数字化音乐、影视、网络游戏、电子书籍、电子期刊及其他数字化产品等。

内容经营模式的特点体现在以下两个方面：

①经营商以生产、提供信息或数字化产品为主要赢利手段；

②经营商具有信息的原创者或出版者身份。

4. 内容经营模式的分类

（1）根据所经营的信息或数字化产品领域不同。

①网络出版经营模式。

指具有合法出版资格的出版机构，以互联网为载体和流通平台、以电子货币或信用卡为主要支付方式来进行数字化内容的出版和发行的行为。它是基于网络的新的出版和发行方式。

②网络报刊出版经营模式。

网络报刊是基于互联网，通过计算机信息网络传输，用户在终端设备上读取的连续出版物。

一是在技术上：利用网络传播的即时性提高新闻的时效性；利用网络传播的广泛性，扩大读者面；利用网络存贮的海量能力和超链接功能，提供丰富的背景资料；利用网络的存贮能力建立功能强大的各种数据库利用交互性实现报纸与读者之间、读者与读者之间的交流；利用网络可传播多媒体数据的特点，在单纯的文字型信息外提供图片、音频和视频信息。

二是在传播距离上：可突破传统印刷报纸较多地受到地域因素的影响，通过 Internet 可覆盖世界上大多数国家。

在提供信息与服务的方式上，能为受众提供更多自主权。

③网络图书出版经营模式。

网络图书是指借助数字化技术产生并在网络上运行，具有独创性并能以某种有形形式加以复制的图书。具有字符、图形、图像、声音并茂的新型图书，网络图书具有高度灵活性，可以借助数字技术的加工和编辑功能，不同的字符、图形、图像和声音在数字状态下可以任意组合、增删、修改、移动和重新排序。

表 2 - 2　国内常见的网络出版网站

名　　称	网站主页地址
中国知网	http：//www. cnki. net/index. htm
重庆维普	http：//www. cqvip. com
万方数据	http：//www. wanfangdata. com. cn
阿帕比阅读网	http：//www. www. apabi. com
艾瑞咨询	http：//www. iresearch. com
3See 市场信息调研网	http：//www. 3see. com
《财经》	http：//www. caijing. com. cn/index. shtml
ZCOM	http：//www. zcom. com

④网络杂志出版经营模式。

网络杂志（E-magzine），又称电子杂志、互动杂志、数字多媒体杂志。就其内容操作模式来看，主要包含三重意思：第一是传统杂志的数字化，如许多平面杂志的网络版（QQ网络杂志平台作为线下杂志的"集散地"也应归于此类）；第二是网站精品信息的杂志化，很多网站都在其不断更新的内容中，筛选出最重要或最受关注的内容，以杂志形式发布；第三是杂志的网络多媒体化，以文字、图片、视频、音频共存，同时加入了网络超链接与及时互动形式。它是在网络新技术的整合运用下的全新的杂志阅读体验。

（2）网络娱乐经营模式。

是指网络娱乐产品或服务经营商通过互联网向上网用户有偿提供在线娱乐服务的网络内容经营模式。根据所提供的娱乐产品或服务的不同，网络娱乐经营模式有可分为：网络游戏经营模式、网络视频经营模式、网络音乐经营模式等

①网络游戏经营模式。

网络游戏是指通过信息网络传播和实现的互动娱乐形式，是一种网络与文化相结合的产业。信息网络是包括电信网、移动互联网、有线电视网以及卫星通信、微波通信、光纤通信等各种以 IP 协议为基础的能够实现互动的智能化网络的互联。

网络游戏经营模式是指网络游戏经营商向上网用户有偿提供其代理或自主开发网络游戏产品的商业模式。在我国，网络游戏经营网站主要包括：盛大、联众、久游网、第九城市等。

②网络视频经营模式。

网络视频是指网络视频经营商通过提供网络视频服务所获得的收入的商业模式。从内容上，网络视频主要包括：网络宽频、网络电视等。与传统视频相比，网络视频的核心特征是用户自主性，具体体现在广播方式、便携性、频道资源、节目落地区域范围等。

③网络音乐经营模式。

网络音乐是音乐产品通过互联网、移动通信网等各种有线和无线方式传播的，其主要特点是形成了数字化的音乐产品制作、传播和消费模式。

网络音乐主要由两个部分组成。第一部分，通过电信互联网提供在电脑终端下载或者播放的互联网在线音乐；第二部分，无线网络运营商通过无线增值服务提供在手机终端播放的无线音乐，又被称为移动音乐。

表 2-3　国内常见的网络娱乐网站

名　　称	网站主页地址
联众世界	http：//www. ourgame. com
上海盛大	http：//www. shanda. com. cn/cs/index. jsp
久游网	http：//www. 9you. com
互联星空	http：//www. vnet. cn/default. aspx
21CN	http：//www. 21cn. com
VeryCD	http：//www. verycd. com
猫扑宽频影视	http：//itv. mop. com/
中搜 MP3	http：//mp3. zhongsou. com/
爱国者数码音乐网	http：//cn. aigomusic. com/index. shtml

5. 内容经营模式的优势

（1）一般不存在物流问题，通过因特网技术，内容经营商可以快速的、低成本的把信息或数字化产品传递给网络消费者，这是网络经营提供模式有别于其他大多数的电子商务模式。

（2）由于内容经营模式的经营内容是信息或数字化产品，对于信息或数字化产品而言，其生产的固定成本很高，但复制的可变成本却很低，即高固定成本、低边际成本。这种成本结构产生了巨大的规模经济，表现为：生产的越多，生产的平均成本越低。

6. 内容经营交易模式

（1）从企业和消费者买卖关系的角度分析，主要分为卖方企业—买方个人的电子商务及买方企业—卖方个人的电子商务两种模式。

①卖方企业—买方个人模式：这是商家出售实物商品和服务商品给消费者个人的电子商务模式。这种网上购物方式可以使消费者获得更多的商品信息，虽足不出户却可货比千家，买到价廉物美的商品和服务，节省购物的时间。但这种电子商务模式的发展需要高效率和低成本的物流配送体系的配合。这种方式中比较典型的代表就是全球知名的亚马逊网上书店。

②买方企业—卖方个人模式：这是企业在网上向个人求购实物商品或服务的一种电子商务模式。这种模式应用最多的就是企业用于网上招聘人才。

（2）根据交易的客体分析，分为无形商品和服务的电子商务模式以及有形商品和服务的电子商务模式。

①无形商品和服务的电子商务模式：计算机网络本身具有信息传输和信息处理功能，无形商品和服务一般可以通过网络直接提供给消费者。无形商品和服务的电子商务模式主要有网上订阅模式、付费浏览模式、广告支持模式和网上赠与模式。

网上订阅模式。企业通过网站向消费者提供在网上直接浏览信息和订阅的电子商务模式。在线出版、在线服务、在线娱乐是这种模式的三种主要形式。网上订阅模式主要被商业在线机构用来销售报刊杂志、有线电视节目等。

付费浏览模式。企业通过网站向消费者提供计次收费的信息浏览和信息下载的电子商务模式。

广告支持模式。在线服务商免费向消费者提供在线信息服务，其营业收入完全靠网站上的广告来获得。这种模式是目前最成功的电子商务模式之一。

网上赠与模式。一些软件公司将测试版软件通过互联网向用户免费发送，用户自行下载试用，如果满意则有可能购买正式版本的软件。采用这种模式，软件公司不仅可以降低成本，还可以扩大测试群体，改善测试效果，提高市场占有率。

②有形商品和服务的电子商务模式主要有销售平台和上网服务。

销售平台。接收客户在线订单，收取交易中介费，如九州通医药网、书生之家。

上网服务。为行业内企业提供相关服务，如中国服装网、中华服装信息网。信息发布。发布供求信息、企业咨询等，如中国药网、中国服装网、亚商在线、中国玩具网等。

2.3.2 内容服务经营模式案例

案例1 情报服务案例——中国知网经营模式

1. 中国知网的基本情况

中国知网是全球领先的数字出版平台，是一家致力于为海内外各行各业提供知识与情报服务的专业网站。目前中国知网服务的读者超过4000万，中心网站及镜像站点年文献下量突破30亿次，是全球备受推崇的知识服务品牌。CNKI工程集团经过多年努力，采用自主开发并具有国际领先水平的数字图书馆技术，建成了世界上全文信息量规模最大的"CNKI数字图书馆"，并正式启动建设《中国知识资源总库》及CNKI网格资源共享平台，通过产业化运作，为全社会知识资源高效共享提供最丰富的知识信息资源和最有效的知识传播与数字化学习平台（图2-13）。

图2-13 中国知网首页

2. 中国知网的目标客户

中国知网是基于《中国知识资源总库》的全球最大的中文知识门户网站，具有知识的整合、集散、出版和传播功能。将CAJPH编辑出版的由中国大陆生产的大多数期刊、报纸、博硕士学位论文、会议论文、图书、年鉴等文献资源构成的CNKI系列全文数据库与中国大陆的其它数据库整合为《中国知识资源总库》，以一站式数据库超市的方式向中国和全世界发行，同时在此平台上向中国大陆提供国际著名数据库的集成服务。

中国知网的定位是高端人群，各类本科院校，科研院所。在海内外拥有5300多家高校、科研、政府、企业等机构用户，最终用户群达 2600 万。

3. 中国知网提供的服务

（1）中国知识资源总库。

提供 CNKI 源数据库、外文类、工业类、农业类、医药卫生类、经济类和教育类多种数据库。其中综合性数据库为中国期刊全文数据库、中国博士学位论文数据库、中国优秀硕士学位论文全文数据库、中国重要报纸全文数据库和中国重要会议文论全文数据库。每个数据库都提供初级检索、高级检索和专业检索三种检索功能。高级检索功能最常用。

（2）数字出版平台。

数字出版平台是国家"十一五"重点出版工程。数字出版平台提供学科专业数字图书馆和行业图书馆。个性化服务平台由个人数字图书馆、机构数字图书馆、数字化学习平台等。

（3）文献数据评价。

2010 年推出的《中国学术期刊影响因子年报》在全面研究学术期刊、博硕士学位论文、会议论文等各类文献对学术期刊文献的引证规律基础上，研制者首次提出了一套全新的期刊影响因子指标体系，并制定了我国第一个公开的期刊评价指标统计标准——《＜中国学术期刊影响因子年报＞数据统计规范》。一系列全新的影响因子指标体系，全方位提升了各类计量指标的客观性和准确性。

（4）知识检索。

①文献搜索：精确完整的搜索结果、独具特色的文献排序与聚类，是科研的得力助手。

②数字搜索："一切用数字说话"，CNKI 数字搜索让您的工作、生活、学习和研究变得简单而明白。

③翻译助手：文献、术语中英互译的好帮手，词汇句子段落应有尽有。

④专业主题：168 个专业主题数字图书馆，各领域学者均有属于自己的专业知识搜索引擎大众热点特色热点话题，帮您了解大众关心的热点知识。

⑤学术资源：全面的学术资源网站导航，对学术文献进行绩效评价及统计分析。

4. 中国知网的收入来源

①镜像服务模式。就是将 CNKI 资源库镜像到机构用户内部局域网，CNKI 按年收取资源使用费。

②包库服务模式。用户取得 CNKI 授权，在 CNKI 网站使用资源。CNKI 按年收取服务费。

③流量计费服务模式。用户购买一定面值的 CNKI 卡，通过 CNKI 网站使用资源。

5. 中国知网的技术模式

①分布异构跨库检索系统。消除分布式异构数据库使用方式差异，实现跨库统一检索；

②统一导航系统。整合资源，建立中外文期刊统一导航；

③知网节系统。消除信息孤岛，实现资源深度整合，构筑具有馆藏特色的知识网络；

④引文链接系统。实现 CNKI 系列数据库到馆藏外文库的引文链接，激活馆藏外文资源；

⑤文献调度系统。整合馆藏电子资源及纸本资源，实现资源快速定位，获取文献合适拷贝；

⑥门户建设系统。集成专业化知识服务，定制个性化资源门户。

中国知网的技术架构如图2-14所示。

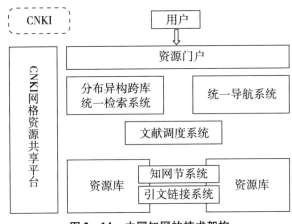

图2-14 中国知网的技术架构

案例2 咨询服务案例——艾瑞市场咨询网经营模式

1. 公司简介

艾瑞咨询集团是一家专注于网络媒体、电子商务、网络游戏、无线增值等新经济领域，深入研究和了解消费者行为，并为网络行业客户及传统行业客户提供市场调查研究和咨询服务的专业研究机构。公司旨在通过优质的研究咨询服务及可量化的数据产品，帮助客户提高对中国新经济的认知水平、盈利能力和综合竞争力，并推动中国新经济行业的整体发展。

2. 发展历程

艾瑞咨询集团成立于2002年，在公司创立之初，艾瑞最早推出一系列中国网络经济研究报告，中国第一家网络经济领域研究咨询网站开通，网站中大量的免费报告、数据以及行业观点更加有效的帮助行业人士准确了解中国互联网以及无线相关领域的发展全貌，发展至今已经成为中国最为权威的行业数据和研究资讯来源。艾瑞咨询集团2006年发布调研通软件，正式启动网民连续监测项目，建立规模最大的付费样本社区，于2007年正式推出网民行为研究产品，覆盖中国超过80%以上的网络广告公司和主流网络媒体，以及多家广告主。

在发展时期，艾瑞咨询集团进行了多项创新，包括首家中国新经济资讯门户艾瑞网于2006年12月正式上线，广告营销人士每日必读网站艾瑞广告先锋于2008年正式上线，艾瑞研究院于2009年初正式成立，旗下包括行业研究、创新研发和企业研究三大部门，着力面对市场客户提供更加完善的研究咨询产品服务。

随着新经济信息服务领域的不断发展，艾瑞咨询集团凭借对行业的敏锐观察，对企业的需求调研，通过网络监测数据产品、网络评估数据工具、专项定制研究服务、行业观察深度研究和会务媒体行业平台等产品和服务，明朗新经济产业格局，加速行业规范化进程，成为新经济信息服务领域不可或缺的中坚力量。

3. 目标用户和价值网络

艾瑞咨询集团除了为业内人士提供更丰富的产业资讯、数据、报告、专家观点、高层访谈、行业数据库等全方位、深入的行业服务，还有电子行业新闻、相关产业广告、技术培训、技术产品服务等。在艾瑞咨询集团的目标用户主要包括艾瑞客户、网站用户、网络广告商、第三方应用服务商等。

其价值网络如图 2-15 所示。

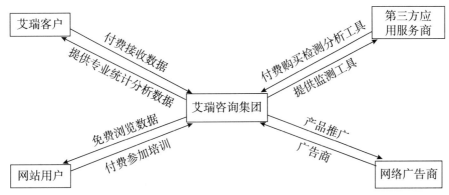

图 2-15　艾瑞咨询集团价值网络

迄今为止，已经成功为超过 500 家网络新媒体、150 家代理公司及 50 家广告主提供专业精准的数据支持、研究咨询和定制化解决方案，为互联网产业发展提供信息咨询支持。

（1）艾瑞客户解决方案。

艾瑞咨询集团迄今已经服务超过 200 家客户，涵盖互联网、电信无线、广告公司、投资公司、政府以及各类传统企业，如汽车行业、IT 家电、金融、消费品等，积累大量的不同行业客户研究服务经验，并根据各行业客户需求及特点提供更具针对性的研究咨询解决方案服务。

（2）网络监测数据产品。

作为国内最早进行网民行为研究和网络广告监测的市场研究机构，艾瑞咨询集团通过自主开发，建立并拥有国内数据累积时间最长、规模最大、最为稳定的各类数据库，通过多种指标研究帮助行业建立评估和衡量的标准。其中网民行为研究涵盖家庭办公用户、网吧用户以及无线手机网民用户等各种应用平台；广告投放监测涵盖网络品牌广告、无线品牌广告、搜索关键词广告等多种媒体类型和多种广告形式；此外基于市场需求，艾瑞建立了针对网络媒体和无线媒体流量审计、网络广告和无线广告投放效果认证，推动行业健康持续发展。

（3）网络评估数据工具。

为帮助各个行业客户更加深入有效的使用各种数据应用服务，以更好地利用数据解决企业在营销、运营、产品、竞争环境等诸多层面的决策支持，艾瑞咨询集团在基于客户需求和大量网络监测数据产品的深度挖掘基础上，还提供各种网络评估数据工具和分析报告，不仅包括媒介方案评估工具、营销活动评估工具、品牌效果评估工具等针对网络营销行业的数据应用服务，还包括针对行业用户细分和忠诚度的分析工具，以及针对电子商务、网络游戏等领域研究的分析工具。

（4）专项定制研究服务。

专项定制研究业务是艾瑞咨询集团的核心业务之一，研究领域涵盖新经济市场相关的宏观环境与行业研究、用户与产品研究、品牌与营销研究、投资与咨询研究，并积累多个成熟的研究模型，包括媒体价值研究、广告效果研究、用户体验研究、市场细分研究、广告创意研究等。艾瑞定制研究团队，通过多年积累，以数据为准绳、以行业为标尺、以客户为目标，实现客户价值的最大化和公司价值的最大化。如图2－16所示。

◆ 典型研究产品

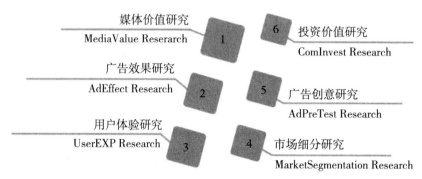

图 2－16　专项定制研究服务

（5）行业观察深度研究。

艾瑞咨询集团研究院于2009年年初成立，拥有多名互联网行业资深分析师和研究人员，每年发布中国网络经济、电信增值等新经济领域数十个行业研究报告，其观点和数据报告被广泛应用于各大主流媒体和上市公司财报，为推动中国新经济行业的发展起到重要作用。旗下所推出的艾瑞智慧则运用多方数据追踪和研究积累，为包括金融行业、投资行业等在内的各大企业提供更加深入的连续观察，为客户提供有针对性的行业发展趋势分析。

（6）会务媒体行业平台。

艾瑞咨询集团引领行业发展，自2006年起，成功举办多个行业经济论坛和高峰会议，超过万余人参与，其中"中国互联网年度高峰会议"以及"艾瑞新营销年会"已经是中国知名度最高和影响力最大的行业会议。

4. 赢利模式

（1）网络广告。

艾瑞广告先锋，定位"先锋营销人每日必读"，是艾瑞咨询集团着力打造的网络广告与互动营销专业网站。其细分受众：广告代理、互动行销、新媒体从业人员及品牌广告主。艾瑞咨询集团通过营销案例、行业黄页、行业资讯及广告人论坛四大板块，为受众提供全方位网络广告与网络营销服务而获利。

（2）第三方应用服务。

艾瑞咨询集团向关注网络经济发展以及互联网、电信相关行业从业人士或企业提供由几百位权威的专家、分析师以及专业人士合成的统计分析数据部分收费，并且这部分费用占据着企业盈利的很大比重。

（3）技术培训。

艾瑞咨询集团旗下的艾瑞学院，致力于开展电子商务、网络营销、移动互联网等领域宏观及趋势、运营与管理、实战与技巧等多层次深度付费培训课程，引领企业持续提升互联网应用效率。

5. 经营载体

艾瑞咨询集团拥有多个互联网行业的信息资讯网站，为行业人士提供及时的互联网行业的信息，其中包括艾瑞网、艾瑞广告先锋、艾瑞网络媒体精品。

（1）艾瑞网。

艾瑞网是艾瑞咨询集团精心打造的国内首家新经济门户网站。基于艾瑞咨询集团多年来在互联网及电信相关领域研究成果，融合更多行业资源，为业内人士提供更丰富的产业资讯、数据、报告、专家观点、高层访谈、行业数据库等全方位、深入的行业服务，多角度透析行业发展模式及市场趋势，呈现产业发展的真实路径，进而推动行业高速、稳定有序的发展。

（2）艾瑞广告先锋。

艾瑞广告先锋网站是艾瑞的优化升级版。内容涵盖营销案例、行业黄页、企业专区等，目前网站已经汇集有超过 50 家中国网络广告公司的 450 多个案例。新版网站将案例分析，企业查询及行业互动紧密结合起来，面向的人群主要是广告主、4A 公司、广告代理公司及媒体。艾瑞广告先锋以推动中国网络广告产业发展为己任，是中国网络广告行业人士交流经典创意、碰撞营销思想的首选平台。

（3）艾瑞网络媒体精品。

艾瑞网络媒体精品推荐挑选国内互联网具有特色的网站进行收录，并根据亚马逊旗下的全球网络媒体监测机构所监测网站的数据流量数据进行分类统。自 2004 年 11 月开站以来，艾瑞网络媒体精品已收录了 50 个类别的 1710 多家网站。受众群体主要是媒体购买决策层、广告代理公司媒介及策划人员、风险投资决策人。

6. 技术模式

艾瑞咨询集团的技术模式定位于系统运行的持续稳定性和安全性方面。目前，艾瑞咨询集团所采用的系统构架为 Linux + Apache + Java（Web Sphere）+ Oracle 的模式，即 Linux 操作系统，Apache Web 服务器软件，Java 的后台语言，Oracle 的数据库。艾瑞咨询集团在发展初期，以提供免费服务为主。在这阶段，为了降低成本，在网站的基础构架中，还大量使用免费软件。随着用户对网络数据的要求越来越高，艾瑞咨询集团运用 WEB 类互联网技术、Flash、Shockwave 等在线多媒体技术开发自己的网络分析工具，既保证艾瑞数据信息量大、数据准确、范围广、新鲜易懂、层次分明、时效性强等特点，也为其他用户提供自行分析网站的工具。

7. 未来发展趋势

艾瑞咨询集团研究范围涉及大量重要部门和行业，在巩固国内业务的同时加速了国际化进程，日前已成功渗透到日本、韩国等亚洲强国的新经济市场，并凭借对行业宏观深度解读及热点事件的独到解读影响到欧美主要国家。艾瑞咨询集团将不断完善网络监测数据产品、网络评估数据工具、专项定制研究服务、行业观察深度研究和会务媒体行业平台，继续向国际市场学习，将中国新经济的飞速前进融入世界，也努力将艾瑞咨询集团树立成世界级的信息服务提供商。

虽然目前艾瑞直接的竞争对手比较少，但市场上一些其它的咨询公司也在从事公关业务，帮助客户做品牌及产品的传播和策划，整个咨询市场也是鱼龙混杂之态，加上能否具备持续的营收能力等众多因素，信息咨询业前景依旧不明朗。艾瑞咨询集团即使实现上市，如何平衡好来自资本市场的股东意愿和数据公正性两者之间的关系也是一大难题。

案例3 支付服务案例——支付宝经营模式

1. 公司发展情况

随着国民收入增加，消费需求上升，网络购物兴起，我国的支付行业近年来取得了长足的发展。各种贷记卡消费、借记卡 POS 机刷卡消费以及网络支付、手机支付均成为支付行业各相关利益者的必争之地。传统银行卡支付市场正在被不断升级的客户需求和外部竞争者所吞噬，以浙江支付宝有限公司为代表的一批第三方支付企业迅速崛起，在中国人民银行批复了首期第三方支付公司牌照后，也正是形成了第三方支付产业的概念。中国移动的高调入股浦发银行则标志着移动支付概念时代的到来。支付宝（中国）网络技术有限公司是国内领先的独立第三方支付平台，由阿里巴巴集团创办。截至 2012 年 12 月，支付宝注册账户突破 8 亿，日交易额峰值超过 200 亿元人民币，日交易笔数峰值达到 1 亿零 580 万笔。

2013 年 8 月，用户使用支付宝付款不用再捆绑信用卡或者储蓄卡，能够直接透支消费，额度最高 5000 元。2013 年 11 月 17 日，支付宝发布消息称，从 2013 年 12 月 3 日开始在电脑上进行支付宝转账将要收取手续费，每笔按 0.1% 来算，最低收费 0.5 元起，最高上限 10 元。

2014 年 6 月 19 日消息，支付宝钱包与住建部合作推出城市一卡通服务，将 NFC 手机变身公交一卡通，可实现 35 个城市刷手机公交出行。目前覆盖城市包括上海、天津、沈阳、宁波等，暂不支持北京地区。

2. 目标客户群

支付宝在网上交易中充当的是第三方支付平台的作用，为电子商务提供安全、简单、便捷的在线支付解决方案。支付宝刚创立时的目标客户是淘宝网用户，为他们提供一种安全、便捷的支付方式。随着支付宝的影响力不断增加，支付宝开始为阿里巴巴中国网站用户以及其他非阿里巴巴旗下网站提供支付平台。

3. 支付宝的交易方式

支付宝是国内领先的独立第三方支付平台，致力于为中国电子商务提供"简单、安全、快速"的在线支付解决方案。作为我国第三方支付平台代表的支付宝，其功能简单地说就是为网上交易的双方提供"代收代付的中介服务"和"第三方担保"，实质是以支付宝为信用中介，在买家确认收到货物前，有支付宝替买卖双方暂时保管货款的一种增值服务。

支付宝属于信用担保型平台，所谓信用担保就是在网上支付过程中起到信用担保和代收代付的作用，其运作的实质是以支付宝为信用中介，在买家确认收到合格货物前，由支付宝替买卖双方保存支付款的一种增值服务。

首先买家在网上选中自己所需商品后与卖家取得联系并打成协议，这时买方需把货款汇到支付宝这个第三方账户上，支付宝作为中介方立即通知卖方钱已经收到，可以发货，待买方收到商品并确认无误后，支付宝才会把货款回到卖方的账户以完成整个交易。支付宝在这个流程中充当第三方的角色，同时为买卖双方提供信誉，确保交易安全进行。

支付宝购物流程如图2-17所示。

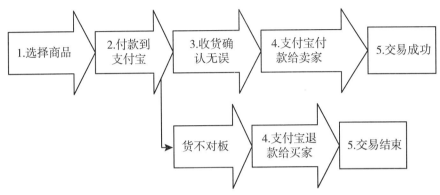

图2-17　支付宝购物流程

从上述流程可以看出，一次成功的交易包含买家选择商品、填写正确的收货信息、确认付款、支付宝担保交易并暂时冻结买家付款金额、卖家发货、买家查收货物并确认无损伤后确认收货、买家输入支付宝账户的支付密码同意付款给卖家、买卖双方对本次交易相互评价、交易完全结束。如果在收到货后不满意或者出现其他任何需要退款的情况，一是由买卖双方协商解决；二是再出现纠纷时由支付宝和淘宝相关人员介入进行评判，根据相关交易规则和法律法规做出免责退款或者买方有责退款的处理。

这种支付模式是针对我国信用体系不完善的情况下应运而生的，它有效地解决了现在电子商务发展的支付瓶颈和信用瓶颈，有力地推动了我国电子商务的发展。

4. 支付宝提供的服务

目前支付宝提供的服务主要有以下三种：

（1）个人服务。如图2-18所示。

图2-18　支付宝个人服务网页截图

（2）商家服务。如图2-19所示。

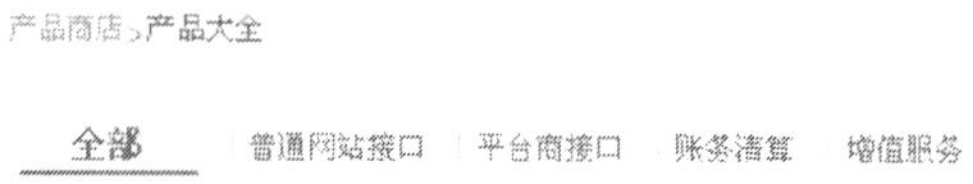

产品商店 产品大全

全部　　普通网站接口　平台商接口　账务清算　增值服务

图2-19　支付宝商家服务导航截图

①收款服务：担保交易收款、即时到账收款、双功能收款；

②账务清算：站内大额收付款、批量付款到支付宝账户；

③推荐服务：快捷登录 免费！担保交易收款套餐、团购类网站专属套餐；

④营销管理：在线客服、支付宝购物券、商家活动。

（3）与银行合作。

①对支付宝：有了传统金融行业的支持，能为广大用户提供更好的网络支付服务。

②对银行：海量的资金收益、全面共享数亿买家及数千万卖家海量交易资金的流入和沉淀亿万优质用户群。全面共享支付宝近5亿黄金用户群体，蕴藏广阔的消费、理财等金融服务的市场需求）

5. 盈利模式

（1）沉淀资金效益。

消费者使用支付宝实现网上购物是实时付款，而支付宝支付给网店的货款则是按照周甚至月度在结算。假如平均结算周期为半个月计算，沉淀资金将高达60亿以上，支付宝的账户上随时都会有超过60亿的资金供支付宝使用，每年的利息收入也将超过2亿元人民币。

（2）服务佣金。

目前第三方支付企业首先和银行签协议，确定给银行缴纳的手续费率；然后，第三方支付平台根据这个费率，加上自己的毛利润即服务佣金，向客户收取费用。

（3）广告收入。

支付宝主页上发布的广告针对性强，包括横幅广告、按钮广告、插页广告等。总体上看，广告布局所占空间较少，布局设计较为合理，体现出了内容简捷、可视性强的特点。而且主页上也还有若干公益广告，可以让用户了解更多的技术行业信息。

（4）其他金融增值性服务。

如代买飞机票，代送礼品等生活服务。

6. 支付宝技术模式

在安全方面，支付宝安全支付提供了身份认证、定制验证方式、安全传输机制、识别码对应机制、密钥更新等业内领先的安全措施与机制。

支付宝之所以备受电子商务用户的信赖，一个重要的原因是它卓越的安全体制和安保措施。支付宝提供了多重安全机制来保障用户的账户安全。支付宝用户可以通过设置账户安全保护问题、绑定手机短信、申请认证和数字证书等操作来保障自己的账户和资金安全。

"支付宝账户"有两个密码：一个是登录密码，用于登录账户，查看账户等一般性操作；另一个是支付密码，凡事牵涉到资金流转的过程都需要使用支付密码。缺少任何一个密码，都不能使资金发生流转。同时，同一天内系统只允许密码输入出错两次，第三次密码输入出错，系统将自动锁定该用户，三个小时后才会自动解除锁定。

绑定手机短信是支付宝的又一项安全措施，开通短信提醒后，在手机找回密码、手机开启\关闭余额支付、手机管理数字证书、手机设置安全问题、手机短信支付时，用户会收到来自支付宝的手机短信通知。如果用户发现收到的提醒短信所提示的操作并非本人的操作，可以及时检查账户并联系支付宝，以保护账户资金安全。

"支付宝实名认证"服务是一项身份识别服务、支付宝实名认证同时核实会员身份信息和银行账户信息。通过支付宝实名认证后，相当于有了一张互联网身份证，可以在淘宝网等众多电子商务网站进行买卖交易。

具体技术如下。

①手机动态口令：手机动态口令是基于手机绑定的更高级别的安全保护产品。在申请了手机动态口令服务之后，银行账户信息修改、证书验证、找回密码、一定额度的账户资金变动都需要手机验证码确认（动态密码）。

②数字证书：数字证书是由权威公正的第三方机构（即 CA 中心）签发的证书。它的加密技术可以对网络上传输的信息进行加密和解密、数字签名和签名验证，确保网上传递信息的机密性、完整性。

③宝令："宝令"是支付宝和中国联通联合推出的一款采用动态口令技术的安全产品。"宝令"屏幕上显示 6 位数字、每分钟更新一次。

④支付盾：支付盾是支付宝公司推出的安全解决方案，它是具有电子签名和数字认证的工具，保证了您在网上信息传递时的保密性、唯一性、真实性和完整性。

⑤第三方证书：如果您已经拥有了一张银行数字证书（文件或 USB Key），可申请绑定使用该证书进行支付宝系统登录，方便管理。使用证书的三大特点是：安全性、唯一性、方便性。

7. 管理模式

阿里巴巴网络有限公司的董事会及管理层相信，企业管治是企业成功和提升股东价值的基础。企业管治的要素包括诚信、信任与正直、公开、透明、负责及问责、互相尊重和投入敬业。

管理层结构如图 2-20 所示。

集团的六个核心价值（分别是客户第一、团队合作、拥抱变化、诚信、激情和敬业）体现了企业管治的要素并构成阿里巴巴的企业基因。在企业管治的领域中，同样坚守和贯彻这些价值。致力维持及坚守良好的企业管治，以保障客户、雇员及股东的利益。

集团董事会给董事、高级管理层及雇员订立高水平的准则。亦严格遵循中国及其他经营所在地司法管辖区的法律与法规，并遵守监管机构所颁布涉及我们业务及本公司的指引及规则，包括中国信息产业部、香港证券及期货事务监察委员会及香港联合交易所有限公司所颁布之有关规定。

集团董事会是企业管治架构的核心，负责集团管理层提供高层次的指引及有效的监管。集团董事会监控影响所有股东权益的特殊领域，包括财务报告及控制、股权融资、建议/宣派股息或其他分派、香港联合交易有限公司证券上市规则项下的须予公布及关联交易，以及资本重组或本公司资本结构的其他重大变动。董事会审阅及批准本公司的策略及业务计划并授权管理层执行，而管理层则向董事会汇报，并负责日常营运。由首席执行官、首席财务官及首席运营官领导的管理层，负责管理和行政职能以及本公司的日常营运。董事会

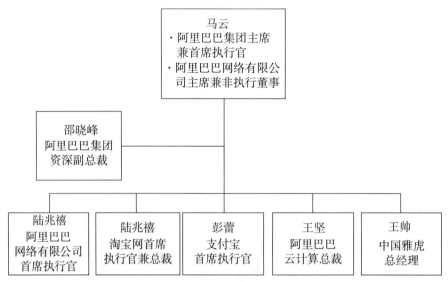

图2-20 企业管理层结构

共有11名成员，其中有4名独立非执行董事。

董事会架构如图2-21所示。

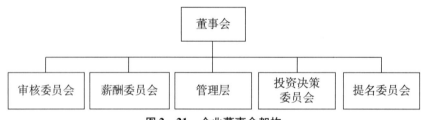

图2-21 企业董事会架构

8. 支付宝风险模式

（1）安全风险。

网购市场的繁荣，引得不发分子想尽各种办法从中非法牟利，期中手段之一就是利用木马、病毒等手段盗取他人账户，现在互联网上的木马网站、钓鱼网站数量愈来愈多，用户访问这些网站后可能会丢失自己的各类账号。

针对很多用户关心的安全问题，支付宝全新的安全策略中心已经正式上线。以支付宝先进的风险控制系统为基础，新的支付宝安全中心除了继续保障用户的账户、交易、隐私等安全外，还将向用户提供量身定制的五重安全保护。用户不需要费时费力为交易的安全性考虑，支付宝自然会根据用户的实际情况提供符合需要的安全解决方案。

（2）网速风险。

在网络速率慢且不稳定的情况下使用支付宝支付，会出现事实上已经完成支付，但由于网络速率问题，支付页面链接失败的情况。这虽然是用户网络本身的问题，但支付宝作为一家国内最大的第三方支付平台服务商，明知此种情况存在却没有给出相应的解决办法机制，出现这种问题可谓难辞其咎。

（3）消费者购物风险。

①假货风险。任何事物都有两面性，网上购物在为人们提供一种新的、便捷、廉价购物新方式的同时，也存在着种种无法回避的缺点和风险，如假冒伪劣产品。毕竟网上购物不同于传统的面对面交易，消费者仅仅依据网店展示的几张商品照片无从判断所购商品的真伪，所以网上购物存在着很大的假冒伪劣商品风险。事实上，这是电子商务领域的问题，并不是网上支付方面的，但支付宝为保障买家利益，推出了相应的保障计划与措施。

②买家已付款，但卖家未发货的情况风险。针对这两种风险，推出了保障买家利益的消费者保障计划：支付宝消费保障计划是由支付宝联合商家共同推出的网购保障服务，消费者在消保商家的网站消费时，如因商家欺诈、支付安全问题遭受任何损失，可获得支付宝公司优先补偿。

（4）对国家大经济形势风险。

三方机构开立支付结算账户，提供支付结算服务，实际已突破了现有诸多特许经营的限制，它们可能为非法转移资金和套现提供便利，形成潜在的金融风险。

（5）网上支付固有及支付宝流程的缺陷。

网上支付一旦出现纠纷，买卖双方份各执一词，相关部门也很难取证。支付平台流程有漏洞，不可避免的出现人为要赖，不讲信用的情况。例如，在淘宝交易过程中，买方收到商品却故意以没收到商品为由，要求退款。

思考题

1. 内容经营模式具有哪些特点？
2. 支付宝经营模式具有什么特点？
3. 中国知网的商业模式具有什么特点？
4. 中国知网的经营模式对你有何启示？
5. 内容服务经营模式的主要风险有哪些？

2.4 网络经纪模式

2.4.1 网络经纪经营模式概述

1. 网络经纪模式的定义

网络经纪是指网络经济时代企业通过虚拟的网络平台将买卖双方的供求信息聚集在一起，协调其供求关系并从中收取交易费用的市场中介商。

网络经纪模式是指网络经纪商通过虚拟的网络平台将买卖双方的供求信息聚集在一起，协调其供求关系并从中收取费用（如交易费、会员费、广告费等）的互联网商业运作模式。网络经纪是适应网络时代厂商实现规模经济和专业化经济的要求而产生，网络经纪的产生与市场信息非对称密切相关。

2. 网络经纪模式的分类

（1）按网络经纪网站专业性划分。

网络经纪网站可以分成纵向型网站（又称纵向电子商务市场）和横向型网站（又称横

向电子商务市场)。"横向"和"纵向"是针对电商所经营的产品或者行业来说的,如电商经营产品横跨多个行业可以理解为"横向电商",如果电商经营产品更专注单一行业为纵向电商。纵向电商也可以称之为垂直电商。这个概念类似于"通用搜索"与"垂直搜索"间的关系。"纵向电商"的典型代表:早期的麦考林 www.m18.com 主要经营服装、早期的京东商城 www.360buy.com 主要经营电子产品、早期当当网 www.dangdang.com 主要经营图书。为什么都要加上"早期"两个字?因为"纵向电商"在单一行业取得成功的同时,发现自己所吸纳的流量完全可以用来购买更多未涉足行业的产品,如果对此视而不见将是对流量的巨大浪费,所以"纵向电商"纷纷涉足其他行业,这样就造成"纵向电商"间的相互竞争。所以京东也开始卖书,当当也开始卖电器。所以"早期"靠单一行业起家的"纵向电商"变成了"横向电商",现如今,甚至又做"平台电商"。

什么是真正的纵向电商或者真正的垂直电商?商品拥有者,以电商为销售渠道完成商品的流通销售,才是"真正的垂直电商",上述商品拥有者最好可以控制商品的生产。典型代表:乐峰网 www.lefeng.com 专注女性用品,且大部分商品为自有品牌(应该是贴牌生产)。但是现在它也销售非自有品牌商品,但是商品结构还是侧重自有品牌。海尔商城 www.haier.com 专注家电产品,品牌自有,且绝对具有生产能力,典型的纵向电商,全产业链与电商对接。当然销量如何,生命力如何还需观望,继续努力。优购网 www.yougou.com 百利旗下购物网站,侧重鞋类销售,且具有生产能力。

表 2-4　国内常见网络零售经纪平台(网站)

序　号	网站名称	网　址
1	淘宝网	http://www.taobao.com
2	拍拍网	http://www.paipai.com
3	有啊	http://www.youa.baidu.com
4	eBay	http://www.ebay.com
5	eBay 中国	http://www.ebay.com
6	易趣网	http://www.eachnet.com
7	新浪商城	http://mall.sina.com.cn
8	365 商城	http://www.365.com
9	中关村在线	http://www.zol.com.cn
10	6688 商城	http://www.6688.com
11	263 商城	http://www.263mall.com
12	泡泡网	http://www.pcpop.com

(2)按网络经纪网站的功能划分。

①市场交易经纪:经纪人根据货物价值向买主收取佣金;

②商业贸易社区经纪:综合信息源和对话源网站,包括购物导读、供应商目录、产品目录等;

③购买者集合经纪：个体购买者组成集团，买主支付少量费用；

④后中介商：联系买家与在线经销商，提供金融解决方案和质量保证及其他后续服务；

⑤反向拍卖经纪商：按需拍卖。

3. 网络经纪模式的重要意义

网络经纪模式使产品和服务更接近消费者，匹配买卖双方，使搜索更经济，可以减轻市场波动，网络经纪商还提供信誉担保，有效促进了电子商务发展。

4. 电子商务中介存在的经济学原理分析

（1）电子商务中介与逆向选择问题。

①由于电子商务市场特性造成的信息不对称性。

在电子商务环境中，由于突破了时空限制，给交易双方带来便利的同时，也导致交易双方的身份确认以及信号发送困难，引发信息不对称性。虽然电子商务扩大了交易范围和交易对象，但是由于网络的虚拟性使交易双方的身份确认要比传统市场困难得多，一家网上商店可以在短时间内建立起来，也可以在短时间内消失，这就增加了买方对卖方身份以及信誉不信任。另外，网络交易者身份的不易识别也导致了网络柠檬问题的存在。在互联网上，人们之间以代号（DI）相称，对于对方的真实身份、性别、居住地等等重要信息往往无法辨别其真伪。这种匿名性对于在线交易的影响是致命性的。还有就是在电子商务市场中，网络仅仅是买卖双方快速、全天候传递交易产品信息的媒介，产品实物和销售网站的分离，产品订购和实物配送的分离，容易产生买方所购买的产品质量与卖方网站上的说明不相符，甚至出现以劣质产品冒充的欺骗行为。

②由于在线产品的一些特性产生的信息不对称。

第一，在线产品的先验性所导致的信息的不对称。在线产品分为数字产品和非数字产品，而大多数数字产品为经验产品，消费者无法从其外部特征判断其质量，它们的质量只有在使用之后才能被了解，但是，由于数字产品不同于实物产品，实物产品可以通过让消费者试用来了解产品的质量，而数字产品的试用过程就是产品转移的过程。一旦消费者使用了数字产品的信息内容以后，消费者就不再愿意购买了）这就是信息产品生产中无法克服的问题。这一特点使得厂家没有一个好的方法来使消费者来了解其产品的质量，所以即使是大量的广告和产品信息并不足以使消费者相信其质量，消费者也不会购买。

第二，产品质量评价的主观性。在线产品效用评价的主观性和网络的外在性所导致的产品质量评价的主观性。个性化服务是市场的需求，网络的运用使个性化服务更便捷。个性化产品依赖于消费者的个人偏好，而相同的产品对不同的消费者来说效用也是不一样的，因此不同的消费者对同一产品质量的评估将越来越主观和个性化，也就更具有不确定性。而网络的消极外部性使得供应者在一个消费者身上建立的信誉很难扩散到其他消费者身上，进而也增加了信息不对称性问题的存在。

第三，数字产品的不可破坏性导致的信息不对称性。数字产品具有不可破坏性，也就是说数字产品并不会因为使用发生损耗、质量下降的现象，所以新产品和二手产品没有根本性的区别，从而导致数字产品的生产商是在和自己卖出的产品竞争。为了避免这种情形的出现，数字产品的生产商采取蓄意升级的销售策略。实际上数字产品的生产商出售的数字产品和其升级版本的质量几乎没有多大差别，只是增加了一些无关紧要的功能，但是升级版本的价格要远远高于初始版本的价格。可见在网络市场上数字产品的价格所能传递的质量信息是非常有限的，这时质量不确定性问题所导致的"柠檬问题"将更加突出。

（2）传统解决方法的缺陷。

在传统市场上解决信息不对称的主要方法有：根据商品的价格来推测商品的质量、制造与传播市场信号等。这些方法在传统市场上的作用很明显，但在网络市场上就显得不尽人意，原因有：

①市场信号在网络市场中作用的失灵。

第一，网络市场中销售的产品中很大一部分是数字产品，而数字产品又是经验产品，如果要向消费者发送质量信号，就必须公布其内容，而内容的公开后消费者就不会购买了）如何才能把数字产品的质量信号发送给消费者同时又不公开数字产品的内容呢？要解决这个问题比较困难。

第二，在传统市场上，如果顾客对产品不满意可以退货。在网络市场中退货措施实施起来非常难。因为在网络市场销售的许多产品是数字产品，由于数字产品具有易传递性和易复制性，实际上退回的产品已没有意义。

第三，网络市场中，许多产品（如针对某一市场的调研产品）消费者只购买一次，这时声誉好的公司跟声誉差的公司没有什么差别，几乎不占多大的优势。

第四，在传统市场上厂商主要通过创立知名品牌和提供一些售后服务措施间接发送产品的质量信号，使消费者愿意购买该厂商的产品。但是，在网络市场上，用间接信号是来传递产品的质量非常困难。因此，传统市场可用的间接信号在网络市场上可能奏效不大。

②在线产品特别是数字产品的价格传递质量信号弱。

我们可以从柠檬原理中得知，在信息不对称的传统市场中，商品的质量与价格有关，从某种意思上来说，高价格意味着高质量，低价格意味着低质量。所以，价格可以作为传递和判断质量的信号。而网络市场上在线产品（特别是数字产品）的价格所能传递的质量信号比较弱。

5. 网络经纪的价值网络

价值网络是经纪业务变化发展的直接结果，价值创造结构为价值网络的电子商务企业基本上是这么几类：第三方交易市场、在线经纪商（如证券经纪、保险经纪、票务经纪、房地产与抵押贷款经纪）、在线旅行。实际上，这几类企业在本质上都可以看作是中介商，它们通过将买者和卖者结合到一起来获取利润。例如阿里巴巴，它将买主和卖主联系到一起，向他们收取少量佣金。由于它处理的交易数量和服务的人数众多，使单笔数额微薄的佣金累积起来形成了相当可观的利润。

6. 网络经纪的主要分类及经营模式

（1）信息服务中介。

信息服务中介是网络环境下提供信息收集、整合等服务的中间商。它受客户的委托收集客户感兴趣的信息，并对其进行加工、分析和整理，形成有价值的产品卖给委托者。另外，对供应商来说，有关消费者和他们的购物习惯的信息是非常有价值的，特别是当这些信息被仔细地分析后用来为生产决策服务时。

①市场定位：为市场委托方（企业或个人）提供信息收集、分析、整理等方面的服务。

②价值体现：受个人或企业委托收集信息，并进行加工，提供信息服务；利用人才优势提供信息服务等等；提供网络社区、会员管理服务；提供信息搜索服务等等。

③成本构成：网站开发和维护费用；设备购买费用；聘请专门的计算机人才、管理人员等方面的费用；这个行业属于知识密集型行业，需要各行各业的人才，人力成本是主要的成本；网络接入费用等。除了上述费用外还有相关信息系统、企业资源管理系统等软件的开发或购买费用等。

④收入来源：提供各种服务产品，获得服务收入；为供应商提供广告服务，从而获得广告收入；提供信息订阅服务，从而获得信息订阅费；建立虚拟社区，收取会员注册费等等。

（2）搜索聚焦中介。

搜索聚焦中介是指提供互联网上信息资源搜集、整理服务的中介，它包括信息搜集、信息整理和用户查询三部分。使用搜索聚焦中介可以帮助人们在茫茫网海中搜寻到所需要的信息。这类中介的主要形式是搜索引擎。

①市场定位：面向社会全体用户，为用户提供信息搜索服务。

②价值体现：为用户提供信息搜索服务，使用户能够快速找到需要的信息；为用户提供多种查找信息的方式：一般搜索、在结果中搜索和高级搜索；为用户提供一个学习、交流的环境，如百度的贴吧，用户可以把自己的问题贴在贴吧里，等待别人的答复；提供新闻搜索、mp3 下载、图片下载等服务。成本构成：网站开发和维护费用；设备购买费用；聘请专门的计算机人才、管理人员等方面的费用；网站推广费用，占成本的绝大部分；网络接入费用等。

③收入来源：一种收入来源是点击收费，按照点击的次数来收取费用。另一种收入来源是付费排名。付费排名是指客户对关键字进行竞价，决定其在搜索结果中排名的先后。例如百度，竞价排名是百度主要收入来源，2013 年百度 80% 收入来自竞价排名。8% 的收入来自竞价排名，另外有百分之十几来自企业级搜索服务，剩下的不到 1% 是网站使用百度的搜索引擎的费用。

（3）营销中介。

商品的生产者把商品生产来后，没有足够的精力、资金进行商品的宣传，推广，这时需要一个中介机构代替它进行产品的宣传，推广，这时营销中介便产生了。营销中介是指协助公司推广、销售、分发产品给最终购买者的公司，它包括中间商、实物分送公司、营销服务机构以及财务中间机构。

①市场定位：针对那些资金不足，没有时间和精力或是没有自己的销售渠道的生产者推广，宣传商品。

②价值体现：生产者缺乏直接进行营销的财力资源，通过营销中介实现以少量资金获得商品宣传，推广的最佳效果；生产者能够获取大规模的分销经济性；为生产者节省大量资金，生产者可以通过增加主要业务的投资获得更大的回报；营销中介比生产者更有效地推动产品进入市场。

③成本构成：网站开发和维护费用；设备购买费用；聘请专门的计算机人才、管理人员等方面的费用；网站推广费用，占成本的绝大部分；网络接入费用等。收入来源为生产者：提供商品推广，宣传服务，从而获得服务费用。

（4）评价中介。

一方面，网络中存在大量信息，用户无法判断信息的真伪，另一方面，用户需要对不同供应商提供的产品进行比较，如果靠自身的力量去完成，则需要大量的人力，物力和时间，但取得的效果与投入的成本不一定成正比。这时需要得到第三方帮助，评价中介就产生了。评价中介是指对提供信息进行评价、比较服务中间商。

①市场定位：提供信息评价、比较服务，形成信息产品提交给用户。

②价值体现：为用户节约时间和金钱，它可以把同一种商品在不同购物网站上的销售价格罗列出来，比较价格的高低，也可以收集网络上的打折信息，使用户从中得到实惠；对信息的真伪做中肯的评价：为用户提供信息搜索服务等。

③成本构成：网站开发和维护费用；设备购买费用；聘请专门的计算机人才、管理人员等方面的费用；网站推广费用，占成本的绝大部分；网络接入费用等。

④收入来源：为用户提供信息服务，获得服务费；生产者提供广告空间，获得广告收入等等。

（5）金融中介。

金融中介是从事金融合同和证券买卖活动的专业经济部门，金融中介机构主要是银行。金融中介为交易双方的资金流转提供了方便，有助于交易的顺利完成。随着经济的不断发展，金融中介的形式由传统金融中介向在线金融中介的方向发展。金融服务在现代社会中发挥了更加重要的作用。

①市场定位：为客户提供金融产品、资金流转服务等，协助买卖双方顺利完成交易。

②价值体现：为用户提供各种金融产品或服务，帮助用户理财。

③成本结构：网站开发和维护费用；设备购买费用；聘请专门的计算机人才、管理人员等方面的费用；网站推广费用，占成本的绝大部分；网络接入费用等。

④收入来源：为用户提供融资获得利息；通过在线支付收取手续费；向用户提供金融产品服务收取服务费等。

7. 网络经纪发展的问题

（1）电子中介。

Internet 这个概念，起初意味着"无中介（Disintermediation）"，现在意味着"再中介（Re—intermediation）"。Internet 最大的作用之一就是生产者直接向客户销售。这种作用完全改变了好多行业，使购买者和一部分销售者受益。

今后，人们的注意力将从无中介转向再中介。电子商务市场的生产者既要吸引一大批直接买主，又要吸引一大批销售商，并妥当地协调他们之间的关系。再中介起初会带来新的低效率，但其长期效益大得多。首先，生产者增加其品牌投资，有助于增加市场的容量和所达到的范围。其次，生产者吸引一大批销售者，有助于满足购买者的需求。最后，生产者将管理大量的供应和需求数据，有助于达成近乎完全信息（完全信息是指买方和卖方都能够掌握足够的信息，从而使产品的价格充分接近其价值）的分销。电子化的市场就类似于现在的股票交易市场，并终将变得重要。

（2）渠道冲突。

渠道冲突（Channel Conflict）指的是渠道成员发现其他渠道成员从事的活动阻碍或者不利于本组织实现自身的目标。

如果同一厂商的客户群通过在线市场与离线市场的不同渠道以不同的价格获得同质商品，就会导致制造商与中介、合作伙伴与客户之间的冲突，这就是厂商的渠道冲突。渠道冲突常常成为厂商经营在线市场时需要考虑的关键问题之一。

（3）价格竞争。

消费者选择网上购物总是趋向于购买更低价的商品。不但各个网上商城纷纷打出低价折扣等促销广告，而且购物搜索引擎也逐渐风靡，通过搜索网上商品并得出最低价，迎合消费者的心理。

（4）欺诈。

网络经济的虚拟性，使得鱼目混珠、泥沙俱下的情况很难避免。在电子商务法律法规还不健全的情况下，如何识别网络骗局，保护自身权益，成为广大网络消费者的关注焦点。

2.4.2 网络经纪经营模式案例

案例1 携程旅行网经营模式

1. 携程旅行网的基本情况

携程旅行网由携程计算机技术（上海）有限公司于1999年5月创建，并于当年10月正式开通。2000年7月，为了更好地服务于会员，并拓展经营范围，网站创办人投资设立了上海携程商务有限公司，共同参与携程旅行网的开发建设。携程旅行网，总部设在中国上海，员工16000余人，目前公司已在北京、广州、深圳、成都、杭州、南京、厦门、重庆、青岛、沈阳、武汉、三亚、丽江、香港、南通16个城市设立分支机构，在南通设立服务联络中心。2010年，携程旅行网战略投资台湾易游网和香港永安旅游，完成了两岸三地的布局。

携程旅行网（http://www.ctrip.com，如图2-22所示）自成立以来，不断改进自己的服务，实现快速增长，其业务范围由最初单纯提供旅游信息，转为涵盖酒店、机票、旅行线路的预订及商旅实用信息查询检索等。正是凭借着携程网的优质旅游一站式服务和不

图2-22 携程旅行网首页

断变化、追求最好的精神，使得携程旅行网得到广大个体、企业客户的好评，著名的 Siemens，GE 等企业都是携程旅行网的主要客户。

作为中国领先的在线旅行服务公司，携程旅行网成功整合了高科技产业与传统旅行业，向超过 4000 万会员提供集酒店预订、机票预订、度假预订、商旅管理、特惠商户及旅游资讯在内的全方位旅行服务，被誉为互联网和传统旅游无缝结合的典范。

2. 携程旅行网的服务

携程网为客户提供全方位的商务及休闲旅行服务，包括酒店预订、机票预订、休闲度假、商旅管理、特惠商户和旅游资讯，其网站的功能结构如图 2-23 所示。

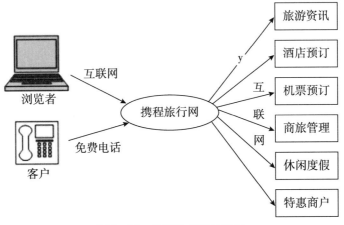

图 2-23　携程旅行网的服务

（1）酒店预订。

携程拥有中国领先的酒店预订服务中心，为会员提供即时预订服务。其合作酒店超过 28000 家，遍布全球 134 个国家和地区的 5900 余个城市。不仅为会员提供 2—7 折优惠房价，更有 2000 余家酒店保留房为会员出行提供更多保障。携程率先在业内推出酒店低价赔付承诺，保证客人以优惠的价格入住酒店。携程承诺：若会员通过携程预订并入住酒店，会员价高于该酒店当日相同房型前台价，携程将在核实后进行相应积分或差价补偿。携程网数千家酒店信息可供查询，为客户商务旅行或周游世界提供全面的资讯服务。

（2）机票预订。

携程旅行网拥有全国联网的机票预订、配送和各大机场的现场服务系统，为会员提供国际和国内机票的查询预订服务。截至 2014 年 3 月，携程旅行网的机票预订已覆盖各大航空公司的绝大多数航线，实现国内 67 个城市市内免费送票，实现异地机票，本地预订、异地取送。机票直客预订量和电子机票预订量均在同行中名列前茅，业务量连续两年保持 3 位数的增长率，成为中国领先的机票预订服务中心。携程在机票预订领域首家推出 1 小时飞人通道服务承诺，以确保客人在更短的时间内成功预订机票并登机。携程承诺：在舱位保证的前提下，航班起飞前，您只需提前 1 小时预订电子机票，并使用信用卡付款，即可凭身份证件直接办理登机。

（3）休闲度假。

携程倡导自由享受与深度体验的度假休闲方式，为会员提供自由行、海外团队游、半自助游、自驾游、签证、自由行 PASS 等多种度假产品。其中，自由行产品依托充足的行业资源，提供丰富多样的酒店、航班、轮船、火车、专线巴士等搭配完善的配套服务，现已成为业内自由行的领军者；海外团队游产品摒弃传统团队走马观花的形式，以合理的行程安排和深入的旅行体验为特色，正在逐步引领团队游行业新标准。截至 2014 年 3 月，携程旅行网已开拓 16 个出发城市，拥有千余条度假线路，覆盖海内外 200 余个度假地，月出行人次过万人，是中国领先的度假旅行服务网络。作为中国领先的综合性旅行服务公司，携程成功整合了高科技产业与传统旅行业，向超过 1.41 亿会员提供集无线应用、酒店预订、机票预订、旅游度假、商旅管理及旅游资讯在内的全方位旅行服务，被誉为互联网和传统旅游无缝结合的典范。

（4）商旅管理。

商旅管理业务面向国内外各大企业与集团公司，以提升企业整体商旅管理水平与资源整合能力为服务宗旨。依托遍及全国范围的行业资源网络，以及与酒店、航空公司、旅行社等各大供应商建立的长期良好稳定的合作关系，携程充分利用电话呼叫中心、互联网等先进技术，通过与酒店、民航互补式合作，为公司客户全力提供商旅资源的选择、整合与优化服务。主要是目的地指南，它涵盖了中国及世界知名旅游景点。内容包括餐饮、交通、住宿、娱乐和天气等诸多方面的实用信息，是一本及时更新、日益完善的网上旅行百科全书。

（5）社区。

携程社区是个虚拟的空间，为网友提供了一个虚拟的交流场所，同时，它也是一个现实中的社区，聚合了各地不同风格的众多网友。

（6）特惠商户。

特惠商户是为 VIP 贵宾会员打造的增值服务，旨在为 VIP 会员的商务旅行或周游各地提供更为完善的服务。携程在全国 15 个知名旅游城市拥有 3000 多家特惠商户，覆盖各地特色餐饮、酒吧、娱乐、健身、购物等生活各方面，VIP 会员可享受低至 5 折消费优惠。

（7）旅游资讯。

旅游资讯是为会员提供的附加服务。由线上交互式网站信息与线下旅行丛书、杂志形成立体式资讯组合。"目的地指南"涵盖全球近 500 个景区、7000 多个景点的住、行、吃、乐、购等全方位旅行信息，更有出行情报、火车查询、热点推荐、域外采风、自驾线路等资讯信息。"社区"是目前公认的中国人气最旺的旅行社区之一，拥有大量丰富的游记与旅行图片，并设立"结伴同行""有问必答""七嘴八舌"等交互性栏目，为会员提供沟通交流平台，分享旅行信息和心得，帮会员解决旅途问题。

携程还推出旅游指南丛书《携程走中国》、旅游杂志《携程自由行》、会员游记汇集《私游天下》。通过大量的旅游资讯、精美的文字信息、多角度的感官体验，为会员提供周到体贴的出行服务，打造独具个性的旅游方案。

携程旅行网的价值网络如图 2 - 24 所示。

3. 携程旅行网的目标客户

携程旅行网在运行过程中时刻本着"利用高效的互联网技术和先进电子资讯手段，为会员提供快捷灵活、优质优惠、体贴周到又充满个性化的旅行服务，从而成为优秀的商务及自助旅行服务机构"的原则，不断挑战自我，借助前瞻性的思考和持续性的创新为其快

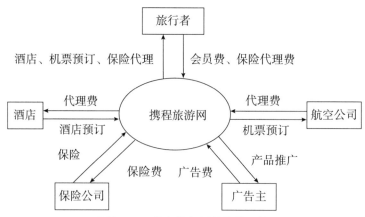

图 2-24　携程旅行网的价值网络

速成长提供保证；通过推陈出新的产品、服务和技术手段使其在日新月异的因特网时代能更好地满足日益多样化的客户需求。

携程网的三大核心业务主要是酒店预定、机票预定及旅游项目，涉及客户范围较广，可包括企业旅游者、集体旅游者及个体旅游者等。此外，携程网通过广泛的合作和对传统预定、票务企业的并购活动，携程同全球 134 个国家和地区的 28000 余家酒店建立了长期稳定的合作关系，其机票预订网络已覆盖国际国内绝大多数航线，送票网络覆盖国内 47 个主要城市。规模化的运营不仅可以为会员提供更多优质的旅行选择，还保障了服务的标准化，进而确保服务质量，并降低运营成本。携程和许多知名的传统旅行社的区别是：在产品形式上，定位在商务旅行、自助度假旅行；从服务手段来说，通过网络、电话进行。

4. 携程旅行网的盈利模式

（1）网上酒店预订的代理费。

酒店预订、机票预订等业务竞争的只是信息的传递，这对新生互联网公司来说相对较为容易，而且，这个行业的利润率在旅游行业中较为优厚。携程的收费方式很简单，实际上是扮演了中介服务公司的角色，它将客户与酒店互相引荐，并促成两者之间的生意，然后收取佣金。网上酒店预订的代理费大约在 10% 左右，订票约 3%。虽然这两大业务的平均利润率都不算高，但他们充分发挥了网络经济的成本——收入效应，网站及后台系统的建立只需要一次性的固定成本投入和很少的可变投入，用户也只需一个电话或点击一下鼠标就可轻松完成服务，携程后台系统的工作也只是对数据的自动变更。因此，旅游网站处理一个订单的成本比传统旅行社低得多，所以，它的纯利润是旅游行业中最高的。携程逐渐定位为一个旅行行业的中介服务机构，这不仅为单纯的酒店预订、机票预订提出了一个更高层次的概念，也为自身的发展开拓了市场空间。

（2）网上广告形式及收费标准。

携程的广告分义务广告和非会员式的收费广告，其中前者是对签约酒店、合作伙伴等在特定栏目给予的信息介绍，后者是针对专项广告进行的收费。收费广告又分会员网络媒体和传统媒体，网络媒体包括网站的首页、栏目主业、内容主业等主页面，21CN 旅游频道、上海热线旅游频道及 Newsletter。Newsletter 每月出一次，对一些好的旅行线路，宾馆进行推荐，以及报道携程的一些新闻信息。

与大多数网络广告一样，携程的网络广告没有地域限制、有效期长、内容涵盖量大且告形式多样，有平面文字、图片，还有 GIF、FLASH 等动态表现，甚至增加声音等多媒体效果，最主要的是它具有十分强的互动性。携程为其广告专门设立了美工，对图标和 flash 动画等进行设计且有专业的技术工程师对数据进行维护和修改。目前，携程较成功的广告案例有 IBM、Motorola、Nokia 等 IT 类企业，中国银行、VISA、平安保险等金融类企业，屈臣氏饮品、凉可润、阿迪达斯等消费品企业和维珍航空、上海航空、海宁旅游局等旅游行业及各大酒店。

（3）会员费。

携程在经营过程中采用了客户细分策略。携程将客户主要分为携程会员、合作卡会员和公司客户。携程会员虽然又被细分为普通会员和 VIP 会员，但与客户直接挂钩，没有进行再次细分；合作卡却会因合作企业的不同对会员进行二次细分，目前有大约 3000 多家企业单位与携程达成联名卡或合作卡，同时也吸引了这 3000 家单位的会员。应该指出的是因为合作卡是合作单位与携程的一种契约关系，所以客户是间接的受益者，很多企业办理合作卡是为了更好地服务其一定的客户群，所以，这些合作卡可以是普通卡也可以是 VIP 卡。公司客户则主要是针对酒店、售票中心等集团性客户群体，可供其进行信息修改、查询等。

普通卡和 VIP 卡在一些服务范围上都是一样的，主要包括机票预订、酒店预订、度假预订和积分奖励等四个方面。但是 VIP 卡用户享有在全国重点城市 3000 余家特约商户消费打折服务，享受服务优先权，参与积分奖励计划。目前普通会员资格在网上可直接申请，在网下则通过非收费方式进行发放，但 VIP 卡却无法低成本地获得，可通过 3000 分的积分累计进行兑换或通过现金进行直接购买。

合作卡主要分为联名卡、航空公司卡和银行卡。按照享受优惠的幅度来说，携程合作卡也被分为普通卡和 VIP 卡。携程凭借其超过 6000 家的企业用户数据库资源、高素质的重视会员及在市场上巨大的竞争优势，赢得众多企业的青睐，与其进行合作。此举对携程来说无疑是增加客户资源，提高其知名度，有助于长远发展的一个有效途径；而对于合作企业来说，作用也有较多，利于线上线下整体推广，方便促销，可有效维护、跟踪用户。正如携程所提出的那样，携程 VIP 卡对消费者有极高的吸引力，可作为促销产品在产品销售或服务过程发放，也在促销活动中作为奖品提供给活动参与者，起到促销的作用；联名卡的发放更体现了企业对客户的关怀，独特的权益常让客户自豪，从而提高客户忠诚度；最主要的是通过携程记录的客户消费行为详细数据，企业可充分分析客户行为，为后期更细致的服务做好铺垫。

携程网盈利模式如图 2 - 25 所示。

5. 携程旅行网的技术模式

总体说来，携程网整体技术模式较为先进，它不仅采用国际高端软硬件产品，保证整个系统的正常运行，还针对自身的业务范围、运营特色进行设计，开发出独特的应用系统。鉴于携程网的酒店预订、机票预订及旅游项目等业务在技术实现过程中集中表现在对信息的发布和双向互动沟通上，所以，技术手段上来讲主要侧重于以下几个方面：服务的先进性、高度互动性；信息传播的安全性、正确性；业务的信息化、数据化；交流的多样性、合作性。携程旅行网利用互联网和电话呼叫中心系统等先进技术平台及各类软硬件，携程给客户提供全天候 24 小时的网上网下预订服务。携程拥有国内旅游行业最大的 Call - cen-

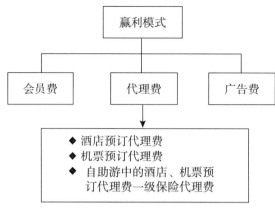

图 2-25 携程网赢利模式

ter，采用先进的朗讯交换机和自行开发的应用软件，拥有 500 个座席，具有自动语音系统和独创的自动传真系统，并开发了先进的实时监控管理系统、先进的客户关系管理系统（CRM）、预订服务质量监控体系、独特的房态管理系统、E-booking 网络实时预订系统。

携程建立了一整套现代化服务系统，包括：客户管理系统、房量管理系统、呼叫排队系统、订单处理系统、E-Booking 机票预订系统、服务质量监控系统等。依靠这些先进的服务和管理系统，携程为会员提供更加便捷和高效的服务。携程的整个技术模式中以其呼叫中心最为突出，这不仅是因为携程的呼叫中心采用了全国最先进的软硬件技术，更因为携程为了使用方便，经大批技术精英的研制，对其进行改造，成为目前国内旅行服务行业中规模最大的呼叫中心，有 70% 左右的业务通过呼叫中心完成。携程呼叫中心的底层开发是由上海寰讯信息系统有限公司负责的，而客户端应用却是由携程的开发队伍根据业务需求"量体裁衣"的，有效的结合使携程的呼叫中心独具众多特色。

（1）预测等待时间。

预测等待时间是朗讯的专利，朗讯的系统可以预测一个呼叫在队列中大概要等多长时间。携程结合自身应用特点做了二次开发，将预期等待转为"可视队列"，系统会告知客户前面有几个人在排队，可能还要等多长时间。

（2）座席系统。

携程呼叫中心在规划设计时就考虑如何将座席员操作和电话功能有机结合。携程旅行网的内部系统采用 B/S 结构编写，专门开发了一套有软电话功能的多窗口浏览器，除了具备一般浏览器的全部功能，还将软电话的操作功能（如登录、退出、暂停、工作等）做成按钮和功能键放在界面上方，将当前座席的工作状态和队列情况显示在界面下方，实现了一般软电话的所有功能，同时页面上显示的电话号码可以按右键直接拨出，操作起来非常便捷高效。

（3）数据统计。

携程自行开发了一套基于数据库的呼叫记录管理系统，将每个呼入、呼出电话的详细情况全部记录在数据库中，并且结合报表生成系统，制作各种实时报表和统计分析报表，方便数据的记录、查询和统计的同时，具备对数据分析、挖掘和处理的能力。

（4）监控管理。

携程的监控管理可以把每个座席的状态都看得非常清楚，对座席业务代表的考核不采用一般呼叫中心使用的"接通率",而是采用国外流行的标准——Servece Level,即规定时间内的接通率,最后定出的标准是必须有90%的电话在20秒以内接通。

（5）传真系统。

目前,携程的传真系统有10根线进来,16根线出去,26根线的接收发送基本上是不停的,没有空闲时间,每天进出传真量平均在8000左右,且如此大的传真量现在基本上只要一人花一半的工作量就行了。这种新的传真系统发送和接收全都是自动的,操作步骤就像发送 E-mail 一样,只要稍微处理一下就可以。收回来的传真一般能自动识别是哪个订单的。

（6）座席业务代表是"机器"。

在对一个订单处理的全部过程中,从接到订单到联系酒店到最后确认,计算机会把座席人员要说的话都显示出来,只要对着读就可以了。此程序里面的逻辑非常复杂,要根据客户的不同情况生成不同内容,比如对第一次预定的客户,系统要提醒客户如果要取消或修改的话要打电话通知携程;如果是保留房的话,系统会提示没有问题,如果是当场现订,系统会提示两个小时内答复客户。根据当时不同类型的客户、不同宾馆、不同时间状况,计算机讲的"话"都不一样,目的是在最短时间里给客户一个最确切的答复。

6. 携程旅行网的管理模式

（1）虚拟与扁平式的高效组织结构。

携程在组织结构设计上充分利用网络的便利性,一改传统组织结构的烦琐冗长,使其变得扁平化、虚拟化。携程的总部设在上海,下有北京、广州、深圳、香港四个分公司,其余的全国二十多个大中城市均采取办事处的形式设有分支机构。

（2）优质的管理团队。

在互联网的涨潮声中,携程 CEO 梁建章与人合作创办携程旅行网;在互联网的落潮声中,他将携程旅行网改名为携程旅行服务公司。从单纯的旅行网站到今天的携程旅行服务公司,无不透示着他卓越的管理才能。惜才、爱才、用才是携程在管理团队发展商秘诀,携程对业内精英人士十分重视,不惜高薪聘请,同时,他也赋予这些智囊富有挑战力的工作。如此一来,携程的管理团队在资源合作、管理技能、业务经验上的完美组合和紧密无缝的合作保证了公司迅速稳健的发展。其高层管理团队集合了美国、瑞士、中国香港、中国的 IT 业、旅游业及金融业多年的业务运作与管理的经验;中层管理团队则汇集了中国 IT 业、酒店业、航空代理业及旅游业的精英;此外,还有众多热爱携程,与携程一起长大的忠诚员工,他们认真、负责的精神更为携程的茁壮成长奠定坚实的基础。

（3）积分管理与激励机制。

为了激励用户的消费行为,携程还制定了积分累计制,即用户的每次消费都会累计一定数目的积分,当积分达到一定额度（从3000分到100000分不等）足以兑换携程指定奖品、度假产品抵用券、免费酒店、机票及旅游路线,用户可申请进行兑换。

7. 携程旅行网的资本模式

携程旅行网自建立以来到现在,基本采取三种资本模式:融资、收购和合作。

（1）风险投资基金融资。

与其他众多网络企业一样,携程的先期资金也来自于风险投资。这第一笔资金是在1999年10月由IDG投入的;2000年3月软银集团为首给予了第二轮投资。2000年11月,携程完成1200万美元的第三期融资，这轮融资中最大的股东是刚刚进入中国的 Carlyle 公司。这个公司的几个项目经理对传统行业非常了解，他们是用产业投资者的眼光，而不是用职业风险投资人的眼光来看携程的。Carlyle 关心携程的现金流、规模和盈利时间表。

目前，携程的主要的投资者有美国 Carlyle Group（凯雷集团）、日本 SoftBank（软银）、美国 IDG（国际数据集团）、上海实业、美国 Orchid（兰花基金）及香港 Morningside（晨兴集团）等。

（2）并购。

并购对于发展初期的互联网公司来说是最好的"落地方式"，这样一来，不仅能够获得被并购企业的传统优势和长期积累客户，还能快速扩充自身的业务，占领市场。2000年9月携程收购了当时行内最大的酒店预订中心——现代运通。这是国内第一家用800免费电话来实行酒店预订的订房公司，最高间夜量达到2万间/月左右，即每个月有2万人次通过它在全国各大城市的酒店订房。此后短短几个月时间内携程的月间夜量就猛增到15万，按400元/间计算，一个月仅酒店预订的交易额就有六七千万元。2002年4月携程又收购了北京最大的散客票务公司——北京海岸航空服务公司，并建立了全国统一的机票预订服务中心，在十大商旅城市提供送票上门服务。2002年8月，携程还与首旅组建新的子公司，建设经济型酒店销售连锁。携程利用购并手法在自己圈定的业务领地合纵连横。

（3）联合发展。

携程的合作伙伴较多，覆盖国内外众多星级酒店及著名酒店管理集团，海内外知名旅行社、国内外知名航空公司、国内著名电信集团、国内外知名银行及保险公司及无线网络开发商等，为合作业务的顺利进行提供保障。

携程通过与航空公司、银行及其他著名企业进行联名卡的发售，相互促进，实现互利，如通过联合交通银行及美国友邦保险推出了集信用卡、旅行消费和人身保险于一体的太平洋–携程联名信用卡——旅行通就是一个最显著的例证。

8. 未来发展分析

携程旅行网是一个网络环境下新生的网上经纪商，其从无到有、从小到大。作为旅游中介，携程为客户提供了一个查找、预订、参观、交流的平台，通过收取酒店、机票及旅游线路等差价为主要收入来源，以广告、会员卡等为辅助来源，携程拓展了收入源，为长期发展奠定基础；携程虽然是网络环境下的新生事物，但在具体经营中却选择了"落地政策"，通过并购、合作等手段，先后与风险投资公司、传统酒店、商场、订票中心、银行等形成联合关系，共同发展网上旅游事业；自建立以来，携程就时刻以发展为"国内最大的旅游电子商务网站，最大的商务及度假旅行服务公司，中国最大的旅游信息发布企业"作为主要目标，几年来这一目标也在逐渐实现。

携程的核心竞争力可归纳为四点：

①规模。拥有先进的网络资源和业内最大的呼叫中心，实行大规模集中化处理方式；

②技术。自行开发客户管理系统、呼叫排队系统、订单处理系统、电子地图查询系统，强大的技术力量在业内并不多见；

③系统的流程。打破传统小作坊模式，通过系统化规范，将整个运作过程通过合理分工，进行流水化操作。最优化流程的设计，使得错误发生概率极小，每个步骤专业高效，

从而使整体服务质量达到最优；

④理念。携程很重视对服务人员服务理念的强化，定期会进行相关培训。其实，这些也就是携程在商业、技术、经营、资金、管理等模式策划的核心所在。

但是，作为一个大型的网上旅游中介公司，网站的页面设计显得有点单调、繁杂，浏览者总要仔细寻找自己需要的内容，一个旅行服务公司的页面应让浏览者有一种休闲的感觉和旅游的欲望。本网站只有中文简体、繁体和英文两种语言是不够的，因为，近年来，越来越多的非英文国家的游客到中国或其他国家旅游，网站的发展壮大一定要适应这个趋势。

案例2 智联招聘网经营模式

1. 智联的概况

作为国内最早、最专业的人力资源服务商之一的智联（www.zhaopin.com），其前身是1994年创建的猎头公司智联（Alliance）公司。独特的历史为今天智联招聘的专业品质奠定了基石，并为我们积累了宝贵的人力资源服务经验和优秀的客户，其品牌和服务已被个人求职者和企业人力资源部门普遍认可。

智联招聘面向大型公司和快速发展的中小企业，提供一站式专业人力资源服务，包括网络招聘、报纸招聘、校园招聘、猎头服务、招聘外包、企业培训以及人才测评等等，并在中国首创了人力资源高端杂志《首席人才官》，是拥有政府颁发的人才服务许可证和劳务派遣许可证的专业服务机构。

智联招聘（www.zhaopin.com）总部位于北京，在上海、广州、深圳、天津、西安、成都、南京、杭州、武汉、长沙、苏州、沈阳、长春、大连、济南、青岛、郑州、哈尔滨、福州等城市设有分公司，业务遍及全国的50多个城市。从创建以来，已经为超过190万家客户提供了专业人力资源服务。智联招聘的客户遍及各行各业，尤其在IT、快速消费品、工业制造、医药保健、咨询及金融服务等领域享有丰富的经验。

2. 网站的功能与基本结构

（1）网站结构外观。

智联招聘的网页左上角是网站logo，中间是一级栏目的链接，如简历中心、职位搜索、校园招聘，个人测评等。右面是产品和服务的链接，如企业服务、企业广告等。logo下面是个人登录区，右侧依次是找工作搜索区、城市频道以及热点搜索区。

（2）栏目设计的特点。

在导航栏的设计中智联招聘有针对性贴近用户的需求。在简历中心你可以方便地制作自己的简历，在校园招聘栏目中，如果你是一名应届生，你可以找到你心仪的公司和职位，然后进行申请。在搜索区可以让更多的人方便快捷的查询到需要的职位。（如图2-26）。

3. 智联招聘的目标客户

由于传统招聘受到信息不对称等因素影响，求职者和企业之间无法进行及时、双向的互动交流，而网络招聘打破了这种信息的壁垒。网络招聘成为人才供求双方共同追求的交流互动的平台，网络+招聘的商业模式也成为网络运营商获取盈利的一个新的增长点。智联招聘网站的优势在于它的优质服务和快捷搜索，企业的快捷回复。而从智联网站的优质

图 2-26　智联招聘网的首页

服务也在求职者和企业中树立了一个良好的形象。也会让越来越多的人在求职的时候首选智联招聘网站，这也就是客户的忠诚度越来越强。它是企业生存的根本。

在导航栏目中找工作、高级人才和校园招聘给不同的求职者提供了不同的空间，社会上的求职者可以用他们的工作经验寻得一份好的工作，而应届毕业生也可以用他们所学习到的知识在校园招聘中谋得一份职位，这也就是各得其所，因为二者是不相同的，这也是毕业生所需要的一个空间，那么，智联招聘网站的目标客户应该是社会上的求职者、再就业者和广大的大学应届毕业生，那么接下来就是按照目标客户来制定网站的栏目，在这方面，智联做得比较好。

截至 2014 年 1 月，智联招聘网平均日浏览量 6500 万，日均在线职位数 248 万以上，简历库拥有近 2850 余万份简历，每日增长超过 30000 封新简历。个人用户可以随时登录增加、修改、删除、休眠其个人简历，以保证简历库的时效性。智联招聘拥有覆盖全国超过 20 个主流城市的智联招聘周刊，与网络招聘形成"线上 + 线下"的联动跨媒体招聘平台，其总发行量达到 630 万份，到达率超过 3200 万人次。对此，我们从两方面分析：

（1）个人用户。

个人用户的群体主要分为两大群体：应届大学毕业生和具有社会经验的专业人士。因为中国大学生人数众多，每年中国大学生就业都会成为社会关注的焦点问题。由于就业压力，大学生在校园招聘的同时也会拓宽就业渠道在互联网上推介自己，希望得到理想的工作。随着信息化的发展，社会招聘日益成为大学生就业的一种趋势。第二类人群是社会专业人士，他们有一定的社会经验，有些不满足于现实，想跳槽改变自己目前的处境，但由于又处于工作环境不能天天跑招聘会，在网上投简历满足了这一需求，但另外一些由于其他原因工作辞职，暂时没找到工作，在网上投简历，增加就业的可能。对于个人群体，智联招聘都是免费的，获得个人用户也多，给招聘网站带来的无形资产也会越大，实力也会越雄厚，企业才更愿意合作。

（2）企业用户。

企业用户是智联招聘的最重要的客户，是企业生存的关键。智联招聘的企业用户涉及各行各业，尤其在IT、快速消费品、工业制造、医药保健、咨询及金融服务等领域享有丰富的经验。企业用户是收费的，但享受的服务也较多，如企业注册后可以共享智联招聘的人才库，搜索人才，还可以发布广告宣传自己公司，同时，智联招聘也为企业用户在开始就为企业提供了人力资源一站式服务。

4. 智联招聘的赢利模式

智联招聘的产品主要是面向企业，涵盖网上招聘、猎头服务、校园招聘、招聘外包、报纸招聘、培训服务、急聘VIP、薪酬报告、智联招聘以及企业测评几个方面。因此，智联的收入和利润来源也主要来自这几个方面。

网上招聘是智联招聘的主要收入来源，网络招聘广告形式包括：招聘职位列表、招聘广告文字链接、按钮广告、旗帜广告、漫游牌广告等服务，智联招聘将会获得丰厚广告收入。

猎头服务主要为企业提供成熟的专业人才服务，智联从中获得一定收益。

校园招聘已为戴姆勒·克莱斯勒、卡夫食品、吉百利、丰田汽车、雀巢、英国石油、壳牌等知名跨国企业提供服务，智联招聘会获得一定中介收入以及广告收入。

招聘外包即 Recruitment Process Outsourcing，简称RPO服务。此项招聘项目服务可以提供招聘流程中的全面解决方案，即整合所有招聘渠道，从简历收取媒体采购、到简历集中筛选及笔试、面试等环节，为企业提供一揽子招聘服务。尤其当企业有大批量招聘需求，职位分布广泛，项目时间紧而企业内部招聘人员短缺时，招聘外包是最佳的解决方案，智联招聘可以获得丰厚的收益。

智联招聘收入是企业发布一个职位获得99元收益，展示30天。薪酬报告对参加的企业5000元一份，未参加的10000一份，智联招聘获得服务收入。总之，智联招聘的产品是丰富的，收入来源也是多元化的。

5. 智联招聘的经营模式

中国招聘网站的运营模式可归结为三种模式。

一是媒体模式。即以前程无忧、中华英才网、智联招聘为代表的模式，招聘企业只是将网络变成一个像报纸一样的媒体，发布招聘广告。目前中国市场上95%招聘网站都是这样的传统媒体模式，这种模式在中国存在了10年，一直缺乏变化与创新，期待破局。

二是职位搜索模式。近两年才出现，以职友集、搜职网为表，聚合了其他招聘网站职位的网站，但至今还没有找到盈利商业模式，也没有得到求职者认可。

三是以求职者为中心的、聚合求职信息精华的全方位求职网站。它既不同于传统媒体性质的招聘网站，也不同于单一的垂直职位搜索网站。2007年，中国招聘网站运营模式有所突破：智联招聘将两款全新的网络招聘产品投向市场，针对解决中小企业人力资源管理的"智联易聘"以及满足品牌客户高端需求的"招聘VIP"登场。"智联易聘"全方位解决中小型企业的招聘需求和HR学习及管理需求。"智联易聘"在普通职位列名的基础上，为企业HR经理人提供职位发布、简历下载功能。从1997年智联招聘已走过十二年头，从默默无闻走向了网络招聘的前台，稳稳坐在前三的位置。在近几年，智联招聘集多种媒介资源优势，提供专业的人力资源服务，发展迅速，特别是在2008年之前的四年，智联招聘的市场份额高速增长，远远把前程无忧和中华英才抛在后面，大有追赶和超越之势。这些成就的取得首先与智联招聘的经营模式是分不开的。

（1）扩大细分市场。

针对大学毕业生的校园招聘，针对高端人才的猎头服务，针对企业急聘的急聘VIP，针对培训市场的培训服务等等，这些细分市场对智联招聘业务的提升，客户的黏性，增加网站收入和客户具有重要的意义。

（2）增加产品线和服务。

目前智联招聘的产品与服务主要有网上招聘服务、报纸招聘服务、猎头服务、培训服务、校园招聘服务、招聘外包服务、"急聘VIP"、人才测评、智联社区等，这些产品或服务在将来的发展过程中肯定会被其他模仿者或竞争者赶上，因此增加产品线和服务对智联招聘的发展是必不可少的。

（3）提供一站式的解决方案。

提供一站式的人力资源解决方案是智联招聘的核心能力之一，也是智联招聘最核心的产品与服务，是企业的竞争力所在。智联招聘提供一站式解决方案，主要是考虑为企业节约成本，提高效率，具有重要的意义。

（4）对企业单向收费。

对企业单向收费是目前主流招聘网站的盈利模式。目前，网上招聘业务是中华英才网和智联招聘的核心，前程无忧则有超过半壁江山是传统的印刷广告，不过在收费模式上保持了一致：都是单向向招聘企业收费。

6. 智联招聘的管理模式

管理模式是网站自身为了网站的正常运行，和意外时能保护系统、恢复系统的法律、标准、规章、制度、机构、人员和信息系统等结构体系。作为一个网络招聘网站，也是一个由合作开发模式运营的网站，管理是一个重要的问题，起初，网站的管理都是垂直的管理模式，都好似经过一系列的完善后才拥有一套适合自身的管理模式，为了符合自身的发展。

智联招聘网站（北京）有限公司总部位于北京，在全国共有18家分公司，拥有由1000余名高素质、专业化的人才组成的人力资源服务团队。主要产品与服务有：网络招聘、报纸招聘、猎头服务、校园招聘、企业培训、人才测评、智联社区、VIP招聘等。总部和各分公司共同运营智联招聘网开展人才中介服务。

智联总部位于北京，在上海、深圳、广州、天津、武汉等23个城市设有分公司，业务遍及全国50多个城市。从创建以来，已经为超过190万家客户提供了专业人力资源服务，能为企业在不同国家招聘优秀人才，是中国认知度最高的全国性专业网络招聘企业之一，日均保持197万有效职位，每天4000万页面浏览量，369万访问人数，拥有2200万份优秀人才的简历，可进行多种条件组合查询以及定制查询，企业可快速筛选适合人才。

7. 发展问题与建议

智联招聘网站是我国网络招聘网站，也是企业与求职者之间的桥梁，在人才管理中起到重要的作用。网络是未来发展的需要，网络招聘在未来的招聘中会起到举足轻重的作用，也就是说，智联招聘网站能做到今天的成果，是相当成功的，他在网络招聘个网络人才的范畴内占据了一席之地，也参与和见证了中国网络招聘的一个发展阶段。以下将从网络招聘产生的问题和改进措施两方面对现今网络招聘进行分析。

网络招聘存在的问题：

（1）信息真实度低。

如何进行网上身份的认证，以避免虚假信息和不严肃行为的侵入，是目前困扰网络招聘发展的最大难题。网络招聘中的"陷阱"主要有两大类。一是来源于招聘单位和应聘者。由于网站会员的登陆还没有明确要求"实名制"，也没有强制性的核查和惩罚措施，企业可以随意填写，甚至发布虚假信息。应聘者也可以邮发虚假简历和信息。二是招聘网站的问题。有的网站没有及时更新网站的招聘信息，企业的招聘人员在结束后也没有及时的删除招聘信息，误导应聘者。

（2）应用范围狭窄与基础环境薄弱。

目前适合在网上招聘的工作岗位较单一，能在网上进行网络招聘的企业大多属于计算机应用较为普及的行业，招聘也会局限在知识文化水平较高的人员中，此外，在现有的人群中，使用网络的大多数都是年轻人，或者是在高新技术行业工作的人群，这样使得应聘人群受到限制。对于不上网或者使用网络较少而经验丰富的人群，网络招聘的作用不明显。

（3）技术服务体系不完善。

网络招聘并不是简单地把招聘信息搬上网，除了具备必要的技术实力之外，招聘网站还必须对人力资源有深刻的理解，需要有较高的市场策划推广能力，吸引更多的应聘者。网络招聘的服务体系还处于初级阶段，需要进一步地向前发展。网上的个人信息的机密管理也不完善，缺少规范网络招聘的政策法规，从而导致网络招聘市场秩序较混乱。

（4）信息的处理难度较大。

先进的网络技术极大的提高了信息的传递速度，对于一个职位同时产生较多的求职者。在招聘单位收到简历极为丰富的同时，也会出现简历数量较为庞大，人力资源部门不得不花费大量时间进行筛选，疲于应付的现象。此外，大量的无效信息还会增加真正合格候选人漏选的可能性。统计表明，一些进行网上招聘的企业每周要接收上千份新简历。面对众多的简历，人力资源管理者通常是匆匆地浏览一遍后就将其中的80%删除了，一般浏览每份简历的时间不超过半分钟。在网上求职者中大多数都经历过失败，可见网络招聘的成功率还是比较低的。

改进措施如下：

（1）在技术上进行革新和创造。

在技术上进行革新和创造可以给网络招聘创造更大的发展空间。我国在推广的宽带技术就有利于解决网络速度较为慢的问题，还有网络招聘管理软件的开发技术也是一个突破口，有利于建立符合企业个性需要的筛选机制。技术是网络招聘规范发展的关键所在，这样可以解决一些纯技术问题，如破解乱码、检查并清除病毒等。此外，还有改善网络筛选的手段，降低信息处理的难度，完善电子筛选和电子面试，提高电子面试的可信度等作用。在加强技术投入和改造，加大网络基础设施的建设同时，还应该正视目前影响网络技术发展的关键是IT人才的缺乏，因此必须加强网络人才的培养，增加这方面的教育培训投入。

（2）健全立法个管理法规。

互联网的发行日新月异，因此对互联网进行规范和调整是非常必要的。面对国内网络上出现的诸多法律纠纷，政府应该加强立法力度，在加强对网络和信息传播内容管理的同时，也应该将该领域纳入法制化管理的过程中，应当注意网络法律体系的明晰性、可操作性，注意从民法、刑法、合同法、知识产权法等角度加强对网络法律体系的建设和支持。

（3）建立规范的管理制度和管理机构。

在网络招聘比较发达的地区，建立适用于本地区的规章管理制度，加强各地区的交流，积累经验，为国家立法提供依据和支持。同时要加强网络招聘的管理，建立相关的管理机构。中国互联网络信息中心是我国最高的网络管理机构，它行驶国家互联网络信息中心的职责。在次基础上，还应该明确并分级的纠纷仲裁机构，使受害人投诉有门，从而形成一个规范、有序的网上人才市场。

（4）采取适当的收费服务形式。

网络招聘中的大量问题往往是由于当事人的不严肃问题行为造成的。在目前的立法不健全、管理难到位的情况下，由于无法对成本低廉的网络招聘进行有效的监督、管理和控制，不仅浪费了大量的网络资源，也扰乱了网络市场的秩序。对于这种情况，可以通过适当提高网络招聘行为的成本，即通过收取一定的服务费，从而达到限制"消费应聘者"和网络招聘过程中的不严肃行为的目的。网络招聘管理部门可以建立相关的数据库，当招聘网站中需要企业和求职者的信息时，可以通过支付一定的费用从数据库中获得。招聘网站则可以通过想招聘企业和求职者收取一定的信息费用来增加网站的收入，同时用来改善网站系统招聘设施和提高网络服务水平。

（5）加强伦理道德的教育。

从更加长远的角度看，要解决网络招聘中出现的问题，就必须寻求道德体系的支持，进一步普及、加强"网络道德"的教育。由于网络招聘不是一种面对面的交流方式，人们难以对网络招聘中的不道德行为进行衡量和制裁传统的道德规范和约束方式在网络中失去了作用，因此，只有在一个道德体系相对完整的社会，网络招聘，乃至整个网络信息交流才可能彻底走出"网络陷阱"的阴影，更好地向前发展。

思考题

1. 试分析网络经纪的特征和优势。
2. 结合案例分析每一类网络经纪模式的商业模式。
3. 结合实际，分析阿里巴巴未来可能会出现的盈利模式。
4. 你认为网络经纪网目前的信用机制是什么样的，应如何构建更严谨、有保障的机制？
5. 以携程网为例，说明客户细分战略的重要性。结合携程旅行网案例资料，分析讨论在面临诸多挑战的同时，携程旅行网该如何面对？

2.5 虚拟社区服务经营模式

2.5.1 虚拟社区经营模式概述

在 Internet 发展到逐渐贴近人类日常生活的今天，一种全新的人类社会组织和生存模式悄然走进我们的生活，构建了一个超越地域空间的、巨大的群体——网络群体，这种与传统社区不同的新的人类生活共同体，形成了"虚拟社区"。虚拟社区的产生不仅改变了人类社会生活的面貌，而且也已经成为许多企业拓展电子商务的重要手段。

1. 虚拟社区的定义与特征

（1）虚拟社区的定义。

社区在现实社会中已经成为越来越普遍的概念，社区作为公民社会一种最基本的组织形式，其存在的基础是固定的场所、固定或流动的人群。"社区（Community）"一词源于拉丁语，最初的意思仅仅是指"共同的东西"或"亲密伙伴间的关系"。现在该词多用于社会学研究领域，从社会学意义上来看，社区实际上是居住在同一地域内的人们依据共同的生存需要，共同的文化、共同的风俗、共同的利益以及共同关心的问题发生互动而形成的地域性的"共同体"。它具有一定的地域、一定数量的公众、相应的组织、公众的参与和某些共同的意识与文化。

虚拟社区是近几年随着计算机网络的高速发展而出现的概念，因为计算机网络超越了时间和空间的限制，跨越了地缘和血缘的关系，现实生活中不同区域的人通过网络的联结形成了一个经常接触、互相帮助、有情感交流甚至物质交易的"社会"，区别于前面讨论的现实中的社区，我们把它称作"虚拟社区"。

关于虚拟社区的定义有很多，最早的关于虚拟社区的定义由瑞格尔德（Rheingold）提出，他将其定义为：一群主要通过计算机网络彼此沟通的人，他们彼此有某种程度的认识，分享某种程度的知识和信息，在很大程度上如同对待朋友般彼此关怀，从而形成的团体。中国最早提出"虚拟社区"这一概念的是网易，它将其定义为：虚拟社区也可称为 CLUB，也就是在网上提供现实社区所需的各种交流功能，包含的功能主要有公告栏、群组讨论、社区通讯、社区成员列表、在线聊天、找工作等。约翰·哈格尔三世、阿瑟·阿姆斯特朗在《网络利益》一书中将其定义为：虚拟社区是一个供人们围绕某种兴趣或需求集中进行交流的地方；它通过网络，以在线的方式来创造社会和商业价值。埃瑟·戴森在《2.0 版——数字化时代的生活设计》中认为："在网上的世界里，一个社区意味着人们生活、工作和娱乐的一个单位"。国内有学者认为："虚拟社区"是主题定位明确、居民与社区间有极大的互动性，居民之间频繁交流，社区性质与信息资料相互平衡的网上虚拟世界。当然还有其他的一些界定，比如定义为：以现代信息技术为依托，在互联网上形成的，由相互间联系相对密切的人们组成的虚拟共同体。由上面的分析可见，虚拟社区并非是一种物理空间的组织形态，而是由具有共同兴趣及需要的人们组成，成员可能散布于各地，以兴趣认同、在线聚合的形式存在的网络共同体。网络虚拟社区所包含的核心功能一般主要有公告栏、群组讨论、社区通讯、社区成员列表、在线聊天等。

虚拟社区是以现实社区为蓝本构建的，现实社区的各种观念、规范仍然要渗透进虚拟社区，并在其中体现出来。尽管虚拟社区的社会结构模式和管理模式与现实社会有本质不同，但虚拟社区内的生存模式和交流模式与现实社区却存在许多类似的地方。当然，虚拟社区和现实社区也有很大的区别，最大的区别就是虚拟社区空间跨越了地理区域上的限制。

（2）虚拟社区的特征。

①社区空间的跨地域性。

这是虚拟社区最重要的特征，现实社区通常强调地域环境的影响，其社区形态都存在于一定的地理空间中。在现实中，一人很难同属于几个不同区域的社区（这里仅指地域上的社区）。虚拟社区则不然，其存在"空间"是无形的，而且还跨越了地理上的限制。虚拟社区无论在什么位置，无论身居何处都不影响社区的构成，而影响社区构成的是人群、人对社区的感情、对社区中人的认同。虚拟社区空间的跨地域的组织形态，使其成员可能散布于各地，即一个人也可以超越空间的障碍，生活在好几个网上社区里。这不仅导致了现代社会人类互动范围的扩大、社会互动速度的加快，而且也导致人们面对面互动方式的改变。

②社区人际互动的匿名性。

网络空间具有虚拟性，使网络交往具有不必见面的特点，变成了人与电脑、机器与机器，或者通过电脑网络的间接交往，这就给网民提供了极好的面具。也就是说，网络具有一种"再造"和"遮蔽"的作用，能够把人的身份随意进行修饰涂抹。这就使得在虚拟社区中的人际交往具有了很强的匿名性。在虚拟社区中，人名是可变的，可隐匿的，因此名字的更改和替换比现实中要随便得多，简单得多。因此，虚拟社区的匿名性代表着一种身份认证的弱化，一个人可以将自己的真实身份隐藏起来，用一个虚拟角色代替自己，尽可以把心灵深处那个不加修饰的"自己"赤裸裸地释放出来。在这个广袤的电子空间中无穷无尽地展示自己，除了时间以外就没有任何其他的，现实生活情境中需要考虑的人际交往成本；在这里并不存在真实世界中的身体属性、阶级属性以及地域属性所造成的各种沟壑，在时间上也并不要求完全的同步，虚拟社区以其更大的灵活性创造出一个连续的心情空间。

③社区的自组织性。

现实社区由行政（如街道办事处、城镇管委会）、企事业（如物业）和社团共同管理，社区成员的自治管理较弱，主动参与行为较差。虚拟社区中不存在任何专门的行政机构，人们之所以能够在虚拟社区中交往，是基于相同或相近的兴趣和爱好，以及互补的利益需求，不需要任何专门的行政机构来规划和安排，而是其"居民"自己组织的结果。一个社区要想存在，不仅要求网络管理员提供技术保障，更需要社区成员的投入。设计社区的主题、充实社区的内容、共同制订社区的规则并遵守规则，都需要社区成员自己组织完成。约翰·哈格尔三世和阿瑟·阿姆斯特朗在《网络利益》中说："推动组成虚拟社会的一个关键设想是，成员从由成员产生的内容中获得的价值将大于从更常规'出版'内容中获得的价值。由成员产生的内容通常在交谈区实时产生，在公告牌的公告中积累"。可见，一方面社区的创立与发展需要社区成员的参与；另一方面，一个人要成为社区成员也必须参与社区建设，并为之做出贡献。

④社区的开放性。

开放性可以说是一个网络虚拟社区存在的基础。虚拟社区依托网络技术而没有明确的国界或地界，人们既不受自然的物理时空的限制，也不再受地域、年龄、性别、职业、种族、肤色等的局限，它没有中心、没有等级、没有严密的管理机构和繁杂的规章制度，凡具有某一或某些需要的人都可通过简单的识别程序获得该虚拟社区的身份。这使虚拟社区具有比现实社区更强的开放性。它体现在虚拟社区成员来源的广泛，信息来源的广泛，信息资源共享范围的广泛。可以说，在拥有必要的技术和技能的前提下，利用网络，全世界的人都可以成为同一社区的成员，这是无论那个现实社区都不可能具有的功能。虚拟社区的成员共享社区文化、信息资源、人际资源，同时，所有的成员又是社区资源的积极的创造者和更新者。

⑤社区成员流动的频繁性。

虚拟社区具有论坛、聊天、娱乐、购物等多种功能，人们可以根据自己的爱好或兴趣差异在不同的社区内流动，而且社区成员有很大的自主性，如果对某一社区的环境不满或与社区内某一成员的言论不和，成员可以马上离开，有时甚至整个社区内的成员全部流出，导致整个社区的消亡，这是因为：第一，成员对自身的兴趣、学习、情感交流等需要有自由选择性；第二，虚拟社区内的成员不受户口、单位、身份、住房等条件的限制，更没有人为的束缚。因此，社区内的人员流动具有相当大的自由性。它的意义在于，满足了人们在现实生活中难以得到的需求。

⑥社区文本的非线性。

社区文本的非线性特征指的是网络上出现的电子文本是一种非线性的文本，任何读到它的人都可以向里面填充自己的注解和批评，读者不再是单纯的文本的阅读者，而是作者的合作者。文本可以被不断地添加或删节，因此它也就不再存在传统意义上的结尾。就文本意义而言，它不再是先验自明、恒定不变的，而是由文本提供的客观意义和读者所赋予的主观意义相互结合的产物，甚至于可以极端地认为，文本自身并不具有客观的意义，意义并不来自文本，而是来自读者的解读。

2. 虚拟社区的分类

虚拟社区的概念是在继承原先 BBS 的基础上发展起来的，所以很多社区起初都是聊天室与 BBS 的组合。在互联网上虚拟社区有多种不同的类型，可以从以下几个方面对虚拟社区进行分类：

（1）根据社区内容涉及的范围划分。

根据社区内容涉及的范围，可以将虚拟社区划分为综合性虚拟社区和专业性虚拟社区。所谓综合性虚拟社区社是指谈论的主题涉及生活中各个方面，可以按照不同的主题分为不同板块的虚拟社区。例如，大家比较熟悉的天涯虚拟社区和百度贴吧就属于综合性虚拟社区，它们包含很多板块，内容覆盖了生活、情感、文学、电脑、音乐、股票等年轻人生活的几乎所有方面。专业性虚拟社区是指谈论的主题，只涉及生活中的某一个方面。例如，瑞星卡卡社区只涉及病毒方面的话题，CSDN. NET 只涉及 IT 技术方面的话题，中国汽车网和比亚迪汽车俱乐部只涉及汽车及其零配件方面的话题。

（2）按虚拟社区的独立性划分。

按虚拟社区是否独立存在，可以将虚拟社区划分为独立虚拟社区和附属虚拟社区。所谓独立虚拟社区是指一个不依附其他网站的，拥有独立域名的，能够为社区成员提供综合性或专业性社区服务的网站。例如，天涯社区就是一个为成员提供全方位社区服务的综合性独立虚拟社区，CSDN. NET 则是一个为成员提供 IT 技术服务的专业性独立虚拟社区。而所谓附属虚拟社区就是一个依附较大网站的，没有独立域名的，能够为社区居民提供综合性或专业性社区服务的虚拟社区。这类社区比较多，大部分网站都开设有不同形式的社区，如网易社区、百度贴吧、阿里巴巴网上商人社区等。

（3）根据沟通交流的实时性划分。

根据沟通交流的实时性，可以将虚拟社区划分为即时性社区和非即时性社区。即时性虚拟社区是指社区成员发出的信息能够立即得到反馈的虚拟社区，如 QQ 群和聊天室等方式，它们一般都支持显示成员的在线信息、即时传送信息、即时交谈、即时发送文件和传送语音网址等。非即时性虚拟社区则是人们之间的交流讨论不要求立即得到回复或不用回复的虚拟社区，如 BBS、博客等。

3. 虚拟社区的盈利模式

任何一种商业模式都必须考虑盈利的问题，然而如何实现盈利却是最关键的核心。大多数网络社区的"社长"都信奉一条相同的宗旨：有黏性的流量一定会产生商业价值，只要有人气，就一定有盈利。目前网络虚拟社区可能的盈利模式大概有以下四个方面：

①网络广告。

这是目前和未来一段时间内网络社区主要的盈利方式，包括分众广告（融入到社区细化用户群的），也包括各栏目特色（插入式行销）广告等。

②会员增值业务。

这是未来网络虚拟社区可行的盈利方式，包括无线增值服务（如彩铃、彩信下载）原创 DV 下载服务等。

③虚拟货币。

这是目前一些虚拟社区常用的盈利方式，用户使用虚拟社区的某些功能需要支付虚拟货币，而这些虚拟货币需要花钱购买，比如腾讯的 QQ 秀，社区游戏、个性设置、VIP 级交友等各种社区活动都使用虚拟货币。

④会员费。

虚拟社区将注册会员进行分级，并收取不同的入会费，很多社区对于一般会员或初级会员免费，高级会员按照不同级别收取费用，并提供不同等级的服务。

2.5.2　虚拟社区经营模式案例

案例1　百度贴吧虚拟社区经营模式

1. 百度贴吧虚拟社区的基本情况

百度贴吧属于综合性的附属虚拟社区，其主页如图 2 - 27 所示，创建于 2003 年 12 月 3 日，是百度提供的综合服务中的一种，它是百度于 2003 年 7 月推出图片、新闻两大技术化搜索引擎，巩固中文第一搜索引擎的行业地位之后，与百度的"地区搜索"一同推出的，百度贴吧的出现标志着搜索引擎步入了社区化时代。百度贴吧的创意的缘由是：结合搜索引擎建立一个在线的交流平台，让那些对同一个话题感兴趣的人们聚集在一起，方便地展开交流和互相帮助。

实质上，百度贴吧是一种基于关键词的主题交流社区，它与搜索紧密结合，准确把握用户需求，通过用户输入的关键词，自动生成讨论区，使用户能立即参与交流，发布自己所感兴趣话题的信息和想法。这意味着，如果有用户对某个主题感兴趣，那么他立刻可以在百度贴吧上建立相应的讨论区。

按照如今 WEB2.0 的发展思潮定义，百度贴吧完全是一种用户驱动的网络服务，强调用户的自主参与、协同创造及交流分享，也正是因为这些特性，百度贴吧得以以其最广泛的讨论主题（基于关键词），聚集了各种庞大的兴趣群体进行交流。

百度贴吧诞生的意义是每个人可以把头脑中的知识、想法和经验与大家分享，让中国网民不仅能搜寻网上"已存在"的有限信息，还能搜寻人类头脑中的无限信息。在百度贴吧这样一个开放型的网络社区里，任何人都可以制造话题，任何人都可以成为焦点和选择

图 2-27 百度贴吧主页

焦点，许多影响社会生活的新词汇、新文化都可能从百度贴吧问世和流传。百度贴吧自从诞生以来逐渐成为世界最大的中文交流平台，它为人们提供一个表达和交流思想的自由网络空间。

百度贴吧自诞生以来，已逐步成为数千万网民的另一种生存方式，截至 2014 年年初，贴吧已拥有 10 亿注册用户，810 多万个兴趣贴吧，日均话题总量近亿，浏览量超过 20 亿次，已成为互联网中最大的中文社区。

2. 百度贴吧虚拟社区的商业模式

（1）战略目标。

百度贴吧最终的目标是满足网友的需求，整个百度贴吧的取向，就是从理性诉求升级到理性与感性的融合，搜索引擎是人们快速获取信息的方式，在获取信息后，人们还有网络交流的欲望，除了在 QQ、MSN 等聊天工具外，百度贴吧让人更多的接触到有共同爱好的群体，而不局限于个人。百度贴吧的挖掘，让单向的信息获取成为多向的互动，无形中，这种搜索引擎社区能够促进人脑间的沟通、信息的挖掘甚至更丰富的价值，让信息具有生命力。

（2）收入与利润来源。

目前百度的收入都是来自于企业，百度的企业软件部、广告部、"竞价排名"三大营业收入部门都是面向企业收费的，其核心的盈利模式——竞价排名的收入占到总收入 90% 以上。

竞价排名是一种按效果付费的网络推广方式，由百度在国内率先推出。企业在购买该项服务后，通过注册一定数量的关键词，其推广信息就会率先出现在网民相应的搜索结果中。每吸引一个潜在的客户访问，企业只需要为此支付最低 0.3 元的费用。如企业在百度注册"电气设备"这个关键词，当消费者寻找"电气设备"的信息时，企业就会被优先找到，并且百度按照给企业带去的潜在客户访问数收费。

通过百度贴吧、百度知道、百度传情等产品的推出，百度正在表现出与其他搜索引擎完全不同的特征，那就是社区化，根据 ALEXA 提供的数据，百度用户的人均页面浏览量达到 12.4，而 GOOGLE 仅为 6.9。百度通过这些产品把原来"一搜而过"的用户紧紧的黏在了百度的平台上，已经形成一个用户量巨大的而且黏度很高的社区，这将会为百度带来一种可能的盈利模式，我们把它称为基于虚拟社区的增值服务。这种模式并不是百度的创新，将这种模式演绎到最好的是腾讯，腾讯以即时通讯工具 QQ 楔入互联网市场，并以此形成了巨大的年轻人社区，在社区用户的展示、互动、游戏中寻找商机，拓展互联网增值服务收入。几乎完全相同的受众群体，同样人气非常活跃的社区，怎能让百度不产生"QQ 幻想"？因此，这种模式下，百度并不是针对搜索收费，而是模仿腾讯，经营基于搜索引擎的"百度社区"。

百度贴吧是一个聚集人气带来价值的地方，利用百度贴吧带来的人气和流量，开发相关产品，形成产品线，那么百度的一系列产品的开发，也可以创造价值。

（3）核心能力。

百度贴吧的核心能力以及它吸引众多网民的支持点，主要是它的归属感，能够让众多网民在理智中有情感，整个贴吧充满智慧，让众多消费者分享信息的同时，发表自己的想法，这是聚众的力量。

百度主要以词来聚集人气，提出关键词后，在百度里可以看到相近的词语，这样，百度成为中国流量最大的网站，而贴吧也是从关键词入手，进入到某一个贴吧进行跟帖或者发新贴。

百度贴吧的营销思路整体上就是以百度搜索引擎为基础，以关键词为切入点，理智和情感交融，满足消费者的需求，产生网络归属感。从整体上来说，百度贴吧将营销的理性诉求和感性诉求融为一体。

3. 百度贴吧虚拟社区的技术模式

从技术上看，百度贴吧的设置和以往的论坛没有什么太大的不同，几乎让人认为就是论坛，但是，这种让人想说就说，还能够和兴趣相同的人交流的方法，从它的进入方式都和以往不同，还是那句话，引擎为基础，命题、关键词作为进入的入口，让一切都变得简单，想做吧主就做吧主，在一定程度上，让网民觉得是平等对待，比较容易接受。

很多人质疑百度贴吧的技术，对于不需要有多高技术含量的百度贴吧来说，在推出两年内成为中文社区的第一，技术的高低，并不是百度贴吧的宣传点，最终还是要满足用户的需求。

要做到百度贴吧的界面没什么技术难度，要做到支持每天在线百万、发贴百万、浏览千万、搜索 1 亿的情况下仍可保持高速运行，就有点技术难度了，而如果只用一个手数得过来的几台服务器就能做到，那技术难度就有点高了。

4. 百度贴吧虚拟社区的经营模式

对于百度贴吧虚拟社区来说，抛开站方管理员不谈，还有版主，发言者（主贴），灌水者（跟贴），潜水员四种用户。这四类人是根据贡献内容从高到低排列的。一个成熟的社区版面，上述四类人数相应比例基本是 1∶100∶1000∶5000；也就是说 1 个成功的版主背后，有 100 个发主贴者，1000 个灌水者，5000 个浏览者，所以好的版主可谓"万里挑一"，非常难得。而社区如果要试图把一个新网友，从"潜水员"发展到"版主"，意味着必须循序渐进经过潜水—灌水—发贴—版主这样的阶段；以每个阶段 3～6 个月计，一个普通用户成为社区的核心用户（版主），基本上需要 2 至 3 年的时间，这就使得社区发展需要至少 3 年的时间。

而百度贴吧的经营模式却不是这样，它主要从以下几个方面进行运营：

（1）缩短上述 4 步途径，使用户从"潜水者"一步就到"版主"。

在百度贴吧中，只要没有某个关键词，任何人都可以创立这个关键词的贴吧，而成为吧主，然后，可以马上找些兴趣相同的朋友过来。并且百度贴吧没有 BBS 的维护人员，从心理上不会让人觉得束缚。百度贴吧是一个谁都可以建吧的社区，在百度贴吧中，任何人都可以直接成为吧主，显得很平等民主。

（2）在结构上面向普通用户，而不是面向版主用户。

百度贴吧在结构上是面向普通用户的，而不像传统 BBS 那样在结构上是面向版主用户的；从表面上看，西祠、西陆等社区也是用户自己创版，但是他们的"结构"和百度贴吧是不一样的。在西陆模式中，可以创建版块的几乎还是那些"以一当万"中的那些"一"的网友（核心网友），只是站方把开版权限放弃了而已；而百度贴吧模式中，可以开版的是"以一当万"中的那些"万"的网友（一般网友）。在西陆模式中，版主开了版之后，还是和传统 BBS 一样，要拉人，建版，发起讨论，等等，需要 2 至 3 年的时间培养一个成熟的版块；而百度模式中，版主开了版之后，对于版块的建设完全不需要经过最麻烦的"拉人"步骤，他只用坐在家里，等待搜索引擎把用户带上门。这也说明了为什么 QQ、搜狐的贴吧不如百度贴吧，因为他们的搜索引擎不如百度强大，所以给吧主带去的流量不大、贴吧也就没发展起来。

（3）尊重并顺势引导用户需求，让用户自然而然使用网站的产品功能。

一个普通的用户，本来上百度是使用搜索引擎，为什么最后的结果却是创建了一个百度贴吧呢？这种情况，我们可以换个思路假设，如果 3 年前百度开发出贴吧之后，重点推荐，大做广告，希望大家使用百度贴吧，那会是什么结局呢？答案很简单，用户会想，我本来是来搜索的，凭什么让我开个版块。而这种假设，是很多网站所存在的，网站做出一个产品之后，并没有考虑用户真的需要什么，而是认为自己给的是用户需要的，所以会强行推广，但这样的推广，都很艰难，因为你首先要让用户相信你给他的是他真的想要的。但问题是，绝大多数用户十分反感站方把一个产品"强制"地说成是他们想要的。面对这样的情况，他们会离开网站。所以，千万不能为用户"创造"需求，几乎所有的"创造需求"，其实是站方压根不了解用户的真正需求；网站面对用户，只能"转换"和"引导"需求，顺势而为。百度贴吧就是这样，用户上百度后，真正的需求是"搜索"，所以百度贴吧的入口不是传统 BBS 的登录框，而是一个搜索框，这就是从入口处对用户的"搜索"需求进行了引导，使得用户不自觉间，从一个"搜索"动作转换到了一个"贴吧"动作。

（4）将门槛降至最低。

很多论坛需登录后才能看到相关内容，或者需要一定的积分才能看到精华内容，发贴更是需要注册并登录。而在百度贴吧，不用登录，所有贴吧的内容都能够浏览、发贴、回贴，没有门槛也就没有了障碍，吧主喜欢，吧员喜欢，用户更加喜欢。喜欢潜水的继续潜水，喜欢灌水的继续灌水。在一个没有门槛的论坛里，用户的权限被扩大，随之而来的，是越来越多的用户。

（5）百度贴吧虚拟社区的管理模式。

百度贴吧改变了传统的内容生产和组织管理模式，因为任何一个贴吧都是一个社区，都是一个话语村落，一个话语部落，而且这个部落会不断地增加。百度贴吧设立的吧主机制非常有效，百度贴吧目前拥有 10 万名吧主，平均每天有 80 位吧主走上工作岗位。巨大的发帖数量，庞杂的信息，在这些吧主的维护下变得井井有条。

在百度贴吧目录的百度特区目录下，设有贴吧管理中心，贴吧管理中心包含贴吧投诉、贴吧公告、贴吧分类、Wap 贴吧帮助等 4 个吧，任何登录百度贴吧的人都可以浏览这 4 个吧，也可以发表帖子，通过贴吧投诉吧对违反百度贴吧规定或自己感到不满意的行为发起投诉或举报，通过贴吧公告吧可以向所有人发起公告，通过贴吧分类可以向百度贴吧申请将自己的吧归入某一类，通过 Wap 贴吧帮助吧可以请求和获取 Wap 贴吧的技术帮助。

（6）百度贴吧虚拟社区的资本模式。

在上市之前，百度进行过 3 次融资。前两次是在其成立之初的 1999 年和 2000 年，融资金额分别为 120 万美元和 1000 万美元。而第三次融资则是在 2004 年 6 月，共有 8 家企业参与了此次融资，其中包括了著名搜索引擎 Google 的 1000 万美元的战略投资。

北京时间 2005 年 8 月 5 日晚 11 点 40 分，百度公司正式在美国 NASDAQ 挂牌上市。此次上市，百度共发售 404 万股美国信托凭证，每股美国存托凭证相当于一股 A 类普通股，约占其总股本的 12.5%，计划融资额为 1.091 亿美元。

百度贴吧作为百度的一个子网站，其资本来源于百度公司的投入。

（7）结论和建议。

百度贴吧首先也是最大的特点就是，将创建栏目的自主权交给了网民，网民可以创建自己喜爱的话题栏目，和有共同爱好的人在里面一起讨论该话题。其次，百度贴吧页面简洁，所有内容让人一目了然。最后，使用起来也较其他社区论坛简单，注册简单甚至可以不注册。

5. 百度贴吧虚拟社区的问题分析

就目前来看，百度贴吧的发展势头良好，但是存在的问题却不容忽视。

①将创建栏目的自主权交给了网民，创建的栏目代表着网民的心声，能集聚很多有共同爱好的网民，给社区带了人气，但是每个人的思维方式是各异的，表达方式也不同，本意是要建同一栏目，用文字表达出来却不尽相同，造成栏目创建得参差不齐，内容千奇百怪。比如说要表述一个"美女"意思的贴吧，建立出来的就有"美女"吧、"MM"吧、"美眉"吧、"靓女"吧，等等。随着时间的推移，因为不同的人对美女的称呼（比如地域方言）不同，可能会建出很多个相关的贴吧，这样就显得杂乱无章，对贴吧的分类管理、主题贴吧之所以有人气，产生不良的影响。针对上述情况，可以将贴吧分类细化，也可以由网民自主建立吧名，百度进行适当的组织综合。

②百度贴吧之所以有人气，除了吧题吸引网民之外，其中很大一部分原因是逛吧者有相关爱好，但无明确的目的。他们多是通过百度的贴吧主页进入的，贴吧分类页面上显示的贴吧都是大众化的、人气较旺的吧，逛吧者潜意识地进行了被动选择。贴吧的排名与人气有关，这样无疑增加这些吧的人气，引起贴吧的两极分化，贴吧主页上的永远是人气旺的贴吧，不利于新建吧的推广。针对上述情况，可以对排列靠后、人气急剧上升的贴吧适当推荐，建立推荐榜，也可以对贴吧栏目内容进行分类、建立页面对优秀的主题贴进行综合，让网民能在一个页面上看到不同类贴吧里的优秀帖子。

③灌水贴、非法贴较多。加强对灌水帖、非法帖的管理力度，强化吧主的权利，可建立贴吧巡视员，权利大于吧主，可以管理不同的吧。

④主题贴吧建立的随机性较大，很多"冷门"贴吧建立了，相对热门的却没有建立。比如说贴图里有"耀威图片"吧，这是孙耀威迷为贴他的图而建立的。而名气远在他之上的很多明星却没有这类吧，比如说"德华图片"。针对这种情况，很多颇具人气、而没有被人建立的吧，可以由百度推荐建立。

在未来的发展过程中，百度贴吧可以向以下方向努力：

①萃取信息，保留精华，创建百科全书。百度的贴吧，可以嵌入维基百科、博客、书签、实时通讯工具，等等，实际上现在的贴吧就像半个百科全书了，只要稍加改动可能就是很好的百科全书了。搜索引擎本身就是一个百科全书，只不过其信息是被淹没的，利用网民的力量将各个信息萃取出来，将会成为一个令人惊讶的网络百科全书。

②增强论坛功能，丰富信息传递。将现有的页面改进，允许用户将自己电脑里的东西都能传递到网上来。

③要稳定用户群体，发挥论坛增加用户黏性的功能。通过一定措施来鼓励用户注册，常驻贴吧，建立论坛身份认同，形成稳定的群体。

④产品全面整合，建立网络社会的信息趋势预警。应将网民的搜索请求与下吧、MP3和贴吧整合，形成互联网流行风向的监测表。发布网络信息动态指数，而这个信息话语权的影响力将会是巨大的，可以从互联网走向现实社会，落地在传统媒体。

案例2　天涯虚拟社区经营模式

1. 天涯虚拟社区的基本情况

海南天涯在线网络科技有限公司成立于1999年3月，注册资本2000万元人民币，目前已发展成为海南拥有最大市场份额和持续竞争力的互联网专业服务、系统集成服务和应用解决方案提供商，是为政府、金融、电信、医药等重要行业提供企业信息门户、大型应用软件、高附加值解决方案和总体顾问咨询的高新技术企业，在海南省电子政务建设和海南旅游电子商务工程中担当了重要的角色。

天涯社区自1999年3月1日创立以来，以其开放、包容、充满人文关怀的特色受到了海内网民的推崇，经过十余年的发展，已经成为以论坛、博客、微博为基础交流方式，综合提供个人空间、企业空间、购物街、无线客户端、分类信息、来吧、问答等一系列功能服务，并以人文情感为特色的综合性虚拟社区和大型网络社交平台。2008年天涯启动开放平台战略，并开始构建天涯生态营销体系，研发成功了新一代网络广告产品，是中国社区营销的领航者。如今，天涯社区每月覆盖品质用户超过2亿，注册用户超过8500万，拥有上千万高忠诚度、高质量用户群所产生的超强人气、人文体验和互动原创内容，天涯社区一直以网民为中心，满足个人沟通、表达、创造等多重需求，并形成了全球华人范围内的线上线下信任交往文化，成为华语圈首屈一指的网络事件与网络名人聚焦平台，是最具影响力的全球华人网上家园。天涯社区首页如图2-28所示。

天涯访问量或许不是最大，但是它的影响力确是其他社区完全无法比拟的。天涯重交流、互动，话题的深度和广度均有很大优势，既有关于茶社、闲闲书话等严肃高水准的讨

图 2 - 28　天涯社区首页

论，又有娱乐八卦等富有时代气息的话题。近年来网上的热点事件和偶像，绝大多数和天涯相关。某种程度上，只要在天涯上成名，很快就会在全网上华文世界里有了影响力。一些知名机构甚至将天涯评为最高端的人文社区、最具人情味的网络社区，天涯已经形成了中文网络中一个独特的"现象"。

2. 天涯虚拟社区的商业模式

（1）战略目标。

天涯社区拥有多来累积形成的品牌号召力以及数百万高忠诚度高质量用户群所产生的超强人气、人文体验和互动原创内容，一直以个人为中心，满足个人沟通、创造、表现等多重需求，并形成了全球华人范围内的公共影响力和线上线下信任交往的文化。

天涯社区的战略目标是：将天涯社区建设成为一个典型的内容黏性很强的"人文气质"社区，使之成为全球华人的网上家园。

（2）目标客户。

天涯社区的客户有两种：一种是在天涯社区发帖子的个人用户，这些用户为天涯社区带来流量和人气，天涯社区这部分的目标客户是全球的华人；另一种是与天涯社区有业务往来的企业客户，例如在天涯社区作网络广告的企业。

（3）收入与利润来源。

网络社区目前和未来一段时间内会以分众广告为主要盈利方式，但是主流的分众广告仍是商业信息广告，基于社区概念的个人信息需求广告还有待培养。天涯社区的广告是真正的网络分众广告，甚至会比分众传媒的广告还要精准，所以分众广告是天涯社区的第一收入来源。

天涯社区的第二收入来源是无线增值服务收入，是指整个社区成为一个无线社区，一个手机社区，随时随地与网络社区互动。2006年，互联网及移动增值服务的交叉融合发展迅速，3G及新的手机终端形态的出现和发展将为互联网及移动增值服务之间的互动带来极大的增值契机，而互联网增值服务也会走出低潮，多数服务转向赢利。而天涯社区下一步的目标也是"移动的生活/商务社区"，让每部手机都与网络社区即时互动。

（4）核心能力。

天涯社区的核心能力在于：它是一个典型的"人文气质"社区，是一个典型的内容黏性社区。它以人文和情感为主要联系纽带，采取人带人、更多人带更多人的模式，像滚雪球似的"繁衍"。在这类人文气质的社区中，天涯无疑是规模最大的，注册用户已经扩大到千万量级，拥有很强的爆发潜力，与此相对应的是猫扑类的"娱乐气质"社区。天涯社区犹如"常青树"一般，多年来一直保持着高昂的人气，人文气质和情感要素是天涯最重要的特点。天涯的用户是一个比较高端的阶层，帖子内容充斥着艺术、商业、后现代主义，还有哲学和电影。同时，天涯又是一个典型的"内聚型"社区，与此相对应的是百度贴吧、QQ 这些 P2P 应用形成的"外延型"社区。天涯一直采取集中治理的模式，像一个虚拟社会，有统一的治理规则，进行分层管理。在这个虚拟的社会中，BBS 好比"广场"，大家畅所欲言；板块好比"住宅小区"；博客好比"私有房子"，以满足了小小草根的"个性空间"要求。

3. 天涯虚拟社区的技术模式

天涯虚拟社区是一个技术型的网站，它对技术的要求很高。天涯社区网站的服务器端采用典型的分布式网络结构，在天涯社区网站的服务器端有多达 17 个服务器，并配置负载均衡服务器。这些服务器主要分布在海口、广州等几个天涯社区业务做得较好的城市，而在有些城市的服务器是采用的上机托管服务，即将服务器托管到服务提供商的机房中，由他们提供服务器的运行维护。不同地理位置的用户在访问天涯社区网站时，由较近的服务器负责响应用户的请求。

4. 天涯虚拟社区的经营模式

做中国的社区一定要有自己的品牌，所以天涯的品牌有点偶然性，因为天涯虚拟社区的公司地点在天涯海角，所以选择天涯。后来发现天涯这个词是全世界性的，如果要做一个大流量的公司，品牌是非常重要的。为了树立品牌、扩大业务、吸引人气，天涯社区相继推出了一系列的经营活动。

现在天涯虚拟社区的运营分为三个层面。第一层是"版主"，负责经营本版事务，由自荐或网管任命产生，这和一般社区类似；第二层是"社区总管"，负责处理整个社区的服务纠纷，一般是熟人推荐产生，而且一般不是"海南在线"公司员工，而是业余网友；第三层是"海南在线"的相关职员，他们经营天涯社区的商务。

5. 天涯虚拟社区的管理模式

（1）组织结构。

天涯社区有总部、编辑部、市场部和广告部 4 个部门，其中，总部设在海南省海口市，编辑部设在广州市，市场部和广告部设在北京市。

（2）管理权三分模式。

天涯社区的民主代表参与社区的各种网友力量的平衡，网友的强大和组织化是社区民主的基础；社区民主体现为管理类型、制度和操作程序。对此采取管理权三分模式对天涯进行管理是很有必要的。

天涯社区管理工作主要涉及规划、站务、编辑、监督等方面，这些管理工作主要由决策部、执行部和监督部三个部门来完成，其中决策部主要职能是制定社区发展规划及规则修编，执行部主要职能细分为版主任免、纠纷处理及问题答复、内容汇编、内容监管等四个方面，监督部主要分为管理监督及决策审核两个方面。对现任管理人员进行明确分工，先定岗位再定人选，具体工作流程如下：

决策部根据具体情况及公司发展需要制定天涯社区发展规划，考虑对社区版块的调整增减，对原有社区规则修编增删等做出详细执行计划，监督部对计划进行审核、通过后由执行部贯彻执行，监督部监督其执行过程及结果。当遇到大事时则三方合议，广泛征求意见和建议，三种权力既相互制约又互相支持与合作，从而达到相互间的制约与均衡的目的。

管理权三分后，三种权力各自独立相互制约、相互平衡，本质就是制约权力的手段。欧美多年的实践已充分证明了此模式对权力的制约非常有效，就像市场经济能有效配置资源一样。天涯实行三权分立后将改变权力运作的传统规则，拉起虚拟社区管理创新的序幕，为天涯酝酿新的历史机遇，在发展的同时合理协调社区与网友的公平、公正、公开的关系。从这个意义上来说，天涯实施管理权三分是对社区运营模式的一种创新。将管理权力分解为决策、执行、监督三大部分，通过科学化、程序化的制度设计，使这三部分权力在既相互分离制约、又相互协调配合的过程中实现高效运转。只有对权力进行合理分解、才能实现对权力的有效制约，使决策更民主、科学，执行更透明、公正，监督更充分、有力，从源头上、制度上遏制权力腐败。

建立管理三分制管理模式后，决策就会慢下来，通过讨论、咨询、网友参与等方式，广泛吸纳民意和民智，在充分论证的基础上大大提高决策质量和决策水平。执行就会更"透明"，真正做到有法可依、有据可循，执行行为程序化及可控化，让网友能够口服心服。而监督机制的加强则使网友的基本权力得到更好更多的保证。

6. 天涯虚拟社区的资本模式

1999 年邢明与另外两名合作伙伴在 IT 业投资了海南在线、海南旅游网、天涯社区 3 个项目。天涯社区最初只是一个萌动的人文意念与单纯的模仿，但邢明很快发现根本没有人在天涯社区上投放广告。在最困难的日子里，整个天涯社区只靠一个人维护，其他的都是义务的管理员。网络社区的发展模式是要靠点击率与访问流量的增加来聚集品牌人气的，在尚没有盈利模式支撑的背后很难保证它的独立。相当长一段时间里，支撑天涯社区的是海南在线、海南旅游网和邢明自己不断的投入。

网络社区获得大额风险投资的最大筹码在于其背后的巨大市场潜力以及该领域目前的资本空缺，这种投资行为比较注重创意的前瞻性。像天涯社区这样以人为本的网络社区一旦从技术和架构方面得以创新，其市场潜力不可低估。

虽然互联网上一直有传闻说天涯社区要引入投资，但直到目前为止，天涯社区并没有引入任何的外部投资，天涯社区的运营资金主要来源于自己的广告收入、海南天涯在线网络科技有限公司与海南旅游网的投入。目前，天涯社区已经准备吸引风险投资。

7. 结论与建议

天涯社区经过 7 年多的发展，在国内社类网站中处于领先位置，具备的主要优势有：

（1）庞大、活跃且高速增长的用户群。

天涯社区是国内开通最早的网络社区之一，拥有大量忠诚、活跃的用户群。活跃、忠诚的用户群是天涯社区取得成功的基础和条件，不仅使社区内人气活跃，并且也是天涯社区推销和提供增值服务和产品的主要对象。其他竞争对手由于难以在短期内建立如此庞大而忠诚度很高的用户群，故难以与天涯社区竞争。

（2）较高层次的用户质量。

天涯社区的用户较国内互联网用户的平均水平层次高，消费力强。从地域分布看，北京、上海、广东、湖南、四川、湖北、浙江、江苏、山东等 9 个经济发达地区的用户占总用户的 56.55%。从年龄结构看，80% 左右的用户在 18—35 岁，从学历水平看，大专以上的用户占 78%，从收入水平看，月收入 1000 元以上的占 72%。

（3）强大内容创造力和因此带来的巨大访问流量。

天涯社区对用户的吸引力在于其内容的丰富、多样和深度，与其他多数网站内容多来自转载不同，天涯社区的内容绝大多数均为社区内用户原创。丰富的内容来源于天涯社区大量有强大创作能力的写手群，这些用户长期定居在天涯社区，对天涯社区有极高的忠诚度和认同感，这是其他网站难与其竞争的另一核心优势。在目前各门户网站内容趋于同质化的状况下，天涯社区丰富而高质量的原创内容不仅能够吸引新老用户的进入，其内容本身也通过线上、线下的整合编辑，孕育了巨大的商业价值。

（4）成熟有效的社区管理模式和独特的网络社区体验。

天涯社区已经从零散论坛自行生长的初级阶段发展到统一规范管理的高级阶段，现已拥有了一套成熟的社区管理系统，在版主的产生，内容的管理，会员的申诉和处理方面均有较完善的规则，1000 多个版主各尽其能，各司其责；在内容安全方面，天涯社区也积累了丰富的管理经验，与中央、地方的管理部门保持着良好的互动关系，能够及时把握政策的动向；另外，天涯社区内部长期以来已经形成了一个自我管理，自我净化，自我提升的机制，网友之间，板块之间相互竞争，共同发展，形成了开放、自由、宽松的舆论氛围，带给网友丰富，舒适、独特、温情的社区体验。

（5）强大的品牌知名度和社会影响力。

"天涯"在中文里代表永恒，代表无穷，代表人类能够感知的整个世界，有深厚的文化内涵。天涯社区的品牌已成为华人网络世界里广为认同的网络品牌之一，其中天涯杂谈、关天茶社、舞文弄墨、诗词比兴、贴图专区、同性之间、影视评论等栏目在网络界、传媒界都有较高的地位。《南方周末》等传统媒体和新浪、网易等网络媒体对天涯社区都时有报道，并时常刊登天涯社区言论摘录，天涯社区骨干会员的文章也常有结集出版。

天涯必须明白自己的优势，同时还要明白如何通过这些优势来获得利益并增加会员的聚合效应。除此之外，社区管理也很重要，应当强调人性化，完善基本规定，扩大发展空间，努力扩大人气，鼓励热心网友，既保障最基本的运作，又努力提升档次，让更多来往于天涯社区的网友感受到以规则为基础的人情味和服务的温暖，使天涯成为最好的华人人文情感社区。

思考题

1. 什么是虚拟社区？
2. 虚拟社区的特征有哪些？
3. 虚拟社区可以从哪几个方面进行分类？
4. 简述百度贴吧的商业模式。
5. 天涯社区的管理模式是怎样的？
6. 对百度贴吧和天涯社区的发展，你有什么好的建议？

2.6　网络广告经营模式

2.6.1　网络广告经营模式概述

广告是现代企业的一种重要的营销手段，Internet 是一个全新的广告媒体，其发布广告速度快、效果好，网络广告的市场在以惊人的速度增长，以至广告界认为互联网将超越路牌，成为传统四大媒体（电视、广播、报纸、杂志）之后的第五大媒体。众多国际级的广告公司都成立了专门的"网络媒体分部"，开拓网络广告的巨大市场。网络广告已经成为企业广告的一种理想选择，也因此成为电子商务的主要功能之一，伴随着互联网的推广，得到了广泛的应用。

2.6.1.1　网络广告概述

1. 网络广告的含义及发展状况

网络广告是一种运用多媒体技术创建、具有复杂视觉效果和交互功能的新型广告，网络广告在表现形式上更加丰富，往往集视频直播、Flash 小动画、游戏、网站链接、发表评论、在线调查、网上购物等多种功能于一身，最大的特点就是双向交互——广告的展示形式及过程随访客意志而调整演变，网络广告真正发挥了网络媒体的特点。典型的网络广告包括联动电视广告（ETV）、多媒体邮件、Flash 广告、网上路演等。网络广告的开放性、自由性对其设计与创意提出了更高的要求，如何通过广告的设计、创意，让受众在自发的心理驱动下，参与广告过程，以及如何把网络广告的附加功能转化为广告的直接功能与目的，成为网络广告成功与否的关键。

随着互联网经济的复苏，全球网络广告市场也进入了一个蓬勃发展期。当前中国互联网广告市场在整个中国广告行业中只占据了 1.5% 左右的份额，远低于其他国家的互联网广告市场。美国、欧洲的互联网广告市场在整个广告市场中所占份额为 5%～7%，日本和韩国也达到了约 4%。随着中国互联网的发展以及互联网用户的不断增加，中国互联网广告市场今后将不断增长。

2. 网络广告的优势

网络媒体既有传统媒体的特点，又有自己的传统媒体无法比拟的优势。

（1）网络广告的心理优势。

网络媒体和网络广告与传统媒体和其广告相比，其最大优势不在技术上，而在心理上。研究表明，消费者之所以点击广告，心理因素是主要动因。网络广告是一种以消费者为导向的个性化的广告形式。消费者拥有比在传统媒体面前更大的自由。他们可根据自己的个性特点、喜好，选择是否接收，接收哪些广告信息。一旦消费者做出选择点击广告条，其心理上已经首先认同，在随后的广告双向交流中，广告信息可以毫无阻碍地进入到消费者的心中，实现对消费者 100% 的劝导。

（2）广泛的覆盖范围。

网络联结着世界范围的计算机，它是由遍及世界各地大大小小的各种网络按照统一的通信协议组成的一个全球性的信息传输网络。因此，通过互联网发布广告信息范围广，不受时间和地域的限制。从广告角度看，作为广告媒体，其传播信息的范围越广，接触的人越多，广告效应越大。从广告用户市场看，用户市场遍及世界各个角落，即使是一家小企业上网，都有可能一夜成为国际性公司。

（3）信息容量大。

在互联网上，广告主提供的信息容量是不受限制的。广告主或广告代理商可以提供数千页的广告信息和说明，而不必顾虑传统媒体上每分每秒增加的昂贵的广告费用。

在网络上一个小小的广告条后面，广告主可以把自己的公司以及公司的所有产品和服务，（包括产品的性能、价格、型号、外观形态等）以及有必要向自己的受众说明的一切详尽的信息制作成网页放在自己的网站中，可以说，费用一定的情况下，广告主能够不加限制地增加广告信息。

（4）综合性的视听效果。

网络是伴随着新科技发展起来的。网络广告由于先进的科技，具有了传统媒体在文字、声音、画面、音乐、动画、三维空间和虚拟视觉等方面的一切功能，实现了完美的统一。与传统媒体相比，网络广告在传播信息时，可以在视觉、听觉甚至触觉方面给消费者以全面的震撼。

（5）实时性与持久性统一。

网络媒体具有随时更改信息的功能，广告主可以根据需要随时进行广告信息的改动，广告主可以 24 小时调整产品价格、商品信息，可以即时将最新的产品信息传播给消费者。并且网络媒体也可以长久保存广告信息。广告主建立起有关产品的网站，可以一直保留，随时等待消费者查询。从而实现了实时性与持久性的统一。

（6）广告投放准确。

网络广告的准确性包括两个方面。一方面是广告主投放广告的目标市场的准确性。网络是由一个一个的团体组成的，这些组织成员往往具有共同的爱好和兴趣，无形中形成了市场细分后的目标顾客群。广告主可以将特定的商品广告投放到有相应消费者的站点上去，目标市场明确，从而做到有的放矢。而信息受众也会因广告信息与自己专业相关而更加关注此类信息。另一方面体现在广告受众的准确性上，上网是需要付费的，消费者浏览站点的时候，只会选择真正感兴趣的广告信息，所以网络广告信息到达受众方的准确性高。

（7）媒体收费优势。

电视、广播、报纸等传统媒体广告的计费方式，建立在收视收听率或发行量阅读率的基础之上，无法对实际接触广告信息的人数做详细准确的统计。而网络媒体可以精确地计算广告被读者看到的次数。

（8）效果评定优势。

传统媒体广告效果的测评一般是通过邀请部分消费者和专家座谈评价，或调查视听率和发行量，或统计销售业绩分析销售效果。在实施过程中，由于时间性不强（往往需要上月的时间），主观性影响（调查者和被调查者主观感受的差异及相互影响），技术失误造成的误差，人力物力所限样本小等原因，广告效果评定结果往往和真实情况相差很远。网络广告效果测评由于技术上的优势，有效克服了传统媒体的不足，表现在：

①及时。网络的交互性使得消费者可以在浏览访问广告时，直接在线提意见和反馈信息。广告主可以立即了解到广告信息的传播效果和消费者的看法。

②客观。网络广告效果测评不需要人员参与访问，避免了调查者个人主观意向对被调

查者产生影响。因而得到的反馈结果更符合消费者本身的感受，信息更可靠更客观。

③广泛。网络广告效果测评成本低，耗费人力物力少，能够在网上大面积展开，参与调查的样本数量大，测评结果的正确性与准确性大大提高。

3. 网络广告类型

（1）网幅广告。

网幅广告（banner）是以 GIF、JPG 等格式建立的图像文件，定位在网页中，大多用来表现广告内容，同时还可使用 Java 等语言使其产生交互性，用 Shockwave 等插件工具增强表现力。

（2）文本链接广告。

文本链接广告是一种对浏览者干扰最少，但却最有效果的网络广告形式。整个网络广告界都在寻找新的网络广告形式，而有时候，最小带宽、最简单的广告形式，效果却最好。文本链接广告位的安排非常灵活，可以出现在页面的任何位置，可以竖排也可以横排，每一行就是一个广告，点击每一行都可以进入相应的广告页面。

（3）电子邮件广告。

电子邮件广告一般采用文本格式或 html 格式，把一段广告性的文字放置在新闻邮件或经许可的 E－mail 中间，也可以设置一个 URL，链接到广告主公司主页或提供产品或服务的特定页面。html 格式的电子邮件广告可以插入图片，和网页上的网幅广告没有什么区别。但是，因为许多电子邮件的系统是不兼容的，html 格式的电子邮件广告并不是每个人都能完整看到的，因此把邮件广告做得越简单越好，文本格式的电子邮件广告兼容性最好。

（4）赞助广告。

赞助广告的形式多种多样，在网幅广告之外，给予广告主更多的选择。赞助式广告的定义至今仍未有明确划分，Double Click Asia 台湾区行销总监伍臻祥则提出，凡是所有非旗帜形式的网络广告，都可算作是赞助式广告。

（5）与内容的结合广告。

广告与内容的结合可以说是赞助式广告的一种，从表面上看起来它们更像网页上的内容而并非广告。在传统的印刷媒体上，这类广告都会有明显的标示，指出这是广告，而在网页上通常没有清楚的界限。

（6）插播式广告。

插播式广告的英文名称叫"Interstitial"。插播式广告有各种尺寸，有全屏的也有小窗口的，而且动态的程度也不同，从静态的到全部动态的都有。浏览者可以关闭窗口不看广告（电视广告是无法做到的），但是它们的出现没有任何征兆。

（7）Rich Media Banner。

Rich Media Banner 又称 Extensive Creative Banner，一般指使用浏览器插件或其他脚本语言、Java 语言等编写的具有复杂视觉效果和交互功能的 Banner，这些效果的使用是否有效一方面取决于站点的服务器端设置，另一方面取决于访问者的浏览器是否能顺利查看。一般来说，Rich Media Banner 要占据比一般 GIF Banner 更多的空间和网络传输字节，由于能表现更多、更精彩的广含内容，往往被一些广告主采用。

2.6.1.2　网络广告经营模式

网络广告的经营模式可分为三种：企业直接销售模式、广告联盟代理模式及通过渠道代理商销售模式。下面按顺序进行介绍。

1. 企业网络广告经营模式

企业的网络广告经营有三种模式：企业直接销售模式、广告联盟代理模式及通过渠道代理商销售模式。

（1）企业直接销售模式。

企业直接销售模式是指企业自营网络广告。企业需要建立自己的网站、承担整个网络广告策划方案的制订工作。这里重点介绍网络广告运作过程中对网站的经营。

①企业网站的建立。

企业网站的建立有两种形式：自建服务器、服务器托管。

A. 自建服务器。自建服务器是指企业申请高级域名，建立自己的服务器，独享服务器资源，自行管理和经营网站。自建服务器前应综合考虑以下几种因素：服务（该服务器是否能够满足目标受众需要？是否提供全部 INTERNET 访问？是否与 INTERNET 高速连接？）、访问方式（是否采用拨号服务？是否能够提供自购的中断线和拨号端口？速率是多少？）、费用（该服务器对用户所需服务如何收费、收费多少？是否合理？）、能够向用户提供什么软件、稳定性如何、安全性如何等。自建服务器花费较高，管理也需要一定的技术，因此建立前应慎重考虑各方面因素，选择最适合自己的，为以后提供方便。

这种形式优点是企业的主控性强；缺点是管理费用较高，并需要一定的技术支持。因此，使用自建服务器的多是一些大型企业或专门的 IT 企业。

B. 服务器托管业务。服务器托管业务即企业服务器交给 ISP 机房，享受 ISP 专门分配的域名，由 ISP 提供不间断的监督、维护和管理。服务器托管业务又可细分为：服务器托管与虚拟主机。服务器托管是指在具有与 INTERNET 实时相连的网络环境的公司放置一台服务器，或向其租用一台服务器。虚拟主机托管是指将一台系统整机的硬盘划细，细分后的每块硬盘空间可以被配置成具有独立域名和 IP 地址的 WWW、E - mail、FTP 服务器。这样的服务器，在被人们浏览时，看不出来它是与别人共享一台主机系统资源的。在这台机器上租用空间的用户可以通过远程控制技术，如文件传输（FTP），全权控制属于他的那部分空间，如信息的上下载，应用功能的配置等等。

②企业网站的经营。

A. 维护和更新企业网站。企业投入资金建立自己的网站后，一定要做到及时地维护和更新。许多企业建立了自己的网站，但网站上内容陈旧，长时间保持原貌，缺乏维护的意识，不但起不到建立网站的作用，反而让受众认为该企业不懂得精于细节，没有进步，给品牌带来负面影响。因此网站建立不是目的，而是达到目的的手段。企业要有专门的人员管理网站，定时对网站进行更新，将企业的最新信息传达出去，建立个性化的网站，制作优秀的网络广告发布在网站上，让消费者始终感受到企业的发展，对企业抱有信心，对品牌保持偏爱。

B. 宣传、推广企业网站。企业如果的网站不经宣传和推广，很可能淹没在信息如流的网络中。对网站的推广可以经过以下几种途径：设计制作网站的网络广告，并在访问量大的网络媒体上购买广告版面和时间发布；通过搜索引擎登陆、搜索引擎优化、搜索引擎广告都可以帮助网站的推广，吸引流量和受众关注；与其他网站组建超链接，行成网络联盟。

C. 开展网站服务实现与客户积极互动。企业网站可建立与企业或产品相关的服务板块以吸引访客。这种板块可以是产品咨询、售后服务、在线购买、相关信息查询等，利用这些板块为访客提供服务，从而实现与受众的沟通和互动。对企业来说，这样的网站本身就是一种广告。

D. 利用网站进行网络营销并建立客户数据库。利用会员注册、电子邮件、在线购买等形式收集客户信息，建立网络营销数据库，可以明确现有受众和潜在受众，为企业的市场调查、网络广告投放甚至为整个网络营销策划提供依据。

（2）网络广告联盟模式。

①网络广告联盟模式的含义。

广告联盟代理模式是一种通过企业站点的相互链接，使自己的主页与相当规模的站点建立联系，通过文字交互、横幅广告等方式互惠式交叉推销的广告发布模式，也可以是企业网站加入一个广告交换网，组成广告网站的联盟，实现多方的相互登载。近年来，网络广告交换网开始发展起来。

②网络广告联盟模式的要求。

这种模式一般要求网站规模相当，企业的主页也要达到一定的访问量。交叉发布的广告可以是自制的，也可以是委托网络广告代理公司制作的。

③网络广告联盟的形式。

网络广告联盟的形式分为三种：广告主之间直接的交换、通过广告交换网交换及网络与传统媒体之间的广告交换。

A. 广告主之间直接的交换。广告主之间直接的交换，即拥有网站的企业之间不通过中介机构而进行网络广告的直接交换。这种交换耗费精力较大，需要企业之间亲自交换 html 代码进行转换和发布，但是能够节省开支，在目标受众的把握上比较准确，互惠互利。

B. 通过广告交换网交换。网络广告交换网是一个交换网络广告的中介机构，在交换网上拥有网站的企业都可以申请一段广告代码，提交自己的广告信息，寻找合适的交换对象，然后实施网络广告的交换。

C. 与传统媒体之间的广告交换。企业还可以将网络广告与传统媒体进行广告交换，实现媒体的整合。

（3）通过渠道代理商销售模式。

通过渠道代理商的销售模式是指：企业将网络广告业务委托给网络广告代理公司，由代理公司进行市场调查、网络广告策划、创意、制作、发布、预算并进行效果评估，制订网络广告计划，监督网络广告实施。

在企业直接销售模式中我们介绍了企业自制网站的内容，这里我们主要涉及的是委托建立企业网站及如何选择渠道代理商。

①委托代理公司建立企业网站。

企业通过自建服务器或服务器托管，获得自己的域名后，可以将网站的内容维护、更新等工作交给专门的公司管理。这样做的好处是：专业的制作公司制作水平较高，可以为企业网站提供更专业的服务；另外，企业可以在这方面节省人力和财力，集中精力做好自己的产品或服务。

企业网站对企业来说至关重要，是企业的门面，因此在委托建立网站时必须遵循一定的规则选择合适的专业公司，并签订合同，维护自己的权利。

委托建立企业网站主要流程有：

A．对代理公司进行调研，从中选择并确定合作关系。寻找专业的网站制作公司，并对其进行调研，从制作经验、服务客户信息、维护信息、制作费用、公司规模等方面进行衡量，从中选择一家合适的确定合作关系。企业可以通过电话、面谈、电子邮件等形式向代理公司提出网站建设方面的基本需求，由代理公司答复，提供方案，双方就网站建设的具体内容和事项进行商谈，如果双方都能接受的话，就要签署《网站建设协议书》。

B．网站建设的实施。签署协议书后就进入了网站建设的实施阶段。在制作之前，代理公司会要求企业支付预付款，提供关于网站制作所需要的资料；由制作公司依据协议书制作网站，做出样稿；将样稿交给企业审核；审核通过后，代理公司开始制作模版文件；模板文件通过审核后，进入整体的网站制作。代理公司必须在规定时间完成网站制作，并由企业进行验收；验收完毕，企业认可之后，签发《网站建设验收确认书》；企业交付余款；代理公司收款后，将网站上传到指定服务器，或直接交给企业。网站建设结束。

C．网站管理。代理方需按照签署的《网站建设协议书》的条款，进行网站的管理和维护。

②选择网络广告渠道代理商。

企业在建立网站后，就要推广自己的网站，这时选择一个合适的网络广告渠道代理商，对企业网络广告运作来说可谓是成功的一半。任何企业都应该十分慎重地考虑代理商的选择。

A．选择网络广告渠道代理商的标准。

a．代理商的信誉。可以通过各种渠道打探。信誉至关重要，一旦把企业和品牌交到一个信誉差的公司手中，自己失去了主动权，那么出现什么严重后果将是无法挽回的。

b．代理商的代理能力。如果代理商为知名的大企业服务过，而且效果不错的话，其代理能力可以相信，但企业也应综合考虑公司的人员构成、员工素质、是否有主要人员流失、公司规模等因素，时移世易，要看当前的情况。

c．代理业务冲突。即公司代理过的客户中是否有企业的竞争对手。在我国许多的网络广告代理商中，网络媒介代理商购买网站的广告空间，将空间转卖给企业发布广告，这样的代理公司一般不存在代理业务冲突问题；单纯的网络广告制作代理商一般也不存在代理业务冲突，因为网络广告计划由企业内部制定，仅仅是网络广告的制作交给代理公司。一旦企业计划将更多的网络广告业务交给同一个代理公司时，就要慎重考虑代理业务冲突的问题。

d．代理商的合作意向。代理商与企业是一个相互选择的过程，只有企业的一厢情愿是不能成就合作的，在协商时要观察代理商的合作意向、热情和诚意。

B．选择网络广告渠道代理商的程序。许多企业使用招标的方式选择代理商。在企业内部选出一个人或者小组负责，首先制定一个选择的标准，根据标准从众多的代理商中过滤出入围名单；随后与这些公司联系并将企业的概况做成文件寄给对方，同时也可以把企业对代理商不了解的问题附上，一并收回；根据回收结果再次考察，删减一部分公司，留下几个有意向的作为候选名单；安排双方见面，增进了解，并对网络广告进行初步探讨；进行比较，优胜劣汰；选定一个广告公司，双方签订协议。

2. 网络媒体广告经营模式

随着网络媒体发展的不断成熟，网站广告经营模式也在探索中前进，主要有：网络媒体直接承揽客户、委托代理商经营（又分为：专门网络广告代理公司和网络广告代理联盟）。

（1）网络媒体直接承揽客户模式。

①该模式的含义及发展。

网络媒体直接承揽客户模式，即网站成立广告部门，直接与广告主洽谈业务，承揽本网站的广告销售。这种模式始于网络广告发展的初期阶段，那时还没有专业的网络广告代理公司，网络也没有大范围普及，许多企业还不了解网站的运作，所以网站自己担当起起销售角色。特别是一些大型的网站，如新浪、搜狐、网易。当时，网络广告是一种新生事物，但是前景非常乐观，因此，独自承揽网络广告的网站成为稀缺的媒体资源，网站也乐于与企业进行直接接触。

②该模式的优点。

A. 网站对自己的网站定位、内容、受众群体更加了解，对网络广告的发布方式、特点、效果也更清楚，因此，网络媒体与客户的直接交流，使得网站及网络广告的信息更明确地传递给客户，也可以为客户提供比较有针对性的广告投放建议。对于客户来讲，与网站直接对话，能够更有效地表达自己的想法，沟通起来更加方便。

B. 网络媒体建立自己的广告部，直接承揽广告，免去了代理费用，客户可以节省费用，得到更多的实惠。

③该模式的缺点。

A. 网络媒体直接承揽广告客户，就会尽力向企业推销自己，如果网络媒体不负责任，就有可能承揽到根本不适合作网络广告或者不适合在该网站上做广告的企业，对于企业来说不公平。

B. 网络媒体直接承揽广告客户，立场是网站方，而不能像代理公司一样非常客观地站在客户的角度上，从整体营销计划，考虑为客户提供专业的网络广告方案。

C. 这种模式缺乏第三方认证机构的监督，网站提供给客户的数据可能是经过夸大了的，其可信度会大大降低。

④使用范围。

网络媒体直接承揽广告客户主要适用于网络广告发展初期，但目前仍在使用中，主要是那些专业性强的中小网站。因为这种网站对企业和受众的要求都比较专业，代理出去的话，可能代理商对该领域不熟悉，而且网站的知名度可能并不高，直接代理会存在风险。采取网站直接与自己针对的企业对话的形式，可以与企业进行良好的沟通，推销自己，同时要注意这种推销应该是在遵守网络广告经营原则上的推销，不能任意夸大，损害企业利益，长期看来，也有碍自身的发展。

（2）委托代理公司模式。

委托代理公司模式。即网站将自己的广告业务部分或全部委托给网络广告代理商的模式。该模式可以细分为两种：委托网络广告代理公司和加入网络广告代理联盟。

A. 委托网络广告代理公司模式。

a. 委托网络广告代理公司模式的发展。

随着网络的发展，网络媒体的价值不断被挖掘出来，网站也将更多的精力放到网站自身的建设上，同时许多传统的广告公司关注到网络广告的兴起并设立了相应的网络广告代理部门，为网站代理。刚刚进入网络广告服务领域时，时间和速度是决定成败的关键因素，越早越快进入的公司，门槛较低，与网站建立的关系较早，成功的几率也高。随后，网络广告专业化带动了专业的网络广告代理公司的应运而生，他们一般都有较强的技术力量，丰富的网络广告代理经验。目前，这种公司多为跨国公司。

b. 委托网络广告代理公司模式的特点。优点：委托给网络广告代理公司使得网站有更多的精力做好网站，而不必分太多心思在广告销售上；这些网络广告代理公司，一般都有广告经验或者稳定的客户，有较为成熟的网络广告经营模式和运作方法，专业的网络广告代理公司还有很强的综合能力，为网站提供一套网络广告服务，为网站的广告经营提供建议。缺点：网络广告代理公司发展良莠不齐，拥有的客户水平也高低不等，在网站上发布时，可能更多的从自身的利益考虑，忽视网站的经营。

B. 加入网络广告联盟。

a. 网络广告联盟的含义。网络广告联盟一般是由专业（也有一部分不是专业的）网站发起的，为广告主和网络媒体之间提供的自助广告交易平台，具体的交易除大型广告主外，一般都由广告主与网络媒体间自助完成。在这个平台上，网络联盟、广告主和网络媒体之间各有其责任和义务，共同协作，创造多赢局面。

b. 网络媒体缘何加入广告联盟。对于网络媒体来讲，加入网络广告联盟意味着可以拥有大量的广告主，盈利机会增加；可以及时根据广告主发布的最新广告内容、要求和单价等信息，完全自主地选择所要投放的广告；优质的网络广告联盟可以为网站提供优秀的广告，为网站审核广告减轻负担，保证广告质量，降低因广告内容问题给网站带来的风险；联盟提供最新的、准确的、透明化的网络广告报表，使网站系统直观地了解自己正在投放的各个广告情况（如：投放量、投放页面、浏览和点击情况）及由此带来的收入，向网站提供客观的数据，为其网络广告经营提供借鉴；联盟有一套规则和机制（如：对广告主的资质审核制度、预付款制度，以及各种规范的模式及流程）保证网站能够及时拿到广告费用，无须担心佣金问题，有效保障自己的权益。

c. 网络广告联盟的新发展。热点广告网推出"热点定向广告"模式，即：将广告受众进行分类定向，把广告投放在对该则广告信息感兴趣的受众面前。这种操作通过双向进行，客户可以把要发布的定向广告直接投放到与广告内容相关的网络媒体上，同时"热点定向广告网"也会根据浏览者的偏好、使用习性、地理位置、访问历史等信息，有针对性地将定向广告投放到真正感兴趣的浏览者面前。这是一种新型的网络广告联盟模式，适合于各种企业推广宣传，也适合各种类型的网站媒体申请加盟。

网络媒体加盟"热点网络广告网"的必须符合《网站审核标准》：不能包含任何违反国家法律的内容；不能包含不健康的（成人、性、色情、淫秽、赌博、暴力、反动、含有恶意代码及病毒，以及广告内容不健康）的内容；必须有自己的国际顶级域名或国家顶级域名；网站世界排名（周排名数据）在 10 万以内，同时 3 月排名在 20 万以内，超出者不予审核；只有论坛及网站无实际内容或页面排版不够专业和美观者不予审核；每个网页弹出窗口不超过两个。

网站享有联盟会员的权利，也有将自己的信息及时传递给"热点网络广告网"的义务，同时"热点网络广告网"按实际有效点击次数从中扣除10%的点击比。

d. 根据各联盟网站要求不同，加入网络广告联盟对网站都会有不同的要求，只有达到一定的标准时才能申请加入，享有联盟资源。如果网站广告的访问量或点击率很高，网站会在佣金的基础上，按销售量或广告费总额提取一定的比例（有高有低），奖励网络广告联盟。加入网络广告联盟的模式使得网站间实现资源共享，优势互补，以求达到最佳的广告效果。

3. 广告公司网络广告经营模式

根据广告公司代理网络广告的范围和自身定位的不同，经营模式也有所差别。这里我们将按照网络版面购买公司、综合网络广告代理公司、网络广告制作公司的顺序介绍不同的经营模式。

（1）网络版面购买公司。

①从网站手中购买广告空间。

网络版面购买公司首先要与网站经营者取得联系，双方通过协商讨论是否能够合作、合作哪些空间、代理费用、代理的时间、付款方式等条目，一旦通过，便签署协议或合同，建立合作关系。

网络版面购买公司与网站之间是一个双向选择的过程。网络版面购买公司会按照自己的实力去选择网站及空间，主要的衡量标准有：网站的内容、主要受众、网站的浏览率、点击率、代理费、以前主要的广告主、网站现在的经营状况、发展前景等；网站选择购买公司时则主要考虑对方的资金实力、公司规模、公司人力资源、公司现有客户源等因素。在双方实力相当时比较容易达成协议。

②将广告空间卖给广告主。

网络广告版面代理公司与网站建立合作关系后，会尽力收集关于网站的基本资料，主要是受众信息和网站数据（有时候这需要向调查公司购买），然后将数据提供给原有或新的客户，吸引客户投放广告，并收取代理费。长期下来，积攒客户，形成稳定的客户群。网络广告版面代理公司还可以为客户提供长期或短期的网络媒体广告投放计划，与之建立良好的合作关系。

（2）综合网络广告代理公司网络广告经营模式。

综合型网络广告代理公司负责企业整体的网络广告投放计划，主要包括：网络广告市场调研、网络广告决策的制定、网络广告具体实施、网络广告效果测评四个阶段。在代理过程中，代理公司需要按照企业的营销计划和整体广告目标，科学的、系统地制订网络广告计划方案。综合网络广告代理公司主要有两种经营模式：客户导向型经营和代理服务型经营。

①客户导向型经营模式。

客户导向型经营模式是一种以广告主为导向的模式，这种模式始于代理公司客户服务部，业务接洽在客服部，也终于客服部。由网络广告代理公司按照广告主的网络广告要求制定运作方案，交由客户部决策，以后的实施和测评也都由客户部领导和负责。网络广告代理公司中，客户服务部主要负责与广告主的沟通工作，具体还包括：收集分析广告主的所有信息；接洽、联络广告主；及时将双方的意见反馈给对方；签署代理协议；网络广告活动进展过程中的效果评估；结束合作后继续与广告主保持联系，期待下一次合作。

②代理服务型经营模式。

代理服务型模式起于市场调查和对广告主营销情况的分析，中心环节是整个网络广告计划的制定，终于网络广告效果的测评，与网络广告计划的整体运作步骤相吻合。

A. 程序。

网络广告代理公司与广告主交换意见，代理公司了解广告主的意图和基本情况，广告主初步评估代理公司的能力；双方多次沟通，加深了解，确定合作意向，签署协议，确定具体代理项目；网络广告代理公司明确广告主的网络广告意图后，在其企业的营销环境下制定网络广告的整体计划书；将计划书提交给广告主，广告主进行审核；广告主反馈意见，修改计划书；实施网络广告计划；网络广告代理公司跟踪广告效果，并提交报表；收取代理费并保持联系。

B. 网络广告代理公司的具体代理内容。

a. 调研。

有关广告主的网络广告的市场调查和分析，包括竞争者各种广告投放分析、产品或服务的分析，消费者分析。

b. 方案制订。

根据广告主的营销计划和整体广告目标，确定网络广告目标；制定网络广告的策略（包括创意、媒体评估购买等）；撰写网络广告活动计划书；网络广告制作；网络广告投放；网络广告效果评估；项目总结。

（3）网络广告制作公司网络广告经营模式。

网络广告制作公司经营模式大致分为客户导向型和代理服务型，网络广告制作公司仅负责网络广告的制作，其他都由广告主自己或委托其他代理公司完成。网络广告制作公司经营模式与综合型网络广告代理公司大致相同，有关内容可参看综合型网络广告代理公司模式，在此，不再赘述。

网络广告经营是一个崭新的话题，网络广告经营业也是一个崭新的行业。本节对于网络广告经营，从企业（广告主）、广告媒体（广告发布者）、广告公司（广告经营者）三个角度分析了网络广告的经营模式问题。

2.6.2.3　电子邮件广告营销经营模式

1. 电子邮件广告营销的诞生

电子邮件是马萨诸塞州剑桥的博尔特·贝拉尼克·纽曼研究公司的工程师汤姆林森于20世纪70年代发明的。当时汤姆林森参与 ARPANET 网络的建设和维护工作，他对已有的传输文件程序以及信息程序进行研究，研制出一套新程序，这种新程序消除了之前的种种限制，可通过电脑网络发送和接收信息，为了让人们都拥有易识别的电子邮箱地址，汤姆林森决定采用@符号，符号前面加用户名，后面加用户邮箱所在的地址。从此，电子邮件诞生了。但由于互联网技术的限制以及网络的普及率低，直到20世纪90年代中期互联网网民人数激增后，电子邮件才开始被广泛使用。

电子邮件广告营销诞生于1994年著名的"律师事件"。当时亚利桑那州的两位律师在未经过接受者许可的情况下利用电子邮件将信息以低廉的费用传送给数千万消费者，实质上这就是垃圾邮件。这种损害邮件用户利益的宣传方式引起了人们的关注与思考，由此延伸出了"许可营销"理论。该理论是由 Yahoo 的营销专家塞思·戈丁在 Permission Marketing 一书中提出的概念。也就是指企业在推广产品或服务的前提必须先得到顾客的"许可"，在得到许可后才可以通过电子邮件来向顾客发送信息。从此，电子邮件广告营销被企业推广产品或服务时广泛使用。2007 年英国直复营销协会调查得出全球商业电子邮件的发送量超过直邮的发送量，商业电子邮件的递增速度在 2006 年到 2007 年间达到了 52%，2008 年英国直复营销协会调查统计得出电子邮件广告营销是美国广告主最常使用的网上营销方式，75.8% 的广告主使用电子邮件广告营销。

电子邮件广告营销是指在得到用户许可的前提下，企业将产品、服务等有价值的信息以文字、图像、音频或视频的形式通过电子邮件发到客户邮箱的一种网络营销手段。

电子邮件广告营销是一个广义的概念，既包括企业自行建立邮件列表的电子邮件营销活动，也包括通过专业服务商投放电子邮件广告。为了进一步说明不同情况下开展电子邮件广告营销的差别，可按照电子邮件地址的所有权划分为内部营销和外部营销，或者叫内部列表和外部列表。内部列表是一个企业网站利用注册用户的资料开展的电子邮件广告营销，而外部列表是指利用专业服务商提供的电子邮件广告营销服务。投放电子邮件广告的企业本身并不拥有用户的电子邮件资料，也无须管理维护这些用户资料。内部列表电子邮件广告营销和外部列表电子邮件广告营销在操作方法上有明显的区别，但都必须满足电子邮件广告营销所具备的三个基本因素：基于用户许可、传递途径是电子邮件、信息对用户是有价值的。内部列表和外部列表各有自己的优势，两者并不矛盾，如果必要，有时可以同时采用。

2. 电子邮件广告营销的优点、问题和基础条件

（1）电子邮件广告营销的优点。

①范围广。电子邮件是互联网的一项最基础应用，伴随着互联网的高速发展和普及，超过 90% 的网民在使用电子邮件，其中有超过一半的人每天都在使用，许多人花在电子邮件上的时间甚至比浏览网页的时间还长。网络用户遍及全球，也就代表电子邮件广告营销的范围覆盖了整个世界。只要拥有足够多的 E－mail 地址，企业就可以通过互联网在很短的时间内将产品或服务的信息发送给数千万的目标用户。其次，电子邮件的广告内容摆脱了传统媒体广告上版面等条件的限制，它具有广告内容信息量大、保存期长的特点，并且因为便于收藏和传阅，所以具有长期的宣传效果，适用于各行各业。

②成本低，操作简单。E－mail 营销是一种低成本的营销方式，费用支出就是上网费，成本比传统广告形式要低得多。电子邮件广告营销一般会借助专业邮件群发软件来发送电子邮件，发送电子邮件的操作不需要懂得高深的计算机知识，不需要烦琐的制作及发送过程，单机即可实现每天数百万封的发信速度，并且易于跟踪对于通过嵌入电子邮件中链接的网页访问、正面回应或负面回应等信息。

③反馈率高。电子邮件本身具有定向性，企业可以根据行业、地域等条件来分类，针对某一特定的潜在消费者发送特定的广告邮件，使宣传一步到位，正因为这种针对性的定向发送，目标明确，所以目标客户在接收到电子邮件后的反馈率比较高。

当然电子邮件广告营销也存在许多问题。首先，由于一些用户选择过滤垃圾邮件等原因，一些邮件会遭到屏蔽而造成信息无法有效的送达。其次，在很多情况下，邮件用户在互联网上登记的资料不真实或者不够完整，造成掌握用户信息有限，当用户变更电子邮箱

或者兴趣发生变化等情况出现时，会造成邮件阅读率降低。最后，由于网上垃圾邮件泛滥，大量无用的信息造成用户对邮件信息的信任度降低，从而容易造成有价值信息的忽视和丢失。

（2）电子邮件广告营销的基础条件。

①电子邮件广告营销的技术基础。从技术上保证用户加入、退出邮件列表，并实现对用户资料的管理，以及邮件发送和效果跟踪等功能。

②用户的 E-mail 地址资源。在用户自愿加入邮件列表的前提下，获得足够多的用户 E-mail 地址资源，是 E-mail 营销发挥作用的必要条件。

③电子邮件广告营销的内容。营销信息是通过电子邮件向用户发送的，邮件的内容对用户有价值才能引起用户的关注，有效的内容设计是 E-mail 营销发挥作用的基本前提。

（3）衡量电子邮件广告营销的指标。

在执行邮件广告营销的过程中，我们可以通过以下五个指标来判断电子邮件广告营销的执行效果。

①邮件到达率。由于垃圾邮件过多导致各 ISP 和邮件客户端的垃圾邮件过滤算法越来越严格，会把正常的邮件也直接放入垃圾箱。据统计大概20%的普通邮件被拦截，所以说为提高邮件到达率，选择专业的 ESP 邮件营销服务商以及遵循绿色邮件规范是保障高投递成功率的关键。

②邮件点击率。邮件点击率是指通过邮件上的链接访问网站的比率。影响点击率的因素有邮件内容、邮件设计、邮件版式等，最重要的是这封邮件的信息是否符合收件人的兴趣点。可以根据收件人的地域、年龄、职业等细分来发送内容不同的邮件，如果有大量数据做依托，甚至可以根据用户以往的购买行为，如消费记录、网站访问记录、邮件点击记录等来发送更具针对性的邮件。另外，网站链接的样式和位置也很重要。超链接必须要用下划线和醒目的按钮来表示，说服用户访问的简单介绍也需要具有煽动性，如果能让收件人产生无法拒绝的感觉，那就能达到最好的效果。

③邮件阅读率。研究发现用户打开邮件的主要因素是对于发信件者的了解和信任，因此与收件人建立良好的关系是非常重要的。使用公司名称或品牌名在邮件的标题中有助于获得收件人的信任，另外合适的发送频率也是影响阅读率相当关键的一个因素。

④邮件退订率。如果发现订阅邮件的退订数大幅增加，则说明邮件营销出现了问题。这时需把新老客户分开分析，如果发现新客户退订数量上升，可能是收件人觉得邮件内容没有达到他们的需求；如果是老客户出现大量退订，就需要总结最近发送的邮件内容信息是否不能满足客户需求，或者是发送频率太频繁让客户接受不了。邮件发送频率过高也会导致退订率上升。

⑤邮件转化率。电子邮件广告营销的最终目的是为了让客户购买商品或服务，因此邮件转化率是决定电子邮件广告营销成功与否的重要衡量参数。让客户明白企业所传达的信息是非常重要的，这点可以通过清晰的邮件文案和显眼的链接按钮来实现。当然简洁的流程也是必不可少的。从用户角度出发的设计和内容无疑能大大提高转化率。

2.6.2 网络广告经营模式案例

<h3>案例1 新浪网广告经营模式</h3>

1. 新浪网络广告的商业模式

（1）新浪网络广告的市场定位。

在门户网站的竞争日益加剧的情况下，新浪对网络广告进行全面优化，展开大规模的内容建设，保持自身的特色，并不断创新，形成自己的差异化，在互联网这个市场中取得了一席之地（图2-29）。新浪网络广告的战略定位是：

图2-29 新浪网导航页面可以看到其广告载体的丰富性

①以成本领先和差异化获取竞争优势。

相比传统产业，有形成本较低是网站的竞争力之一。但在网站之间比较，成本领先策略不能构成网站的竞争优势，因为，每一种务实的做法很快就会扩散，网站几乎不可能长期依靠经营效率而在竞争上获得成功。竞争者很快就能模仿到相同的管理技巧、新技术以及更卓越的顾客接触方式。因此，新浪网站为了发展就会不断追求新技术，追求在价值链中的支配地位，在细分市场中占据领导地位及产品的差异化，在企业之间展开基于执行能力的竞争。执行力的竞争最终由差异化的产品表现出来，这也是各种竞争力的最终表述。

②以兼并重组迅速实现规模经济。

随着中国网民的成熟和互联网业竞争的深入，门户网站为了丰富网站内容，形成差异化、多元化竞争的局面，必然会发生深层次的整合。新浪通过兼并那些规模较小的、缺乏特色的门户网站,迅速实现了规模经济的运营。

③以不断创新提升竞争能力。

纵观互联网中的收购与兼并,真正能够做到 1+1＞2 的并购案例很少,门户网站在进行合并后,业务范围大面积扩张,也有着多重管理风险的同时存在,人员织成的复杂性,各个业务的自成体系等多方面的经营难题。如果解决不好这些问题,"1+1＞2"的效果是很难达成的。这种整合真正做到产品间有机结合基础上的整合,而不是简单的求大、求广。新浪在并购的过程中,以技术创新作为发展的源动力,提升企业的竞争力。

(2) 战略目标。

新浪的战略目标,是成为国内第一门户网站并长期保持其优势地位。从电子商务的角度看,其网络广告经营的目标,是向客户提供对他们有特殊价值而竞争者又不能提供的广告产品和相应的服务。新浪向公众和广告客户明确了几个问题:

①广告产品特征。

新浪广告是特征明显的产品,其独特的品牌形象通过互联网与公众沟通,有利于广告客户实现其广告目标。

②广告产品上市。

新浪对自己的各种广告产品有比较详细的介绍,对广告新产品上市,都有较大规模的宣传,并努力争取广告客户,较好地取得产品的市场先机。新浪的竞争对手主要是国内各著名门户网站,但新浪在网络广告市场上保持了主导地位。

③差异化服务。

新浪以客户为中心,利用电子化手段,让客户通过互联网参与广告产品的个性化选择,大大加强了公司与客户的交流和客户的满意度。新浪有针对性地为客户提供大量的广告产品,比如提供客户自行随时在线修改广告、根据需要随时停播广告、随时恢复播出广告等周到的差异化服务,与传统的方式形成了鲜明的对照。

(3) 目标客户。

新浪的电子商务,是为消费者介绍产品和服务,新浪广告业务是其电子商务的重要部分。它主要的目标客户,是网络信息的浏览者和广告主,面对世界市场的企业和消费者。它的规模、技术特点和专业服务,都围绕其目标客户,有多方面的业务已经延伸到中国以外的国家和地区(比如代理国际企业的广告,链接国外网站,国外数据检索等)。新浪对消费者根据性别、年龄、职业、受教育程度、生活方式、收入水平等特征分为不同的类型,都有相应的信息和服务提供。新浪在世界不同地域的广告客户,均可通过网络直接参与广告事务,其市场范围大大延伸。它经常了解客户的特点和要求,修改原有的广告产品设计和相关的服务。

(4) 收入与利润来源。

①网络媒体及娱乐服务。

新浪网已成为世界各地中国人的全功能网上生活社区。作为中国内地乃至全球华人社群中受推崇的互联网著名品牌,新浪网为全球用户提供全面及时的中文资讯、多元快捷的网络空间,以及轻松自由地与世界交流的先进手段,成为数以百万计中国互联网用户生活中不可或缺的部分。

②新浪无线。

新浪无线是在 2002 年年初整合了原新浪无线、广州讯龙、深圳网兴和北京星潮在线的优势资源之后成立的新浪又一业务主线。作为国内无线增值业务的领跑者，新浪无线的业务覆盖短信、彩信、彩铃、PDA 等多平台；合作伙伴包括中国移动、中国联通、中国电信、中国网通等国内各主要电信运营商。

③新浪热线（SINA Online）。

新浪热线提供多种社区建设服务，旨在鼓励用户成为活跃和忠实的注册会员，即新浪网友。新浪将新浪邮箱、新浪 UC、新浪游戏，新浪通行证/通行币和新浪交友等产品和服务进行整合，使新浪网友可以在新浪社区中与其他网友或组群自由沟通。2004 年 1 月，新浪与韩国 Plenus 公司签订在华开展游戏门户业务许可协议。依托 Plenus 公司在技术方面的协助，新浪推出在线休闲游戏频道。新浪游戏总动员是以休闲娱乐游戏为核心，个人家园和 AVATAR 相结合的大型线上虚拟社区。

④新浪企业服务（sina. net）。

新浪企业服务是新浪网作为互联网技术、服务、产品提供商，并凭借和整合现有的各种技术和互联网媒体资源优势，进一步为企业及政府提供专业的信息化建设解决方案，推出的服务平台。新浪查博士是最大规模的中文搜索引擎之一。同时，提供多种类型网站登录服务，让企业的网站脱颖而出。新浪招商投资通过整合全球资源优势，为国内政府及各类园区、企业提供招商引资宣传服务所搭建的全新商务展示交流平台。新浪城市联盟致力于借助自身新媒体的角色以及众多的合作伙伴资源，与各级城市开展"新浪城市联盟合作战略"，这一全新的合作战略以新浪与各城市合作的地方站为主要合作平台，为政府提供全新的宣传服务——塑造城市品牌、宣传城市旅游文化资源；带动招商引资、推动区域经济发展。

⑤新浪电子商务（SINA E - Commence）。

新浪的电子商务分为 3 部分：为优质商户和广大用户提供网上购物平台的新浪商城；与雅虎组建的全功能网上拍卖"一拍网"合资公司以及在线旅行与酒店预订服务的财富之旅。新浪目前在国内和北美网站开设了新浪商城，以此通过自己的技术平台为跨国及国内商户提供开展在线业务的机会。

（5）核心能力。

新浪的核心能力在于社会主流信息的有效集聚和发布，其网络广告产品的设计和发布能力，属国内一流。这种核心能力使其在国内长期保持了竞争优势。新浪网络产品的推广，是电子商务的应用，也是其核心能力的展示。它联合国内知名网站开展具有广告性质的"广告联盟"活动，广泛传播信息，把尚未产出的特色新产品推向世界，表明了公司的经营视野、理念、战略、营销目标和策略，这也是其核心能力的反映，其他公司难于模仿。

2. 新浪的技术模式

在技术方面，新浪的技术能做到数百万的并发访问量，多条千兆级网络带宽设备保障了客户、消费者高速浏览和交流信息。

网络广告要创造高点击率，达到好的广告效果，涉及多方面的技术问题：首先，要实现网络广告的互动性和准确性，网络广告的投放要准确选择目标受众，这需要对广告受众进行深入的技术研究。其次，要针对网络广告的目标受众而选择适合的网络广告媒体。再次，需要有好的网络广告创意，这对网络广告的效果有关键影响。广告媒体和广告主密切合作，双方相互了解和信任，对解决技术问题很重要。

新浪的广告技术总有新颖的技术表现形式，其广告往往独具匠心。它的网络广告总是利用广告技术方面的多种新软件系统，实现新颖的网络广告创意表现形式，使广告贴近了消费者，达到了有吸引力的表现效果，因而获得成功。所用的 banner 广告、鼠标触动的下拉 banner 广告、移动 logo、鼠标触动的 logo 广告和其他多媒体广告，基于多种技术形式，结合所反映的广告内容，达到了预期的目的。

对于网络广击媒体的选择，专业网络广告代理商都有一套比较完善的网络广告媒体评估体系。一般是根据"目标受众数量""网站知名度和声誉""广告表现形式""广告效果""可监控件""性价比"等多项指标，对网络媒体进行评估。最终在综合门户网站、区域性门户地点、知名网站或专业网站中选择广告投放的站点。新浪是广告客户最乐意选择的对象之一。

3. 新浪的经营模式

从经营的角度看，新浪突出了文化、传播和网络服务的理念，强调中国文化特色，普遍适应了目标客户和消费者。这是新浪贴近客户和消费者的经营模式。此经营模式是对传统经营理念、方式、方法和地理范围限制的突破。

新浪不断推出满足特定客户和消费群体个性化需求的新产品（包括广告产品），用网络广告迅速提高了客户和消费者的响应度。其网络广告既服务于广告主，为其形成跨地区、跨国界的宣传，创造价值，也服务于自己。新浪网站的大量广告，说明了新浪在网络、客户，在企业和在电子商务领域的强大地位。从营销方向看，新浪在不断扩大自己潜在的客户，促进自身的盈利。新浪广告经营模式适应了全球化的网络经济和电子商务大趋势。

4. 新浪的资本模式

新浪的前身是北京四通利方，在 1997 年四通利方成功引入国际上 650 万美元的风险投资资金，立足于中文软件的开发与销售。随后与中国台湾华渊资讯公司合并成为新浪。显然，新浪是从国际化出发的，风险投资带给他的不仅仅是钱，还有新的理念。四通利方在引进国际风险投资公司资金的同时，也把它们的管理方式、公司机制和国际网络一起引了进来。2000 年 4 月，新浪首次公开发行的 400 万普通股，定价为每股 17 美元。摩根史坦利公司和中国国际金融有限公司作为联合主承销商负责此次股票发售，摩根史坦利公司作为股票交易的唯一簿记人，大通证券公司和罗伯逊·斯蒂芬公司为包销商。随后，新浪在美国纳斯达克上市，股票代码为"SINA"。

2005 年 1 月 6 日至 2 月 10 日之间，中国最大的网络游戏运营商上海盛大互动娱乐有限公司通过纳斯达克市场，成功购进新浪公司近两成股份，共花费 2.3 亿美元。至此，盛大一跃成为新浪网的最大股东。

5. 结论与建议

新浪的网络广告业务已成为其核心的收入模式。网络广告业务的高门槛以及大环境的稳定成长，强化了新浪的品牌、内容上的优势。内容和品牌已经成为广告商在网络广告市场争夺用户和客户的核心竞争力，内容吸引用户，而品牌则帮助企业更好的把用户资源转变成客户市场的成功。新浪在品牌与内容方面目前仍然具有一定的优势，这也是新浪在网络广告市场获取成功的最重要基石。

同时，网络广告市场呈现出的重要趋势是，流量针对性和按效果付费的模式将更加得到重视。垂直门户具有较高的流量针对性，搜索引擎既有针对性，同时也有竞价排名这种成熟的按效果付费模式。新浪如能在垂直门户以及搜索引擎方面加强竞争力，将有助于在网络广告市场获得成功。

从长远看，网络广告市场很大。新浪营业收入主要来自两个部分：即广告和无线。媒体创新包括两个层面：一是广告模式和媒体模式的创新，一种是技术创新。在广告模式和媒体模式创新上，新浪一直走在很多互联网公司前面。即便如此，在新技术、新应用方面，新浪看起来也不如小公司反应快，如何解决这个问题？在高科技行业，小公司在新技术和新运用上面反应快是一个普遍现象。但对于新浪这样成熟的公司来讲，新浪有大量的用户和成熟的技术平台，一些成功的创新在这样的大平台上更容易发扬光大。目前美国硅谷的很多创业公司，他们的研发和创新都围绕着Google或其他大公司的发展方向，希望有一天能为这些大公司所用。

网络广告的潜力带来了高市盈率。新浪网站一直在非常健康地发展，与之相对应的广告业务也在不断增长。从长远看，网络广告市场很大，美国网络广告占整体广告市场的6%，而中国仅2%。近年来，中国网络广告增速也一直高于美国。正是因为广告的增长潜力大，美国投资者给新浪的市盈率才会这么高。

新浪推出博客也是为了能更好地吸引广告。有没有广告取决于用户量和用户黏性，新浪的博客只要能不断增加用户不断增加流量，那么广告迟早会上来，这跟传统媒体做广告的道理是一样的。长远看，有流量，博客早晚会赚钱。

但是，传统媒体并不被动。不管技术如何先进，平台如何变化，人们对传统媒体原创、权威以及准确等特性的需求依然存在。互联网平台融合了各种传统媒体的表现方式，而且具备了传统媒体所没有的互动以及个性化的特性，使得内容的生产、获取以及发行的方式更加的多样化了。新浪跟传统媒体一直保持着良好的合作关系，给传统媒体一个免费发布平台、帮助了一些媒体的商业化。传统媒体也为新浪提供了大量的内容。其实目前大多数互联网媒体的运作模式都和新浪的模式是一致的。这种模式的建立和存在有它的合理性。至于这个模式会不会变，如何变化，这得靠市场这只看不见的手去调节。新浪与传统媒体的内容合作都有授权。新浪在版权方面一直是十分规范的。

案例2　百度网络广告经营模式

1. 百度的基本状况

百度是目前全球最大的中文搜索引擎，该公司是由创始人李彦宏、徐勇于2000年年初携120万美元风险投资，从美国硅谷回国创建而成。百度的起名，来自于"众里寻她千百度"的灵感，她象征着百度对中文信息检索技术执著的追求，寄托着百度公司对自身技术的信心。2001年8月，发布Baidu.com搜索引擎Beta版，从后台服务转向独立提供搜索服务，并且在中国首创了竞价排名商业模式，2001年10月22日正式发布Baidu搜索引擎。百度以超过亿计的中文网页，全球独有的"超链分析"技术，亚秒级的迅捷速度，庞大的服务器群，接受来自全球各个国家的中文搜索请求。百度每天响应来自138个国家超过数亿次的搜索请求。用户可以通过百度主页，在瞬间找到相关的搜索结果．这些结果来自于百度超过10亿的中文网页数据库，并且这些网页的数量每天正以千万级的速度在增长。同时，用户不必访问百度主页，也可以搜索信息。超过3万个搜索联盟会员，通过各种方式将百度搜索结合到自己的网站，使用户在上网的任何时候都能进行百度搜索。百度还提供WAP 与 PDA 搜索服务，即使身边没有 PC 机，用户也可以通过手机或掌上电脑等无线平台进行百度搜索。在此基础之上，百度为各类企业提供竞价排名以及关联广告服务。每个月，有超过 5 千家的企业通过百度获得商机，5 万家企业使用百度竞价排名服务，超过 300 家大型企业使用百度搜索广告服务。2005 年 8 月 5 日，百度在美国纳斯达克上市，成为 2005 年全球资本市场上最为引人注目的上市公司，百度由此进入一个崭新的发展阶段。百度的首页如图 2 - 30 所示。

新闻　hao123　地图　视频　贴吧　登录　设置　　更多产品

百度一下

图 2 - 30　百度首页

2. 百度的商业模式

（1）战略目标。

百度在创立之初就将自己的目标定位于"打造中国人自己的中文搜索引擎"，并愿为此目标不懈的努力奋斗。百度的使命是"让人们最便捷地获取信息，找到所求"。

（2）目标市场。

围绕先进的搜索技术，百度把目光瞄准具有极大市场潜力的企业搜索需求。2000 年 9 月，百度正式推出面向企业级用户的网事通信息检索软件，它包括网页检索、实时信息监控系统及数据库检索。2002 年 7 月百度推出业界首例"竞争情报系统"软件，迅速成为该市场的领头企业。2003 年 9 月，百度开展"9 月营销革命"，在全国近百个城市展开关键字"竞价排名"付费搜索服务的市场推广活动，取得巨大市场反响。百度关键字广告的市场定位策略是：做好竞价排名，做好搜索网站，提供最好的服务技术，对百度的策略合作伙伴提供最先进的百度产品和服务。2006 年年底，百度开始进军海外市场，其首批目标用户以华裔为主。百度在香港、台湾、东南亚等华裔密集地区开始推广其繁体中文产品，来吸引当地的中文用户。如果该计划发展顺利，百度还考虑向韩国及日本发展自己的业务。

（3）百度的产品——关键字广告。

百度关键字广告是百度国内首创的一种按效果付费的网络推广方式，用少量的投入就可以给企业带来大量潜在客户，有效提升企业销售额。每天有超过 1 亿人次在百度查找信息，企业在百度注册与产品相关的关键词后，就会被主动查找这些产品的潜在客户找到。

百度关键字广告具有较明显的优势：

①全球最大中文网络营销平台，覆盖面广。百度是全球最大中文搜索引擎，全球最大中文网站，覆盖 95% 的中国网民，每天超过 1 亿次搜索，是最具价值的企业推广平台。

②按效果付费，获得新客户平均成本低。百度关键字广告采用按照客户访问数量计费，没有客户访问不计费；并为企业提供详尽、真实的关键词访问报告，企业可随时登录查看

关键词在任何一天的计费情况。

③推广关键词不限。企业可以同时免费注册多个关键词，数量不限。这样可以让企业的每一种产品和服务都有机会被潜在客户发现，获得最好的推广效果。

④全程贴心服务与全程技术保障。在服务方面，百度承诺："365 天，7×24 小时服务专线；关键词审核、网站发布时间不超过两天；提供专业的售前售后咨询服务，随时解答客户疑问，确保客户利益；为企业客户资料保密"。

（4）百度关键字广告的盈利模式。

百度的收入主要来自竞价排名的关键字广告收入。百度采用按效果付费，即按照给企业带来的潜在客户访问数量计费。百度的搜索引擎竞价排名服务，是指由用户（通常为企业）为自己的网页出资购买关键字排名，按点击计费的一种服务。

3. 百度的技术模式

百度公司创立之初，就将自己的目标定位于打造中国人自己的中文搜索引擎，并愿为此目标不懈地努力奋斗，为门户网站——硅谷动力提供搜索技术服务之后，百度迅速占领中国搜索引擎市场，成为最主要的搜索技术提供商。2001 年 8 月，发布 Baidu.com 搜索引擎 Beta 版，从后台服务转向独立提供搜索服务，并且在中国首创了竞价排名商业模式，2001 年 10 月 22 日正式发布 Baidu 搜索引擎。

百度的技术优势是基于关键字竞价排名，实质是用户交费并购买互联网搜索关键词，百度再按用户点击率收费。但百度并没有在新产品和商业模式探索中亦步亦趋，而是首先在中文细分搜索市场做文章。

百度染指于企业应用。2002 年，百度发布了竞争情报系统 1.0 版与企业网络监控的网视通 1.0，主要支持企业用户通过关键字的筛选和重新定义，以监测竞争对手的市场运作和战略等最新情况。百度将 80% 的注意力集中于现有的搜索模式，20% 则会拓展到与搜索相关的其他领域。安全性和搜索引擎的适配性是影响百度进军企业搜索的主要障碍。虽然百度看好企业搜索，但是百度在搜索方面的强势毕竟是基于 web 页面的通用搜索，这就意味着百度试水企业搜索仍处于待开拓阶段。

百度在企业应用方面的其他两个产品竞争情报系统和网视通，经过 4 年发展，仍然在公司业务中处于非主流地位，用户群仍然局限于当年初试阶段，没有产生有价值的增量。寻找更大的价值链，对于百度来说，企业级搜索市场还有很远的路要走。最近甲骨文全球副总裁罗伯特·夏普指出，无论是 Google 还是百度都只能支持有限定制段落的搜索，不是真正的数据库搜索，而大多数企业内部网络文件是以数据库的形式保存。

百度全力扶持并巩固百度在竞价排名中的优势地位，百度已基本搭建了面向 web2.0 发展架构，这是百度的优势。百度的高层管理者在阐述百度的公司战略和技术战略时，都将社区搜索定义为第四代搜索，并将此作为百度的发展方向。社区搜索意味着帮助用户在有限的范围内增强对搜索信息的鉴别力，并增强搜索服务的互动性。

在技术服务化的总体趋势下，百度 2006 年开始启动了"中文搜索链"。这种商业模式提倡在一种新规则下，融合式地实现与更多内容提供商（ICP）和应用软件提供商（SP）合作。在合作链的上游，百度通过搜索技术为其带来流量或者实际收入；在下游，个人网站联盟、网络广告联盟则成为为百度带来收入的服务商。中国企业对网络技术和精准的数据库营销越来越浓厚的兴趣，无疑将给百度带来更大的增长空间。

目前，百度与 IBM 的合作将涉及更大范围的研究题目，这就是百度整体搜索技术的开发架构，全面支持 NOTES 搜索。

4. 百度的经营模式

百度刚创办的时候，国内有"搜索客""悠游"等为数不多的专业搜索引擎公司。同时，一些门户网站，如搜狐等，也开展自己的搜索引擎业务。专业的搜索引擎公司着重于向公司销售搜索引擎软件以及系统，而门户网站则把提供免费搜索引擎服务当作提高访问量的一招。与它们不同的是，百度则搬来了在美国成功的经营模式，即和门户网站合作，按照网站的访问量分成，形成共赢局面。这样的付费模式很快受到各大门户网站的欢迎。同时，百度在搜索上的技术资源，也为公司的专业性提供了足够保证。从 2000 年开始，百度签约门户网站，几乎所有大的门户网站都成为了百度的客户。2001 年 10 月初，百度联合中文门户新浪网等多家门户网站共同推广"搜索引擎竞价排名"的全新商业模式，竞价排名服务几乎遍及主要中文门户网站：网易、263、TOM、21CN、上海热线、广州视窗。经过几年的发展，关键字竞价业务已经成了百度的主要业务。

5. 百度的管理模式

(1) 企业文化。

百度公司的企业文化相对来说比较自由和宽松，崇尚有激情、创造力、自由发挥和高效率。在百度公司，上下班不用打卡，没有固定的着装，工程师可以在办公室穿着拖鞋自由走动，实习生与上司同处会议室讨论问题。宽松的公司文化极具有感染力，可以很快感染新进百度的员工。百度的凝聚力不是基于规章制度，而是基于自发的冲动和创业激情。

百度的企业文化总结起来为"用户导向、分享、求实、系统、卓越、惜时"，具体解释如下：

① 用户导向——坚持以用户需求为导向；

② 分享——不断学习总结并积极分享；

③ 求实——坚持坦诚和实事求是的作风；

④ 系统——从系统的角度思考解决问题；

⑤ 卓越——拥抱挑战和变化，追求卓越；

⑥ 惜时——珍惜并善于管理时间。

(2) 人力资源管理。

作为一个技术类公司，人力资源管理非常重要。百度选用人才时基本遵循的两条标准：有没有能力和潜力胜任工作？一般情况下，新人不一定会顺利完成工作任务。在百度，新人可以犯错，但是经过"点拨"之后，不能再犯同样的错误。"一点就通"显示出新人的能力和潜力。

每一个"百度人"进入百度后都可以自由选择自己的发展道路。百度内部的晋升基本分为两条道路，分别为技术职称和管理角度。如果更喜欢纯技术发展，可以从技术角度发展，更擅长管理，可以从管理角度发展。

实习生制度是百度挑选人才的重要过程。百度对实习生在工作中不断培训，不断地鼓励尝试。让实习生为客户提供服务、编辑程序，在工作中发现问题。百度在重大项目和技术研发上，有一种机制——"特种部队"，进行重点攻关。在重大项目中，同样有大量的实习生参与进"特种部队"中。百度还有与别的公司非常不同的地方，就是在百度的实习生拿的是正常员工的岗位工资。

在招聘技术人才方面，百度有一整套严格的程序，包括面试和笔试。笔试主要考查应聘者的专业基本功；面试一共有 3 轮，首先由人力资源部门对应聘者面试，其次与不同的工程师面谈，最后和将要进入工作部门的同事谈。百度主要考察应聘者与公司内的上司和员工能否协同协作，是否认同公司的理念。经过以上程序后，最后集体讨论决定是否录取应聘者。

（3）百度的股票期权制。

百度员工都有股票期权，期权对于员工是最大的约束，也是最大的激励。与股票期权相比，其他管理手段反而退居到次要位置。在期权制度下，公司员工之间可以互相不喜欢，但为了共同的目标、大家却可以一起工作。正是这有效的股票期权制度，短短几年的时间，便使百度从 120 万美元发展到数十亿美元。

6. 百度的资本模式

百度的资本模式和搜狐等其他早期门户网站的资本模式一样，也经历了获得风险投资，并在纳斯达克上市等历程。

公司创始人李彦宏、徐勇携 120 万美元风险投资，从美国硅谷回国，创建了百度公司。2001 年 10 月 22 日正式发布 Baidu 搜索引擎。2005 年 8 月 5 日百度上市以 27 美元开盘，首日股价一度摸高 150 美元，市值最高达 50 亿美元，收盘时股价为 122 美元，市值达 40 亿美元。

百度的股权结构比较合理，百度的发展、运营、日常决策完全掌握在管理层手中。百度成立时，就把股份分成了三部分：一部分为创始人持有，一部分由风险投资者持有，还有一部分是员工持有的股票期权。李彦宏透露，自己最初持股比例为 50%，徐勇则为自己的 1/3。百度 IPO 后，总股本扩大为 3232 万股，以此为基数，百度高管持有 43.5% 的股份，处于控股地位，在高管中，李彦宏个人持股 22.4%，徐勇 7%。

为了防止其他公司恶意收购，百度采取了所谓得牛卡计划的股权设置赴美上市。其具体实施方法是，上市后的百度股份分为 A 类、B 类股票。将在美国股市新发行股票称作 A 类股票，在表决权中，每股为 1 票，而创始人股份为 B 类股票，其表决权为每 1 股为 10 票。在这样的股权结构下，其他公司在公开市场收购百度的梦想几乎无法实现。

7. 结论和建议

（1）竞价排名造就"搜索力经济"奇迹。

互联网行业从来是个制造明星的行业、这一次它捧出的主角来自中国。百度股票正式在美国纳斯达克上市交易，股票发行价为 27 美元，开盘价为 66 美元。当日，百度股价报收于 122.54 美元，较发行上涨 354%。按照这一价格计算，百度的市值接近 40 亿美元，从而一举超越盛大而成为中国互联网新的老大。根据百度在招股说明书中公布的财务数据，百度股票的市盈率竟达到 2000 多倍。如此高的市盈率说明了投资人对百度盈利能力的高度预期，百度所以成为股市的新宠无非得益两个概念：中国和搜索。1 亿多的网民基础注定了这将是一个不平凡的市场。而投资人对于"搜索"概念如此疯狂，则是对竞价排名的商业模式在中国市场巨大潜力的高度预期，这就是竞价排名模式对搜索引擎的价值。没有竞价排名，搜索引擎可能依然藏在 YAHOO 的某一个角落里；没有竞价排名，搜索不会由一个简单应用变成一个独立的产业，百度更不会受到资本的热烈追捧。现在所提到的"搜索力经济"在很大程度上等同于"竞价排名经济"。

（2）备受争议的百度竞价排名。

百度 2001 年以来推出了搜索门户及竞价排名的盈利模式，并取得了高速成长。多年来，其竞价排名的模式一直备受业界争议，当然褒扬的居多，批判的较少，一般认为竞价排名模式存在两大问题：

①由于百度采用的是左侧竞价排名模式，认为竞价排名的结果与搜索结果混在一起，会影响用户的搜索体验。试想一下，如果您搜索某个关键字，结果排在前面的全是广告，这种体验能好吗？

②点击转化率问题，这个问题是相对于广告主而言。由于绝大多数使用搜索引擎的用户并没有购买需求，而广告主则是按点击付费，因此广告主不得不为误点、甚至是恶意点击付出高昂的成本。

至于发生以上两个问题发生的原因，业界多认为是由于搜索排名的商业化程度太高的原因所致。有人甚至根据以上的判断，悲观的认为百度是在用竞价排名模式慢性自杀。

（3）当前竞价排名的经营模式及经营理念分析。

目前还没有前人在经营理念层面对竞价排名进行分析，因此我们先从模式分析起，进而抽象出其经营理念。广告主向搜索引擎投放关键词广告，大众用户通过提交关键词向百度发出搜索请求，百度将含有关键词广告的相关搜索结果反馈给用户，有潜在购买需求的用户则会点击相应的关键词广告，百度根据点击量反馈向广告主收取广告费用。在这种模式之下，流量成为影响搜索引擎商业价值的关键要素，因为流量越大，潜在客户群也就越大，广告价值也就越高。通过对模式的分析，我们可以得出结论：当前竞价排名模式下，搜索引擎是一种媒体式的经营理念。其本质上与网络媒体乃至传统媒体基本相同，差异点在于搜索引擎信息全互联网整合及个性化消费，而使其成为一种极为普及的新兴媒体，而通过关键词将内容与广告有效整合，而释放了这种媒体的广告价值，于是我们看到了今天炙手可热的搜索力经济。

（4）竞价排名模式的潜藏危机。

媒体式的经营理念为搜索引擎带来了巨大价值，也将成为进一步束缚搜索引擎发挥价值潜力的束缚因素。我们可能出于很多目的使用搜索引擎，但只有一种用户带来真正的商业价值，即商人搜索供应商的行为（通过点击竞价排名帮助用户实现了供应商推荐）。

在当前的经营理念和经营模式下，百度并没有对用户类型和用户需求进行有效细分，无论用户出于哪种需求提交搜索请求，搜索引擎反馈的结果都是"关键词广告＋其他搜索结果"的信息内容。因此，也就必然出现，业界目前所指出的关于竞价排名模式的问题：

①我们出于其他需求而使用搜索（非寻找供应商）。竞价排名广告不仅不会带来任何价值，反而会降低搜索体验。由于搜索引擎无法了解用户更深入的需求，也就不能提供更深入的产生商业价值的服务。

②对于广告主来讲。由于按照点击付费，广告主当然只希望潜在客户点击，而不希望不相关的人士误点，而带来营销成本的增加，显然当前的搜索引擎没有做到。在众多用户行为和需求里，只有用户寻找供应商的需求为搜索引擎带来了商业价值。然而，在我们检索到的这些供应商里，他们的诚信状况如何？提供产品和服务的能力如何？如果进一步发生交易，支付的安全问题如何解决？我们知道阿里巴巴等 B2B 厂商已经推出 B2B 专业的搜

索服务。如果商人寻找供应商都去阿里巴巴的平台，百度的竞价排名广告价值必然急剧下降（根据赛迪的调研，绝大部分企业做竞价排名广告是为了获得客户而非品牌推广）。

通过以上分析，在相信搜索对于互联网的作用是革命性的同时，勇敢承认搜索目前的盈利模式仍有不足，搜索未来的商业价值将远远超过我们的想象。要进一步释放搜索的价值，需要进行的具体转型体现在以下几个方面：

①经营理念的转型。必须把基于搜索的应用和服务作为挖掘未来搜索商业价值的关键所在。我们对用户行为分析得越仔细，就可能为用户带来更深入的服务，服务的深入价值会进一步提升搜索平台的价值，进而形成为良性的正反馈。由原来的：技术→用户体验提升→广告价值提升→盈利提升，转换为：用户行为分析→应用服务设计（或整合第三方）→技术实现→用户价值提升→盈利提升。

②竞价排名模式的转型。以竞价排名为基础，推出针对供应商的垂直搜索，进而整合各种电子商务应用，实现搜索电子商务的深度整合，提升服务价值。

③进一步细分用户行为。深入挖掘不同的用户行为和需求，有效整合互联网上的各种专业的应用和服务，形成各种专业搜索＋专业服务的搜索生态。

未来的搜索一定会给我们带来更加愉快的互联网体验和更加丰厚的互联网价值！期待搜索和百度一路走好。

案例3　立邦漆——星座电子邮件广告营销案例

1. 立邦漆的配色服务

立邦是世界著名的涂料制造商，成立于1883年，已有超过100年的历史，是世界上最早的涂料公司之一。立邦1992年进入中国以后，在多个大城市建立了"配色服务中心"。这个中心的主要特色是设置了"CCM电脑系统"即专业配色师可以根据消费者自己特定的要求来调制出客户所指定的颜色，并且资料库中还提供了1000多种颜色给消费者进行挑选，当客户选择完后，服务中心会经过电脑调试，免费提供配色效果预览等服务，这是一项专门为客户指定的个性化选择。

2. 立邦的星座电子邮件广告

为了引起客户对立邦漆"配色服务中心"的关注，以低成本制造出大效应，立邦漆采取邮件营销策略。一封成功的邮件，与受众良好的互动是必不可少的。互动的方式不仅仅是在邮件广告的二级页面留一个电子邮箱、咨询电话、在线聊天方式，以及提供在线购买、售后服务等链接，更重要的是让观赏者能够参与到广告的画面或是情境中来，实现广告与受众之间的沟通与交流，达到集手动、脑动、心动、行动于一体的全面互动效果。立邦漆的"小鱼带你游星座"邮件很好地做到了这一点。为了让广大消费者了解"配色服务中心"的特色，立邦选择了电子邮件广告营销。这封邮件的设计是以大家喜欢和追捧的星座为主题。如图2-31所示。

打开邮件，展现在眼前的是12星座以字母"N"排列，背景以天空的蓝色为基调，营造的是舒适清新的感觉。可以通过移动画面上的"小鱼"来选择属于自己的星座，选定后点击进入，"小鱼"会告诉你今年的幸运色。如果你点击的是"处女座"，伴随着清脆的鸟叫声和轻柔的钢琴伴奏背景音乐会让你眼前一亮，营造了一种舒适和崇尚自然的氛围，接

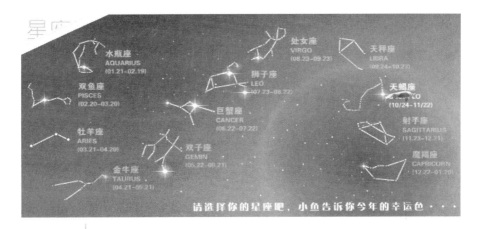

立邦漆个性配色中心

只需五分钟即可配出您满意的梦幻色彩

图 2-31 星座电子邮件广告

着马上看到动态的 Flash 动画，展示的是属于处女座的幸运色——黄色装饰的卧室，阳光透过落地窗洒入房间，淡淡的黄色让人感觉温馨。旁边伴着关于黄色内涵的解读，突出了立邦与自然、生活的完美结合。我们可以随意点击另外的星座，看看其他星座的幸运色和家居配色风格，也可以点击页面下角的"发给好友"按钮，与朋友共同分享这个生动有趣的邮件。立邦的"小鱼带你游星座"的这封邮件结合了图片、文字、音频、Flash 多媒体因素，以一种轻松好玩的方式向消费者宣传了"立邦漆个性配色中心，只需五分钟即可配出您满意的梦幻色彩"这项个性化服务。邮件接收者若对产品感兴趣可以直接点击立邦的官网链接了解更多信息。

如果这样还不过瘾，你还可以返回主页，尝试点击不同星座，看看别的星座的家居配色又是如何。假如你觉得好玩，想与朋友分享，绝对没问题，页面右下角有一个"发给好友"按钮，你可以发给你的朋友，让他们也来体验一下"小鱼带你游星座"的乐趣。有趣的邮件，通过动态 Flash 设计，让用户享受一种宁静、祥和、温馨、轻松的体验，同时，用户对立邦配色中心的认识也在潜移默化中不断加深。

电子邮件的内容是电子邮件广告营销成败的重要环节。立邦的电子邮件广告创意新颖，邮件里面的语言通俗易懂，内容简要并且切合主题，"与好友分享"这一环节也是对病毒营销的一种运用，消费者若感觉邮件有趣可以转发给其他好友一起分享，这样就直接扩大邮件的宣传影响力。立邦的电子邮件广告使消费者以一种轻松、愉快的方式潜移默化地接受了立邦所宣传的信息。

3. 星座电子邮件广告带来的启示

（1）个性化设计是在商品同质化时代令品牌脱颖而出的决定因素。针对我国网络受众年轻化、追求时髦的特点和个性张扬、乐于显示自己及与众不同的心理特征，网络邮件广告在视觉表现上要有冲击力，创意力求新颖，因此将画面定位于时尚的三维动画、虚拟场景与二维文字相结合，或是动感十足的视频等表现形式，使受众对页面内容的关注始于对页面形式体验的乐趣，这样，邮件传达的信息更容易被受众接受。

（2）星座主题吸引度高。随着中西文化不断融合，十二星座越来越被年轻人所信奉。很多年轻人都相信星座运势、幸运数字、幸运颜色，相信这些东西能给自己带来好运。因此，此举对于即将成家的年轻人是极具吸引力的。

思考题

1. 网络广告有哪些优势？
2. 如何对网络广告进行分类？
3. 简述新浪网络广告的商业模式。
4. 新浪网络广告的经营模式是怎样的？
5. 简述百度网络广告的商业模式。
6. 对新浪和百度网络广告的发展，你有哪些好的意见？

参考文献

［1］陈绍宇．电子商务环境下企业财务管理模式研析——以中小企业为例［J］．湖北经济学院学报：人文社会科学版，2013（12）．

［2］翟文帅，陶卫卫．电子商务企业品牌建设存在的问题及对策［J］．知识经济，2013（12）．

［3］雷鸣，夏雨．京东商城的创新发展路径分析［J］．市场研究，2014（4）．

［4］魏琼杰等．"京东商城"体验式营销的应用分析研究［J］．今日财富：金融发展与监管，2011（12）．

［5］杨寒．"京东商城"与"凡客诚品"网站比较分析［J］．中国外资，2012（12）．

第三章　B2B 经营模式

3.1　综合 B2B 经营模式

3.1.1　综合 B2B 经营模式概述

1997 年 12 月，中国化工网（英文版）上线，成为国内第一家垂直 B2B 电子商务网站。1998 年 10 月，美商网（又名相逢中国）获得多家美国知名 VC 千万美金投资，是最早进入中国 B2B 电子商务市场的海外网站，首开全球 B2B 电子网站先河。从那时起，B2B 电子商务的经营模式逐渐发展，形成一系列的经营模式，包括综合 B2B 经营模式、行业 B2B 经营模式、自营 B2B 经营模式和分销 B2B 经营模式。

1. 综合 B2B 含义

综合 B2B（Business to Business，在英文中的 2 的发音同 to 一样）是企业对企业之间的营销关系，是企业之间通过互联网进行产品、服务及信息的交换。它将企业内部网，通过 B2B 网站与客户紧密结合起来，通过网络的快速反应，为客户提供更好的服务，从而促进企业的业务发展。电子商务经营模式，是电子商务组织、业务流程的设计、实施、指挥、控制的机制与方式方法，由财务成本、商品、组织管理三种要素组合而成。

2. 综合 B2B 经营模式类型

（1）按不同的服务形式，B2B 经营模式可分成以线上外贸服务为主的综合 B2B 模式、以线下内贸服务为主的综合 B2B 模式、以"行业门户 + 联盟"为主的综合 B2B 模式和以小宗外贸服务为主的综合 B2B 模式。

①以线上外贸服务为主的综合 B2B 模式。此类模式的企业以提供外贸线上的服务为主，主要收入来源主要为会员费、提供增值服务所带来的广告和搜索引擎排名费用，及向认证供应商收取的企业信誉等认证费用。典型企业如，阿里巴巴、中国制造网等。

②以线下内贸服务为主的综合 B2B 模式。此类模式的企业以提供内贸线下服务为主，主要收入来源为线下会展、商情刊物、出售行业咨询报告等所带来的广告和所收取的增值服务费用。典型企业如慧聪网、环球资源。

③以"行业门户 + 联盟"为主的综合 B2B 模式。此类模式的企业以联盟的方式对各行业 B2B 网站进行资源整合，提供"既综合、又专业"的 B2B 服务。盈利模式主要为网络基础服务、网络信息推广服务、广告发布服务行业门户加盟服务等。典型企业有诸如，生意宝、中国网库、中搜行业中国。

④以小宗外贸服务为主的综合 B2B 模式。此类模式的企业不仅提供信息服务，同时还整合了包括交易的支付、物流以及客户关系管理等，实现在线交易，盈利模式主要以收取企业交易佣金为主。典型企业，如敦煌网、易唐网等。

（2）根据企业和零售商之间的关联度，可分为垂直 B2B 和水平 B2B 两种形式。

①垂直 B2B 经营模式（Vertical B2B，Directindustry B2B）。这种模式可以分为两个方向，即上游和下游。生产商或商业零售商可以与上游的供应商之间的形成供货关系，比如 Dell 电脑公司与上游的芯片和主板制造商就是通过这种方式进行合作。生产商与下游的经销商可以形成销货关系，比如 Cisco 与其分销商之间进行的交易。

②水平 B2B 交易模式。它是将各个行业中相近的交易过程集中到一个场所，为企业的采购方和供应方提供了一个交易的机会，像 alibaba、河北商贸网、环球资源网、ecvv 等。

B2B 只是企业实现电子商务的一个开始，它的应用将会得到不断发展和完善，并适应所有行业的企业的需要。

（3）根据信息的利用和建设程度，可分为自建 B2B 模式和关联行业 B2B 模式。

①自建 B2B 模式。这种模式常见于行业龙头企业，基于自身的信息化建设程度，这些企业搭建以自身产品供应链为核心的行业化电子商务平台。行业龙头企业通过自身的电子商务平台，串联起行业整条产业链，供应链上下游企业通过该平台实现资讯、沟通、交易。但此类电子商务平台过于封闭，缺少产业链的深度整合。

②关联行业 B2B 模式。这种模式是相关行业为了提升电子商务交易平台信息的广泛程度和准确性，整合综合 B2B 模式和垂直 B2B 模式而建立起来的建立跨行业电子商务平台。

3. 综合 B2B 的盈利模式

综合 B2B 经营的盈利模式包括会员费、广告费、竞价排名、增值服务和线下服务。

①会员费盈利模式。企业通过第三电子商务平台参与电子商务交易，必须注册为 B2B 网站的会员，每年要交纳一定的会员费，才能享受网站提供的各种服务，目前会员费已成为我国 B2B 网站最主要的收入来源。

②广告费盈利模式。网络广告是门户网站的主要盈利来源，同时也是 B2B 电子商务网站的主要收入来源。这一块的典型代表有 TOXUE 外贸网、企汇网、阿里巴巴、ecvv 等。

③竞价排名盈利模式。企业为了促进产品的销售，都希望在 B2B 网站的信息搜索中将自己的排名靠前，而网站在确保信息准确的基础上，根据会员交费的不同对排名顺序作相应的调整。

④增值服务盈利模式。B2B 网站通常除了为企业提供贸易供求信息以外，还会提供一些独特的增值服务，包括企业认证，独立域名，提供行业数据分析报告，搜索引擎优化等。像现货认证就是针对电子这个行业提供的一个特殊的增值服务，因为通常电子采购商比较重视库存这一块。另外针对电子型号做的谷歌排名推广服务，就是搜索引擎优化的一种，像 seekic 这个平台就有这个增值服务，企业对这个都比较感兴趣。所以可以根据行业的特殊性去深挖客户的需求，然后提供具有针对性的增值服务。

⑤线下服务盈利模式。主要包括展会（英文表述方式：Directindustry，Exhibition，Trade Fair）、期刊、研讨会等。通过展会，供应商和采购商面对面地交流，一般的中小企业还是比较青睐这个方式。期刊主要是关于行业资讯等信息，期刊里也可以植入广告。环球资源（Global Source）的展会现已成为重要的盈利模式，占其收入的1/3左右。而 ecvv 组织的各种展会和采购会也已取得不错的效果。

3.1.2 综合 B2B 经营模式案例

案例 1 阿里巴巴经营模式

图 3-1 阿里巴巴集团网首页

阿里巴巴作为中国电子商务界的一个神话,从 1998 年创业之初就开始了它的传奇发展。它在短短几年时间里累积了 300 万的企业会员,并且每天以 6000 多新用户的速度增加。不仅仅是搭上了其创始人马云的传奇神话,它的成功更是得力于其准确的市场定位,以及前瞻性的远见。阿里巴巴在电子商务萌芽阶段就商业化地切入,并且踏实的做着自己能力能够做到的事情。自己诚实守信并且在实际行动中致力于规范网上电子商务贸易。这一切在中国 21 世纪的前几年,这个中国电子商务迅速发展的阶段,成就了阿里巴巴今天的成绩。一个错误就可以造成一个失败,但一个成功必然是很多个正确的原因带来的,下面我们就来简单分析一下阿里巴巴网站的运营模式、盈利点、成功之处以及目前和以后的发展战略(图 3-1)。

1. 阿里巴巴发展历程

阿里巴巴是全球领先的小企业电子商务公司,也是阿里巴巴集团的旗舰业务。下面让我们来了解下阿里巴巴的发展历程。

(1)总部成立。1999 年 3 月 10 日由中国互联商网业先驱成立,以杭州为研究发展基地,9 月 10 日在香港设立国际总部。2000 年 9 月 9 日,在杭州成立阿里巴巴中国总部。1999—2000 年,阿里巴巴从软银、高盛和美国富达投资等机构融资 2500 万美金。

（2）B2B 公司发展壮大。2002 年，阿里巴巴 B2B 公司开始盈利。2003 年，在马云位于杭州的公寓中，个人电子商务网站淘宝成立。发布在线支付系统——支付宝。2005 年，阿里巴巴集团与雅虎美国建立战略合作伙伴关系。同时，执掌雅虎中国。2006 年，阿里巴巴集团战略投资口碑网。2007 年 1 月，以互联网为平台的商务管理软件公司阿里软件成立。同年 11 月，阿里巴巴网络有限公司在香港联交所挂牌上市。网络广告平台阿里妈妈。2008 年 6 月，口碑网与中国雅虎合并，成立雅虎口碑。同年 9 月，阿里巴巴集团研发院成立。

（3）阿里巴巴集团成立。2009 年 7 月，阿里软件与阿里巴巴集团研发院合并；8 月，阿里软件的业务管理软件分部注入阿里巴巴 B2B 公司。作为"大淘宝"战略的一部分，口碑网注入淘宝，使淘宝成为一站式电子商务服务提供商，为更多的电子商务用户提供服务；9 月，成立阿里云计算。2010 年 5 月，阿里巴巴集团宣布，从 2010 年起将年度收入的0.3% 拨作环保基金，以促进全社会对环境问题的认识。11 月，淘宝商城启动独立域名。2011 年 6 月，阿里巴巴集团将淘宝网分拆为 3 个独立的公司——淘宝网、淘宝商城和一淘，以更精准和有效的服务客户。2012 年 1 月，淘宝商城宣布更改中文名为天猫，加强其平台的定位；6 月，阿里巴巴网络有限公司正式从香港联交所退市；7 月，阿里巴巴集团宣布将现有子公司的业务升级为阿里国际业务、阿里小企业业务、淘宝网、天猫、聚划算、一淘和阿里云 7 个事业群。

2. 阿里巴巴网站的运营特点

（1）专业化信息服务。专做信息流，汇聚大量的市场供求信息。马云曾在 2005 年阿里巴巴在广交会期间主办的电子商务研讨会，阐述了以下观点，即中国电子商务将经历 3 个阶段，即信息流、资金流和物流阶段，目前还停留在信息流阶段。交易平台在技术上虽然不难，但没有人使用，企业对在线交易基本上还没有需求，因此做在线交易意义不大。这是阿里巴巴最大的特点，就是做今天能做到的事，循序渐进发展电子商务。功能上，阿里巴巴在充分调研企业需求的基础上，将企业登录汇聚的信息整合分类，形成网站独具特色的栏目，使企业用户获得有效的信息和服务。

阿里巴巴主要信息服务栏目包括：其一，商业机会。有 27 个行业 700 多个产品分类的商业机会供查阅，通常提供大约 50 万供求信息。其二，产品展示。按产品分类陈列展示阿里巴巴会员的各类图文并茂的产品信息库。其三，公司全库。公司网站大全，目前已经汇聚 4 万多家公司网页。用户可以通过搜索寻找贸易伙伴，了解公司详细资讯。会员也可以免费申请自己的公司加入到阿里巴巴"公司全库"中，并链接到公司全库的相关类目中方便会员有机会了解公司全貌。其四，行业资讯。按各类行业分类发布最新动态信息，会员还可以分类订阅最新信息，直接通过电子邮件接受。其五，价格行情。按行业提供企业最新报价和市场价格动态信息。其六，以商会友。成立商人俱乐部，在这里会员交流行业见解，谈天说地。其中咖啡时间为会员每天提供新话题，为会员分析如何做网上营销等话题。其七，商业服务。航运、外币转换、信用调查、保险、税务、贸易代理等咨询和服务。这些栏目为用户提供了充满现代商业气息，丰富实用的信息，构成了网上交易市场的主体。

（2）本土化建设。阿里巴巴采用本土化的网站建设方式。针对不同国家采用当地的语言，简易可读，这种便利性和亲和力将各国市场有机地融为一体。阿里巴巴已经建立运作四个相互关联的网站：英文的国际网站（http：//www. alibaba.com）面向全球商人提供专业服务；简体中文的中国网站（http：//china. aliaba.com）主要为中国大陆市场服务；全球性的繁体中文网站（http：//chinese. alibaba. com）则为中国台湾、中国香港、东南亚及遍及全球的华商服务；韩文的韩国网站（http：//kr. alibaba. com）针对韩文用户服务，以及日文的日本网站（http：//japan. alibaba. com）。而且即将推出针对当地市场的欧洲语言和南美网站。这些网站相互链接，内容相互交融，为会员提供一个整合一体的国际贸易平台，汇集全球 178 个国家（地区）的商业信息和个性化的商人社区。

（3）免费会员制。在起步阶段，网站放低会员准入门槛，以免费会员制吸引企业登录平台注册用户，从而汇聚商流，活跃市场，会员在浏览信息的同时也带来了源源不断的信息流和创造无限商机。阿里巴巴会员多数为中小企业，免费会员制是吸引中小企业的最主要因素。在市场竞争将日趋复杂激烈的情况下，中小企业当然不肯错过这个成本低廉的机遇，利用网上市场来抓住企业商机。大大小小的企业活跃于网上市场，反过来为阿里巴巴带来了各类供需，壮大了网上交易平台。阿里巴巴每月页面浏览量超过 4500 万，信息库存买卖类商业机会信息达 50 万条，每天新增买卖信息超过 3000 条，每月有超过 30 万个询盘，平均每条买卖信息会得到四个反馈。

（4）增值服务。阿里巴巴通过增值服务为会员提供了优越的市场服务。增值服务一方面加强了这个网上交易市场的服务项目功能，另一方面又使网站能有多种方式实现直接盈利。尽管目前阿里巴巴不向会员收费，但据马云介绍，阿里巴巴网站目前是盈利的。阿里巴巴的盈利栏目主要是：中国供应商、委托设计公司网站、网上推广项目和诚信通。中国供应商是通过 alibaba 的交易信息平台，给中国的商家提供来自各国国际买家的特别询盘。客户可以委托阿里巴巴做一次性的投资建设公司网站，这个项目主要是 alibaba 帮助企业建立拥有独立域名网站，并且与 alibaba 链接。网上推广项目由邮件广告、旗帜广告、文字链接和模块广告组成。邮件广告由网站每天向商人发送的最新商情特快邮件插播商家的广告；文字链接将广告置于文字链接中。新推出的诚信通项目能帮助用户了解潜在客户的资信状况，找到真正的网上贸易伙伴；进行权威资信机构的认证，确认会员公司的合法性和联络人的业务身份；展现公司的证书和荣誉，用业务伙伴的好评成为公司实力的最好证明。

（5）市场运作。适度比较成功的市场运作，比如福布斯评选，提升了阿里巴巴的品牌价值和融资能力。阿里巴巴与日本互联网投资公司软库（Soft Bank）结盟，请软库公司首席执行官、亚洲首富孙正义担任阿里巴巴的首席顾问，请世界贸易组织前任总干事、现任高盛国际集团主席兼总裁彼得·萨瑟兰担任阿里巴巴的特别顾问。通过各类成功的宣传运作，阿里巴巴多次被选为全球最佳 B2B 站点之一。2000 年 10 月，阿里巴巴荣获 21 世纪首届中国百佳品牌网站评选"最佳贸易网"。

3. 阿里巴巴的盈利点

阿里巴巴网站如何赚钱，它的赢利点有下列几个方式：

（1）诚信通会员制。诚信通服务年收费 2800 元/年，基本内容包括：排名优先服务；诚信认证服务；独享买家信息；企业网站，独立域名；500 强采购专场；诚信通免费培训；竞价排名服务；商铺直达。

（2）竞价排名。商用客户必须先注册成为诚信通会员才能购买关键字竞价排名服务，关键词起拍价从 100 元到 300 元共分 5 档，最低 100 元。中标者竞价企业的信息将排在该关键字搜索结果的前 5 位，投放时间为 1 个月。

（3）黄金展位。诚信通会员才能享受不同关键字对应"黄金展位"价格不同。投放在指定关键词的各大主要搜索结果页面（"找产品、找公司、找加工、找买家"等）的右侧显著位置。每个关键字6个黄金广告位，3个月为1周期。

（4）页面广告。根据位置不同价格不同，首页banner价格高达80000元/天的价格；详细价格见阿里巴巴官网，在相应页面展示图片或文字广告信息。

4. 评价

阿里巴巴的盈利模式是组合盈利拳，是进化盈利链，是动态发展的盈利模式。将其归结到企业战略和核心竞争力的一个共同点上，就是"难以模仿"。阿里巴巴的盈利模式是难以模仿的一个典型。它的关键的步骤有以下4步。

（1）抢先占有市场。阿里巴巴成功的第一步是抢先快速圈地。1988年马云以5万元起家时，中国互联网先锋赢海威已经创办了3年。赢海威采用美国AOL的收费入网模式，这对于经济发展水平的高的国家本身经济实力强而且网络信息丰富的AOL是适用的。马运并没有采用赢海威的收入模式，而采用了免费大量争取企业的方式，这对于一个个人出资的公司，是非常有洞见和魄力的。坚持这样一种模式是需要坚毅的精神的。在遭遇互联网寒冬的2001年，马云给公司定了一个目标——要做最后一个站着的人。他说："今天是很残酷，明天更残酷，后天很美好，但是很多人都看不到后天，因为他们死在明天的晚上"。这种抢先圈地的模式坚持下来并贯彻至今，现在阿里巴巴在中国的企业会员有700万家，海外有200多万家。时机本身是最不可模仿的。现在如果谁还重复阿里巴巴的这一战略，还可能占有这么多的企业吗？

（2）开展企业信用认证。马云成功的第二步是开展企业的信用认证，这敲开了创收的大门。信用对于重建市场经济和经济刚起飞的是中国市场交易来说是拦路虎，电子商务尤为突出。马云抓住了这个关键问题，2002年力排众议创新了中国的互联网上的企业诚信认证方式。如果说，这种方式在普遍讲诚信的发达国家是多余的，在中国则是恰逢其时了。阿里巴巴既依靠了国内外的信用评价机构的优势，又结合了企业网上行为的评价，恰当配合了国家和社会对于信用的提倡。由于有了创收的渠道，2002年马云给公司提出一个目标——全年赚一块钱。到2003年的时候，就达到一天100万了。现在这个项目，阿里巴巴带来每年几千万元的不断增加的收入。

这里要特别指出，中国信用问题突出，不等于企业愿意参与阿里巴巴的诚信通认证。在诱导企业缴费加入"诚信通"方面，阿里巴巴巧妙利用了它抢先圈地的成果。几百万的企业为它提供了大量的企业需求信息，这对于60%加工能力过剩的中国企业是非常宝贵的信息。阿里巴巴仅仅对于通过诚信通的企业提供需求信息，还通过电子邮件一年提供3600条。这些需求信息对于众多千方百计寻求订单的企业来说，其价值不言而喻，最起码也有把握现实的市场动态的参考价值。用圈地中换取的关键信息作为企业进入创收项目的"诱饵"，这也是难以模仿的招术。

（3）拥有大量的外商采购名单。阿里巴巴的第三步就是他掌握5000家的外商采购企业的名单，可以实实在在地帮助中国企业出口。对于每家企业收费4—6万元这又为阿里巴巴带来每年大几千万元的收入，并带来国内外的知名度。这一招其他公司也可以学，但阿里巴巴等于外商的采购有最大规模的供给信息和诚信通为基础的优势，其他公司是难以模仿的。

（4）推出电子商务搜索。阿里巴巴的第四招，是它收购雅虎中国后准备推出的电子商务搜索。2013 年 3 月阿里巴巴已经推出自己的关键字竞价搜索。雅虎的搜索在中国仅低于百度 3 个百分点，超过全球龙头 google 8 个百分点。现在阿里巴巴依靠雅虎每年几十亿美元技术开发投入形成的技术实力必然要有所创新。创建全球首个有影响力和创收力的专业化搜索应当是合理选择。电子商务搜索可以将电子商务涉及的产品信息、企业信息，物流、支付有关信息都串通起来，逐步形成一种电子商务信息的标准。可以首先推进阿里巴巴的电子商务，并统领全国的电子商务。中国去年的出口额是 1 万亿美元，通过阿里巴巴做的只有100 亿美元是 1%，还有99% 的企业并没有使用电子商务，这里面的生意潜力可就太大了。这一招将又是以前三招为基础而难以模仿的。

阿里巴巴的关键的招术并不多，但招术的单纯性、连贯性、组合性和有效性非常突出。从阿里巴巴模式难以模仿的盈利模式背后的思想和理念是可以模仿的，我们可以学习和仿效的阿里巴巴的是对于网络形势的深度洞察，洞察到可以翘动公司发展的杠杆点，以创新作为杠杆，还有就是翘动杠杆的执行力的坚决和坚定。如果再浓缩阿里巴巴的难以模仿的盈利模式的核心就是——难以模仿的创新。创新时就要不仅仅考虑有效性，还要考虑难以模仿性。难以模仿给阿里巴巴带来的自然是垄断的巨大效益。

案例 2　敦煌网经营模式

1. 敦煌网经营发展状况

敦煌网（www. DHgate. com）成立于 2004 年，是第一家整合在线交易和供应链服务的 B2B 电子商务网站，是协助中国广大的中小供应商、向海外庞大的中小采购商直接供货的新生代网上批发交易平台（图 3 - 2）。核心业务是大宗产品的外贸进出口。它的定位非常清晰，就是始终坚持面向中小企业提供服务。这类企业的特点是采购量较小，但产品种类丰富，必须减少库存，加快资金周转率。缺少了以网络为依托进行采购、销售，其运营成本将非常高。

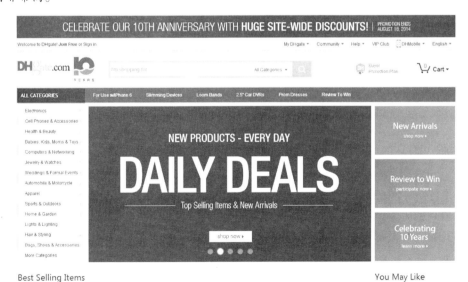

图 3 - 2　敦煌网首页

到 2011 年为止，短短的 4 年，敦煌网在国际贸易方面已被海外买家和国内卖家所提供的价值获得广泛认同，无论从用户数、交易额、订单数、商品种类等指标每年都有 6 倍到 10 倍的突飞猛进式增长，敦煌网已经拥有来自 230 个国家的注册买家超过 400 万。国内卖家超过 97 万。据 Paypal 交易平台数据显示，敦煌网是在线外贸交易额中亚太排名第一、全球排名第六的电子商务网站，其在 2010 年的交易规模达到 60 亿。

由于未来 2—3 年内世界经济都将处于低位运行，国外消费需求仍处于低靡状态，以出口为导向的中国 B2B 电子商务市场还将保持减速增长态势，但 2010—2011 年，随着国内刺激内需政策见效及世界经济逐步走出低谷，国内外消费能力和订单需求均会增加，中国 B2B 电子商务也将增速发展，到 2012 年交易规模将达 8.6 万亿元。敦煌网将一如既往地努力探索、锐意进取，立志成为中国国际贸易领域电子商务的领航者，为中国众多的供应商和中国国际贸易的发展做出最大的贡献。

2. 敦煌网经营模式

敦煌网是第二代 B2B 电子商务的开创者，协助中国广大的中小供应商，向海外庞大的中小采购商直接供货，其特点是完善的在线交易环境和配套的供应链服务。敦煌网整合跨境交易涉及的各个环节，并将其纳入自身的服务体系。这种基于专业化分工的整合，将买卖双方从繁杂的交易过程中解放出来，使得复杂的跨境贸易变得相对简单。更为重要的是，敦煌网提供的各项服务，通过集合效应大大降低了交易双方的成本。降低交易成本，客观上打开了小额外贸的广袤空间。

3. 敦煌网盈利模式

敦煌网公司的盈利模式就是向这些买家收取"交易佣金"，以交易佣金为收费模式作为王牌。只有在买卖双方真正达成交易后，DHgate 公司才会向买方收取订单规模 7%—15% 的佣金。除此之外，敦煌网还向会员提供增值服务和广告服务，这是其另外两个收入来源。

4. 敦煌网的优势

（1）通过敦煌网在线交易。企业的贸易周期可由传统的六个月缩短至两周，且物流、支付等经营成本也可大幅度降低。

（2）支付方式整合。对于敦煌网来说，会不断地整合更多的支付工具（从银行到邮局、到在线、到支票）无论是我们客户他们在哪一个国家，他们所习惯、所喜欢使用的支付的方式，都不断地把它整合到敦煌网的交易平台里来。

（3）拼单侃价。网站平台也在努力根据微经济的特点提供增值服务，而拼单是一种常见的做法，如同时间会有许多货物发往一个地方，敦煌网便会将相关信息搜集起来将这些货物一起发送，以帮助节省成本，或帮助互不相识的客户将货物拼到一个集装箱运输以降低成本。

（4）推荐位竞价投放系统。"推荐位竞价投放系统"是 DHgate 敦煌网为平台上的广大卖家开发的一种提升卖家产品关注度的全新工具。卖家可以公平地在此系统中展开竞价，投放优势广告位，以获取更多赢单的机会。

（5）个性化定制服务。海外买家需求，为一些买家提供对现有产品进行个性化定制的服务；卖家供应能力，DHgate 为卖家提供制造国际品牌产品的经验和能力，以及按照国际品牌的设计样式进行制造的能力；数据支持，敦煌网为卖家提供买家数据支持，为卖家提供多样化的服务，满足更多海外买家的需求，提高成单量。

（6）在线客服系统。敦煌网通过国内"在线客服系统"第一品牌——TQ 在线客服系统开发的"实时在线客服"正式上线。国内外用户在敦煌网遇到问题时，可以直接通过点击网站右上角的"联系客服"，不用下载安装任何的插件，就可得到敦煌在线客服人员的即时回复，大大提高了问题的解决速率。

5. 敦煌网的劣势

（1）接受程度低，推广压力大。在大多数人的眼中，B2B 的一些模式已经被一些公司完全覆盖了。而敦煌网的商业模式是新颖的，甚至有点天方夜谭。通过他们的服务向人们证明并让人们接受敦煌网的这一种商业模式是存在的，这是很艰难的。

（2）竞争压力大。如果阿里巴巴、环球资源等大型的 B2B 厂商也转向到了第二代电子商务平台，就会使竞争更加激烈，敦煌网的生存也更是举步维艰。

（3）用户范围广，满足需求困难。对于全球的采购商，他们是专业的客人，是专业的商人，不同于国内的消费者，对于他们的这种客户体验，对于他们的服务，对于中国公司来说，是一个比较大的挑战。

6. 敦煌网发展推广建议

（1）全力优化服务，完善与提升在线交易功能与效果；

（2）进一步完善信用体系，打造敦煌网自己的信用体系，这同时也包括物流系统、支付系统的完善，以及包括语言翻译工具、在线即时通讯工具的开发等；

（3）寻求更大的外部力量，加大宣传推广力度，提高网站知名度；

（4）通过培训等线下增值服务，配合线上的中小企业 SNS 社区，发掘现有客户数据的增值空间；

（5）建立口碑营销的时代，与合作伙伴联合推广；尝试建立自己的 SNS 社区。

思考题

1. 综合 B2B 的特点是什么？营销网站有哪些？
2. 阿里巴巴成功的关键是什么？它靠什么盈利？
3. 阿里巴巴经营模式的缺陷是什么？
4. 比较阿里巴巴和敦煌网的异同点。
5. 浏览最新的综合 B2B 网站，并分析其特点和发展趋势。

3.2　行业 B2B 经营模式

3.2.1　行业 B2B 经营模式概述

3.2.1.1　行业 B2B 的内涵

一句话来定义，B2B（Business to Business）是指商家与商家建立的商业关系，而行业 B2B 则指面向和服务的用户群体集中在行业内的企业。

行业电子商务 B2B 门户网站的基本特质是具备强烈的行业属性，一切都应该围绕"行业"为网站的核心；在性能上应该具备海量数据，如千万级数据承载能力，快速的搜索响应速度；在内容上应该具备行业性、真实性、实效性；在功能上应该具有实用性、可盈利性。

3.2.1.2 行业 B2B 网站类型

目前中国比较成功的 B2B 网站并非都是在线交易模式，尤其是 B2B 行业网站，许多都没有做在线交易，更多是以基于交易为目的的网络营销推广和打造品牌知名度。根据对目前比较成功的 B2B 行业网站的分析研究，总结了 10 种 B2B 行业网站经营模式，以及相应的组合方案。

（1）以提供产品供应采购信息服务为主要经营模式 B2B 行业网站。

这类网站要建立分类齐、产品品种多、产品参数完善、产品介绍详细的产品数据库，尤其是要注重产品信息的质量，要有更多最新、最真实、最准确的产品信息，全面提升采购体验，吸引更多采购商和供应商来网站发布信息、浏览查找信息。主要是向中小供应商企业收取会员费、广告费，以及竞价排名费、网络营销基础服务费等，代表网站有：中国化工网（2006 年已上市）、全球五金网、浙江民营企业网（www.zj123.com）、全球纺织网、中国设备网、中国建材网、勤加缘（qjy168.com）等。

（2）以提供加盟代理服务为主要经营模式的 B2B 行业网站。

产品直接面对消费者的企业，一般会找加盟商、代理商来销售产品，一般这种企业的经营模式为设计＋销售类型或设计＋生产＋销售类型。此类网站都是围绕品牌公司、经销商的需求来设计功能和页面，比如服装网站，就要做好动态、图库、流行趋势等行业资讯内容，全面收集服装品牌信息，建立数量大、准确度高的加盟商、代理商数据库。这类网站的赢利模式主要是收品牌企业的广告费、会员费，尤其是广告费会占大部分比例。代表性的网站有：中国服装网、中国家纺网、医药招商网、中国化妆品网、食品招商网、糖酒快讯等。

（3）以提供生产代工信息服务为主要经营模式的 B2B 行业网站。

以生产外包服务为主的行业具有的特点：此类 B2B 行业网站赢利模式为收工厂的钱，为工厂寻找更好的订单，可以提供实地看厂拍照，确保收费的主推工厂生产实力信息的真实、丰富和准确性。代表性外贸综合型网站：阿里巴巴（1688.com）、中国供应商、环球资源、中国制造交易（3 个网站都已上市）等。内贸行业型网站为：我要印、软件项目交易网等。

（4）以提供小额在线批发交易服务为主要经营模式的 B2B 行业网站。

经营这类网站，要非常了解零售商的需求，要建立完善的在线诚信体系，完善的支付体系，产品种类丰富、信息详细，目前综合、大行业的网站更易成功。内贸代表性网站有：阿里巴巴 1688、衣联网等。外贸代表性网站有：敦煌网、全球速卖通等。这个行业目前门槛比较高，内贸领域阿里巴巴 1688 具有很大的优势，有支付宝、淘宝店主支持，由于零售商非常分散，推广需要广撒网，阿里巴巴有充足资金支持。

（5）以提供大宗商品在线交易服务为主要经营模式的 B2B 行业网站。

这类网站的盈利模式主要是收取交易佣金、提供行业分析报告、举办行业会议等。买卖双方诚信审核、支付的安全性、物流的快捷等，可采用第三方合作伙伴来解决，要进入这类网站首先要选好行业，其次门槛也比较高，可以在一些新兴的市场发展。代表性的网站有：金银岛网交所、浙江塑料城网上交易市场以及坐落于青岛的青岛大宗商品交易中心。

（6）以提供企业竞争性情报服务为主要经营模式的 B2B 行业网站。

团队核心管理层里要有行业背景，否则找不到信息来源，大型企业不愿意买帐。适合那些从这类网站辞职的分析员，以及行业协会、商会、贸易商等同行业，具有一定行业背景的人来开办，市场需求比较大，很多行业都允许几个网站生存。盈利模式包括会员费、报告销售、咨询、期刊、会议、广告费等。最具代表性的网站有：我的钢铁网（2011 年已上市）、卓创资讯、东方油气网、煤炭网、中农网、中华粮网、第一纺织网等。

（7）以商机频道＋技术社区服务为主要经营模式的 B2B 行业网站。

技术社区的盈利模式包括：招聘求职服务、技术会议服务、培训学校广告、软件广告服务、设备广告等。更重要的是为商机栏目增加用户粘性，运营时要服务好技术新手和技术高手，让高手在社区展示自己和产品，并能获得精神满足，让新手在这里能学知识，向技术高手提问，这样技术社区才能有内在的推动力，获得长远的、持续不断的发展。一般包括：问答、博客、图库、招聘求职、下载、个人空间、微博、会议等栏目。目前代表性的网站有：中华工控网、中国工控网、华人螺丝网、中国水泥网、猪易网等。

（8）以 B2B 行业网站＋《商情期刊》《行业大全》服务为主要经营模式。

一定要注意控制成本，开始不要印刷太多，同时多采用线下的渠道来推广，一般都是参加全国各地的展会免费派发，以及通过快递免费派发给目标的读者和广告客户，找到更认可纸媒的客户，发行一定要精准。盈利模式为：封面、前彩页广告，内插页、页眉、页脚、书签、总目录右边等广告位，都可以赠送给购买前彩页及封面、封底的客户，包括访谈、软文等推广服务，还能提高网站的诚信度。代表性网站有：环球资源、空调制冷大市场、华人螺丝网、化妆品网、中国服装网、中华液晶网等。

（9）以 B2B 行业网站＋《商情期刊》《行业大全》＋展览、会议服务为主要经营模式。

一般这类网站在举办会议的时候，需要与行业高层建立好关系，包括：协会、地方政府、高校、科研院所，举办会议的时候，需要他们捧场，会议才能变的更高端一些，才有更多企业高层参会。可以结合 B2B 行业社区来运营，通过社区吸引行业用户的关注，然后将这些用户集中在一起开会，解决一些问题。代表性的网站为：空调制冷大市场（冷博会）、华人螺丝网（上海紧固件展）、中国化工网（精细化工展）、化妆品网、中国纱线网、国际内衣网等。

（10）以 B2B 行业网站＋域名空间＋网站建设＋搜索引擎优化服务为主要经营模式。

要做好这类网站，要求团队有企业网站建设操作经验、行业网站运营经验、企业网站搜索引擎优化排名经验。一些有企业网站建设背景、企业网络营销推广服务背景的公司在选择这种模式来建设 B2B 行业网站，赢利模式也比较成熟，只是很多公司由于缺少 B2B 行业网站运营背景，结果 B2B 行业网站就成了一个摆设，并未发挥实质性的推广作用。成功运营 B2B 行业网站的公司选择这样的经营模式更能成功。代表性的网站为：中国化工仪器网、仪表网、中国化工、中国纺织网等。中国化工仪器网、仪表网都是浙江兴旺宝明通网络有限公司旗下的网站，同样服务模式的网站在国内有 24 家。

3.2.1.3　垂直 B2B 行业网站分析

整个互联网领域"去中心化"的趋势日益明显，过去由门户网站一统江湖的局面已被逐步打破，整个互联网由高度集中控制向分布集中控制转变。而在 B2B 领域内，随着企业需求的日益细分，各行业间差异巨大，传统的综合类 B2B 门户已不能很好满足用户需求，

B2B 电子商务将向垂直细分方向发展。

B2B 网站服务的行业主要集中在食品、服装、物流、化工、日化、五金、机械、农业、家具、文具、工程、电子、安防、汽配、化纤、印刷、农机、造纸、房产、医药、数控、塑料、纺织、眼镜、玩具、仪表、电器、可再生资源和综合等共计 30 多个领域，所属省份和地区包括浙江、辽宁、北京、上海、山东、广东、福建、河北、江苏、江西等 10 多个省市地区。

行业网站的目标对象一般是行业内的企业。随着行业网站不断细分对不同企业人员的服务内容，越来越多的企业人员成为行业网站的经常性浏览者，其中，最活跃的群体是企业营销和销售类人员（市场和广告部人员 50% 以及销售人 89.29%），其次为企业老板（76.79%）和企业采购人员（69.64%），其余为工程技术人员和财务人员等。这样垂直链条上的行业网站越来越占据主要位置。

1. 网站定位

行业垂直 B2B 网站的经营理念和"阿里巴巴"类的综合网站完全不同，它只针对某行业提供贸易服务，只针对一个行业做深做透。此类网站无疑在专业上更具权威性，准确性。但同时大多数行业垂直类电子商务企业也面临着诸如规模小、品牌积累差、实现盈利缺乏获得资本的关注等瓶颈。这类网站需要确定自身发展的目标和方向，这尤其显得重要。一般考虑以下三个方面。

（1）成为本行业（或某个地域）内处于领先地位的门户网站。

（2）成为本行业信息资源，人力资源，商业资源的发布和控制者。

（3）利用网站的地位和各项资源为成员企业开展多种增值服务并从中获利。

2. 行业门户网站商业价值分析

（1）广告服务。汇聚了本行业的"眼球"，对于以本行业为目标市场的商家来说，在本站上有针对性的投放广告价值针对性强，时效性强。常见的广告方式有：链接广告，排名服务。

（2）信息服务。为注册会员提供信息投递，订阅，商机搜索等信息。

（3）商务服务。为注册商家提供商务助手服务，实现信息发布、商机处理等功能。

（4）商业智能。在汇集大量信息的基础上分析本行业的商业规律，向行业内的企业有偿提供。

3. 网站的基本功能框架

（1）产品库。本行业的多级产品目录。满足行业特点的产品展示模板（有规格/型号/参数/图片/说明书等）。浏览者能按照多种分类方式浏览、模糊查询、精确查询产品资料。能够通过产品查找关联的生产、销售企业行业产品目录是行业门户网站的基本要素之一。

（2）公司库。相当于本行业的企业黄页。可按类别、地域、规模、性质等多种分类方式查找、模糊查询企业资料。企业信息由注册的会员主动加入。行业企业黄页是行业门户网站的基本服务之一。

（3）供求信息库。注册会员发布的供应、求购、合作、转让、库存等信息，供求信息与产品目录之间建立关联，有利于浏览者按照发布/生效日期、产品类别、信息类别进行浏览、检索。供求信息库是 B2B 行业门户网站提供给注册会员的基本服务之一，为行业搭建了信息发布平台与商机获取平台。

（4）人才/职位库。提供给个人注册简历，个性化简历模板，查找招聘信息，发出应聘意向。企业在其商务助手栏目下的"人才招聘"功能内与求职者互动。

（5）资讯库。行业新闻，公告，行业展会，会议资讯，相关政策法规，专题文章。根据需要设置相应的文章版面。新闻资讯的后台管理功能包括新闻的采、编、发审核过程，信息资源的智能抓取，信息的浏览、评论、反馈信息的审核等。

（6）行业通会员中心。每个注册加入本网的成员经审核后将获得行业通会员资格。由本网为注册企业提供了一个"行业通会员中心"，会员中心提供了各类常用的信息发布功能。这些信息包括：企业基本信息及联系信息、企业联系人信息、企业产品（与网站的产品库相关联）、企业的招聘、求购、转让、供应信息会议展会，成功案例。

（7）商务助手。提供给注册会员使用的工具箱，如举办招标活动，参加竞标，发出询价，查看所有询价单，查看发布的供求/合作信息的响应情况。发布招聘信息，查看应聘简历等。

（8）通会员网站模板。根据会员填写的内容，加载会员所选择的个性化网站模板，即可动态地生成一个功能全面、内容丰富、结构清晰、外观大方的企业网站。内容功能涵盖企业基本信息，产品信息，企业新闻资讯，企业讨论/留言区、在线聊天室、联系方式，企业荣誉证书等。B2B 行业门户网站为入驻会员企业提供最恰当的互联网展示形式，省去独自策划制作网站之苦。

（9）在线竞拍。由注册会员发布招标公告，指定标的，让竞买人在线投标。招标者可以立即在线比较投标信息，选择最佳的供应商，对于竞标者，获得了更多的公平竞争机会。

（10）站内结算系统。为了简化会员的支付，需要创建一套站内结算体系，用于促进会员在网站内的消费，增加网站的盈利能力，能常称之为虚拟币系统。

（11）短信服务。注册会员通过短信及时获取有效的商务信息。向会员企业提供企业内部短信应用例如群发通知，能迅速创造效益。

（12）会员认证中心。标准的注册引导过程，相当于站内通行证。跨整个站点的身份安全认证服务。一次登录通行全站。

（13）广告管理系统。用于统一管理和销售网站内的广告资源。

（14）竞价排名。在线销售排位的技术支持体系，在企业黄页、产品目录等目录内靠前的排位均可用来销售，提供"排名销售向导"在线引导会员购买指定的排位。

（15）在线支付接口。用于方便地收取会员费、广告服务费、销售虚拟币等，通过银联接口开通在线支付服务功能。

（16）网站后台管理。涉及到内容管理、数据管理、业务处理等方面的后台运营管理等功能。

4. B2B 行业网站的生存之道

大部分 B2B 行业网站一半是企业网络营销平台，一半也是行业媒体，尤其是对于细分 B2B 行业网站来讲更是如此。所以大部分 B2B 行业网站经营方式就和综合门户、专业门户在很多地方非常相似，这也是与综合 B2B 网站最大的不同点。无论是新开通的 B2B 行业网站，还是经营多年的老牌 B2B 行业网站；无论是从搜索引擎优化、用户粘性、知识营销，还是从用户需求满足、商业模式构建等各个方面来讲，高质量的内容始终是一切的基础，是 B2B 行业网站的生存之道。

（1）手工录入一定量内容。

B2B 行业网站的主要经营模式是提供产品供应采购信息、提供加盟代理服务、提供生产代工信息服务、提供小额在线批发交易服务、提供大宗商品在线交易服务、提供企业竞争性情报服务、商机频道＋技术社区服务等 10 种模式，而在这 10 种模式里，无论网站建设得多么好，模式多么先进，大部分用户主要还是来浏览、查找自己感兴趣的内容。B2B 行业网站是一个营销平台，一个行业媒体，而不是一个应用软件。不管是商机信息、企业黄页、技术知识还是行业动态，都是属于网站的内容，没有这些内容，就犹如一个批发市场建设得非常漂亮，却没有商品，不管批发市场采用多么优秀的方式经营，都是没有任何意义的。

要让用户看起来不象很新的网站，让用户第一眼就对这个网站产生信任，从而吸引用户进一步来浏览、注册、发布信息、部分成为收费用户，因此在网站开通时怎么录入内容、录入多少内容问题上，不能犯两个严重错误：

①通过软件采集，批量导入内容，这样的结果是网站很可能被 baidu 收录的很少，我见过许多这样的案例，最后只能从头再来，很痛苦，尤其是使用 B2B 开源系统＋内容采集做的 B2B 行业网站最严重。

②开始时录入太多内容，这是错误的做法，大量的内容，还是要在运营过程中靠编辑和用户循序渐进地录入，才是用户和搜索引擎都喜欢的内容。作为新开通的 B2B 行业网站，我认为每个栏目大分类下的内容有 200 条左右就可以了，开通后，坚持每天都对大量的内容进行更新。

（2）循序渐进增加新内容。

无论对访问者、还是对搜索引擎，都是希望网站能不断有新内容出现，卖产品，做服务，都是靠回头客。B2B 行业网站也一样，需要靠持续不断地增加网站内容，一个网站不能在一段时间内某个栏目增加内容，某个栏目过段时间才增加，而是要保持基本稳定的时间和频率增加内容，比如某天突然增加 100 条内容，后面 5 天都不增加，用户和搜索引擎对网站的体验都会很差，所以 B2B 行业网站需要企业化、团队化经营。要写上信息发布的时间，吸引用户来持续不断访问网站，访问你的网站成为工作和学习的必需品。

对搜索引擎来讲，对一个网站的评级最重要的一点就是这个网站是否循序渐进地增加新的内容，搜索引擎抓取一个网站内容的频率，是随着网站新增加内容频率而变化的，而用户搜索时，搜索结果中最重要的一个排序规则，就是信息被搜索索引的时间。一个每天都更新（节假日除外）的网站（原创内容要占一定的比例），一定会获得搜索引擎带来的大量新用户，网站的流量自然会不断的上升，品牌影响力也会一天比一天强。

（3）大量原创内容。

无论是买方信息还是卖方信息，或者是行业知识、社区交流，无论是用户自己创造的，还是网站工作人员自己录入的，一个宗旨，必须要保证大量的原创内容，转载是必须的，但原创才是方向。只有这样，网站才会一直以高端的形象面对用户及客户；只有这样，搜索引擎才会带来大量新用户，用户才会形成习惯，定时来访问网站。对 B2B 行业网站，在开始的时候，我们要对原创和转摘的内容数量进行控制。《B2B 行业门户网站推广实战秘籍》认为，编辑原创：用户原创：用户和编辑转载至少要为 1∶4∶5，就是原创和转载各占一半，否则很难快速获得搜索引擎的高度认可。

在平台模式上，要鼓励用户发原创的内容，优先推荐原创内容。鼓励买家在平台上发布采购信息，给予最方便的信息发布方式。鼓励卖家在平台上发布高质量的供应信息，力求让他们以最详细、最真实的方式发布，每个不同类型的信息，都要求填写不同的参数（阿里巴巴在这个方面做得很好，大家可以去试用），这样即使这个产品在其他网站出现过，搜索引擎认为你的信息为原创的可能性才会增大。大家可以调查下，凡是做得很成功的B2B 网站，卖家的产品介绍文案都写得很详细。在行业知识内容上，不仅要有专门编辑/记者，能通过采访、写综述等方式，创造原创内容，更重要的是还要从模式上鼓励用户发布原创的、精华的内容，比如对用户进行分级，分为普通的作者和专家，专家发布的文章优先显示，并在重要位置提供头像展示，鼓励大家贡献更多的优质内容。

（4）增加非商机内容。

增加非商机内容这个方法并不是通用的，只适合一部分资讯、技术、营销及管理知识需求比较大的行业网站采用。对适合增加非商机内容的 B2B 行业网站不采用，则对这类型网站的推广、用户的粘性、平台品牌知名度及影响力打造、搜索引擎对网站的评级等都会有很大影响，造成流量非常低，影响力不够，自然没有人肯掏钱给网站。

如果增加了许多原创的行业动态、行业知识，把博客、以问答为主的论坛、行业空间、下载、招聘求职、行业资讯等栏目做好了，虽然这些栏目本身并不能带来许多销售，但是这是一个相对廉价的创造原创内容的好方法，增加搜索引擎的收录数量和评级，还可以源源不断地你提供新用户，笔者认为这是一个可持续、比较简单的推广方法。因为据统计，在网络上学知识、找资料的人远远超过找商机的人，也是目前最为成熟的网络应用需求。在网站推广初期，如果你的平台及模式建立得好，你可以用极低的成本，把行业社区的内容做好，把网站推广出去，提高网站知名度。

（5）推送优质内容。

B2B 行业网站是一个平台、一个市场，好的、差的、有价值的、价值不大的信息都有，作为平台运营方，我们有责任将网站中好的内容"推"给用户看，让用户首先看到的是高质量的内容，这是提升用户体验的方法之一，同时也是让搜索引擎提高 B2B 行业网站高权重的方法之一，用户体验上升了，搜索引擎收录多了、排序靠前了，流量自然就会上升。

企业商铺，功能很多，也做得很漂亮，但是网站首页、栏目首页显示的商铺，或搜索结果前几页出现的商铺，都没有多少内容，或者内容质量太低、或者阅读体验太差，国内一个综合的知名 B2B 网站也存在这个同样严重的问题。还有的产品搜索结果前几页，大部分都是无图、内容很少、编辑得很乱的产品。行业资讯、行业技术知识等信息，有的竟然没有推荐阅读的内容，或者说推荐的不是优质的内容，无论是对用户，还是搜索引擎，都是体验很差的，想提高搜索引擎对网站的评级，增加收录量和关键词排名，就必须要做好内容的推送。反过来研究下那些做得非常好的 B2B 行业网站，你会发现他们的内容推送工作大部分都做得很好。

还可以做内容聚合页面来推送优质内容，以普通用户或采购商的需求来做专题是最合适的，把具有一定关联性的供应产品、有特色的产品、行业商机、行业知识定期整理成专题，让采购商有更多渠道看到自己想采购的产品，让用户有更多渠道看到行业社区高质量的内容，提升网站的 PV，提升用户使用网站的频率。

（6）让内容更值钱。

目前，大部分 B2B 行业网站还停留在为采购商提供采购前的产品寻找、比较、筛选的服务，采购商希望网站能提供大量的产品、真实的产品信息、多角度的产品介绍信息，为其采购提供交易前的信息服务。这样的现状必然决定了内容在 B2B 行业网站模式中起决定性作用。如果是做商机信息为主的 B2B 行业网站，采购信息、买家信息就只能让收费会员才能看；收费的卖家信息是否完善、丰富、靠前，是否比未收费的要更吸引买家，获得更多询盘，是决定平台是否有更多买家，卖家是否愿意掏钱给你的关键点。

如果是纯粹卖行业市场分析报告的网站，其内容就更重要了，丰富、真实、具有商业价值的内容提供给交费的用户，而未交费的只能看选读、一部分基础的信息，内容的质量，直接决定网站的价值。在前面我们讲了，B2B 行业网站具有媒体的属性，大约一半的收入会来自广告，行业资讯、技术社区内容的质量也决定了是否能有大量的用户访问网站，也就决定了是否有广告客户愿意投钱做广告。总之我们看到的很多类型的 B2B 行业网站，其盈利模式是否成立，内容质量具有决定性的作用。

5. 主要的行业 B2B 网站网址

中国水泵网 http：//www. shuibeng. com. cn

阿里巴巴 http：//www. alibaba. cn

慧聪网 http：//www. hc360. com

商国互联网 http：//sg560. com

华商资源 http：//www. cbsources. com

世界出口商 http：//www. wdexporters. com

顶点采购 http：//www. 8xy. com/Index. asp

北方商务 http：//www. northbusiness. net

旺旺商务 http：//www. china118. com/Services/B_ co. asp

全球手表网 http：//www. ibrandwatch. com

出口商贸易区 http：//www. exportersarea. com

3.2.2 行业 B2B 经营模式案例

案例1 能源一号网经营模式

1. 能源一号网概述

能源一号网（www. energyahead. com）是中石油根据国际企业间电子商务发展的潮流，针对能源企业优化产业供应链的需求适时推出的 B2B 电子商务平台，2001 年 7 月运行，它主要包括电子采购方案、电子销售方案及电子市场方案三大核心服务，包括目录式交易及包括谈价议价、网上招标、反向拍卖等在内的动态交易模式（图 3-3）。

能源一号网作为中石油物资采购管理信息化建设的载体，发挥网络优势和信息优势，通过实施电子商务方案，集中了相应管理，规范了采购流程，推动了管理体制的变革；通过整合供应商资源，大量缩减中间环节，在获得采购价格优惠的同时，节约了流通成本，提高了效率。2001 年 7 月运行以来，能源一号网已累计实现网上交易量 2000 多亿元，除提

图 3-3 能源一号网首页

供常规物资采购交易支持外，还为西气东输管道工程、西气东输二线管道工程、中亚管道项目、石油储备罐建设等大宗项目物资采购以及石油专用管等批量物资采购提供了网上招标或谈价议价全方位的技术服务，在集团公司物资采购工作中发挥着积极作用。

能源一号网的创建与发展得到了各级领导的关注与相关单位的支持。中纪委、国资委、国务院信息办的领导在视察网站工作中，对电子商务工作均给予了肯定，并鼓励能源一号网发挥优势，做大做强，为石油石化和社会各行业提供服务和支持。对能源一号网的快速发展及取得的业绩，人民日报、中国改革报、瞭望、求是、中央电视台、凤凰卫视等主流媒体纷纷报道。国内许多大型企业集团也非常关注网站的发展，宝钢集团、中国移动、长安集团、中国船舶重工集团、中远集团等相继来公司进行业务交流。作为对外合作的一个窗口，能源一号网树立了中石油良好的形象，并成为大型企业在电子商务应用上的成功典范。

2. 能源一号网发展历程打大记事

2003 年 10 月 15 日，中石油首次石油专用网上集中采购通过能源一号网顺利完成。

2005 年 8 月 12 日至 15 日，组办首届中国石油电子商务博览会在大连举行。此次会议以"合作—双赢"为主题，中石油 60 多家采购单位及国内外 300 多家厂商参加展会。

2007 年 2 月，CC-HUBWOO 公司北美地区副总裁来访能源一号网，双方签署战略联盟伙伴关系协约。

2007 年 8 月 8 日，高盛（亚洲）有限公司、中银国际投资有限公司、建行国际投资有限公司、中国工商银行（亚洲）有限公司所持有的能源一号网股权转让给中国石油天然气股份有限公司。

2007 年 9 月，中石油国产消防车采购在能源一号网顺利完成。

2008 年 2 月，西气东输二线和中亚管道项目在能源一号网上完成钢板集中采购工作。

2009 年 5 月 6 日，能源一号网股权变更，和记能源电子商贸（中国）有限公司所持有的公司股权转让给中国石油天然气集团公司。

2011 年 10 月 17 日，中国石油物资采购管理信息系统大庆油田、长庆油田、大庆石化、物资公司四家试点单位第一批上线交易。

2011 年 11 月 18 日，物资公司 2012API 标准油套管光管集中采购在中国石油物资采购管理信息系统顺利完成第一笔上线交易报价开标工作。

3. 能源一号网技术平台

（1）体系结构。能源一号网技术平台采用 B/S 体系结构，通过基于 WEB 的三层架构进行部署，用户统一通过 WEB 层访问能源一号网应用层，应用层由电子采购、电子市场、电子销售、门户系统等应用服务器构成，同时数据库服务器构成了数据层。

（2）主要技术。能源一号网的电子商务系统主要采用了 J2EE 体系，同时为了确保平台系统的高安全性和高可用性，还采用了负载均衡、双机热备及双机互备等技术。其中能源一号网的 WEB 服务器、电子市场服务器采用了负载均衡技术，实现了对访问流量的实时分配；此外电子采购服务器、数据库服务器及部分网络交换机采用了双机热备技术，确保了其中一台发生故障时另外一台能够及时接管，保障了系统的高安全性。

（3）主要功能。目前用户通过能源一号网门户系统可以进入电子采购、电子市场、电子销售三个电子商务应用系统，实现目录式交易、动态交易（谈价议价、英式反向拍卖）等功能。

4. 能源一号网管理技术

（1）系统集成。随着中国石油及各地区公司电子商务工作的不断深入，能源一号网与各地区公司信息系统进行集成的要求也越来越迫切。在这种情况下，能源一号网针对原有的电子采购、电子市场两大系统同地区公司信息管理系统之间的数据集成进行了开发，在保证原有系统的正常功能的同时，实现了网站平台与地区公司信息系统之间的数据交换。

在系统开发的初期，采用 java 的 Servlet 技术成功地实现了与地区公司之间的数据交换。随着新技术的不断发展，在 XML 基础上发展起来的 Web Service 技术以其跨平台、跨语言、松散耦合等特点越来越为人们所接受，是一种革命性的分布式计算技术。在这种新形势与需求下，网站与时俱进，开发出以 WebService 技术为基础的数据集成系统。

如今，多个地区公司，如华北油田、塔里木油田、长庆油田、吉林油田等，均已经成功实现了与能源一号网的系统集成。使地区公司能够及时、准确地得到采购信息，进而及时、准确统计与安排采购计划，方便了用户工作，提高了工作效率。同时能源一号网与地区公司的集成也为物资采购管理领域的信息一体化建设做出了有益尝试和探索。

（2）数据库分离。能源一号网自 2001 年投入运行以来，两大核心平台电子采购系统和电子市场系统的生产数据运行在一台数据库服务器上，另外一台同型号服务器采用双机热备技术做备份机。随着能源一号网交易量与会员数量的不断增加和系统新功能的不断扩展，数据库服务器的压力越来越大。核心平台受数据库版本和硬件服务器的制约，无法通过升级或更换硬件设备来缓解压力。

为提高数据库性能，能源一号网技术人员创造性地提出了数据库分离的方案：利用现有的两台服务器将数据库进行分离，将两台服务器的热备模式由主从模式改为互备模式，两台服务器各自支持一个应用系统的运行，同时互为备份。

为确保方案的成功实施，能源一号网集中技术力量，经过大量的实验和充分的技术论证，制定了详细、周密的计划，在保证分离后数据安全和可用性的前提下，对网络、操作系统、数据库、TSM 等进行了"大手术"。经过连续奋战，最终成功实施了数据库的分离。

分离之后的系统运行稳定、可靠，并且两个系统各自的性能也明显改善，同时在安全提升、系统优化等方面都取得了非常好的效果，对确保平台继续平稳运行起到了非常重要的作用，同时也延长了平台的生命周期。

（3）生产辅助系统的建设。为满足业务和管理的需要，随着系统结构的不断拓展，能源一号网也建设了多套生产辅助系统，其中主要的有会员管理系统、交易管理系统和中国石油供应商管理系统。

（4）会员管理系统（MMS）。会员管理系统是为满足对能源一号网会员进行基本信息、培训信息、目录信息、会费信息等进行查询、变更、统计等需要而建立的一套管理信息系统。该系统主要功能包括电子采购供应商及用户管理、电子市场会员管理、供应商产品目录上载管理、会员培训管理、会员信息查询统计、会员会费管理等。

会员管理系统除满足能源一号网对会员管理本身的业务需求外，还为能源一号网的生产交易系统、门户系统等提供准确的实时会员信息。经过 2002 年建立以来的不断完善与发展，会员管理系统已成为能源一号网的业务核心系统之一，未来将在与中油供应商管理和采购管理信息系统的集成中发挥重要作用。

（5）交易管理信息系统（Trade）。交易管理系统承担着对能源一号网的交易数据进行汇总、统计、分析的重要职能，并在此基础上对交易费用进行管理，对各会员单位采购量的情况进行统计。主要功能包括订单管理、财务管理、EMS 管理、领导查询等功能。

交易管理系统对能源一号网是重要的会员服务工具和交易费用管理工具，对会员单位是重要的统计分析工具，对管理层更是重要的辅助决策工具。交易管理系统在多层面都发挥着重要作用，未来随着能源一号网的发展，还会为会员提供更多的服务功能。

（6）中国石油物资供应商管理信息系统（MSMIS）。为进一步加强中国石油物资供应商的管理工作，2007 年物资采购管理部与能源一号网共同建设了"中国石油物资供应商管理信息系统"。该系统采用比较流行的 Struts、Spring、Hibernate 等体系框架，实现了Ⅰ、Ⅱ类供应商基本信息管理维护、考核信息管理、系统管理、信息查询和操作复合等功能。

物资供应商管理信息系统为电子商务供应商管理工作提供有效的数据平台，将本着不断使用、分期完善的原则进行管理与维护，在将来的使用过程中逐步拓展到三类物资供应商的管理，推进物资管理信息交流与共享，推进物资管理信息化工作。

5. 盈利和核心能力

能源一号网站的战略目标是要建设成一个开放、共享的石油石化行业交易平台，并逐渐向其他相关企业提供服务，并在开放的基础上，逐步和国际知名的能源行业平台、石油石化行业平台进行链接。它盈利的模式是通过会员会和交易费收取。

①会员费。普通会员：2500 家，2500 元\年。

②采购会员。500 家，15000 元\年。

③交易费。交易费额按照国际标准的 10% 收取；按产品类别收取比例从 0.2% 到 0.55% 不等。

④核心能力。经验丰富的决策管理团队；安全、可靠、稳定的技术水平；理想电子商务流程；实力雄厚的战略联盟和合作伙伴；庞大的采购商与供应商资源；全面、丰富的产品目录和产品信息；强大的增值服务能力；针对世界石油行业的专业功能和服务。

6. 招标系统的建设

为顺应用户需求，更好地为用户的采购提供保障，能源一号网决定搭建贴近国内招标习惯的电子化招标平台，在保持原有平台功能模块不变的情况下，有机的加入招标管理功能模块，为用户提供更全面的服务。

（1）体系结构。招标系统应用平台采用主流的 IBM NIX 小型机平台，并通过配套的软件以双机互备的方式组成双机高可用集群。

（2）系统架构。系统基于先进的 J2EE 架构，采用成熟的 Java 技术开发，并以业界流行的 Jakarta Struts MVC 框架进行组织和驱动。系统采用多层应用软件体系结构，将业务展现、业务逻辑、数据访问、数据存储进行分离，并采用了流行的实体对象关系映射技术。总的说来，系统具有灵活性、可扩展性、可维护性、可操作性和安全性。

（3）主要功能。招标系统由用户管理、供应商管理、专家管理、采购目录、采购计划、采购实施、订单管理、合同管理、统计管理、模板管理、系统管理等 11 个功能模块组成，主要采购方式有货物招标流程和工程招标流程。

（4）发挥作用。招标系统建设完成后，它将成为能源一号网平台现有功能的补充，满足用户当前对于整个招标采购过程的需求，为用户提供符合《中华人民共和国招标投标法》和《工程建设项目货物招标投标办法》的交易方式，并为能源一号网向更高层次发展提供有力支持。

通过本系统的实施，能有效地提高中国石油对各地区公司招标采购的监管力度，提高采购项目的实施效率，实现采购项目信息资源的积累和相关数据的统计，为领导层提供决策依据；同时可以节约管理成本，实现企业内部采购信息资源的积累和共享。

案例2　中国粮食交易网经营模式

1. 中国粮食交易网简介

中国粮食交易网（简称：中华粮网）的前身是中国郑州粮食批发市场现货网。2001年郑州粮食批发市场等9家企业对郑州粮食批发市场现货网进行了大规模技术改造，更名为中华粮网。现已成为集粮食 B2B 交易服务、信息服务、价格发布、企业上网服务等功能于一体的粮食行业门户网站（图3-4）。

中国粮食交易网建立了既具规模又注重布局与科学管理的专业信息采集网络，成员遍及全国20多个省、市、自治区和直辖市。

拥有各类信息栏目 200 余个，网站日发布的文字信息、价格信息、供求信息等 1000 余条，其中文字信息日平均达 20 万字。网站点击率平均每天 200 万次，最高日点击率达到 280 万次。

中华粮网自2000年起，与国内数家重点粮食批发市场开始联合开发建设粮食电子商务系统平台；依照互联互通、资源共享的原则，以交易组织方如批发市场、粮食企业和管理部门为服务主体，采用设立交易场或交易厅的方式，提供运行高效、安全可靠的网上交易平台；交易的组织、管理与交易模式选择由被服务主体决定和监管，交易的系统运行保障和数据安全机制由中华粮网提供最专业的支持。

中华粮网电子交易系统是国内开发最早、资金投入最多、技术含量最高并且经受实际

图 3 - 4　中国粮食交易网首页

运行考验最多的粮食电子交易平台，是国内唯一具有多模式和网络安全保障的粮食电子交易系统。

中华粮网粮食电子交易系统拥有包括场内和网上的竞价、招投标、双向撮合、无线竞标和电子协商等多种交易模式，各种模式可以依据统一的用户基础与资金数据管理体制，相互配合、并发实现。

2. 网站功能架构

（1）国内信息。包括粮油政策、粮食生产、粮油市场，财政金融；

（2）国际信息。包括国际粮油，机构报告、进出口动态、海外期货收市报告；

（3）价格中心。包括价格查询、产销区报告、美国和南美现货离岸价、全国城市粮油价格行情；

（4）交易中心。包括意向交易、网上竞价交易，协商交易、场内竞价交易、栈单交易、合同转让；

（5）粮网社区。包括企业建站、商务洽谈，免费邮箱，帮助中心；

（6）粮油期货。包括期市新闻、收盘报告、即时行情、期市论坛；

（7）资料馆。包括政策法律，统计数据、粮油品种、粮经研究、大事年表、农业科技、馆长推荐、交易常识；

（8）粮网学苑。包括规则法规、教育快讯、电子商务、科技动态、远程教育、计算机知识、粮油人才；

（9）其他信息。包括气象与农情、粮企动态、粮种推荐、粮机专栏、会展信息。

网站系统结构如图 3 - 5 所示。

3. 网站效益

（1）社会效益。信息技术和电子商务的兴起与发展是我国大宗农产品流通体制改革的

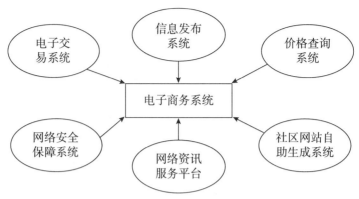

图 3-5　网站系统结构

一次重大机遇，是以市场化为取向的流通体制改革的有力手段。本项目将成为我国电子商务应用于的样板示范工程，并将切实提高我国粮食行业的信息化建设水平，加快电子商务发展速度。

（2）经济效益。中储粮轮换量年 500~700 万吨，每吨可收手续费 4 元/吨，各级粮食批发市场和联盟单位每年业务量达 100 万吨，栈单交易年交易 300 万吨。

①会员服务费。交纳会员会费，交易资格金及交易保证金等费用。

②交易手续费。

③会员信息服务费。

④即受理短信信息服务，收取信息费用。

⑤广告服务，即受理各种广告业务。

以客户需求为导向，涵盖从田间到餐桌，即从农产品原料到终端消费品，包括种植、收储物流、贸易、加工、养殖屠宰、食品制造与营销等多个环节，通过对全产业链的系统管理和关键环节的有效掌控以及各产业链之间的有机协同，形成整体核心竞争力，奉献安全、营养、健康的食品，实现全面协调可持续发展。

（3）定位。为深化粮食流通体制改革服务，为粮食企业生产经营服务，为粮食流通市场化、国际化服务，不断增强技术实力、扩充服务范围，实现粮食信息传播和交易的电子化，降低交易成本、提高企业运营效率。

（4）目标。国内权威的农粮信息港、创国际互联网一流品牌。

思考题

1. 比较综合 B2B 和行业 B2B 的经营模式异同点。

2. 垂直行业网站和和其他行业网站的区别在哪里？

3. 上网浏览目前最主要的行业网站，并比较他们经营模式之间的差别。

4. 比较能源一号和中国粮网的产生背景。

5. 分析行业 B2B 的发展趋势。

3.3 自营 B2B 经营模式

3.3.1 自营 B2B 经营模式概述

1. 自营 B2B 经营模式概念

所谓自营 B2B 经营模式是指企业自己搭建网络平台，并负责运营、管理、推广等，通过网络平台和它的用户或供应商之间进行交易活动。这种模式的 B2B 网站比较少，只有大型企业才有，比如 Cisco。大型企业为了提高效率，减少库存，降低采购、销售等方面的成本，或者其他原因，自己建立 B2B 网站进行商业活动。相对于第三方 B2B 网站来说，自营 B2B 经营模式才实现了真正意义上的电子商务：企业间商务活动的绝大多数环节都可以通过网络进行，如供求信息的发布与交易的协商、电子单据的传输、网上支付与结算、货物配送以及售后服务等。

自营 B2B 经营模式又可以称为卖方模式，它是一个卖家与多个买家之间的交易模式，一个企业通过外部网向其他企业销售商品或服务。卖方可以是一个向个体进行销售的生产商，也可以是一个向批发商、零售商或企业销售的分销商。卖方发布欲销售的产品信息（产品名称、规格、数量、交货期、参考价格等），吸引买方前来购买。卖方模式可以加快企业实现产品销售过程，特别是新产品的推广，降低销售成本，扩展卖方渠道等，其结构如图 3-6 所示。

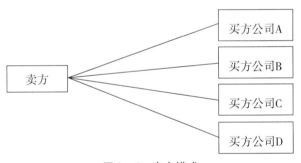

图 3-6 卖方模式

自营 B2B 经营模式是以交易为中心的 B2B 电子商务。以交易为中心的电子商务的主要形式为在线产品交易和在线提供产品信息。在企业间的在线交易中，交易的对象既可以是产品，也可以是原材料、中间产品或其他生产资料；交易的内容一般以一次性的买卖活动为中心。自营 B2B 经营模式中，买卖双方除了产品和价格外，还在交易平台上提供各自的生产和需求状况，这样可以更有效地平衡供需之间高峰和低谷的差距。自营 B2B 经营模式中，企业的电子商务转化成以采购和销售渠道为中心，以客户关系管理为重点，以电子化交易为手段，以降低买卖过程的成本为目的。

以自营 B2B 为主要经营模式的行业具有的特点：

（1）行业比较大，涉及企业数量多，产品品种繁多，下游企业采购需求很大，如纺织、五金、电子、设备、化工、建材、安防等。

（2）产品为买方市场，企业之间竞争激烈，不是只有几十个供应商处于垄断地位的情况，而是中小企业非常多。

（3）产品比较标准，同质化比较严重，企业决定是否采购一个产品的因素之一，是优先获取合适的产品信息。

Cisco 公司是全球最大的互联网络连接设备提供商，早在 1991 年开始采用"Pre – Web"系统，借助互联网络提供电子支持服务，1996 年 7 月，经过重新改造、设计的 Cisco 网站实现了客户通过网络直接订货，思科公司目前拥有全球最大的互联网商务站点，公司全球业务 90% 以上的交易是在网上完成的。这种 B2B 网站给 Cisco 公司带来了极大利润和竞争力，在线销售每年可以节省 3.63 亿美元，而 Cisco 公司的网上销售额每年增长可高达 60% 以上。

2. 自营 B2B 经营模式发展历程

早在 20 世纪 70 年代，企业与企业之间就为了提升商业流程机制的效率，开始利用电子数据交换（Electronic Data Interchange，EDI）系统、企业资源规划（Enterprise Resource Planning，ERP）、供应链管理（Supply Chain Management）和采购自动化（E – Procurement）技术等，来为企业提高成本效益。自营 B2B 经营模式的发展经历了几个阶段：

（1）订单自动登录系统。

20 世纪 70 年代，像 Baxter（百特）这种的医疗设备公司自己开发了订单自动登录系统，该系统主要通过电话调制器将客户的数字化订单统一发送到卖方。Baxter 将电话调制器直接安装在客户的采购部门，使得客户可以全自动地从该公司的计算机库存数据库中订货。由于订单自动登录系统归供应商所有且侧重于特定的供应商，因此可以看做是一种卖方解决方案，客户使用该系统可以大大降低自己的库存补给成本。

（2）电子数据交换。

20 世纪 70 年代后期，电子数据交换（EDI）出现并在发达国家得到广泛应用。EDI 是指特定企业间传递业务文件的一种通信标准。EDI 起源于大型企业与制造商之间，为了消除纸面作业和重复劳动，改善对客户的服务，而发展出来的封闭系统。使用 EDI 可以使企业节省成本，但 EDI 是私有的增值网，只有装得起 EDI 系统的企业才能享用。

（3）网上商店。

20 世纪中期，随着互联网商业化程度的不断提高，网上商店也应运而生。戴尔和思科这两家高科技公司是电子商务的先驱，他们的电子商务也是从建立网上商店开始的，它们的成功使许多企业跟进，竞相建立自己的网上商店。网上商店只不过是电子商务的一种应用。

（4）采购自动化。

企业最早上网的部分，往往是采购与付款行为。采购自动化让买方可以与多家供应商联系，让买方能在多家供应商中做选择，这是一对多的交易关系。

（5）自营模式。

采购自动化不能完全解决工业产品的销售，而工业品行业在销售存在着一些特点：第一，产品多而广，SKU 庞杂，产业购买者购买决策结构复杂，定制性较强；第二，产品重复购买率较高；第三，企业缺少一个专业化的指导，许多工程师在研制新产品时需要浏览一些专业的产品参数信息，需要供应商提供相关产品参数并提供专业化的指导与配合，这是一个较依赖技术支持服务定制的行业，传统的销售规则并不够适用；第四，企业的购买决策过程复杂，需要专业知识丰富、训练有素的专职人员负责采购工作；第五，工业设备行业都比较传统，通过网上进行采购的普及率比较低，常见的还是通过阿里巴巴或者其他 B2B 网站中寻找，进行洽谈，最后还是在线下进行合作的，这类网站信息虽多但不专业，往往浏览过多还找不到自己需要的产品或者信息，而且产品质量也是参差不齐鱼龙混杂；第六，近几年来，产品同质化越来越严重，竞争越来越激烈，利润也开始降低。

由于工业品行业存在着这些特点，迫使一些企业开始以 B2C 的方式做 B2B，也就是自营 B2B 经营模式。

3. 自营 B2B 的交易方式

（1）虚拟卖方和客户服务。

卖方是实体的制造商。在线销售可以提供智能化客户服务，从而节省费用。通过使用 Internet 和自动应答软件代理，每个电话的应答成本可以从 5 元降低至 0.2 元。

（2）目录直销。

企业可以通过在线目录进行直销，可以为所有客户提供一个目录，或者为每位客户定制目录。为了便于 B2B 的直销，企业为购买者提供定制的购物车，它能存储订单信息并与购买者的信息系统相整合。

（3）配置和定制。

与 B2C 的情况相类似，直销为企业提供了一个进行有效的定制的机会。在电子商务网站中，制造商提供了供客户自行配置的在线工具，便于用户自己定制、定价和下订单，等等。企业客户可以在线定制产品、查询产品报价、提交订单等等。

（4）拍卖。

拍卖已经成为一种普遍的自营 B2B 销售模式。企业建立一套本公司网站上拍卖机制，把物品展示在本公司网站上，以求迅速售出。通过拍卖可以为企业处理过剩、废弃和报废的物品，还可以为企业带来收益、节约成本、增加网页点击率、吸引和保持会员。

4. 自营 B2B 盈利途径

思科是全球领先的生产路由器等产品和提供网络连接服务的公司。思科的门户网站已经投入运行几年了，最初为客户提供技术支持，现在已经发展到世界上最大的自营 B2B 电子商务网站之一。

思科通过自营 B2B 经营模式获得了很大的收益。第一，减少承接订单的运营成本。通过订货流程在网上自动运行，思科每年能节约 3.63 亿美元，相当于公司全部运营成本的 17.5%；第二，改善工作质量。自营 B2B 系统有助于思科实现六西格玛；第三，强化技术支持和客户服务。超过 85% 的技术支持和客户服务都会在线得到解决，思科的技术支持和生产率每年提高 250%；第四，减少技术支持人员成本。在线技术支持每年大约可以削减 1.25 亿美元，节省的这部分资金相当于原来用于相应人员的开销；第五，减少软件分发成本。客户直接从思科网站上下载最新的软件，从而使公司每年节约了 1.8 亿美元用于分发、包装和复制的成本；第六，加快服务。使得服务时间从 4~10 天下降到 2~3 天。

从思科公司的自营 B2B 经营模式及其获利途径来看，自营 B2B 盈利途径主要有以下几个方面：

（1）产品销售收入。

企业通过自营 B2B，减少中间渠道，并为客户提供更为详细的商品信息，客户也能更快、更容易地比较商品的特征及价格，增加客户选择的主动性，从而增加产品的销量。企业能够以较低的价格直接对客户销售产品，能够刺激客户的购买欲望，加快产品的销售，从而可以获取较高的销售收入。

（2）减少相应的成本。

企业通过自营 B2B 系统，提供支付服务，采购商可以直接在该系统上订货和付款，减少承接订单的运营成本。企业通过自营 B2B 系统，为客户提供售后服务和技术支持，既方便客户，同时又可以最小成本为客户服务，从而减少了相应的售后服务成本。通过这种模式几乎不需要分销成本，大大降低企业的营销成本，而且能够及时传递信息，迅速完成交易，加快资金流转速度。

（3）减少渠道开发成本。

企业通过自营 B2B 系统可以和客户直接见面，把过去的单向信息沟通变成双向直接信息沟通，增强了企业与客户的直接连接。企业可以发布有关产品的价格、性能、使用方法等信息，在与客户接触中直接收集客户对产品购买和使用的反馈，进行柔性化生产；客户可以直接访问企业的网站了解产品信息，做出合理购买决策。通过这种方式，企业可以及时掌握客户的需求信息，增加产品的销售，从而减少渠道开发成本。

自营 B2B 经营模式除了上述三个盈利途径之外，企业还可以通过改善工作质量，降低了产品的次品率；减少技术支持人员成本；节省广告成本和其他隐形收入来直接或间接盈利。

5. 自营 B2B 交易信息

自营 B2B 经营模式中企业的交易信息包括下列方面：

（1）产品信息：特征、价格、功能、销售历史。

（2）顾客信息：购买历史。

（3）供应商信息：原材料供应商的相关情况。

（4）生产过程信息：生产能力、生产计划等。

（5）存货信息：存货水平、装运费用和地点。

（6）运输信息：送货者、交货时间和费用等。

（7）售后服务信息：技术维持、产品保修等。

（8）客户反馈信息：客户评价、客户满意度等。

6. 自营 B2B 经营模式的特点

自营 B2B 经营模式可以用双边市场理论来解释。双边市场理论是基于网络外部性理论和多产品定价理论而发展起来新学说。双边市场的一个特征就是双边用户需求互补特征。在双边市场中，尽管平台运营厂商同时向两个市场的消费者提供产品，产品之间存在互补性，但产品之间的互补性并非源于功能性的互补。有许多产业具有明显的双边市场特征，无论是新兴的电子支付、网络购物、软件产业，还是传统的传媒或中介产业都是如此。自营 B2B 平台除了具有一般双边市场的交叉网路外部性、双边用户需求互补、多平台接入等特征外，也存在一些区别于其他双边市场的特征。自营 B2B 平台的开放程度是其区别于一般双边平台的特征，企业创建 B2B 平台只是为了强化自身与供应商或买方企业之间的联系，方便交易，降低交易成本。自营 B2B 电子市场具备以下功能：聚集（Aggregation）——使买方有更多了解卖方产品和价格的机会，使卖方有向更多买方展示产品的机会；匹配

（Matching）——使买卖双方均能找到适合自己的交易伙伴；便利（Facilitation）——提供更多的快捷电子服务，如网上商务、网上支付等；信用（Trust）——通过对交易双方资质的审查和交易后的监管，防止交易前后的道德危险和逆向选择等机会主义行为。Bakos（1998）进一步将电子商务市场的功能分为三类：匹配功能、聚集功能以及制度基础建设功能，认为电子商务市场通过交易效率的提高以及交易成本的降低，依靠信息技术来实现这些功能，最终形成更有效的"无障碍"（Friction - free）市场。因此，自营 B2B 经营模式相对于传统的经营模式有以下优点。

（1）提供新的销售（采购）机会。

（2）取代了纸面单据，节约管理成本。

（3）加快运营速度，缩短循环周期。

（4）降低买家寻找商品和卖主的时间和成本。

（5）提高雇员买卖效率。

（6）减少失误，优化服务。

（7）更容易配置商品。

（8）减少市场运营和销售成本。

（9）减少库存水平和费用。

（10）网上客户目录客户化，不同价格对应不同顾客。

（11）增加生产弹性，实现及时送货。

（12）减少采购成本（对买家）。

（13）方便大宗定制产品。

（14）提高高效的客户服务。

（15）增加合作机会。

（16）向不同客户提供不同价格的能力。

（17）保证商品质量。

（18）经营自主权大。

3.3.2　自营 B2B 经营模式案例

案例 1　科通芯城：专业芯片供应商

1. 公司简介

科通芯城（http：//www.cogobuy.com/）英文名 Cogobuy 于 2011 年成立，是我国第一家面向电子制造型企业的 IC 元器件在线采购平台（图 3 - 7）。科通芯城致力于为中国 500万多家电子制造型企业提供货真价实的具有质量保障的 IC 元器件产品，科通芯城具有贴身的技术增值服务，安全快捷的在线交易，帮助企业提高采购效率，降低企业的制造成本，从而提高各企业的综合竞争力。

科通芯城通过整合供应资源，深度解析国内电子技术制造行业的特征和现状后，坚定了走"科通芯城与企业客户之间通过相互推动方能加速成长"的战略路线。努力通过在线平台实现为国内电子制造型企业提供优质原厂货源和全套解决方案；充分发挥自身原厂直

图 3 - 7　科通芯城网站主页

供产品、高度稳定供应链、更低管理成本的优势，推动企业客户加速发展、升级；帮助客户在激烈的竞争环境中率先解决上游供应链方面的制约瓶颈。

拥有国内最大的线下电子元器件供应资源；科通芯城拥有 400 家国际知名品牌供应商、3000 条产品线、50 万种产品型号，涵盖移动手持、消费电子、通讯网络等 9 大应用板块。科通芯城提供的器件品牌包括：英特尔（Intel）、微软（Microsoft）、博通（Broadcom）、松下（Panasonic）、飞思卡尔（Freescale）、赛灵思（Xilinx）、凌力尔特（Linear）、爱特梅尔（Atmel）……科通芯城提供的器件品类包括：处理器、单片机、DSP、FPGA＼CPLD、存储器、传感器/转换器、信号接口、放大器、滤波器、电源管理、光电器件、定时器、电阻器、电感器、电容、连接器、继电器、电路保护器件……16 年资深供应商经验的累积；400 家全球优质供应商的原厂资源；200 位技术专家、1000 多名专业人员的技术支持团队；13 个技术支持网点覆盖全国。深厚的行业经验和雄厚的资本实力使我们更加专注于为我们的客户提供 100% 原厂直供的高品质货源和系统的技术解决方案。

2. 科通芯城定位

IC 元器件分销行业，传统的业务模式，是通过销售人员与客户面对面的沟通，来完成商品销售和技术支持。在这种情况下，中小企业客户由于订单金额小、数量庞大、地域分散等原因，难以获得授权分销商的服务。从而导致买到的器件质量鱼龙混杂，且没有必要的技术支持。

科通芯城，通过将 20 年行业服务能力（产品、物流、仓储、技术支持等）标准化，运用创新的自营电商（自采自销）B2B 模式，通过整合行业资源，打通原厂与中小企业之间的渠道，缩减中间环节，为企业客户提供丰富的器件品类及专业的增值服务（售前、售中、售后），满足了中小型企业想到正规渠道买正品的需求，是中小企业客户 IC 元器件采购的"一站式"综合服务提供商。

在中国最具影响力的两大商业模式峰会——21 世纪传媒举办的 21 世纪中国最佳商业模

式高峰论坛、商界传媒举办的 2013（第九届）最佳商业模式中国峰会上，科通芯城凭借生态系统创新和中国版"福布斯"孵化器，荣获两大中国最佳商业模式奖项。

3. 科通芯城现状

目前拥有近 400 家国际一线品牌供应商，移动手持、消费电子、通讯网络、汽车电子等 9 大类 3000 条产品线十万种产品型号。2011 年下半年 Cogo 商城正式发布，第四季度线上交易额过亿元。2012 年线上交易额超 10 亿元，2013 年超 50 亿元，2014 年目标 100 亿元。科通芯城正在通过微信尝试移动端的营销和业务转移，而网站作为门户将可能被边缘化。

4. 科通芯城功能服务

在线采购：向中小 IC 元器件采购企业提供安全、快捷的在线交易平台。技术支持：贴身的技术增值服务以及完善的解决方案，为您的发展提供专业到位的全力支持。信息平台：为您提供贴身的数据服务，帮助您更加精准高效的利用自身的业务数据的分析规避风险，调整战略。

5. 科通芯城的核心竞争力

（1）万亿级别的市场容量，百万级中小企业的强劲需求；

2011 年工信部统计，中国 IC 元器件行业市场份额超 3 万亿元，跟 3C、汽车等市场份额相当。阿里巴巴数据，中国中小企业超 5000 万家，其中技术制造型企业近 500 万家。元器件零售市场是中小企业主要采购渠道。目前这些企业采购 IC 元器件处于无正规渠道、无品质保证、无增值服务的状态。

（2）拥有中国最大的分销商科通集团行业资源和客户基础，成熟的仓储和物流体系，产品资源及本土化的服务优势明显；

（3）创新的商业模式，满足了中小企业想到正规渠道买正品的需求；

（4）企业客户高粘性，订单的高重复性和单笔采购金额高；

（5）在线供应链管理系统，为中小企业提供供应链全程管理软件和云端数据服务。

6. 阅读资料

科通芯城：用 B2C 的方式做 B2B

上线两年，科通芯城的年收入有望突破 50 亿，一个传统分销商用 2c 的方式做 B2B，也能进行自我革命。

这个网站的名字叫科通芯城，于 2011 年下半年在深圳正式上线，卖的商品是 IC 元器件，包括电子管、电路板、传感器等。可以把科通芯城细分为工业品 B2B 电商。对于这种相对"冷门"的品类，和个人消费者没有任何关系，却有着非常大的市场。IC 元器件看似很小的东西，但是应用特别广泛，包括手机、PC、平板电脑、医疗电子、汽车等领域。

对于 IC 元器件的市场规模，不妨举个例子计算一下：以 PC 为例，预计中国今年的出货量约 1 亿台，以每台 PC 1000 元 IC 元器件采购额计算，仅 PC 市场采购额就有 1000 亿元。整个 IC 元器件的市场规模保守估计约 2 万亿元。

庞大的市场前景，正是科通芯城切入的原因所在。

（1）2B 电商的 2C 玩法

康敬伟是科通芯城的创始人，他另外一个身份是科通集团的 CEO。科通集团是中国最大的 IC 元器件分销商之一，于 2005 年在美国纳斯达克上市，合作客户包括华为、联想等 200 多家制造商。

对康敬伟来说，科通芯城算是其"二次创业"。进军线上，可以把康敬伟的想法归结为商人的嗅觉，也可以看成一个传统企业的主动转型。线下的科通集团，目标每年解决方案的销售额近 100 亿人民币，上游对接的是 Intel、博通这样的一线品牌商，下游服务的也是华为、联想这样的大客户。可以说科通的两端都是服务"高富帅"，属于长尾理论的"头部"。除了服务金字塔的顶端，规模庞大的"屌丝"可以服务吗？"我们认为在中国广大的市场，应该有一个广阔的长尾市场，但科通集团远远没有覆盖到。"

康敬伟的想法不无道理。中国 IC 元器件的市场规模约 2 万亿元，品牌商有 10 万家，卖给 500 万家制造商。大客户主要靠供应商和大代理商自己卖，中小客户由于采购量小且分散，往往只能向通过华强北和中关村这样的大型集散中心采购，不仅产品的质量没有保障，价格上也没有什么优势，同时由于采购量小，也享受不到大企业那样的待遇。用康敬伟的话说，"基本属于'没人管'的状态"。

能不能把中小企业的需求纳入到科通芯城上来？线下的科通集团继续做大客户呢？这样不仅解决了中小企业的采购难问题，也为科通集团再造了增长的"新引擎"。不仅可以继续服务原有的大客户，还可以在线上覆盖广大的中小客户。换句话说，就是既服务"高富帅"，也照顾"屌丝"。

就这样做。于是完全独立于科通集团的科通芯城成立了，康敬伟希望这个信息平台能够找到新的客户。起步的时候，康敬伟认为应该做一个信息平台，模仿阿里巴巴的模式。在做的过程中，发现科通芯城这类型的 B2B 电商和 B2C 电商有很大的不同。对于 B2C 电商来说，重心是如何下单、支付、售后，而对科通这种工业品电商来说，核心过程可以分为售前、下单、售后。对科通芯城来说，售前大约占了 50% 的功能。"这也点像房屋的装潢，一个客户最终选择你的产品，前提是选择了你的方案。"

说得简单点，对一家去科通芯城下单的企业来说，买之前的决策更重要。需要询价、咨询产品的适配性、发货周期等，和面向 C 端的电商比，做 B（Business）端的生意更加复杂。在研究了 B 端的采购习惯和特点后，康敬伟想清了科通的商业模式：不做阿里巴巴那样的黄页类 B2B，而是做一个自营的 IC 元器件电商，为几百万家中小企业提供一站式元器件服务。除了提供信息平台，还参与整个交易。这种模式可以大大提高买家的粘性。因为在整个交易过程中，科通芯城提供了信息、物流、售后等一系列的服务，比黄页类 B2B 带来的价值更大。

这上百万家中小企业，他们本身是 B（Business），但对科通芯城来讲，他们则是普通的 C（customer）。模式是 B2B，玩法却是 B2C：把海量的企业需求做成长尾，就像天猫、京东这种 B2C 模式。科通芯城服务的这几百万家企业，更像是服务几百万个 C（customer）。

但是，问题不止于此。

"当初做的时候，我们以为做一个优秀的网页就可以了。"康敬伟说，"但做了一段时间后，发现并不是这样。"在经过认真分析了之后，康敬伟认为应该精准地找到线上客户。对于电商来说，去导航网站、搜索引擎买流量，已是一种常规的做法。随着竞争越来越激烈，流量的价格也水涨船高。

而对科通芯城来说，花钱买流量可以，但效果肯定没有京东、当当这种普通消费品电商好。因为科通芯城面向的是企业用户，当当、京东面向的是普通大众。客户群不同，流量的购买也要变化。从康敬伟口中得知，IC 元器件这行业，直接接触这些产品的是各大公司的工程师。也就是说，看似一个万亿的市场，但真正需要你去宣传的，也就面向业内的几万名工程师、采购人员。

有效地影响这些人，科通芯城的流量问题就解决了。"例如手机圈的人，我们一开始可能就联系了 20 人，然后通过这 20 人，我们又联系了 50 人，就是不断地探索和渗透。"直到今天，科通芯城的流量来源基本是客户主动过来。每一个点击，都没有太多的水分。毕竟，一个无关的人，谁愿意逛一家枯燥的工业品电商网站呢？

在营销宣传上，科通芯城既有传统的方式，也有新媒体的方式。传统的，诸如参加业内的展会、论坛；在新媒体上也进行了创新，有微博、微信。"我们的目的就是影响圈子里的人。"

流量的获取，是科通芯城的一个另类之处。库存的管控，可以说是科通芯城的第二个另类之处。传统的 B2C，除了淘宝这种做生态系统，库存的风险由商家自己承担外，其它的独立 B2C 均有库存的风险。库存管控的优劣，直接反映在最终的利润上。可以说，库存是零售和电商的精华。

"我们的货物卖不掉，可以按照和品牌商的 POS 协议，每个季度进行换货。"当问起科通芯城是否有库存的风险时，康敬伟这样回答记者。科通集团有几万个客户，但对常用的元器件是有备货的。假如一个客户需要某种元器件，正好这个货在仓库里有，但那是两个月后给华为的，可以先把这部分备货卖出。"外行做就不行了，因为要换货的话，能达到我们这个条件的没几家。"

有了换货的协议，科通芯城可以大幅降低库存的风险。并且，随着销售额的增加，可以把采购商的数据传给生产商，那样会更加精准地指导生产了，即所谓的"C2B"。C 端的数据积累得越多，供应链的管控就会更合理和柔性化，可以更好地指导 B 端生产。

（2）这事靠谱吗？

虽然前景巨大，万亿的市场听起来也很诱人，但不禁要问，为什么要用电商来做？或者说电商做的优势是什么？

科通芯城依托科通集团强大的资源，再做一个自营的电商平台就容易多了，至少在货源上拥有了很多优势。科通芯城需要做的就是聚合一线且优质的品牌供应商，目前官网已经有 3000 条优质产品线、50 万种产品型号。这就解决了中小企业原来在线下遭遇的货源困境了。通过互联网工具，货物可以不再受传统的地域、覆盖半径限制了，而是进行全国的售卖。原本只能去批发市场买货的采购商，现在就可以在科通芯城下单。

同样是卖货，但手段和方法变了，带来的量是截然不同的。线下的科通集团从 0—10 亿元，花了近 10 年的时间，而线上的科通芯城只花了两年时间。不是因为科通芯城，IC 元器件突然有了这么大的需求。而是原来的线下渠道没有得到满足，即中小企业虽然手里有钱，但无处采购其需要的货。

另外，在配送这个环节，由于客单价比较高（通常 3 万 ~ 5 万元），配送费只占到客单价的 1% 左右，远远低于传统 B2C 的 10%。这就为科通芯城带来了巨大的利润空间。

科通芯城的模式前景确实无量，看起来也比较"轻巧"，但却不容易被 Copy。模式的壁垒相当强，列举几点：

对专业的能力要求较高。上一段提到了科通芯城的母公司科通集团，它在 IC 元器件分销领域有着数十年的经验，不管是对供应链的掌控还是对上游的品牌商议价能力，都是初创企业无法具备的。另外，在 IC 元器件的交易中，解决方案的提供是非常重要的（占了50% 以上的选择原因）。

规模的壁垒。虽然目前科通芯城的销售额占全行业的交易比例非常小（去年约 10 亿元），但作为自营的 B2C，规模还是屈指可数的。可以说是线上最大的自营 IC 元器件电商。由于有了那么大的规模，对上游的强势是明显的。例如卖不完的元器件可以换货。如果一家从零起步做 IC 元器件的电商，能有科通芯城这样的话语权吗？

除了这两点，还有很多其它的壁垒，包括专业的人才、资金的要求等。毕竟，科通芯城面对的不是简单的个人客户，而是企业。可以说是 2C 的生意，还可以说是面向 2B 的生意。而 2B 的生意往往对专业性和服务会提出较高的要求。

"一旦有人在我们这里买东西，就能保留住数据，以后我们就可以慢慢影响他。一家企业不仅有 IC 元器件的需求，也会有金融的需求。围绕这 500 万家企业，除了卖元件器，还可以卖各种增值服务。IC 元器件，只是一个切入口。当元器件做到了 500 亿、1000 亿的时候，如何服务他们、服务好他们，会是另一个巨大金矿。"

康敬伟称，这种生态系统的思维是阿里巴巴给他的启发。阿里巴巴最初的口号是让陌生人之间可以做生意，首先需要解决信任的问题，然后是支付、售后。到今天，阿里巴巴已经是一家全方位的服务商，消费者不仅可以用支付宝在淘宝上买东西，还可以用支付宝来充话费、信用卡还款。今天提到电商，阿里巴巴是绕不开的。康敬伟的目标是希望科通芯城将来能成为另一家"阿里巴巴"：影响电子元器件这个行业。

"科通芯城未来拥有了足够多的客户后，可以为中小采购商提供更多的服务。现在是渠道商，将来会是一个服务商。"

虽然是一个传统企业的 CEO，但康敬伟并不认为自己那么"传统""互联网基因没有说得那么先进，互联网公司最经不起折腾的，可能来一场风暴就全消失了。"在康敬伟看来，互联网公司最大的优点在于敢冒险，但在抗打击能力上，要弱于传统企业。在公司的管理上，康敬伟也有自己的心得。"我从来不会吩咐属下做什么，而是属下说要做什么，我有一票否决权。"

互联网企业和传统企业并没有本质的区别，科通干的事情是传统企业做的，但基因没那么"传统""优秀的企业就是不断地感知外界的变化，然后调整自己的方向。"

至于科通芯城未来的竞争风险，主要还是 B2B 领域的企业切入，例如阿里巴巴这样的。但康敬伟并不担心，他认为阿里巴巴是做黄页信息的，并不是交易的 B2B。而科通芯城则是全程的交易。对于未来的想象空间，康敬伟称，科通芯城未来的目标：只需要把线下20% 的中小企业纳入到线上，占有大企业中的 3% 份额，科通芯城就可以做到 1500 亿元左右的规模。

思考题一

1. 科通芯城的盈利模式是什么？
2. 科通芯城的经营风险有哪些？
3. 科通芯城的经营模式给我们的启发是什么？

案例 2　Cisco 自营 B2B 经营模式

1. Cisco 公司简介

Cisco 的意思是加拿大雪鲦（白鲑）。Cisco 成立之初原意使用公司注册地作为公司的名称，San Francisco（旧金山），按照美国的法律，任何公司不得以城市作为产品品牌的名称，无奈他们使用 San Francisco 的后五个字母注册，同时将旧金山的代表性建筑金门大桥作为公司的徽标，后经过不断的演化，抽象后为今天的标志。

思科公司是美国最成功的公司之一。1984 年由斯坦福大学的一对教授夫妇创办，1986 年生产第一台路由器，让不同类型的网络可以可靠地互相联接，掀起了一场通信革命。思科公司每年投入 40 多亿美元进行技术研发。过去 20 多年，思科几乎成为了"互联网、网络应用、生产力"的同义词，思科公司在其进入的每一个领域都成为市场的领导者。1990 年上市以来，思科公司的年收入已从 6900 万美元上升到 2008 财年的 395 亿美元。目前，思科公司在全球范围内的员工超过了 65000 名。在 2009 年《财富》美国 500 强中排名第 57 位，并第 8 次当选《财富》全球最受尊敬的企业。思科公司还获得了"2008 年全球品牌百强"第 17 名的殊荣，2011 财年收入 432 亿美元，全球员工超过 60000 人。

Cisco 中国地区的总部设在北京，第一个办事处成立于 1994 年（其在中国的网站见图 3-8）。Cisco 还在上海、广州、成都和重庆设立了分公司或办事处。1998 年 09 月思科系统（中国）网络技术有限公司成立，并在北京建立了网络技术实验室。1998 年 09 月，思科系统公司董事长约翰·摩格里奇访问上海，宣布与复旦大学合作建立中国首家思科网络技术学院。2001 年 1 月，思科系统公司在中国新建"最后一公里"接入技术实验室和 IP 语音技术实验室。2005 年 10 月，思科上海研发中心正式启用，这将进一步增强思科公司定制化产品的能力，以满足中国、亚洲乃至于全球电信运营商不断变化的需求。2009 年，思科系统（中国）公司第三次获得由北京大学管理案例中心和《经济观察报》颁发的"年度中国最受尊敬企业"奖项。此外，思科连续四年获得 21 世纪报业集团评选的"年度中国最佳企业公民"大奖。2010 年 1 月，思科宣布将把亚太区及日本区重新划分为三个大区，以更好地促进该地区各市场的战略制定和资源投入。作为原亚太区组成部分的中国内地、香港和台湾，将组成独立的思科大中华区。2011 年 11 月 8 日，思科正式成立其位于杭州、苏州和合肥的思科中国研发中心（CRDC）分支机构。Cisco 的产品通过一个由经销商、增值分销商和系统集成商组成的网络在中国销售。

Cisco 公司目前拥有全球最大的互联网商务站点，公司全球业务 90% 以上的交易是在网上完成的。思科坚信：互联网将改变人们的工作、生活、学习以及娱乐的方式，并且让诸多领先企业与合作伙伴成为"全球网络经济"模式的受益者。在《财富》全球 500 强企业中，已有包括沃尔玛（Wal-Mart）、埃森克美孚（Exxon Mobil）等 300 多家企业成为思科的成功客户，分享了思科的最佳实践经验。

Cisco 公司是 Internet 商务全球领先的企业及行业基准，曾获得 Internetweek 授予的最佳企业对企业（B2B）商务 Web 站点奖。Cisco 不仅是全球领先的互联网解决方案供应商，也是成功应用电子商务的典范，公司使用网络来处理其与客户、潜在客户、合作伙伴、供应商及员工的业务关系，并由此每年为企业带来巨大经济效益和节省数亿美元的运营成本。

图 3 – 8　Cisco 中国的主页

Cisco 公司全球 80% 的订购通过互联网完成，在中国下定单 100% 通过在线完成；70% 的服务支持电话可通过访问 Cisco 的网站完成，电子下载和在线配置每年为 Cisco 节约近 2 亿美元的费用；在互联网上的供应链管理使订购周期缩短了 70%。Cisco 公司 80% 的销售与技术培训是在线进行的。在 Cisco 公司，2 名审计员用 2 天时间，可为 16000 名员工完成财务报销工作。Cisco 的结账周期是 1 天，这在全球大公司中找不到先例。Cisco 系统公司既是互联网经济的倡导者，也是互联网经济的最大受益者之一。

由于其世界领先的经历及在 Internet 经济中的成功事实，Cisco 是为客户应用和企业对企业应用提供电子商务网络基础的理想企业。

目前 Cisco 运行着世界上最大的商务网站，每年的交易额高达 140 亿美元——每天超过 4000 万美元，接近全球 EC 总收入的 20%。易用的、交互性的、基于网络的商务解决方案使 Cisco 与供应商、顾客、合作伙伴和员工的联系更富效率，从而减少了用于生产、配送、销售、客户服务等环节的费用，仅每年节省的运营支出就达 8.25 亿美元。

从某种意义上讲，Cisco 就是一个庞大的构建在互联网上的"虚拟公司"。Cisco 的第一级组装商有 40 个，下面有 1000 多个零配件供应商，其中真正属于 Cisco 的工厂只有 2 个。Cisco 的供应商、合作伙伴的内联网通过互联网与 Cisco 的内联网相连，无数的客户通过各种方式接入互联网，再与 Cisco 的网站挂接，组成了一个实时动态的系统。客户的订单下达到 Cisco 网站，Cisco 的网络会自动把订单传送到相应的组装商手中。在订单下达的当天，设备差不多就组装完毕，贴上 Cisco 的标签，直接由组装商或供应商发货。Cisco 的人连箱子都不必碰一下。70% 的 Cisco 产品就是这样生产出来的。基于这种生产方式，Cisco 的库存减少了 45%，产品的上市时间提前了 25%，总体利润率比其竞争对手高 15%。Cisco 不用在生产上进行大规模投资，就能轻松应付增长迅速的市场需求，对市场的反应也更敏捷、更安全。

思科公司经营范围包括：其一，硬件产品。以路由器，交换机，IOS 软件为主要，还有宽带有线产品、板卡和模块、内容网络、网络管理、光纤平台、网络安全产品与 VPN 设备、网络存储产品、视频系统、IP 通信系统、无线产品等。其二，软件产品。思科腾讯通是 RTX 腾讯通的一个插件。它是思科和腾讯公司共同推出的集成原 RTX 腾讯通的即时通信界面和思科企业级统一通信服务的解决方案。原有 RTX 腾讯通用户的使用习惯不变。用户通过思科腾讯通可以了解联系人状态，拨打高清视频和音频电话，召开在线会议或视频会议，使用可视语音邮件等等。

2. Cisco 电子商务

思科网络客户服务最具特色的部分是客户分类服务。思科建立了用户的授权数据库（Entitlement Database），使一部分用户获得密码，允许他们接近公司某些重要信息。这就使思科能灵活地按客户的不同类型创建内容和服务。

第一层次是最广泛的上网者，他们未被要求在思科系统中登记。他们只是浏览一下思科的产品目录，或阅读公司年度报告的普通上网者，只能接触有关公司、产品、基本服务的公开信息。但思科并不忽视这类客户，它欢迎他们的反馈信息。

第二层次是从思科的零售商、代理商手中购买思科产品的客户。他们可以获取思科的有关信息，但不包括价格信息，因为零售商要求将这类信息对其客户保密。这个层次中还有一类叫做企业用户（Enterprise Users），他们可以获取价格及订货状况的信息，但只能得到他们所在市场区域的这类信息；他们也只可以查看自己的订货状况。某些时候，企业对这类交易的既往信息非常保密，甚至不愿意让同一组织中的其他成员知道。因此，思科要求有专职人员（客户服务代表）处理这类问题，而不采用自动查询的方法。

第三层次是签约服务客户（Contracted Service Customers）。他们是由思科商业伙伴支持、并接受思科商业伙伴服务的客户群。他们可以浏览思科产品的技术细节和参考内容。另外，用户也可以创建自己的网络环境，通过 E－mail 或传真接受思科软件中新的、可实施的补丁程序。签约服务客户可能会获得接触软件库中全部信息的权利，这取决于思科商业伙伴和客户之间的支持合同是只对硬件还是同时兼顾硬件和软件。签约服务客户一般不能使用技术支持的案例管理工具，因为他们应从思科的商业伙伴那里获得技术支持。

第四层次是思科产品的直接购买者，他们和思科之间有服务约定。本层次的客户可以获取上一层次客户所接触的所有信息。此外，他们能直接从思科获得开放的技术支持，可以下载软件库中的所有软件。思科的分销商、代理商等也归入第四层次，他们能获得比直接购买者更多的信息，比如产品开发时间和价格信息。同时，他们还掌握着一些管理工具，控制哪些信息应对其客户（即第二层次和第三层次）保密。思科的员工可以接触以上提及的所有信息，并掌握一些控制和报告工具，对系统和用户的使用过程进行监测。

Cisco 公司不仅通过 Cisco 在线解决直接面对客户的问题，包括运用网络合作平台更好地为世界各地的客户服务等，还通过 Cisco 生产在线，Cisco 公司创造了外部应用网络，用以提高全球商业伙伴的产品总量和生产、供货、物流服务的效率。

（1）Cisco 在线（CCO）

Cisco 公司的互联网商业所采取的核心举措就是 Cisco 在线的建立。Cisco 公司的网站（www.cisco.com）仅仅代表了这一错综复杂、不断变化的资源的一部分。拥有约 150000 来自世界各地的登记用户，CCO 的月访问量高达 150 万次（图 3－9）。使之成为最重要的、全天候的解答问题、为客户服务的网站之一。来自世界各地的用户通过该网站寻求问题答案，获得帮助，分析、解决网络问题。事实上，Cisco 公司提供给客户的 80% 以上的技术支持是通过网络实现的，这样不仅每年为 Cisco 公司节约了 2 亿多美元，而且大大提高了客户的满意程度。为了更好地为世界各地的客户服务，CCO 的部分网页被译成了多种语言。

图 3-9　Cisco 全球公司主页

　　Cisco 公司对推行的自助式服务模式非常满意。Cisco 公司深深懂得，没有人比客户更愿意帮助客户自己了；同时他们也知道，只要客户能够得到适当的工具，他们还是非常愿意自己帮助。由于 90 年代初 Cisco 公司的迅速增长和各熟练工程师提供的技术支持，Cisco 公司建立了自动化的客户服务体系，既提高了客户的满意程度，又降低了成本。Cisco 公司最初建立网络是为了自由传播技术信息，客户对这一自我服务模式做出了积极的反应，并为 Cisco 公司节约了大笔开支。

　　也许 Cisco 公司最知名的互联网商务解决办法就是网络商业代理，即令用户能够通过网络直接察看、估价、发送、提交订单。最初，Cisco 公司只是小规模地推行这一模式，而今天，Cisco 公司已经建立了全套的商业应用体系。来自世界各地的 1 万多家客户的授权代表可以通过网络直接察看和对 Cisco 公司的产品进行估价。客户可以经过一系列步骤来挑选他们想要的产品及其配置，如存储器、电源及线路。客户在确认了产品外形之后可以填写订单并且会得到他们所选择产品的报价单。

　　同样，订单安置程序可以使客户将他们的决定放到虚拟市场的购物车中。订单状态允许客户通过使用售货订单号码或购入订单号码的方法来查阅订单。这一做法甚至将客户和联邦快速查询服务连接起来，使客户能够随时得知订单在实际操作中进行的情况。订单服务是用户得到具体服务的信息，包括交易号和协议号码，程序日期、运输日期及运货方式和查询号码。报价单则为财会部门、主管部门和会计等提供快速、简便的在线报价追踪服务。以客户同意加入公司内部网络为前提，Cisco 公司可以和最佳客户合作，将其服务器与客户已有系统相连并与 CCO 进行链接，形成一种更加密切的合作关系。

CCO 是 Cisco 公司的前台存储库，是公司针对客户、供货商、分销商和商业伙伴的综合资源库。CCO 共有 150 万网页，实际上是 Cisco 公司获取 ERP 数据库、现有系统和客户服务系统信息的途径。CCO 共有五个主要组成部分。

①虚拟市场。

实际上是一个虚拟的购物中心，客户可以通过网络购买诸如网络产品、软件、培训材料、Cisco 公司的促销商品，如 T 恤衫、咖啡杯等物。它使用的是客户都非常熟悉的购物车模式，同时还提供察看和对产品估价以及获取购买需求的工具。

②技术支持、软件图书馆和公开论坛。

使客户和商业伙伴能够通过网络获得技术问题的答案、下载最新软件和使用 Cisco 公司的硬件。技术帮助包括提供检测故障的工具及采取保护和补救措施。软件图书馆能够使客户以 24X7 的速度下载最新软件。而公开论坛则允许客户提出网络问题，到数据库中寻找技术问题的答案或向参加讨论的、并愿意为客户提供帮助的其他网络专家请教。这样，既解答了客户提出的问题，减少了客户对公司的要求，同时又使 Cisco 公司的专家能够有时间和精力处理其他问题。

③客户服务机制。

以自助的方式向客户提供非技术帮助，包括产品状态、价目表、最新消息和订单服务等项内容。客户可以在 24X7 基础上获得高质量的服务。

④互联网产品中心。

受理客户订单，客户可以直接向 Cisco 公司了解价格、发送和提交订单。只有那些被授权的直接客户和商业伙伴的代表才能通过密码使用这一程序。通过这种途径的订单将直接进入数据库等待发货，同时与查询体系直接连接，使客户能够随时了解定货情况。他们的这种连接以及那些订单服务体系和 IT 基础设施建设都是非常有效的。订单服务体系将 Cisco 公司的订单管理系统和掌握产品可使用量的安排系统连接起来，因此每份订单都能够得到及时的处理。很快，订单将被分散到 Cisco 公司的各个直接链接协议供货商和分销商手中。这种紧密的联系使 Cisco 公司能够预计产品的需求量并很快做出反应。

⑤状态服务代理。

为 Cisco 公司的销售人员、客户和商业伙伴提供直接、迅速了解客户订单所处阶段的信息。另外，还负责管理订单的预期运输日期，为所有 Cisco 公司的订单提供积压报告，确认每份订单产品的细节，确认货物及货款寄送的地址是否正确及运输方法，通过和联邦快递公司和 UPS 的超级链接，将货物的发送状态登录到网上。作为网络商业系统的一员，状态服务代理体系包含着外部服务体系和价格服务体系的工作。即将 Cisco 公司的所有产品刊登在网上同时为客户提供网上价格表。状态服务代理体系所提供的有关订单的及时信息使销售人员可以掌握更多信息，更好的把握订单从而获得更大的成功。这样销售人员可以更加积极地跟踪订单，避免在收取货款和运输过程中出现问题。原本需要 8 天进行的追踪工作，销售人员很快就能完成。而剩余部分的时间，则可以用来建立和客户之间的良好关系和寻求新的商业机会。

为了使电子商务成为整个价值链的一部分，Cisco 公司试图将其最大客户和分销商直接融入公司体系之内。就在 Cisco 公司刚刚获得成功和 CCO 刚刚获得商业收益的时候就采取了这一新的举措。网站的建立，使产品订货和客户服务都实现了自动化，同时也为公司每年节约了大约 3.5 亿美元的运营费。Cisco 公司将其大部分精力花在从其现有客户中培养更好的客户，同时也注意开发那些由于缺乏网络连接而仍未购买产品的客户。为了更进一步推行这一举措，Cisco 公司鼓励供货商完善其供货链并多从客户的角度考虑。

　　Cisco 公司认为，建立良好的客户关系是持续获利的主要因素。为此，Cisco 公司首先力争保持现有客户；尽管争取新的客户成本很高，但 Cisco 公司还是在不断的努力。Cisco 公司清楚地知道，获得新客源的最好方法就是将自我配置的工具给与客户，从而使公司的幕后成为客户的台前。

　　CCO 的最大成效之一就是使 Cisco 公司和其商业伙伴获得了共同发展的机会。Cisco 公司约 70% 的业务是通过三种途径实现的；而几乎相同份额的 CCO 业务是通过分销商和综合销售商来实现的。公司还通过网络来尝试涉足转瞬即逝的小型商业市场。网络既给了 Cisco 公司的用户能够迅速找到所需商品并认购这些商品的渠道，同时也使公司能够发展更大的客户网络。

　　图 3-10 表示 CCO 不断演化。最初阶段，CCO 在线提供一些不是那么关键的公司及产品信息（第 1 阶段）。随着 CCO 接受了越来越多的 Cisco 公司的商业信息，包括产品订单及发货，其商业难度也随之上升（第 2 阶段），这样，CCO 所倡导的革新则成为一种竞争的力量（第 3 阶段），导致参与竞争者或者不断发展或者被淘汰。当大量公司也开始做同类型商务活动时，CCO 转回提供更为优秀的运营服务。

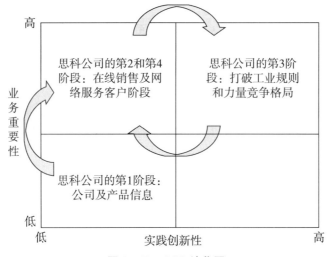

图 3-10　CCO 演化图

　　除此之外，Cisco 公司允许客户随时查询订货单所处的阶段。目前，Cisco 公司提供的绝大部分支持是通过网上实现的，在设在各处的四个技术支持中心，Cisco 公司总共雇用了 1000 名技术人员来处理来自世界各地的技术支持问题。越来越多的公司采纳了 Cisco 公司的自我帮助模式，而 Cisco 公司的客户满意率也连年上升。调查显示，约 60% 的客户希望借助 CCO 来获取技术支持，而 80% 以上的客户也希望通过它来解决产品和市场问题。CCO 的实施，使 98% 的问题得到了及时、准确的解答或补救，而 1995 年起，Cisco 公司的客户满意率也上升了 25%。CCO 不是在短时间内形成并完善的，而是经过了漫长、不断的尝试才形成的。

（2）Cisco 生产在线（MCO）

Cisco 公司的目标就是在全球创造一种网络生产的氛围。因此，Cisco 公司的互联网商业基础是源于 Cisco 生产在线（MCO）的启发。MCO 的用户，包括员工、供应商，及其他授权物流商业伙伴都是希望通过 MCO 实现产品生产、情况汇报、工具和相关信息。尽管 MCO 降低了成本、压缩了周期、扩大了规模，它还是通过提高客户服务水平的方法实现了大部分的价值增长。MCO 的设计和实施并不是为了节省 Cisco 公司员工为客户服务的时间，而是为获得更大的商业利益。MCO 鼓励新的客户尝试新的解决问题的方法，最终通过尝试产品生产程序，MCO 赋予了 Cisco 公司识别和开发新的商业机会的可能。

MCO 是将 Cisco 公司和其协议生产商、供应商、分销商、商业伙伴完美结合在一起的供应链之门或兴趣社区。1999 年 6 月 MCO 投入运行之初，主要是为 Cisco 公司的员工和客户更简便和安全地提供及时的生产信息。推行 MCO 所面临的最大困难就是如何将千千万万的生产信息系统合并为统一的用户界面。通过某一用户界面，MCO 的动态界面可以为用户打开不同的网页，从而获得丰富的生产信息。预测数据、商品存货、认购清单，以及其他一些关键数据都可以通过一种相当安全的方式获取。由于 Cisco 公司与 Oracle 及其他公司建立了战略合作伙伴关系，因此一旦进入 Cisco 公司的网站，主页首先就会从众多生产系统中将那些客户比较满意和应该加以警惕的系统，包括 Oracle ERP 数据库显示出来。

在电子经济领域，商业合作伙伴关系是不可缺少的。因此，每个网络公司都必须不断建立、保持、更新其与合作伙伴的各种关系，尤其是与供应商的关系显得更加重要。通过 MCO 的建立，Cisco 公司建立了一种外部应用体系并大大提高了供货商的生产产量和效率。例如，Cisco 公司的一个协议生产商——Jabil Circuit 通过建立 MCO 来监测订单完成的整个过程，大大提高了效率。通过与 Cisco 公司生产资源计划系统的直接链接，Jabil 在 Cisco 客户刚刚下订单之时就能看到，订单汇总之后，系统就会做出决定由哪个供货商来提供货源。通过运行 MCO，Cisco 公司已经：

①及时地得到供应信息。

②在执行订单过程中，降低了商业投入。

③在购买过程中，提高了员工的生产率。

④订单完成的时间不断缩短。

通过将其终端对终端价值链及网络的紧密连结，Cisco 公司创造了一家虚拟工厂。20 世纪 90 年代初，Cisco 公司在供应链方面面临的最大挑战就是，如何在科技和市场不断变幻的情况下扩大生产。市场在飞速发展，Cisco 公司要建成一种为客户订货服务的体系。因此，Cisco 公司发展完善了由五部分组成的战略来发展供货渠道，收到了很好的效果。

Cisco 公司供应链的自动化有以下五个方面组成：

①独立企业。

这一理念的建立使 Cisco 公司能够将其对客户的服务通过网络分散给公司的会员。事实上，通过 MCO 基础设施的建设，Cisco 公司的主要供货商可以对公司的供应链的主要部分进行管理、增值及运作。独立企业的优势之一就是全公司可以共同努力解决供应链中出现的问题。为了加强独立企业的概念，Cisco 公司对其主要供货商采取了以下三项鼓励措施。首先，Cisco 公司将 ERP 系统与各供货商相连，通过网络使其主要供货商成为整个生产体系的一部分。这种独立企业的链接也使 Cisco 公司和供货商能够非常及时地处理客户的各种要求。供应链任何一个环节出现的变化都会立刻通知到每个环节，大大节约了时间。其次，通过使用电子数据交换系统（EDI），Cisco 公司实现了数据转化的自动化。再次，Cisco 公司创建了各商业及职能部门间交叉工作的模式，实现了重复性程序的自动化。这样一来，缩短了购货订单及报价单在各部门之间往来的时间，而每份订单及报价单的成本也由原来的 125 美元降为 5 美元。

②新产品介绍。

一份 Cisco 公司的研究显示，每个新产品都需要由 4—5 个重复的构建模型，而每个模型都需约 1—2 周的时间来设计完成。导致模型费时费力的主要原因是要花大量的时间和人力去收集和发布信息。为了解决这一难题，Cisco 公司实现了收集产品信息过程的自动化，从而使一天的工作量在短短 15 分钟内就能完成。1997 年由于在新产品介绍中采用了网络技术，是 Cisco 公司节约了 3 个月的时间及 2150 万美元的成本。

③测试自动化。

20 世纪 90 年代初，Cisco 公司原有的人工测试不得不打破原来产品测试的完整性，采用机械测试的方法。同时，Cisco 公司将重点放在其竞争优势即新产品开发的测试上。为此，Cisco 公司将几乎所有的生产分散到供应商那里。为了解决测试问题，Cisco 公司采取了三个步骤。首先，在供应商的网络上建立了标准的测试程序单元。其次，确保测试单元在接到命令后自动设定测试程序。第三，与供应商建立良好的商业伙伴关系，使供应商对大部分测试的质量负责。这样，测试程序形成了一种惯例并被制成了特定的测试程序软件。这种情况下，测试则可以全部由供应商来承担，而测试的质量由公司监控。总之，Cisco 公司节省了大量测试所需的人力劳动，同时使测试得到了很好的监控。

④直接完成。

商业伙伴生产的产品必须经过两个步骤，即从商业伙伴到 Cisco 公司再从 Cisco 公司到客户才能完成。每一步都要有人涉足，从而整个过程要增加三天时间才能完成。但在 1997 年，Cisco 公司成功地椎出了全球一步完成模式。在这一模式下，绝大多数供应商都能够将货物直接发给客户。这样一来，Cisco 公司可以在短短三天的时间内完成货物运输过程。

⑤动态补偿。

在供应链自动化实现以前，Cisco 公司的供应商和生产商无法及时得到供应信息和生产需求，导致了很多延误和错误的产生。为了对这种不确定性进行补偿，Cisco 公司的管理者们将其货品清单准备的异常清楚，但却无形中增加了管理费用。动态补偿模式允许生产商及时、直接地获取未经改动的市场需求信息，同时允许生产上查询实际的补偿水平。

通过推行网络就绪化，Cisco 公司及其商业伙伴的商品供应链管理成为并行的过程。通常情况下，新产品的出台要经过工程、设计、生产、销售等一系列的生产消费环节。为了通过压缩生产周期、信息交流的时间来获取商业利益，Cisco 公司及其商业伙伴实现了这些功能的网络化。工程师们可以在几分钟内完成以前需要几周才能完成的收集信息和设计的工作。Cisco 公司降低了设计和原型制造过程中以及新产品发售过程中的大量重复性劳动，新产品的整个由生产到销售的时间大大地降低，而产品的质量和产量却不断上升。

说明：本案例编写参考了西安交通大学管理学院陈鸿文编写的《Cisco 公司－B2B 电子商务典范》和《广告大观》中的《思科 B2B 整合营销》。

思考题二

1. 为什么说 Cisco 是 B2B 电子商务的典范？
2. 讨论自营 B2B 交易及它给 Cisco 和客户带来的好处。
3. 作为全球领先的互联网设备供应商，Cisco 在电子商务方面取得了令人羡慕的成效，尤其 Cisco 的 B2B 模式的电子商务成为了全球的典范。那么，其成功经验是什么呢？

3.4　分销 B2B 经营模式

3.4.1　分销 B2B 经营模式

1. 分销 B2B 经营模式概念

分销 B2B 经营模式是指企业通过互联网将供应商和经销商有机联系在一起，为企业的业务经营及与贸易伙伴的合作提供了一种全新的 B2B 电子商务模式。分销 B2B 经营模式主要帮助企业快速搭建一个在线销售平台，使企业实现在线产品的分销、产品的代销和批发网络平台。

产品直接面对消费者的企业，一般会找加盟商、代理商来销售产品，一般这种企业的经营模式为设计＋销售类型或设计＋生产＋销售类型。因为消费者分布在全国各地，企业很难全面了解市场，很难把每个店都经营好，如果全部企业自己做，战线拉得太长，也不利于回收资金，因此，企业需要找分销商。传统的分销模式，企业在自己的分销渠道铺货的周期一般都需要最少 15 天，而在网上进行分销，铺货周期可以大大缩短。同时网上分销的信息是透明和共享的，渠道管理更容易监控，管理成本也更低；对于网络分销商而言还省去了店面费、库存费等成本。以分销经营或加盟代理服务为主的行业具有以下特点：

①行业为消费品行业，产品一般直接面向普通消费者，如服装服饰、家居百货、食品、医药等品牌企业生产的产品。

②产品销售渠道一般靠商场专柜、专卖店等来销售，需要靠加盟商、代理商来分销完成销售，销售的工作就是找代理商、加盟商来帮企业销售产品。

③这些企业比较注重宣传，一些品牌可能无太多资金在央视、省级卫视上做广告，但在面对代理商的推广也愿意花钱，宣传费用预算比较多。

以上特点决定了企业要寻找很多的分销商或加盟代理商，并根据分销商或加盟代理商的地域、实力和能力给予不同的价格折扣，这在一定程度上影响了产品的销售。由于分销商相对较多，而且价格往往也不尽相同，商品的数量过多和价格相对复杂性严重地影响了 B2B 的交易数量和交易份额。因此，有些企业推出分销 B2B 经营模式，解决网络分销难题。网络分销以更低的成本、更高的效率、不受地域限制的优势，成为意欲拓展网络销售的企业力推的全新渠道模式。从服务角度看，在分销 B2B 经营模式下，首先，企业可以减少服务对象、降低管理成本。企业只需直接面对几十个代理商的问题和需求，有更多的时间和精力去做好管理和服务。其次，有区域代理商的支持，减少了企业对市场的开发难度。同时，各地代理商对本土市场的了解和资源优势，能够得到有效的转化和聚集。分销 B2B 经营模式结构如图 3 - 10 和图 3 - 11 所示。

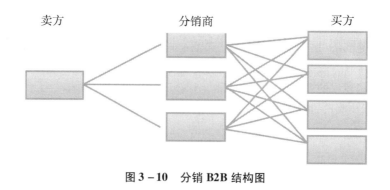

图 3-10 分销 B2B 结构图

图 3-11 分销 B2B 示意图

适合做网络分销的产品有几个特点：一是是一二线品牌销售市场大的产品；二是知名的平民化的商品；三是产品的库存宽度、深度容易掌控；四是产品标准化，因为标准化比较适合分销，分销商不需要非常了解图片，只需通过图片就可以了解商品；五是客单价适中和利润率适中。

2. 分销 B2B 经营模式的发展历程

分销 B2B 经营模式的发展经历了以下三个阶段。

（1）多对多阶段。

在多对多阶段，众多的买卖双方为了彼此交易而在网上进行接触。交易市场通常是属于一个第三方集团或团体，并且由其管理，交易市场对所有的参与者都是公开的。像信息门户网站、第三方交易所和双向拍卖等模式都属于多对多的电子市场。这种 B2B 电子交易所对企业而言加剧了增值服务的竞争，增加了价格战，也使企业失去了直接的 CRM。从 2001 年开始，电子交易所开始崩溃了，采购商和销售商都意识到面临着交易所失败或恶化的风险。

（2）一对多阶段。

在一对多阶段，一个企业完成所有的购买活动，也完成所有的销售活动，是以企业为中心的电子商务。在这个阶段，企业个体支配着那些参与买卖交易和支持信息系统的每一方，这种交易是完全私有的。在一对多阶段，企业采用三种方式销售：根据电子目录销售；通过拍卖销售；一对一销售，通常谈判达成长期合同。

（3）中间商阶段。

许多一对多的电子商务活动是不通过中间商进行的，如果企业在市场上有良好的信誉和大批忠实的客户，企业可以通过电子目录直营 B2B 经营模式，但直营 B2B 经营模式有局限性。直营 B2B 经营模式最主要的一个问题是如何找到客户。很多公司都熟悉如何利用传统的渠道做广告，但如何在网上联络购买者还处在摸索阶段，并且 B2B 销售商可能会经历与现有分销系统的渠道冲突。在这种情况下，生产商通过分销 B2B 模式向广大消费者销售产品，分销商从卖家那里购买商品，然后组合成自己的销售目录。

3. 分销 B2B 经营模式类型 ❶

　　根据企业提供的产品是有形的产品还是无形的服务，分销 B2B 经营模式可以分为两大类。一类是服务提供商利用网络资源进行营销，采用数据提供商的方式进行服务产品的宣传、介绍和销售；另一类是实体产品的制造商采用数据分销商销售产品。

　　数据提供商和数据分销商是分销 B2B 模式中的两个重要角色。数据提供商的地位相当于商品流通市场中的产品批发商，他们主要负责采集、整合该行业内绝大多数的商业信息数据。相对于分销商，他们拥有更加丰富的市场资源信息。数据提供商的前身一般也是代理模式中的代理商，他们在该行业内经过了多年的摸爬滚打，形成了绝对的数据垄断地位，于是他们的业务也从 B2C 逐渐转型为 B2B。这种转型让他们更加专注于市场数据源，最终成为商业信息的源头企业。数据分销商一般是行业内的中小型电子商务企业，他们没有实力吸引足够多的服务产品生产商直接与他们形成合作关系，于是就借助提供商的力量与他们间接合作。数据分销商的地位相当于商品流通市场中的销售商，主要与最终客户之间产生买卖关系，为他们提供中间服务，并将他们的需求反馈给提供商，与最终消费者形成买卖关系。

　　在分销模式中，双方合作的关键问题就是分销商要遵循数据提供商的数据标准，并且这种标准需要被所有处于分销模式中的服务生产商所接纳。以酒店预订市场为例来说明这个问题。一个酒店包含若干信息，虽然在旅游行业中也会有一些不成文的酒店描述标准，但是每个酒店是否遵循就无法控制，况且为了推广自己，他们还会有一些个性化的描述。比如，大部分欧美酒店的房间类型是根据每个房间中的床数制定的，包括单人间（一张单人床）、标准双人间（两张单人床）、双人大床房（一张双人床）、标准三人间（三张单人床）、家庭三人间（一张双人床、一张单人床）等。而亚洲酒店的房间类型就显得种类繁多，以双人间为例，除了会按欧美酒店的分类标准分为标准双人间和双人大床房，还可能根据房间位置、房间朝向、室内设施等标准分为海景双人房、商务双人套间、休闲双人房（日本酒店的惯用标准）等，并且价格也会和普通的双人间有所差异。数据提供商必须将这种本质上没有差别或者差别很小的分类进行统一标准，与所有酒店达成共识。如果不得不对同一个事物采取不同描述，也会尽量使用其他策略来统一标准，如图 3 - 12 所示。

　　图 3 - 12 以酒店预订为例，说明了商务分销模式中双方的合作方式。数据提供商整合了旅游市场内大部分酒店的详细信息，包括酒店介绍、酒店星级、酒店房间类型等以及每日的价格更新。然后与这些酒店签订协议，合同中会规定每日酒店为提供商预留多少房间，不同类型房间的佣金比例等条款。数据提供商一般不直接接受客人的预订，而是将这些信息提供给数据分销商，再由分销商以不同的页面风格展现在他们自己的网站上供客人浏览、下订单，并以统一的格式传回给提供商，由提供商进行处理并与酒店直接沟通。订单生效后，酒店直接将佣金返回给提供商，提供商再从中抽取一定比例返给分销商。

　　这种分销 B2B 模式符合现代企业的管理理念：专业的事情交给专业的部门完成。分销商可以更加专注于自己的营销策略：用什么方式组织信息展现给最终用户从而占据更多的市场份额，而将与酒店洽谈合作协议的烦琐工作交给提供商；提供商则跳过了形形色色的

---

　　❶　本部分内容来自于段博，B2B 电子商务分销模式的研究与实践，首都经济贸易大学，2008 年硕士论文，第 3～6 页。

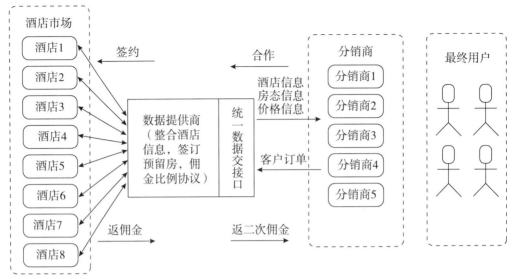

图 3-12　分销 B2B 模式的合作方式

最终用户，集中精力对行业数据进行采集管理，并尽可能拓展和巩固自己在该行业内的"数据垄断"地位。

　　分销 B2B 经营模式的实现主要采用数据对接和广告投放两种方式。采用数据对接的合作方式，分销商需要通过一定途径和技术手段获取提供商开放的商业信息源数据，并将它们组织成自己的数据结构，个性化地展现在自己平台上供最终客户浏览。客户在分销商的系统中接受服务。最后分销商以统一的格式将预定信息返回给提供商进行处理。使用数据对接的方式使得分销商在数据展示以及销售流程上可以按照自己的页面风格进行设计，但是需要付出一定的技术成本。而使用广告投放的方式就给了那些没有技术实力或者不愿意进行二次开发、但又想在市场中获取少量销售分额的分销商一个机会。这种分销方式要求分销商在自己的网站上发布一些提供商网站的广告信息，客户点击广告后转入分销商网站并根据其网站的预定流程接受服务。这就要求提供商自己具有一个分销系统（也可以使用第三方的分销系统），从客户点击分销商网站的广告进入提供商网站，直到服务接受完毕，分销系统可以对这一系列过程进行追踪。换句话说，提供商必须知道一个消费者的某次消费行为是通过哪个分销商网站上的广告进入的。它还需要记录一些与消费相关的信息，比如金额等。

　　利用数据对接，需要企业开发一套标准接口，并以一定的方式开放给数据分销商。数据分销商需要按照企业制定的数据标准处理数据，因此采用这种模式进行合作的前提条件就是双方都要付出一定的技术成本进行开发。提供专业化服务的分销商，为了能够实现个性化的页面数据展示和服务流程，也愿意付出一定成本进行二次开发，而只是将广告投放方式作为一种前期阶段的摸索，目的是积累客源和观察分销效果。对于大多数资金有限、技术实力一般的分销商则更多地抱着一种尝试的态度，将几乎是"零成本"的广告投放作为他们的首选。

　　4. 分销 B2B 经营模式的盈利途径

　　分销 B2B 经营模式的盈利途径主要有以下两方面。

（1）降低企业的各种经营成本，经营成本的改善。

①降低市场成本。采用网上分销平台，分销企业可以轻松管理渠道和下级代理商，并及时向下级代理商提供相关的新闻、产品更新、价格变化、市场促销等信息，甚至可以进行个性化定制，这对于市场信息投放效率的改进是明显的。网络分销商分散在全国各地，可以最大限度地解决产品的生产和销售的时空限制，也可以减少运输费用。同时，通过分销 B2B 经营模式，可以解决企业批量组货和客户订货的难题，满足企业对规模经济的要求。

②降低营销成本。使营销部门职能更加纯粹化，以保证销售人员从订单履行等日常操作解放出来，将尽可能多的精力放在开拓市场和客户，以及向客户提供高附加值的增值销售和服务。通过分销 B2B 经营模式，可以减少交易过程中大量不确定因素，降低了交易成本，提高了交易成功率。

③降低库存成本。更有效管理库存，提高货物周转率。通过网上分销系统可以对货物流动进行实时追踪，并从客户那里获得即刻反馈，因此预留库存将可能被压缩到极低的合理限度。科学地管理库存和物流，并对客户需求进行分析、预测，从而提高货物周转率并降低成本。

④降低资金成本。运用网上分销系统可以跨越地域（多个分销点和区域）进行资金统一管理，使资金使用状况可以迅速反馈，从而使资金使用变得更有成效。同时由于网上每笔交易都能得到很好的控制和更快的反应，将有助于加快资金回笼，提升资金周转速度，避免呆、坏账。

（2）建立电子渠道网络，提供先进的管理手段。

通过该系统，分销商建立了电子化和网络化的业务和管理系统，加快了业务运转，为供应商、分销商和各级代理商提供快捷、方便、可靠的沟通和管理手段，并可以随时向客户提供支持。同时可以清晰地监控企业的销售、库存、货物和资金周转状况等业务信息，使得企业的业务水平、管理和效率都得到了有效的提高。网络经济在信息传递和付款的过程中有效率的优势，但是作为一个开放的虚拟市场，对信息的监督、控制和甄别有很大的难度，网络分销商可以利用其良好的商业信用保证交易双方获得信息的可靠性和双方资金传递的安全性。

除此之外，分销 B2B 经营模式还可以通过增加商业机会、寻找更多的客户，扩展企业的商业活动范围；掌握大量的、及时的市场信息，使自身处于竞争的主导地位；在人力资源上节省大量资金；整合加大销售渠道，直接增加销售收入；加快销售、供应链运转，缩短周期，增强竞争能力；为自身、销售商以及供货商提供了查询历史商业活动或销售活动的数据统计手段；在采购和销售活动中减少人为因素造成的效率低和资金浪费；通过网络为各个层次客户提供更加优质的服务，提高客户满意度和忠诚度；提高自身的管理和经营水平，提供更多的增值服务等方式盈利。

5. 分销 B2B 交易信息

分销 B2B 经营模式中企业的交易信息包括下列方面。

（1）产品信息：特征、价格、功能、销售历史。

（2）分销商信息：购买历史。

（3）供应商信息：原材料供应商的相关情况。

（4）生产过程信息：生产能力、生产计划等。

（5）存货信息：存货水平、装运费用和地点。

（6）运输信息：送货者、交货时间和费用等。

（7）售后服务信息：技术维持、产品保修等。

6. 分销 B2B 经营模式的特点

企业采用直销的模式，管理的难度大。首先，人员的培训和日常管理成本非常高，而且信息的损耗会非常大。其次，庞大的销售队伍里，人员素质参差不齐。还有，多人骚扰同一个企业的交叉销售现象不可避免，最后可能形成销售疲劳，引起潜在客户反感。最后，直销的投资回报周期非常长，需要投入的资金、精力、人力和物力都非常大。直销虽然能使电子商务企业获得高额利润和统一的市场，但由于缺少了"分享价值"的共建者，不能产生分销模式带来的"聚众效应"，而分销的模式恰好有效地解决了上述问题。

从服务角度看，在分销模式下，首先，总部可以减少服务对象、降低管理成本。总部只需直接面对几十个代理商的问题和需求，有更多的时间和精力去做好管理和服务。其次，有区域代理商的支持，减少了总部对市场的开发难度。同时，各地代理商对本土市场的了解和资源优势，能够得到有效的转化和聚集。分销 B2B 经营模式将会成为打造电子商务市场新来者核心竞争力的主要因素。从总体上来看，分销 B2B 经营模式有以下一些特点。

（1）减少了交易次数。

（2）减少了交易的有关环节，降低了交易费用。

（3）广告费用低。

（4）增加了产品销售渠道。

（5）加快运营速度，缩短循环周期。

（6）不需要实体商店。

（7）更好的合作伙伴关系管理。

（8）减少订货错误。

7. 分销 B2B 经营模式七大要点❶

（1）确立接纳新事物的心态。

很多企业不熟悉网络分销体系的建设与管理的情况，甚至把许多在网上售卖产品根本就无所谓分销"体系"和"管理"的行为认为是网络营销，从而将各种各样的问题，如货物真假难辨、价格差异导致渠道冲突和客户投诉、串货等归咎于此。以致有些企业害怕这些问题出现而索性走向一些极端，或者彻底拒绝网络渠道，或者放任这些问题发生，或者假心假意地"建设"网络渠道，最终只会贻误战机。因此，在分销 B2B 中，要确立接纳新事物的心态。

（2）注重分销商的可识别性。

建设网上分销渠道，不仅仅是让利给分销商，更要着眼于保障消费者的权益，使消费者方便地购买到正宗产品。因此，授权分销商的可识别性尤为重要，要做到"三个至少"：

①至少每个授权分销商应该有一份电子授权证书，展示在其商铺、网站中。此授权证书应该是唯一的，并且来自品牌企业的官方服务器。在该证书上，应该注明分辨证书真假

---

❶ 来源于中国电子商务研究中心（http://b2b.toocle.com/detail–5117235.html）（原文来源：销售与市场；文/冰寒）。

的方法以及投诉渠道指引。

②至少在企业官方网站上，应当列举授权网络分销商的名称、网址。如果品牌企业是授权给某一个公司作为总经销/代理的，应当表明授权此总经销/代理进行次级授权的合法性。

③至少应该提供一个查询入口，使消费者可以通过分销商的网址、名称来确认分销商的合法性。

做到上述"三个至少"，并不意味着能完美解决网络分销渠道面临的所有问题，也不能保证所有的用户都会去授权分销商处购买真品，但至少可以保证让那些希望买到真品的人实现愿望。

（3）价格统一，避免内耗冲突。

分销商越多意味着竞争越激烈，价格越不容易管控，但是，越不容易管控越要严加管控。避免价格的冲突意味着避免内耗，意味着分销商可以将精力从以价格吸引消费者变为以服务、品牌推广来吸引消费者，意味着渠道管理者从永无宁日的价格争端和投诉中解放出来，致力于为分销商、消费者提供更好的服务。

在价格统一的条件下，分销商之间的竞争变为良性。由于消费者倾向于从离自己近的店购买，所以，不同地区的分销商将天然地形成利益分界线，不会发生重大冲突。

价格统一的另一个好处是降低用户的挑选难度。同一商品如果价格差异较大，将导致用户反复挑选；如果选择过于繁复以至于到最后难以判断货物的真假，很可能导致用户放弃购买而转向别的品牌。

（4）网络分销的不仅仅是货物。

许多网络分销商作为单纯的渠道商，仅仅停留在商品的陈列和售卖层面，对品牌、文化的宣传和推广都是空白。

渠道商处理的产品种类和品牌十分繁多，不太可能去深入挖掘每一种产品、品牌深层次的元素，通过论坛、博客等平台进行营销的网络分销商，也不可能为每一个品牌准备文章、资料作为传播素材，这就需要品牌商提供支持。

建设网上分销体系，不仅仅是对货物进行分销，更是对品牌、文化的分销，对服务标准的输出。对此，品牌商应该有充分的准备。

（5）不是任何人都可以成为分销商。

必须为分销商建立门槛。有一些企业为了迅速扩大销量，往往不加选择、来者不拒，最后会造成如下后果。

①许多并不具备销售能力的人成为分销商，为管理带来额外负担。

②一些不守信的人加入队伍，浪费管理资源。

第一类人往往是新手，尤其是一些对商业没有感觉、对网上生意没概念的新手。不妨考察一下这些店铺的发展历史，看看是否具有发展的潜力，再决定是否接纳其为加盟商。如果时间、精力、能力都无法得到保证，则品牌商很可能变成保姆，凡事都要操心费力，结果还是不尽如人意。

第二类人往往变成违反各种规则的害群之马。比如在价格方面不能遵守约定，突破价格底限，变成市场利益蚕食者而非创造者，导致内耗。对于这种分销商，仅仅是其他分销商的投诉就会导致管理人员疲于奔命。由于在接纳之前无法判断该分销商是否守信，因此可以要求缴纳保证金或者其他保证。

其他方面的考虑包括：潜在分销商的专业资质、行业经验等。

（6）分销商的考核。

定期对分销商进行考核、排名，并给予奖励，将有助于提升分销商的积极性；考核的内容中应当设定红线和分销商的出局规则，尤其是涉及顾客满意度、企业品牌形象、价格体系等方面。

应该引导顾客投诉到企业的服务部门，并协助顾客解决问题，主动帮助分销商解决产品、服务等方面的问题，让顾客更满意；这一过程既可提升满意度，让消费者放心消费，也是了解和考核分销商的信息途径。

某些情况下，可能有些分销商销量很好，但是价值观不一致、对规则不遵守，往往使企业难以取舍。究竟是要业绩，还是要体系？渠道管理者对此应当有所考虑，并且制定明确的规则。

（7）放眼长远，持久合作。

有许多品牌商缺乏长远的合作意识，仅仅想着"利用"分销商来"打天下"，等到知名度和销量起来了，就想自己收回分销权，以达到利润的最大化。反过来，由于一些分销商担心天下打出来后自己的利益没有保障，所以不敢全力投入资源进行市场拓展。

企业还是要放眼长远。做分销一定要让利润给分销商，也正是这些利润会使得合作可持续。假如企业没有长远共同发展的目标，在短期内也许能得到较高的利润提升，但支持者的减少将会带来更多的负面影响，即使在品牌足够强势的情况下也是如此。

3.4.2　分销 B2B 经营模式

案例 1　米兰网案例分析

1. 网站介绍

米兰网（http：//www.milanoo.cn/），是香港米兰有限公司旗下的跨国在线零售 B2B2C 电子商务网站、全球时尚服装及其周边产品网上商城。米兰网总部在中国香港，在中国大陆成都设有运营中心，北京、上海、深圳等地设有分中心及办事处。米兰网涵盖英语、日语、法语等多语种国际网站，正成为中国供应商外贸小单批发首选战略合作伙伴、全球一流的跨国在线零售电子商务平台，如图 3-13 所示。

米兰网 2008 年成立于中国香港，是国内首家提出"跨国在线零售 B2B2C"概念的外贸电子商务企业。在国内，米兰网与中国成千上万的生产厂家、大型批发商达成的是典型的电子商务 B2B 合作方式，而与国外消费者之间，又是典型的电子商务 B2C 在线商城直销关系。

"跨国在线零售 B2B2C"电子商务模式巧妙地将全球消费市场与中国国内中小生产商供应链整体连为一体，架通中国商品通往全球市场的"电子丝绸之路"，打破传统外贸诸多中间环节，让中国厂商得以直接面对海外消费者，让海外消费者足不出户就能实时选购成百上千种价廉物美的"中国制造"，开启了互联网时代外贸电子商务的崭新时代。

米兰网现有员工 230 余人，平均年龄 26 岁，其中 80% 以上员工为本科以上学历，15%

图 3 - 13　米兰网首页

以上员工有海外留学和工作经历，并有来自国内外知名电商企业的优秀电商人才以及俄罗斯、意大利、阿尔及利亚等国外籍员工。公司管理团队有多年从事互联网海外营销及管理经验，在网络营销、系统平台开发、产品研发、供应链管理等方面具有强大的团队优势。

米兰网在国际互联网高速发展和全球经济一体化的大趋势下，为众多中国企业和全球消费者开创了一条"网上丝绸之路"。2011 年米兰网销售额增长率达 300% 以上，已获得著名 VC 投资机构红杉资本 A 轮投资。

2. 米兰网的主要业务

米兰网致力帮助中国中小企业从容应对全球市场一体化趋势，以外贸电子商务小单批发兼零的方式，助国内中小企业实现产品零费用全球代销、全球推广、零成本海外宣传。让不懂外语不懂外贸不设任何外贸相关部门的中小企业轻松把产品直接销往全球，只需配合米兰网严格把控好产品质量和交期，以及必要的售后服务，就能不费吹灰之力坐享全球市场。

作为一个系统的电子商务平台，米兰网的运行涵盖供应链管理、跨国在线营销推广、国际物流配送、网站商业策划开发、网站运行及维护、多语种客服（全球 24 小时在线呼叫中心）、在线支付等诸多环节，米兰网产品覆盖从婚纱、紧身衣、动漫服装、鞋子、手机、女包等多达 18 条产品线。

业务流程：注册成为米兰网的供应商—提供产品、价格至米兰网—国外客户下单后，反馈信息给供应商—发货至米兰的成都全球物流中心—结款。

3. 米兰网的运营模式

(1) 零会员费制度。

招募供应商时，他们一直遵循让合作伙伴零投入、零费用获得海量外贸订单的宗旨，为国内中小生产商谋利。跟米兰网签约后的国内中小生产商、批发商均可享受到从海外宣传到海外营销、产品售后服务整个一条龙的免费商业服务。所有合作批发商、生产商只需要将自己的产品图片资料批发价格等传给米兰网，并签署合作协议。米兰网专业翻译外贸团队便会免费将产品信息发布到米兰网国际销售门户。而国内供应商只需每天登陆米兰网国内入口，检查全球分配过来的订单，然后保质保量生产。生产完毕后发货到米兰网广州国际物流中心，即时获得人民币实时结算，不用承担任何库存风险和汇率变动带来的影响。

（2）零服务费用制度。

而让人叫绝的是米兰网在整个外贸服务流程中不收取任何费用！仅在供货商提供的产品批发价基础上略加微薄利润进行海外销售。所以不难想象：只有协助达成交易，为国内供货商达成订单，米兰网才有利可图，这种变相的佣金模式使得整个外贸流程变得非常有效率。

和阿里巴巴相比，这种模式对于供应商的吸引力是不言自明的。阿里巴巴诚信通的会员收费制度，交了费用还需要自己耗费精力找订单，产品图片信息也需要自己整理维护，变相收取的门目繁多的广告费用更是让会员企业叫苦不迭。也难怪在阿里巴巴付了大量费用却看不到效果的企业会纷纷试水米兰网。

4. 米兰网的盈利模式

米兰网的利润仅仅来自于目标市场的价格。举例说明：一件商品，供应商提供给米兰网的供货价格是50元，而该商品在日本市场的直销价格是100元，卖出该商品后，则米兰从中获得50元利润。如果米兰网10%返利的话，就还能为供应商增加5元的返利，实际支付给供应商该商品55元的货款。由此可见，米兰网不仅不向供应商收取任何组织产品销售的费用，还会竭尽全力促成产品海外销售，为供应商创造更大价值和更多财富。

5. 米兰网的八大优势

优势一：米兰网采取电子商务全球分销和直销的运作模式，目前已在30多个国家拥有100多个代理分销商，有一支高素质、专业化的国际业务团队和网际平台研发力量，能为中国供应商有效开拓产品出口销售渠道，帮助供应商即使在不懂他国风俗语言、市场行情、贸易规则的情况下，也能通过平台轻松向国外出口商品，提高供应商产品在世界各国的知名度。

优势二：米兰网注重出口商品的规模效益，全部商品采取网上批发或小批发形式售出，为此，米兰网在国内比较成熟大型电子商务平台eBby、Yahoo、当当等都有分销人员，能够方便、迅即地组织商品出口。目前，米兰已与18个外贸B2C行业类网站建立稳定的合作供货关系。

优势三：米兰网站平台为国内供应商提供了方便、专业的供应商系统，精准对接海外分销商系统、直销系统。通过供应商管理系统，生产商及供应商能直接在系统看到订单情况，及时了解产品在国外市场的销售情况，并组织生产、发货，最大限度减少库存和积压的情况。

优势四：米兰网整合了专业物流配送快递公司，构建起快速、高效的物流渠道。米兰网在中国上海建有专门的存货中心，负责出口商品的中转。国内供应商及品牌厂家产品在收到确定订单、将商品发送至上海存货中心后，通过米兰合作的物流渠道能第一时间送至顾客手中。供应商在此过程中也能享受到方便、快捷的生产咨询及产品管理、储运管理服务。

优势五：在资金管理上，米兰保障了畅通的资金流。在商品通过物流送至分销渠道及顾客的同时，资金流相应流向供应商平台。米兰实行实时结算，无销售账期和资金时滞，供应商可随时请款，米兰在供应商请款后 1—2 天内将款划到供应商指定账户。

优势六：米兰正加紧准备推出全新的 B2C 平台。新平台将致力于为品牌厂商开拓网上零售渠道，扩大品牌在网络消费者中影响力，同时改变传统零售靠压榨生产企业来转移其自身成本的不足，通过降低交易成本冲击市场，创造生产者、消费者和米兰"三赢"局面。

优势七：米兰在遵循市场规律、保证出口商品合理竞争的基础上，确保销售同一种商品的商家唯一性（一种商品最多三个卖家）。商家的最终确定取决于该供应商产品货源的稳定性和与米兰的合作配合性，一般在达成合作意向协议、运作 3—6 个月后，才最终签订正式合作供应协议。

优势八：根据米兰的发展规划，米兰外贸 B2C 电子商务平台第一期专注运营米兰已比较成熟的日文市场和英文市场。随着互联网在世界范围的普及应用，米兰第二期语言网站平台将扩展到全球。同时，第二期平台商品将全部采用直供式——即产品直接来自于品牌商、生产商，有利用拓展品牌的国际影响力。

6. 米兰网的发展前景

米兰网目前每月外贸批发订单成交额增速在 30% 以上，平均销量增幅达到 20% 以上，而国外批发购物新注册会员平均月增速高居 36.94%。截至目前，已帮助国内 3000 多家中小企业产品实现外销，并带动 1.5 万个就业机会，米兰网各产品线产品已销售到全球 100 多个国家和地区，发展笼络了近 10 万的忠实海外零售商客户。米兰网产品覆盖婚纱、紧身衣、动漫服装、鞋子、手机、女包等多达 18 条产品线。如此强劲发展势头，使米兰网成为了电子商务领域一颗耀眼的新秀。

米兰网独特运营模式已经吸引业内投资家的关注，而米兰网也有意选择合适的投资人以携手进一步地开拓国际市场。投资者资本和米兰网的创意实力相遇，两者的交相激荡势必创造出新的财富看点。这种 B2B2C 模式对于生产商和消费者都是相当有利的，米兰网自然也会受到其青睐。

（案例来源：外贸行业电子商务应用案例分析报告，http：//www. worlduc. com/blog2012. aspx？bid = 100743）

案例 2　壳牌中国的分销 B2B 经营模式

1. 壳牌在中国的发展历史

荷兰皇家/壳牌集团公司，简称壳牌公司，其组建始于 1907 年壳牌运输贸易有限公司与荷兰皇家石油公司股权的合并，荷兰皇家石油公司占 60% 的股份，壳牌运输贸易有限公司占 40% 的股份。此后，该集团逐渐发展成为世界主要的国际石油公司，业务遍及 130 多个国家，合作伙伴非常广泛。壳牌五大核心业务是石油勘探与生产、天然气和发电、油品、化工和可再生能源。

2007 年荷兰皇家/壳牌集团全年销售收入达 3558 亿美元，在《财富》全球 500 强中排名第 3 位，在全球能源公司中排名第 2 位。壳牌全球员工约 11 万人，壳牌的核心价值观是诚实、正直、尊重他人。

壳牌润滑油从 1993 年开始进入中国，所有的产品均为原装进口，因为地理的优势，壳牌首先从华南地区开始发展自己的业务，主要以批发为主。之后，润滑油业务在探索中不断发展，销售模式也不断进行调整。2000 年，壳牌润滑油在中国实现了扭亏为盈。2003 年以后进入了快速发展阶段，销量快速增长，市场份额持续扩大。之后，又经历了几次组织架构的调整，进一步细分目标市场，拓宽了销售渠道，2007 年，在中国的销量赶超了最主要竞争对手美孚，成为中国销量最大的进口润滑油品牌。

第一阶段，即 1993 年至 1997 年为尝试阶段。随着中国经济的快速发展，汽车拥有量不断增多，工业迅速崛起，壳牌逐渐把眼光投向了中国，开始尝试在中国开展润滑油生意。因为当时壳牌作为外资公司没有资格在中国直接进行润滑油的交易，只能通过有进口资格的贸易商从香港进口产品，在国内批发销售。当时壳牌只有几个人负责中国的润滑油生意，没有太多的精力顾及最终客户，也谈不到销售渠道建设与管理，只是探索着发展中国的生意。

第二阶段，1997 年至 2000 年为调整阶段。通过几年时间的摸索，壳牌发现中国的市场潜力巨大，汽车业发展如火如荼，中国也逐渐成为世界的制造中心，进口设备也迅速增多，对高档润滑油的需求也随着增加。所以壳牌决定在 1997 年开始在中国投建工厂，陆续在天津、浙江、湛江投建三个润滑油调配厂，生产能力年产 20 万吨。随着中国政策的开放，壳牌也开始在中国大举发展销售网络，加强对市场的覆盖。内部也逐渐将汽车润滑油与工业润滑油分开，当时经销商绝大部分为混合型经销商，兼做工业油与汽车润滑油。

第三阶段，2000 年至 2003 年，壳牌工业油与车油彻底分开，内部分成了两个销售团队，业务人员也开始设立销售目标，工业油销售团队也逐渐细分，设立了大客户团队，当时有电厂与钢厂销售团队，但主要也是通过中间商进行销售。工业渠道部门主要负责通过经销商销售。

第四阶段，2003 年至 2005 年，快速发展阶段。随着生意的发展，壳牌逐渐将目标市场进行细分，销售团队也随之划分为三个部门，分别为小车油，卡车油和工业油部门，销售网点也达到了最高峰。当时全国授权经销商 400 多家。壳牌与经销商的关系基本上是买卖关系，选择经销商更多关注手头上是否有生意，全国也没有统一的经销商选择标准。但壳牌已经开始关注经销商的选择与培养问题。在此阶段壳牌工业润滑油销售团队进一步细分，在原来电厂、钢厂销售团队的基础上又增加了矿山、水泥、汽车零部件、OEM、车队直销团队。

第五阶段，2005 年至今，市场细分，直销与分销并重。公司销售部门分为四个：B2C、B2B Direct、B2B IC 和 OEM，对于销售渠道的管理逐渐规范化、系统化、全国经销商数量减少，规模扩大，壳牌也清楚地规划了经销商的发展路径，并加大力量培养经销商，目前 B2B Direct 和 B2B IC 年销售额比例为 6∶4。这也就是目前的销售模式。

壳牌是在中国投资最多的国际能源公司之一；壳牌与中海油共同投资 41 亿美元兴建的南海石化项目是迄今为止中国最大的合资石化项目之一；壳牌是中国最大的国际润滑油供应商；壳牌是向中国提供液化天然气最多的国际能源公司；壳牌是中国煤气化市场领先的国际能源公司；壳牌是中国排名第一位的国际沥青供应商；在中国大陆，目前约有 700 家壳牌品牌或合资品牌的加油站为客户提供优质的燃油产品和服务。

2. 壳牌中国销售部组织架构

销售部关注的核心是在当地市场通过"推动"来实现最大预期销量,树立行业中最优秀团队;针对目标市场严格执行市场计划,从而有效传递给客户的价值;通过提供业务顾问咨询、员工培训、信用管理、操作优化等,有效满足经销商需求,从而在首选的经销商中建立最好的合作伙伴关系;通过专业的渠道管理,在目标渠道中实现市场渗透最大化和最好的产品出现率。

销售部按照目标客户性质不同分为四个销售部门 B2C、B2B Direct,B2B IC 和 OEM。销售组织目前组织架构如图 3-14 所示。

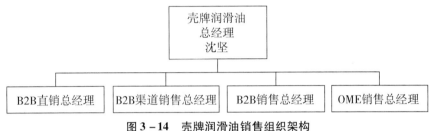

图 3-14　壳牌润滑油销售组织架构

B2C 即 Business to consumer,主要目标客户是车用客户群,主要产品为车用润滑油,如被称为"法拉利桂冠背后的英雄"的壳牌喜力（HELIX）汽车润滑油,全球销量第一的劲霸重负荷柴油机油,世界领先的壳牌爱德华王子摩托车润滑油等。B2C 销售模式如图 3-15 所示。

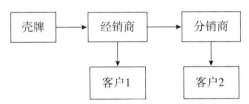

图 3-15　壳牌润滑油 B2C 销售模式

OEM 部门主要目标客户是汽车制造厂,如大众、丰田、奇瑞等。OEM 部门主要针对汽车初装用油与售后服务用油,单个客户用量大,对服务要求专业,甚至会战略开发新发动机的用油问题。所以 OEM 部门多为直接销售,也有个别客户通过中间商进行销售。

B2B Direct 即工业润滑油直销部门,主要客户为工业大客户,此类客户对供应商资质要求较高,需求量大,首选与厂家直接合作,壳牌公司为了更好地满足客户需求,按照行业设置了 8 个直销部门,即钢厂、电力、汽车配件、车队、矿山水泥,建筑机械、普通工业和特殊产品,每个部门下面按照区域设立不同的大客户经理（Key Account Manager）面对终端客户进行直接销售,其组织结构图如图 3-16 所示。

B2B Direct 部门销售模式如图 3-17 所示,目前大约有 40% 的客户直接进行销售,还有60% 是通过特定中间商进行销售。

B2B IC（Indirect Channel）即壳牌工业润滑油间接销售渠道。该部门主要负责针对中小型工业客户的进行销售,按地区分为 7 个部门,华北（北京、河北、河南、陕西、山西、

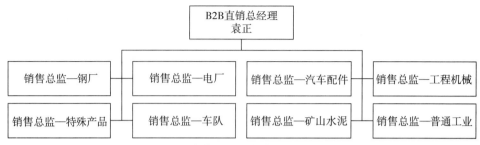

图 3-16　壳牌 B2B 直销部门组织架构图

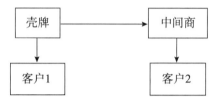

图 3-17　壳牌 B2B Direct 销售模式图

内蒙）、东北（黑龙江、吉林、辽宁）、华东（上海、江苏）、东南（浙江、福建），华南（广东）、西部（四川、重庆、湖北）和天津和山东团队。每个大区又按省分为若干小区，每个小区设一个销售经理，对经销商进行直接管理。B2B IC 销售模式如图 3-18 所示。

图 3-18　壳牌 B2B Indirect 销售模式图

B2B IC 主要负责覆盖中小型客户，该部门没有直接销售，所有生意通过经销商进行销售。该部门又根据地域分为 7 个销售团队，结构如图 3-19 所示。

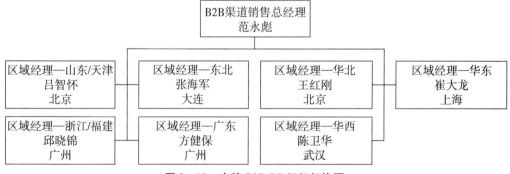

图 3-19　壳牌 B2B IC 组织架构图

3. 壳牌公司的分销 B2B 模式

壳牌在 2004 年对中国市场进行了调查，之后又与 AC 尼尔森等专业调查公司联合预测中国未来的市场潜力，主要参考指标及调查方法如下：

经过大量的数据调查与分析，预测 2010 年中国各省工业润滑油市场容量，根据其润滑油年消耗量不同将市场划分为三级（表 3−1）。

表 3−1　中国各省润滑油年消耗量分级表

区域（以省为单位）	2010 年年润滑油消耗量（万吨）	级别划分
棕色区域（最深的颜色）	> 5	1
灰色区域（灰色）	3—5	2
绿色区域（最浅色）	< 3	3

面对这样的市场分布，壳牌工业润滑油经销商网络策略是优先发展经济发达的区域，集中公司资源重点发展一级市场，2010 年前公司资源不再向二、三级市场投放。

壳牌润滑油 B2B IC 部门主要是通过经销商实现销售，以市场覆盖和客户渗透为主要方式，所以地理区域的划分成为间接渠道销售网络设计的最主要依据，壳牌工业润滑油间接渠道的目标是：

（1）市场覆盖率大于 70%；

（2）经销商反应时间小于 2 小时，也就是说经销商人员要能在 2 小时内到达客户现场；

（3）区域性管理，保证每个经销商的生存空间，2010 年单个经销商年销量不少于 1000kL，销售额不少于 1500 万元。

根据中国工业状况与润滑油市场容量分析，壳牌筛选出优先发展 18 个省市，它们分别是黑龙江、吉林、辽宁、北京市、河北省、河南省、陕西省、天津市、山东省、上海市、江苏省、安徽省、浙江省、福建省、广东省、湖北省、四川省和重庆市，如图 3−20 所示。

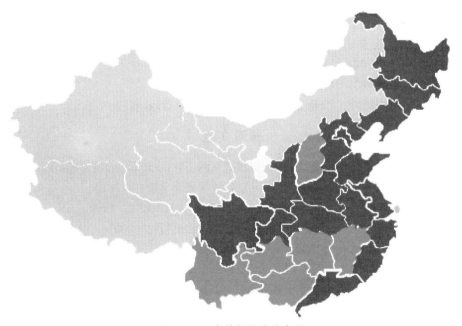

图 3−20　壳牌润滑油分布图

结合相关资料，将润滑油市场容量与现有销量进行按照地区进行对比，确定增长潜力较大的区域；同时，进行 SWOT 分析，确定网络布局。在壳牌与经销商的合作关系中，经销商是壳牌长期稳定的合作伙伴，这是壳牌与经销商的共同愿景，经销商的选择自然成为是关键的第一关，所以壳牌经销商的选择相当严格，由销售部门与网络发展部（RTM）共同决定。

壳牌润滑油经销商招募和选择程序的主要步骤包括：

（1）寻找并确定候选人；

（2）能力评估（使用"壳牌工业润滑油经销商选择标准"）；

（3）发布"壳牌经销商招聘内容说明书"；

（4）邀请候选经销商提出业务发展计划书；

（5）由经销商招聘小组会见并最终确定候选人。

壳牌选择经销商招聘首先会通过报纸广告，网络广告等媒体首先刊登出消息，首先由壳牌前线销售人员进行第一轮筛选，将入围者进入第二轮考察，第二轮的评估主要会由区域销售经理、RTM 两个部门组成（RTM，Route To Market，即网络发展部，关注的焦点是网络设计与流程管理，行业分销设计和执行方面的专家；维护渠道规则以保证客户价值和经销商价值有效执行；发展经销商网络以更好适应市场发展和业务策略需要；发展销售流程和经销商管理工具以促进操作最优化）。从第二轮面试中寻找合适的经销商，确定经销商后，会进行为期三个月的试用期。

（资料来源：http://www.docin.com/p-512333807.html）

思考题

1. 米兰网的 B2B2C 经营模式与分销 B2B 经营模式有什么不同？

2. 米兰网独特的经营模式可以适用于其他类型的电子商务吗？

3. 对我国中小企业采用分销 B2B 经营模式有何启示？

4. 壳牌中国分销 B2B 经营模式的特点是什么？

5. 壳牌中国分销 B2B 经营模式对我国企业有什么启示？

6. 结合壳牌中国案例，分析分销 B2B 经营模式的经营风险。

参考文献

［1］洪勇，张永美，彭万峰．电子商务模式案例［M］．北京：经济管理出版社，2013．

［2］陈月波．电子商务实务［M］．北京：清华大学出版社，2010．

［3］梁循，陈华编．电子商务理论与实践：SCM，ERP，CRM，DW，VSE，B2C，B2B，B2M，M2M 和 C2C 举例［M］．北京：北京大学出版社，2007．

［4］陈月波．电子商务盈利模式研究［M］．杭州：浙江大学出版社，2006．

［5］〔美〕爱德华·J. 迪克（Edward J. Deak）．电子商务与网络经济学［M］．杨青，郑宪强，译．大连：东北财经大学出版社，2006．

［6］赵卫东，黄丽华．电子商务模式［M］．上海：复旦大学出版社，2011．

［7］曹建．电子商务与网上经营［M］．成都：电子科技大学出版社，2000．

［8］李婧姝．我国 B2B 电子商务模式下物流发展对策研究［J］．中国市场，2014（4）．

［9］刘舒．电子商务商业模式价值创造和价值获取模块的变革和匹配——以阿里巴巴 B2B 电子商务为例［J］．现代商业，2014（1）．

［10］曹新九，陈煌，张荫芬．B2B 电子商务标准化现状与发展［J］．世界标准化与质量管理，2008（12）．

［11］冷松，于世东．B2B 电子商务模式的探析和研究［J］．信息与电脑，2014（1）．

［12］胡祥林．B2B 电子商务营销策略研究［D］．山东大学，2012.

［13］段博．B2B 电子商务分销模式的研究与实践［D］．北京：首都经济贸易大学，2008.

［14］周章．分销打造 B2B 新核心竞争力［N］．中国高新技术产业导报，2005 - 5 - 17.

［15］曹俊浩．基于双边市场理论的 B2B 平台运行策略及演化研究［D］．上海：上海交通大学，2010.

［16］打造网络分销新模式 B2B 助力电子商务大发展，http：//www. pconline. com. cn/media/windows/0904/1630556. html

［17］乱弹 B2B 分销的差异化经营，http：//soft. v5shop. com. cn/dianshangfenxiao/20130821/3180. html

［18］网络分销进入技术时代，新兴渠道模式成创富机会，http：//www. 100ec. cn，2011 - 3 - 13，中国电子商务研究中心

［19］陈鸿文．Cisco 公司——B2B 电子商务典范［D］．西安：西安交通大学管理学院．

［20］电子分销——B2B 市场卖方指南［J］．信天游，编译．中国电子商务，2001（16）．

第四章　C2C 经营模式

4.1　C2C 平台经营模式

4.1.1　C2C 平台经营模式概述

1. C2C 平台的定义

C2C 即 customer（consumer）to customer（consumer），指的是个人与个人之间的电子商务，也就是一个消费者将自己的某件物品，通过网络交易，将其出售给另一个消费者。C2C 平台就是 C2C 网站，是为买卖双方交易提供的互联网平台，卖家可以在网站上登出其想出售商品的信息，买家可以从中选择并购买自己需要的物品。C2C 电子交易平台供应商在 C2C 电子商务活动中起着至关重要的作用，是平台的管理者和交易的监督者。

2. C2C 电子商务网站的主要功能

（1）店铺管理。

从销售渠道的建设出发主要包括以下几类：专营、专卖、旗舰、经销等；商家可以自己来排版，设置插件。设计出自己个性化的网店；店家可以根据店铺的类别和商品的类别等级来发布商品，让客户更容易找到自己需要的产品；网店的装修分为不同的模式，如简易版、标准版、手机版、豪华版。这样做的目的是使网站的管理维护更加的便捷。

（2）商品管理。

对于商品信息的发布，C2C 电子商务网站提供商品信息。如文字信息、图片、视频、价格、类型、品牌等；商品的上架、下架，商品分类，商品管理、推荐，品牌管理、删除，也可以批量来操作；为满足网站多元化商品信息的需求，网站支持商品的多级分类；随着商品的多元化，C2C 电子商务网站提供感觉精确的商品分类，帮助消费者更容易找到自己想要的商品。

从商家的角度出发，模拟现实商品促销活动，提供多种网上促销活动模式，如一口价、团购、拍卖、秒杀等；商家可以根据自己网店的情况来自行设计水印，提供图片和文字水印方式，添加到商品的信息图上；C2C 电子商务网站还可以多种商务的搜索，搜索有活动的产品。如秒杀、拍卖、团购等。

针对商品的交易评价，C2C 电子商务网站更加具有优势，从消费者和商家的角度出发，做到了更加的人性化，构建了很好的信息评价体系，很好地杜绝了刷信誉这样的问题。

（3）多种支付方式。

支持支付宝、网银支付、财付通、在线充值、银行汇款等多种方式。

（4）网站管理。

用 HTML 编辑器添加和更新商品和买家的信息，实现所见即所得；具有接收和回复站内短信站管理功能；后台管理员多级权限管理模式；提供后台数据库备份、还原管理；在有独立服务器支持的条件下，可实现店铺二级域名转向功能；拥有统计会员在线人数的功能，更好的分析网店流量来源。

（5）广告系统。

提供多种广告形式，如分组轮播广告、页内广告、漂浮广告、BANNER 广告、文字广告、弹出广告等。

3. 国内 C2C 平台的发展历程

全世界最早的 C2C 网站是由耶尔·奥米迪亚在 1995 年开创的拍卖网站——eBay。

1999 年由邵亦波在上海创立的易趣网开创了中国 C2C 平台的先河。随着易趣、淘宝、拍拍等优秀 C2C 网络平台的出现，个人网络购物在国内迅速普及并快速发展，如图 4 - 1 所示。截至 2013 年年底，国内网络零售市场交易规模达 18851 亿元，网购人数已达 3 亿人，网商数量超过 8300 万家，我国已经成为全球最大的网络零售市场（表 4 - 1）。

虽然在国内易趣网出现时间最早，但阿里巴巴集团旗下的 C2C 平台——淘宝网强势追赶，迅速成为了行业领导者。截至 2013 年 12 月，淘宝国内网络零售市场占有率达 96.5%。拍拍网占 3.4%，易趣网占 0.1%。

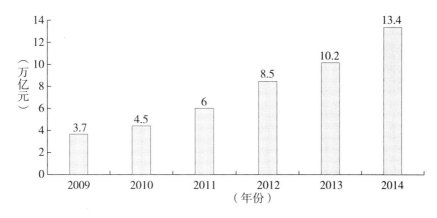

图 4 - 1 2009—2014 中国网络零售市场交易规模

（数据来源：www. 100ec. cn）

表 4 - 1 中国 C2C 大事年表

时间	事件	时间	事件
1999 年	邵亦波创立易趣网	2006 年 12 月	TOM 在线与 eBay 合资，更名为 TOM 易趣
1999 年 8 月	易趣网正式上线	2007 年 10 月	百度宣布进军 C2C 平台
2002 年 3 月	eBay 注资易趣网	2008 年 5 月	易趣宣布易趣网店终身免费
2003 年 5 月	阿里巴巴成立淘宝网	2008 年 6 月	百度 C2C 平台启动全国招商
2003 年 7 月	eBay 全资收购易趣网	2008 年 10 月	淘宝宣布继续沿用免费政策
2004 年 4 月	一拍网正式上线	2008 年 10 月	百度有啊上线

续表

时间	事件	时间	事件
2004 年 6 月	易趣网与 eBay 平台对接整合	2009 年	网购导购业务进驻 C2C
2005 年 9 月	腾讯推出拍拍网	2011 年 4 月	百度关闭百度有啊，转型提供生活服务
2006 年 2 月	阿里巴巴收购一拍网	2011 年 6 月	淘宝网拆分为"淘宝网""淘宝商城""一淘网"
2006 年 3 月	拍拍网正式营运	2012 年 1 月	"淘宝商城"更名为"天猫"

4. 国内 C2C 平台的经营模式

（1）目标市场。

国内 C2C 平台的市场定位十分明确，即前期消费人群锁定为有一定电脑使用水平，能接受新购物方式的成熟白领阶层，后期逐渐扩大消费人群。网店经营者则定位为期望实现自我，表现自我，崇尚自由职业的年轻人群体。

（2）交易主体。

国内 C2C 平台的交易主体一般是普通消费者，以中青年为主。

（3）交易内容。

国外 C2C 平台的交易内容通常是个人闲置二手商品。在国内，由于不同的民族文化和消费习惯，C2C 平台交易的商品通常是全新商品。国内 C2C 平台交易的商品可谓琳琅满目，从几元钱的小饰品到价值千万的豪车别墅应有尽有，也包括电子书、应用软件、充值卡等在内的一些服务性内容。

（4）交易方式。

各个 C2C 网站广泛采用的交易流程有三种，分别是：

货到付款交易流程。该交易流程中买方占有优势，买方首先在卖方的网站上浏览选择商品，待卖方确认订单后发货，当买方收到商品后支付货款。该流程保障了买方的利益，但无法保证卖方的利益，卖方没有绝对的把握收到买方支付的货款。

款到发货交易流程。款到发货交易流程是买方在卖方的网站上选择商品后，直接将货款支付到卖方，待卖方确认收到货款后才向买方发货。该流程显然无法保证买方的利益，买方很有可能支付了货款但无法收到卖方的商品。

以第三方支付平台为中介的交易流程。该交易流程是以第三方支付平台为交易中介，为买卖双方暂时保管货款，买方先将货款支付给第三方支付平台，待买方收货后，在第三方支付平台上确认，第三方支付平台才将货款划给卖方。

（5）盈利途径。

C2C 网络交易平台的盈利模式主要有以下几种。

①会员费。会员费也就是会员制服务收费，是指 C2C 网站为会员提供网上店铺出租、公司认证、产品信息推荐等多种服务组合而收取的费用。由于提供的是多种服务的有效组合，比较能适应会员的需求，因此这种模式的收费比较稳定。

②交易提成。交易提成不论什么时候都是 C2C 网站的主要利润来源。因为 C2C 网站是

一个交易平台，它为交易双方提供机会，就相当于现实生活中的交易所、大卖场，从交易中收取提成是其市场本性的体现。

③广告费。企业将网站上有价值的位置用于放置各类型广告，根据网站流量和网站人群精度标定广告位价格，然后再通过各种形式向客户出售。如果 C2C 网站具有充足的访问量和用户粘度，广告业务会非常大。但是 C2C 网站出于对用户体验的考虑，均没有完全开放此业务，只有个别广告位不定期开放。

④搜索排名竞价。C2C 网站商品的丰富性决定了购买者搜索行为的频繁性。搜索的大量应用就决定了商品信息在搜索结果中排名的重要性。由此便引出了根据搜索关键字竞价的业务。用户可以为某关键字提出自己认为合适的价格，最终由出价最高者竞得，在有效时间内该用户的商品可获得竞得的排位。只有卖家认识到竞价为他们带来的潜在收益，才愿意花钱使用。

⑤支付环节收费。支付是制约电子商务发展的瓶颈，支付宝的退出在一定程度上促进了网上在线支付业务的开展。现在电子商务网站大多都支持多种在线支付方式，用户与用户间在平台内完成拍卖后，可以通过在线支付按钮来完成交易资金的支付，确保交易安全，客户能使用支付宝、网银支付、财付通、在线充值、银行汇款等多种方式支付。这中间支付具体的流程是买家先把预付款通过网上银行打到支付公司的个人专用账户，待收到卖家发出的货物后，再通知支付公司把货款打入到卖家账户，这样买家不用担心收不到货还要付款，卖家也不用担心发了货而收不到款。而支付公司就按成交额的一定比例收取手续费。

5. 国内 C2C 平台的主要特点

（1）为买卖双方进行网上交易提供信息交流平台。

电子商务将传统的交易搬到了网上，C2C 电子商务更是将传统的商业模式从 B2B 和 B2C 扩展到了 C2C，而 C2C 电子商务平台正是为了打算给上网进行物品买卖的人们提供了一个发布和获取信息的平台。而提供信息交流平台，改变信息交流方式，扩大信息交流范围，正是 C2C 电子商务平台提供的最根本也是最基础的服务。可以说其扮演的角色类似于传统商务中交易的中介者。

（2）为买卖双方进行网上交易提供一系列的配套服务。

众所周知，电子商务中最基本的三个要素是：信息流、资金流和物流。C2C 电子商务平台除了向买卖双方提供信息交流的渠道外，还需要满足买卖双方资金和货品的交换。由此 C2C 电子商务平台需要为买卖双方提供相应的支付平台和物流系统。而且除了提供相应的工具外，C2C 电子商务平台还需要在买卖双方出现交易纠纷时提供相应的客户服务，同时还要为买卖双方的交易行为在互联网上作信用记录等。

（3）用户数量多，且身份复杂。

由于 C2C 电子商务平台对于所有人都是开放的，并且是免费的。无论将来是否免费，但至少短时间内会保持目前这种状态。因此，几乎任何人都可以注册成为网站的用户。截至 2006 年 12 月，淘宝网注册会员超过 3000 万人；2008 年的注册用户即已经达到了 9800 万；截至 2013 年，淘宝网拥有近 5 亿的注册用户数。除了数量众多，C2C 电子商务网站的用户的身份也较为复杂。首先，很多卖家同时又是买家，即不少用户都同时具有买家和卖家的双重身份。其次，在 C2C 电子商务网站上开店的用户有些并不以赚钱为目的，而只是为了出售一些自己已经不需要的物品，甚至有些只是将其作为一种娱乐。

（4）商品数量多，而且商品的质量参差不齐。

据统计，截至 2013 年，淘宝网每天同时的在线商品数已经超过了 8 亿件，平均每分钟售出 4.8 万件商品。C2C 电子商务网站不仅有人们平时生活中的常用物品如服饰、化妆品、电子产品、书籍等，也有各式各样的个性化物品如个人收藏、顶级奢侈品等。此外，商品的质量也让人难以捉摸，既有崭新的，也有破旧的；既有正牌的，也有冒牌的；既有正规厂家生产的，也有山寨作坊仿冒的，商品信息是相当庞大杂乱。

（5）C2C 网站上的卖家普遍交易量大，但每次交易的价值较小。

由于 C2C 电子商务中交易的双方是普通消费者，所以其购买的物品大多是单件或者少量的。

6. C2C 平台经营模式的优势

（1）C2C 电子商务企业之间的良性竞争。

C2C 网络购物平台之所以在近年飞速的发展，是因为继易趣之后，淘宝、腾讯拍拍和百度有啊网站相继进军 C2C 电子商务购物网站，四个平台之间的良性竞争，使这些平台功能和服务方面持续不断创新，提供更好的使用体验吸引留住客户。随后更多的零售商进入 C2C 市场开展业务带来的竞争使商品丰富价格合理，促进该市场交易额快速增长。

（2）C2C 电子商务提供的免费服务。

淘宝在 2013 年的注册用户达 5 亿，并且还在持续地增长中。淘宝上线的时候宣布三年内不收取任何费用，用免费的手段直接将收费平台的用户大量吸引到淘宝上，同时淘宝靠阿里巴巴输血维持正常发展。免费也使得许多用户纷纷开设账号，以娱乐的心态销售或者购买商品，使得淘宝用户快速增长，迅速占领了市场，同时赢得了不收费重义轻利的口碑。互联网企业只有大面积占领市场之后才能实现更好的盈利和发展，腾讯、360 等企业无不如此。

（3）配套产业的发展。

淘宝出生在一个较好的时间，淘宝的第三方支付平台支付宝推出后，各大银行在线支付纷纷提供服务，基本上解决用户资金安全问题。另外我国快递业近年发展迅速，民营和国有快递公司的不断竞争发展，服务质量也迅速提升，较之前有很大改观，已能满足 C2C 市场的基本需求。淘宝解决物流和资金流的问题，从而专注发展平台的信息流，这两点给淘宝的快速发展提供了坚实的基础。

7. C2C 平台经营模式的劣势

（1）商品质量的保证低。

在 CNNIC 于 2006 年发布的《中国 C2C 网上购物调查报告》显示，网上购物最让人不放心的就是商品品质。事实上，无论是线上还是线下购物，买到称心如意的商品才是影响消费者购物满足感的决定因素。如果买到了假货或劣质商品，则会大大影响消费者的购物感受。在淘宝网上发布的商品，大多价格低廉。这本来是电子商务自身的优势所在，但正是由于淘宝低门槛的开店政策和众多中小卖家间激烈的价格竞争，使淘宝上面假货、仿货、劣质货等泛滥。这将会严重影响消费者，特别是初次网购者，对淘宝乃至整个 C2C 网上购物的看法。

（2）交易诚信的维护难。

支付货款是电子商务的一个重要环节。在我国电子商务的初期，支付货款时通常由消费者先通过银行向卖家汇款，卖家再寄送商品给消费者。在这种模式下，很容易出现卖方不发货或卷款消失等诈骗情况。淘宝于 2004 年推出了"支付宝"这种网络购物支付软件，用第三方介入的方式控制双方打款和发货的进度，同时保障了买家和卖家双方的权益，减少了网上购物的不确定性。自从支付宝出现以后，电子商务纷纷采用第三方支付平台介入的做法，可以说，"支付宝"这种交易模式引发了新的行业标准。但是，即使货款支付有了保障，也不能避免因对商品不满意而退换货情况的发生。而在这种情况下，淘宝及其他电子商务平台普遍采取的做法是让消费者承担商品退换的运费，这大大加重了消费者的经济和心理负担。因此，找到新的退换货模式势在必行，此外，提高对商品质量的监管也是一种防微杜渐的方法。

（3）用户体验差。

对于网购来说，其实用户体验是相对于实体店来说最大的缺点，实体店可以让用户进行体验以便确定是否购买产品，减少了售后的产品纠纷问题。而网络购物，只是用户的评价和几张图片，相比于实体店带给用户的体验就不得而知了。所以网购中产生的产品质量问题，一直是网购的硬伤。因此产生的店铺与消费者的纠纷问题也是屡见不鲜，所以对于 C2C 而言，用户体验是一个亟待解决的问题。

（4）物流问题突出。

物流公司员工暴力搬运快递货物不止一次的出现在报道中，这在某种程度上是一种隐患，会影响店铺商家的信誉。如果消费者接到这件商品出现质量问题，选择退货，会对商家造成不必要的经济损失。但如果不退货，客户的利益就会受到损害，所以势必会产生纠纷问题。进而影响到商家的信誉和评价。而物流公司的另一个大问题是，物流运输的速度，如果第三方物流出现拖单现象，直接影响了客户的心情，而商家的信誉也会进而受到影响。在淘宝评价中，经常会看到客户因为物流公司运送的缓慢来抱怨商家，给出中评甚至差评，所以物流问题也是 C2C 必须解决的问题。

8. C2C 平台的发展趋势

（1）C2C 平台利用优势整合 B2C 模式如图 4 - 2 所示。

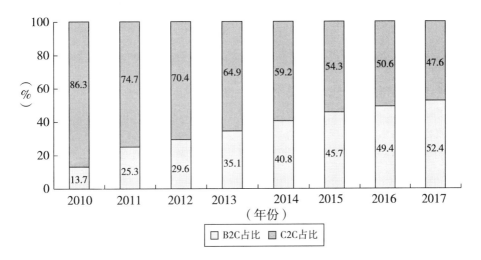

图 4 - 2 2010 - 2017 中国购物网站细分结构市场份额变化情况

（数据来源：www.iresearch.com.cn）

从网络购物内部结构看，B2C 所占比重越来越高，未来将成为中国网络购物市场主要的推动力。从淘宝推出"天猫"（其前身为"淘宝商城"）可以看出，淘宝平台利用高市场占有率和高人气的网络点击量吸引其他 B2C 企业和传统零售企业进入 C2C 平台，C2C 和 B2C 电子商务的界限也逐渐模糊，C2C 平台希望通过向 B2C 电子商务卖家提供更多的服务而获得一定的收入，也给予买家用户更多保障，随着这个趋势不断地发展和优化服务，从 B2C 电子商务中获得的收入可能成为 C2C 电子商务平台发展过程中的重要盈利点。

（2）C2C 商业营销模式和数据服务开发。

C2C 购物网站直面消费终端、掌握海量用户购买路径和习惯数据、加上覆盖群体广泛等特征，其蕴含的巨大媒体价值被逐步释放和认可，网络营销等相关盈利模式探索也初步获得成功。例如，淘宝最新推出在收费数据服务，已面向用户，得到一定的市场认可度，淘宝开放数据可利用平台流量间接获取利润，这是其未来拓展盈利平台的重要策略，并为其顺利上市奠定基础。

（3）C2C 平台网站朝社区多元化方向发展。

C2C 电子商务平台趋向于为用户提供更加完整的解决方案。最大限度的降低交易成本，包括降低弥补有限理性的成本和避免机会主义得逞的成本。即时通讯、社区资源、搜索以及物流等都是降低交易成本的关键环节，以上诸多领域会逐步融入，盈利点的增加，盈利模式也一定会清晰起来。

思考题

1. 什么是 C2C 零售平台？
2. C2C 平台是如何盈利的？如何进一步开拓盈利来源？
3. C2C 平台的优劣势有哪些？对平台的发展分别有什么影响？

4.1.2　C2C 平台经营模式案例

案例 1　淘宝

1. 淘宝网概述

2003 年 5 月 10 日，阿里巴巴集团投资创办了淘宝网。

2005 年，淘宝网超越 eBay 易趣和日本雅虎，成为亚洲最大的网络购物平台。同年，淘宝网成交额破 80 亿元，超越沃尔玛。

2007 年，淘宝网已成为亚洲最大的网络零售商圈，年成交额破 433 亿元，是中国第二大综合卖场。

2008 年 4 月 10 日，淘宝 B2C 新平台淘宝商城上线。

2008 年 9 月 4 日，阿里巴巴集团宣布，正式启动"大淘宝战略"第一步——旗下淘宝网和阿里巴巴即日起合并发展，共同打造全球最大电子商务生态体系。2008 年 9 月，淘宝网单月交易额突破百亿大关。

2009 年 1 月 13 日，淘宝网对外宣布 2008 年交易额达 999.6 亿元，同比增长 131%，已成为中国最大的综合卖场。

2010 年 3 月，聚划算上线，是成为淘宝网旗下的团购平台，主推网络商品团购。同年 4 月，阿里巴巴变脸为"淘宝联盟"，成为中国最大的广告联盟。10 月底，淘宝旗下的搜索引擎一淘（etao）正式推出全网搜索。11 月，淘宝商城启动独立域名。

2011 年 6 月，淘宝进行构架调整，原淘宝网一分为三：一淘网、淘宝网和淘宝商城。三家公司独立运营，共用技术和公共服务平台。2011 年 11 月 11 日，淘宝单日成交额 33.6 亿元，同比增 259%。

2012 年 1 月，淘宝商城宣布更改中文名为天猫，加强其平台的定位。11 月 11 日，天猫与淘宝网购单日纪录再次刷新为天猫 132 亿元、淘宝 59 亿元，合计 191 亿元。

2013 年 1 月，阿里巴巴调整为 25 个事业部，已经没有"淘宝"字眼。淘宝作为大实体，已经拆成更小的事业部，分别是类目运营事业部、数字业务事业部、综合业务事业部、消费者门户事业部和互动业务事业部。

经过 10 年的发展，截至 2013 年，淘宝网拥有近 5 亿的注册用户数，每天有超过 6000 万的固定访客；2013 年全年交易额突破 1.1 万亿元，是全球最大的网络零售平台。调查显示，淘宝网占据国内电子商务市场份额的 96.5%，如图 4-3 所示。

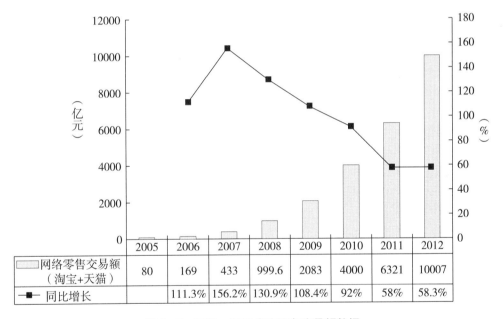

	2005	2006	2007	2008	2009	2010	2011	2012
网络零售交易额（淘宝+天猫）	80	169	433	999.6	2083	4000	6321	10007
同比增长		111.3%	156.2%	130.9%	108.4%	92%	58%	58.3%

图 4-3 2005—2012 淘宝历年交易额数据

（数据来源：www.100ec.cn）

天猫于 2011 年 6 月开始独立运营，上述数据中的 2011 年和 2012 年交易额中包含天猫交易额。2014 年 6 月，阿里巴巴首次披露了天猫和淘宝的独立运营数据。根据报告，天猫 2013 年成交额达 4410 亿元，淘宝 2013 年成交额为 1.172 万亿元。

淘宝网目前业务跨越 C2C（Consumer to Consumer，消费者对消费者）、B2C（Business-to-Consumer，商家对消费者）两大部分。阿里巴巴集团 2011 年 6 月 16 日宣布，旗下淘宝公司将分拆为三个独立的公司，即沿袭原 C2C 业务的淘宝网（taobao）、平台型 B2C 电子商务服务商淘宝商城（tmall）和一站式购物搜索引擎一淘网（etao）。

2. 淘宝网经营模式分析

淘宝的成功很大程度上归结于其自身特有的经营模式，主要表现在：

（1）主页设计。

网站首页有醒目的淘宝 LOGO，明确的类别，还有一些及时的公告。网站还列出了当前的热点、主题、虚拟、服装、配饰、美容、数码、家居、母婴、食品、文体、服务、保险以及娱乐，均有明细的分类。此外还有热卖的、大家比较关注的内容，在首页都会有显示，很方便快捷。淘宝主页还有醒目的天猫、聚划算、一淘等链接，方便用户切换使用淘宝旗下的其他购物平台。主页上还有近几年十分流行的供手机扫描的二维码。此外，淘宝和天猫等均推出了各个智能平台都能使用的 App，方便移动用户浏览，如图 4-4 所示。

图 4-4　淘宝主页（数据来源：www.taobao.com）

（2）市场定位准确。

淘宝网比 eBay（易趣）起步晚。在和易趣的竞争中，淘宝能更好地从客户的角度着想，它时时处处充当着会员利益代言人的角色，举着一切为会员利益着想的大旗，提倡免费，鼓励同城交易。无论是处于讨好会员，还是为己谋利，淘宝网制定的这些符合会员利益的政策，吸引了广大会员的"眼球"。

（3）第三方交易模式。

淘宝网采用的是第三方支付交易模式（图 4-5），过程简单易懂，而支付宝在这个流程中充当了银行的角色。在交易细节上，买方可以在卖方的网站上浏览选择商品时可以通过"淘宝旺旺"与卖方沟通；若买方不确定收货，一段时间后，支付宝将自动将货款汇至卖方账户；交易成功后，买卖双方进行信用互评。

（4）免费模式。

淘宝网刚刚成立之初，eBay（易趣）一统 C2C 业务，淘宝果断地用"免费"来对抗，因为其晓得中国的电子商务的现状，eBay（易趣）实施收费制度，偏离中国国情，同时对用户造成额外的负担，即使用户没有在网络里做成任何生意，也依然要支付包括产品登录

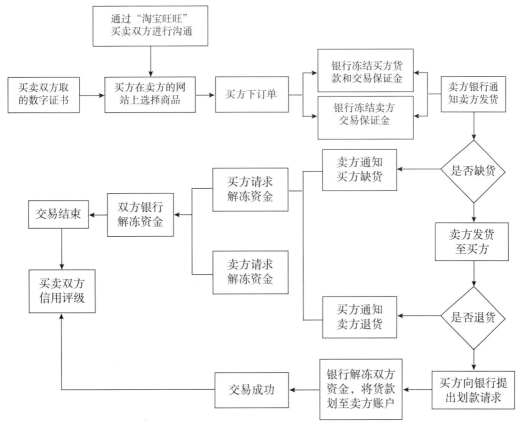

图 4-5　以银行为中介、买卖保证金为保障的新型网上交易流程

费在内的费用，这样的花费，用户是不愿意承担的。

淘宝网之所以能针对 eBay（易趣）发起免费攻略的另一个原因，就是淘宝网是阿里巴巴旗下的一员，淘宝网和阿里巴巴的关系可以说就是"茎与根"的关系。阿里巴巴是淘宝网强大的资金后盾，在淘宝网具备自身造血功能之前，阿里巴巴都可以对它进行扶持，直到它成长发展起来。由此，淘宝网可以将用户的网上交易成本降到最低，使淘宝网的新用户，甚至是 eBay（易趣）里的老用户都乐于转到淘宝网，"免费的午餐"谁会不吃呢？淘宝网的人气开始飙升，淘宝网迅速积累用户的目的也就达到了。

免费模式可以说是淘宝网成功的最关键因素。马云曾说："淘宝 3 年不收费。中国的 C2C 市场还处于市场培育阶段，免费模式更利于跑马圈地。"正是采取这一免费策略，使淘宝网在极短的时间内聚集了大量的商户，迅速扩大了其在 C2C 市场的占有率。短短几年内，淘宝已基本垄断国内的整个 C2C 市场。

（5）服务本土化。

在 2004 年之前，易趣的运营模式一直是照搬国外 eBay 的运营模式，如收取交易费用，不支持买卖双方私下沟通，忽略信用机制等。而中国消费者当时接触在线交易时间短，对在线交易的认识和信任度不够，虽然愿意通过网络获得商品信息，但依然倾向于传统的实体交易。淘宝的免费策略培育了 C2C 市场的基础，"淘宝旺旺"的应用使其符合了国人在购买之前喜欢讨价还价的习惯，也使得买卖双方能够在线沟通，线下实体交易，"支付宝"在安全支付上弥补了中国还未完善的信用机制。淘宝服务本土化的策略符合中国国情，特别是在中国 C2C 发展的前期，起到了扩大淘宝影响力和吸引消费者的作用，先一步占领 C2C 市场。

（6）特有的技术模式。

C2C 商业模式的特点决定了淘宝网的买卖双方以个人或中小型企业为主。淘宝网通过其特有的技术模式为会员实现了信息流、资金流及物流三"流"之间的协调与统一。其特有技术包括支付宝、淘宝旺旺和推荐物流。

首先是支付宝。电子商务在发展初期，曾被信用问题困扰了很长时间。虽然各平台都有交易分来证明卖家的信誉，但仍存在不小的风险，导致很多人不愿在网上购物。然而，支付宝的出现使这一切问题迎刃而解。2003 年 10 月，淘宝网推出了第三方支付工具"支付宝"，以"担保交易模式"使消费者对淘宝网上的交易产生信任。"支付宝"使得直接交易变为中介交易，卖家的个人信用与支付宝的企业信用紧密地捆在了一起，从而使骗子的活动空间几乎被压缩为零。随着支付宝规则的不断改进，现在已经成为国内事实上的网络支付标准，几乎所有的跳蚤论坛都提供有支付宝交易的接口。支付宝的诞生不仅仅是淘宝的一个里程碑，也是中国电子商务的里程碑，它解决了困扰电子商务的一个最大的障碍——支付。时至今日，淘宝仍然认为其最终超越易趣，坐上国内 C2C 头把交椅的最重要的武器正是支付宝。

其次是淘宝旺旺。淘宝因为采用了免费模式，所以从开始就不限制双方互留联系方式。2004 年 6 月，淘宝网推出另一大法宝，即"淘宝旺旺"，将即时聊天工具和网络购物相联系起来。"淘宝旺旺"使客户端与用户个人信息紧密结合在一起，极大地提高了交流效率。淘宝网提供的阿里旺旺是一种即时通信软件，供网上注册的用户之间通信。作为淘宝重要的即时通信工具，阿里旺旺在淘宝网用户的线上交换交易过程中发挥着越来越大的作用。阿里旺旺的聊天记录可以作为交易纠纷的证据。假如用户进入某一店铺，正好店主也在线的话，会呈现"跟我接洽"（掌柜在线）或"给我留言"（掌柜不在线）的图标，可与店主及时地发送、接收信息。"淘宝旺旺"具备了查看交易历史、了解对方信毁情况等个人信息、头像、多方聊天等个别及时聊天工具所具备的功能。阿里旺旺为交易双方供给了交换的便利，有利于交易双方交换交易中物品的信息，交易时买方可能直接点击"跟我接洽"直接卖家接洽，而聊天窗口的右侧就会呈现买家当初浏览的商品信息，而不必让买家阐明本人浏览的物品信息，卖方就可能明白地看到买家对哪个商品有购买欲，双方可能直接进行交换。据调查统计，阿里旺旺目前已成为仅次于 QQ 和 MSN 的国内第三大即时通讯软件。

最后是推荐物流。本来快递都是各卖家自己去谈的，由于运输规模小，多数拿不到很低的价格，零散卖家更是一直全额支付。然而，马云却想到了以淘宝的名义把大家联合起来一起跟快递公司谈。面对如此大的蛋糕，哪家速递公司不动心呢？于是，全国速递费用就从当初的 15 元一下跌到了 8 元，还免费享受保价服务。后来，淘宝又鉴于经常发生的退货情况推出了"运费险"，使得买方可以以极低的费用退还不满意的商品，保障了买方的权益。马云的目标还不止于此，建立一个全国性的物流中央处理系统，提供银行保险之外的第三方服务，才是他更远大的目标。

在强大技术模式的推动下，淘宝逐渐超越易趣而成功占领中国 C2C 市场。

（7）疯狂广告宣传。

淘宝网的推广，最初就完全依靠口口相传，这种方式给淘宝网的进一步发展打开了坚实的基础，接下来淘宝网采用"农村包围城市"的策略。按当时的情况来说，淘宝网是没有办法在门户网站做广告的，那时候国家加紧了对短信的规范力度，使得一批靠短信业务赖以为生的中小型网站和个人网站失去了利润来源。在此情况下，淘宝网就针对这些中小型网站和个人网站做了大规模的推广。

随着淘宝网的迅速发展，淘宝网已经由一个名不见经传的网站，逐步地声名鹊起，在这个传播过程中，广告策略是功不可没。其中最主要的是以下两类广告，这两类"广告轮子"一起转，其效果尤为突出。

"强迫式"广告。在一段时间里，只要用户打开一些网站，马上就会弹出淘宝网的页面，次数十分繁多，甚至有些让人反感。但仔细想想，也正是这些另人头疼的广告频繁出现，才让大家记住了这个网站。虽然无奈，却也为淘宝网赚了一些知名度。"强迫式"广告的攻势在一定程度上还是很有效的。不管怎么样，淘宝网的广告策略还是成功了。

"地毯式"广告。淘宝网也尝试了一些一般同类网站采用的广告推广形式，例如在平面媒体、电视媒体以及户外媒体投放广告，甚至在公交车的拉手上也都可以看到淘宝网的广告等。肯花大力气在不同媒体上投放广告，进行地毯式的覆盖，猛烈轰炸，使得淘宝网快速的、大规模的推广。

"强迫式"广告和"地毯式"广告是淘宝网经营策略中的首要一环，也正是这关键性的一环开启了淘宝网的闸门，刮起了一股"淘宝旋风"。

（8）强大的安全措施和消费者保障体系。

对于一个购物网站来讲，能否坚定稳步的发展，关键看它的安全体系是否健全完善。在虚拟的网络空间里，尤为重要的就是诚信，诚信就是买卖的基础。经过调查，那些没有尝试过网络购物的用户中有 62.4% 是由于不信任网站怕受骗，47.7% 的人担心商品质量，42.3% 的人质疑网络购物的安全性，可见，网络购物是否安全被看成是交易过程中最大的问题。如果这个问题解决不了，网络交易发展将是毁灭性的打击。淘宝网正是针对这一点，给众人吃了一粒"定心丸"，推出了独特的诚信评估体系，并重金打造安全支付体系——支付宝。

淘宝网最先意识到的就是这个问题，明白它的重要性，并做出了解决的方案。支付宝已经和我国的四大国有银行及招商银行系统完成了无缝对接。另外与 VISA 合作，更是把这种安全的支付手段推向全球。为保障交易安全，淘宝网也设立了多重安全防线：卖家开店首先要通过公安部门检验身份证信息，以及手机和信用卡认证，每个卖家都有信用评价体系，如果卖家有欺诈行为，信用就会降低，到现在为止，淘宝网交易中 10000 笔交易只有 1起左右会出现问题，这个比例已经达到了欧美国家的水平。

（9）信用体系和消费者保障服务。

信用评价是淘宝会员在交易完成后，在评价的有效期限内，对该笔交易做互相评价的一种行为。评价分好、中、差三种，好评将加一分的信用积分，中评不加分，差评扣掉一分。这样，消费者在购买商品之前可进行浏览评价内容和信用积分，对卖家进行初步了解。实名制的引入，使消费者的利益得到保障。店家需要提供不同的资料进行淘宝认证。如果店家所提供的自身资料和产品描述信息与事实不符，将会受到淘宝网的处罚。

消费者保障服务是指经用户申请，由淘宝在确认接收其申请后，针对其通过淘宝网这一电子商务平台同其余淘宝用户（下称"买家"）达成交易并经支付宝服务出卖的商品，根据本协定及淘宝网其余公示端方的规定，用户按其抉择参加的消费者保障服务名目（以下称"服务名目"），向买家提供相应的售后服务。除本协定另有规定外，用户可根据其销售的商品种类及意愿抉择参加特定的服务名目。淘宝可在淘宝网不断公示新增的服务名目或服务名目修改。当初利用消费者保障服务的重要一条是其中的"商品如实描述"。"商品如实描述"是指卖家对商品的有效描述是如实的，是与商品本身相符的，没有不合乎商品实际的描述以及言过切实的描述。"商品如实描述"服务是指卖家承诺其对商品本身有关的信息描述属实，若卖家未能履行该项承诺，则淘宝有权根据本端方及其他公示端方的规定，对因为卖家违背该项承诺而导致好处受损的买家进行先行赔付。商品如实描述是淘宝网推出的一项卖家对买家承诺的服务内容，是阐明卖家对商品描述的实在性。让买家更信赖该卖家的信用，让买家对商品的描述释怀。

（10）多种盈利模式。

①支付宝盈利。2011年5月26日，中国人民银行在官方网站上公布，支付宝等27家公司获得了央行5月18日签发的首批第三方支付牌照。支付宝是一个第三方支付平台，支付宝为买卖双方提供安全保障服务。淘宝的绝大多数交易都通过支付宝，因此在支付宝中沉淀了大量资金。截至2013年年底，支付宝实名制用户已近3亿，其中有1亿用户将主要支付场景转向支付宝钱包，移动支付总金额超9000亿元，已超过硅谷两大移动支付巨头PayPal和Square移动支付3000亿元的总和，成为全球最大的移动支付公司。

一般情况下，买家给卖家付款至少要三到五天时间，如果按四天计算，每天通过交易而产生的资金大约为98亿元。根据2013年4月的存款年利率计算，每年的利息收入就高达3亿元。这仅仅是按照交易额计算的利息收入，不包括买家和卖家由于个人原因而存在支付宝中更大数额的存款。淘宝最核心的盈利模式不是收费，而是依靠支付宝巨额的预收款和淘宝的信用体系，进行的放贷业务。由于从银行进行小额贷款手续繁琐，周期过长。淘宝能够根据不同商家的信用，设置放贷标准，而无需其他担保，深受商家和企业的欢迎。有人评价"淘宝是中国最高效的商业银行"。

2012年5月支付宝获得基金第三方支付牌照。2013年6月13日，天弘基金与支付宝合作推出余额宝，投资者如果通过支付宝将资金转入余额宝，即会自动购买增利宝货币基金，并因此享有该货币基金的投资收益。余额宝的最大卖点是"收益远超活期存款"，通过余额宝，用户不仅能够得到收益，还能随时消费支付和转出，像使用支付宝余额一样方便。用户在支付宝网站内就可以直接购买基金等理财产品，同时余额宝内的资金还能随时用于网上购物、支付宝转账等支付功能。转入余额宝的资金在第二个工作日由基金公司进行份额确认，对已确认的份额会开始计算收益。

尽管目前对于支付宝并未取得第三方基金代销牌照，代销天弘基金是否违规争议不断。但不可否认的是，余额宝至少目前获得了巨大成功。余额宝上线仅一个月时间，资产规模就超过了100亿元。截至2013年12月31日，余额宝的客户数已经达到4303万人，规模1853亿元，天弘基金靠此一举成为国内最大的基金管理公司。余额宝自成立以来已经累计给用户带来17.9亿元的收益，自上线以来，日每万份收益一直保持在1.15元以上，在所有货币基金中万份收益最为稳定，自成立以来的总收益水平稳居同类货币基金的第2位，如图4-6所示。

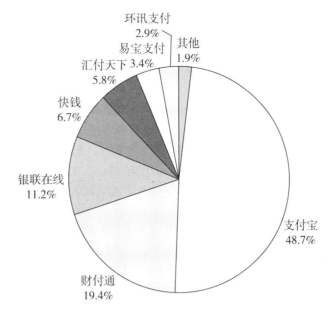

环讯支付 2.9%
其他 1.9%
易宝支付 3.4%
汇付天下 5.8%
快钱 6.7%
银联在线 11.2%
支付宝 48.7%
财付通 19.4%

注释：1.互联网支付是指客户通过桌式电脑、便携式电脑等设备，依托互联网发起支付指令。实现货物资金转移的行为；2.统计企业类型中不含银行，仅指规模以上非金融机构支付企业；3.艾瑞根据最新掌握的市场情况，对历史数据进行修正；3.2013年中国第三方互联网支付交易规模为53729.8亿。

来源：综合企业及专家访谈，根据艾瑞统计模型核算。

图4-6 2013年中国第三方互联网支付核心企业交易规模市场份额

（数据来源：www.iresearch.com.cn）

②页面广告及链接。

淘宝网自2007年7月开始正式启动网络广告业务，将网站中重要的 Banner 广告位对外销售。网络广告服务是淘宝首个正式盈利模式，主要指开拓网络营销渠道，帮助广告客户提升品牌，促进销售等方面。广告服务，聚合淘宝、旺旺、支付宝等资源为客户提供自主选择广告位置，按天计费的专业推广服务。数据显示，2013年第二季度，淘宝网单季广告收入超过56亿元，是淘宝营业收入的主要来源。

③增值服务。

在考虑了网民的本土化特征，淘宝绕开了备受关注的常规性费用，如用户交易费、开店费、商品登录费和店铺月租费等，另辟蹊径，主要针对卖家提出，如提供有偿橱窗推荐位、店铺装饰工具、网店管理服务、付费广告等来实现盈利。虽然效果不很明显，但容易被广大网民所接受。增值项目收费为淘宝盈利的一个新的增长点。例如，淘宝直通车，用户通过竞价购买关键词，就会在搜索结果界面右侧的展位中展示自己的产品。使用淘宝直通车，用户需要开户预存，第一次开户预存款全部是卖家推广费用。同时采取点击计费方式，买家搜索一个关键词，设置了该关键词的宝贝就会在淘宝直通车的展位上出现。当买家点击了推广的宝贝时，才会进行扣费。

④融合 B2C。

2008年4月10日，淘宝 B2C 商城——淘宝商城全面上线。2010年11月，淘宝商城使用独立域名 tmall.com。2012 年 1 月 11 日，淘宝商城更名为天猫。自 2008 年 4 月 10 日建立淘宝商城以来，众多品牌包括 kappa、Levi's、Esprit、Jackjones、乐扣乐扣、六防、苏泊尔、联想、惠普、迪士尼、优衣库等在天猫开设的官方旗舰店，受到了消费者的热烈欢迎。迄今为止，天猫已经拥有 4 亿多买家，5 万多家商户，7 万多个品牌。天猫商品从汽车、电脑到服饰、家居用品，家装建材，分类齐全，更是设置网络游戏装备交易区。2013 年 11 月 11 日，天猫"11.11"购物狂欢节"疯狂"开启，单日交易额达 350.19 亿元。

淘宝网这样一个 C2C 电子商务平台以 B2C 电子商务平台的姿态向进驻商城的店铺收费，同时为他们提供更多服务，给予这里的买家更多保障。这代表了我国 C2C 电子商务发展的方向，从目前的行业发展状态可以看出，C2C 和 B2C 电子商务的界限逐渐模糊，而且 B2C 电子商务进入 C2C 电子商务平台后能够获得更多用户的关注，由此而为企业带来更多的收入。同时，C2C 电子商务平台希望通过向 B2C 电子商务的卖家提供更多的服务而获得一定的收入，随着淘宝网不断地发展，从 B2C 电子商务中获得的收入可能成为 C2C 电子商务平台发展过程中的重要盈利之点。

案例二　易趣

1. 易趣网概述

1999 年 8 月，当邵亦波和谭海音，这两个哈佛商学院毕业生在中国上海创办易趣网时，可以说是揭开了中国电子商务发展史的重要一页。易趣的成立填补了中国电子商务 C2C 的空白。经过两年多的发展，易趣已拥有 350 万注册用户，累计成交 235 万件商品，累计成交额达 7.8 亿元。艾瑞（iResearch）的统计数据显示，2003 年淘宝市场份额权重 7.8%，而 eBay 易趣则为 72.4%，悬殊明显。2003 年 6 月，eBay 易趣以 1.5 亿美元 100% 控股易趣。然而，本应该是强强联手的美满姻缘却并没有得到一个好的结果。随着淘宝网的上线，eBay 易趣在中国的处境日益困难，市场份额开始不断下滑。2005 年年底，艾瑞数字显示，淘宝当年份额已逆转占据 58.6%，而易趣只余下 36.4%。2006 年 12 月 20 日，TOM 开始接手易趣。据正望咨询日前发布的《2007 年中国网上购物状况调查报告》显示，在网购市场，淘宝的份额高达 74.7%，拍拍为 3.7%，当当为 2.9%，易趣为 2.1%，卓越为 1.8%。而就在此前，易趣的老东家 eBay 的新任掌门人也正式承认，eBay 在华投资已经失败。2008 年，易趣网的全面免费策略终于姗姗来迟。但是据数据显示，到 2012 年，易趣在国内 C2C 购物网站市场份额中所占比例仅为 0.01%，已无法再对占据了 94.53% 市场份额的淘宝网造成威胁了。

2. 易趣网经营模式分析

易趣定位于 C2C，也就是以网上拍卖业务为主，从事个人对个人的服务。具体说易趣提供一个电子商务交易的平台。为买卖上双方提供交易的空间，然后由易趣介绍双方认识，易趣就退出交易，最后由买卖双方达成交易，开展的是以个人物品竞标为主、网上直销和商家专卖为辅的交易方式。易趣网的经营模式主要包括以下几个方面。

（1）目标客户。

从买家角度看，易趣的目标客户定位在对网购及环球购相对热衷的年轻一族；而从卖家角度看，易趣的目标又定位于希望在网店中赚钱盈利的个人和中小型企业。

（2）盈利方式。

易趣的收入来自网页 Banner 广告收入，网上直销收入，B2C 商品拍卖的服务费，个人物品拍卖的卖方手续费等几个项目。2001 年 8 月，易趣开始学习 eBay 的收费模式，向自己的卖家收取每件商品 1 元到 8 元的登录费。以商品最低成交价为计费基数。并在每次交易成功之后，收取相应佣金也就是交易服务费，价格按每件商品在网上成交金额的 0.25% ～ 2% 收取，如果未实际成交则不收取。一件商品在易趣网上以 3000 元的价格网上成交，交易服务费约为 30 元。

（3）信用体系。

易趣建立了一套独特的个人信用评定体系。首先，易趣用户必须要实名注册，通过实名认证后，不但有"奖状"作为标记，还能得到一颗星；交易后双方互做信用评价，信用评价由评价类型（好/中/差）和评论内容组成。用户得到的所有评价构成用户的信用记录。认真如实的评价可以为其他用户提供参照，当然，评价方同样可以从他人提供的评价里获益。目前此方法被广泛使用在电子商务领域。

买家和卖家可以对双方交易的过程和结果在网上发表意见；易趣会以此意见为参考，通过自己的数据库进行分析测评，得出卖家的交易诚信度的得分。钻石级用户诚信度高，交易笔数大，在交易中获得的收益就更多。易趣甚至承诺，对交易过程中因信用风险导致的交易损失，将给予高达 3000 元的风险补偿金。易趣通过技术手段将传统商业固化到网络上，形成了独特的电子商务氛围。易趣从一个网络交易的信息发布平台转变为交易中介平台。

（4）支付方式。

最初，易趣可提供包括手机、E-mail、信用卡、身份证、地址等 5 种会员认证方式。此后，易趣又推出了"易付通"服务。在卖家和买家交易过程中，买家可以先将钱打入易趣特设的一个账户中，一旦钱到位，易趣会马上通知卖家发货；买家收到货并对货物的数量和质量没有疑义，易趣才会将钱支付给卖家。

（5）增值服务。

现有增值服务内容有网上支付，物流配送和短信息服务。其中，网上支付的表现在于易趣与招商银行、首信、ChinaPay、广州银联、中国银行、中国农业银行、中国建设银行和中国工商银行等合作，提供网上支付服务。物流配送方面，易趣与 5291.com、快马速递、齐讯速递等物流企业等合作，提供面向个人用户的物流解决方案，目前有易付通和易趣推荐速递两种形式。易趣短信息服务有：易趣与中国移动合作共建易趣短信息服务系统，通过订阅短消息，用户可以享受交易提醒、成交通知、买家留言传送等即时功能。

3. 易趣网失败原因分析

（1）坚持收费政策。

对于中国这样一个新兴的电子商务市场，从一开始就采取收费政策显然是存在问题的。eBay 在美国的收费模式，到了中国市场却是应者廖廖，无人喝彩。与此同时，淘宝网高举免费大旗，采用了"免费 + 贴近本土用户"的运营方针，吸引了大批的国内卖家与买家，在人气、流量、品牌知名度方面迅速超过易趣。免费更适合中国目前的国情，适合网民的消费习惯和消费心理。而易趣面对竞争对手的免费政策，始终被动的采取降价的措施。直到 2008 年 4 月 14 日，易趣宣布承认淘宝卖家的信用等级和记录，并承诺将提供"免费 VIP 客服、免费开店、免费推广"，向后者的网上店主们发出"搬家号召"。这时的淘宝网已经占据了大部分的市场份额，崛起已不可阻挡。

（2）服务环节缺失。

C2C网站不仅是买卖双方交易的平台，还需要提供与交易相关的各种人性化服务，包括从买卖双方交流沟通的通讯工具，安全的支付工具到对售后服务的保障。对于中国这个新兴市场，这些配套服务更显得尤为重要。淘宝网于2003年成立，当年就推出了自己的第三方支付工具"支付宝"。第二年又上线了即时通讯工具"淘宝旺旺"。而易趣直到2005年才引入了高度垄断欧美的支付工具PayPal"（贝宝），2006年1月才整合了即时通讯工具Skype。这时的易趣已经没法再与淘宝竞争了。

（3）与eBay全球统一经营模式的不当整合。

2004年9月，eBay与易趣实现完全对接，形成统一的模式和界面，甚至将服务器全部搬至美国。这种做法不仅造成国内访问速度变慢，而且使得中国的高校学生无法访问，直接导致易趣失去了网络购物最有潜力的大学生群体。

同时，易趣的网站界面是英文翻版，极不符合中国人的习惯。而中国的易趣工作人员明明知道这种情况，却无法修改。原因在于eBay易趣经过整合期后，进一步降低了自主性，哪怕是在网站上挂一个小标签，都要通过美国总部才能操作，那需要经过漫长的等待。

综上所述，易趣在中国市场的失败绝不仅仅是因为它的收费政策。究其根本，易趣在中国失败的原因是美国公司eBay主导下的eBay易趣缺乏对中国本土市场的深入研究，过于注重全球化，几乎照搬了其在美国的全部做法，忽略了文化因素对电子商务的影响，没有考虑中国市场的特殊情况，未能及时迎合本土市场的需要。

思考题

1. 淘宝的成功因素有哪些？
2. 淘宝的盈利来源有哪些？未来如何与其他C2C平台进行盈利竞争？
3. 请自查资料，对比淘宝与易趣平台的营销模式。

4.2　C2C网上商店经营模式

4.2.1　网上商店经营模式概述

1. C2C网店经营模式定义

C2C网店经营模式就是卖方利用C2C网络交易平台开设虚拟店面，完成与买方之间货物或者服务交易的一种经营模式。

2. 我国C2C网店经营模式的特点

（1）在西方，C2C模式交易的物品主要是二手商品，C2C电子商务平台的性质和传统二手市场或者跳蚤市场有些相似，这些是和西方的消费观念以及生活的方式息息相关的。然而在国内，一方面，消费者面对不能真实接触到的虚拟交易商品心有顾虑，另一方面，国内消费者对二手商品心存芥蒂，所以国内C2C交易基本上都是以全新商品为主。

（2）C2C电子商务平台的作用举足轻重。C2C平台除了向买、家卖家提供交流信息的场所之外，还必须满足双方的资金和物品交换。这样C2C电子商务平台需要为买家卖家提供对应的网上货币交易和物流系统。且除了给予对应的工具之外，C2C 电子商务平台还要在买家、卖家出现纠纷的时候能够提供相应的客户协调和客户服务，同时还要为买家、卖家交易行为中的表现在网络上作信用记录等。

（3）由于 C2C 电子商务平台基本对所有人都是开放的，免费用户占多数，而且身份复杂。据统计，截至 2013 年，淘宝网拥有近 5 亿的注册用户数，每天有超过 6000 万的固定访客，除却数量很多，C2C 电子商务网站的用户身份也实属复杂。首先，注册用户同时具有买家与卖家的双重身份。而后，在 C2C 电子商务网站中开虚拟店的用户有一部分不以赚钱为目的，而只是为了出手一些自己不需要的二手物品，甚至更有一些只是将这个当作一种娱乐。

（4）C2C 网站上的卖家普遍交易量大，商品数量多，单次交易额较小。

3. C2C 网店经营模式的优势

（1）网络商店中的商品种类多，没有商店营业面积限制。

网络商店可以包含国内外的各种产品，充分体现了网络无地域的优势。在传统商店中，无论其店铺空间有多大，它所能容纳的商品都是有限的；而对于网络来说，它是商品的展示平台，是一种虚拟的空间，只要有商品，就可以通过网络平台进行展示，可以把世界的各类知名品牌全部放在上面展示出来。

（2）网络购物没有任何时间限制。

作为网络商店，它可以 24 小时对客户开放，只要用户在需要的时间登录网站，就可以挑选自己需要的商品。而在传统商店中，消费者大多都要受到营业时间的限制。

（3）卖家经营成本和买家购物成本得到了降低。

网上的商品与传统商场相比相对便宜，因为网络可以省去很多传统商场无法省去的相关费用，所以商品的附加费用很低，商品的价格也就低了。而对 C2C 购物网站来说，用户通过竞价的方式，很有可能买到更便宜的商品。另外，在传统商场，一般利润率要达到 20% 以上商场才可能盈利，而对于网络店铺，它的利润率在 10% 就可以盈利了。对于网络商品购买者，他们挑选、对比各家的商品，只要登录不同的网站，或是选择不同的频道就可以在很短时间内完成，而且可以直接由商家负责送达，免去了传统购物中舟车劳顿的辛苦，时间和费用成本大幅降低。而对于传统购物来讲，这一点是无法达到的。

（4）网络商店库存小，资金积压少。

网络商店中很多商品一般是在客户下订单后再进行商品调配，不需要很多库存，从而减少资金的积压。因为网络购物中，商家可以通过消费者下订单与配送商品的时间差，进行商品的调配，而传统商店就需要在顾客选购商品的同时提供商品。

（5）商品信息更新快，方便客户检索。

只要将新商品的图片、介绍资料上传到网上，或者对商品信息、价格进行修改，购买者就可以看到最新的商品信息了，而且立刻在全球范围内统一更新。而在传统商业中，购买者要看到新的商品，就要等到商家拿到商品，放置到货架后才能够看到。网络商店中基本都具有店内商品的分类、搜索功能，通过搜索，购买者可以很方便地找到需要的商品。而在传统商店中，购买者寻找商品就需要用更多的时间和精力。

（6）网络商店服务的范围广。

网络的无地域、无国界的特点，使网络商店的服务范围不必限定在某个固定的区域内。购买者可以通过网络商店和快递公司买到世界各地的商品。

4. C2C 网店经营模式的不足

（1）货不对板。

网络购物的最大问题就是买方不能够接触到商品实物，消费者由于只能够通过网络店铺所展示的图片来了解商品。C2C 平台上，店家提供的展示图片由于各种各样的原因，往往与实物会有所差距，使得消费者得到的信息不准确，导致和卖方产生纠纷。

（2）商品质量参差不齐。

目前的 C2C 平台交易的商品中有相当一部分是假货和山寨货。大部分消费者都有网购时买到假货的经历，严重影响了消费者对 C2C 经营模式的信心。

（3）部分卖家与买家素质不高。

如有些店家为了招揽生意或者节省工作量，不一定对所有商品进行实物拍摄，而采用的商品的展示图片都是一些杂志或品牌专业拍摄图片等，使消费者不能获取准确的信息。也有部分买家，收到商品后故意拖延付款或给予差评等。

（4）卖方售后服务能力弱。

虽然网络购物方便快捷而且具有价格优势，但是售后服务相当麻烦，会成为网络购物的阻力和绊脚石。而 C2C 模式中的卖方是普通的个人，一般没有能力提供完善的售后服务，往往造成买卖双方的纠纷。

（5）物流能力的制约。

物流与网络购物有着极大的相互作用。像中国的电子商务发展迅猛在某种程度也是和物流一同发展。但是中国疆域辽阔，物流的范围还存在很大的局限性。C2C 上的卖家最经常说的一句话是：收货时间由快递公司决定，非我们能够控制，敬请谅解。实际上，C2C 的这种物流体系设置决定了买家的权利要小一些，更不可能要求加急送货等其他条件。物流的三大衡量指标可以归纳为速度（Speed）、物品完好度（Good degree）和服务态度（Attitude），C2C 先天就已经缺失了一块。目前 C2C 在努力改善物品完好度和服务态度的问题，送货速度这种 C2C 先天性的痼疾能否彻底改善，需要从运转机制上改革。单就目前来说，淘宝上的 C2C 卖家一般都能承诺一线城市次日送达，二线城市三日之内送达的。

（6）受社会不良因素影响。

随着 C2C 的迅猛发展，也伴生了一些不良的社会现象，如淘宝差评师、信用卡套现等。这些阴暗面也限制的 C2C 模式向阳光有序的方向发展。

5. C2C 网店经营模式的发展趋势

（1）个人网店数量逐年下降。

报告显示，截至 2013 年 12 月，实际运营的个人网店数量下降到 1122 万家，同比减少17.8%。据了解，个人网店数量的下降，从 2012 年就已经开始，数据显示，2011 年个人网店数量为 1620 万家，而到了 2012 年，这个数字变成了 1365 万家，如图 4-7 所示。

（2）网店运营模式不断更新。

①第一代——运维式运营：从淘宝网创立伊始就成为了被用得最多的运营方式，直到今天淘宝上仍然有很多的店铺运营以运维为主。这种运营方式比较简单粗暴，内容包括进货、拍照、上架、做宝贝页面、促销、旺旺接客、改价、发货、售后处理等，可以理解成是店铺的管理维护。现在淘宝集市店铺里还有很多这种运营模式的店铺，这种模式的优势就在于门槛比较低，运营成本也很低，甚至是不大需要团队的，他们很少做推广，甚至根

本不会做推广，他们的竞争力基本在于拥有货源优势、产品独特性、价格优势等，他们应用得最多的营销手段就是全场包邮加打折。

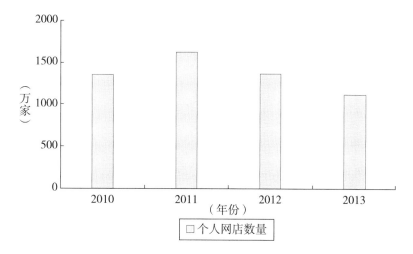

图 4 - 7　2010 年—2013 年个人网店数量变化

（数据来源：www.iresearch.com.cn）

②第二代——推广式运营：大概从 2008 年开始，随着直通车、钻展、淘宝客、淘金币、聚划算、淘宝试用等推广工具和活动平台陆续推出，运营模式正式进入了二代时期——推广式运营。对于推广式运营来说，最有代表性的营销手段则是"打造爆款"。流程就是挑选出一两款比较有潜力的产品，先做促销，然后优化宝贝页面，再集中各种推广工具和淘宝活动资源，将流量全部导入所谓的"爆款产品"，让它销量在短期之内迅速蹿上来，占据各搜索入口以获得源源不断的免费流量，并以此带动店铺内其他产品的关联销售。简单点说，二代运营主要就是打折加打广告的卖货套路。在"爆款时代"里，这种推广式运营优势非常明显，只要店铺里有几款甚至是一款爆款，都可以给店铺带来源源不断的流量和销量。然而，随着淘宝逐渐降低爆款产品的搜索权重以及推广成本的提升，靠打造爆款一招吃天下的时代正在成为过去，很多卖家发现自己花巨资打造出来的爆款产品根本没有带来预期的流量和销量。

③第三代——B 模式：以营销为主导，这些卖家懂得品牌和店铺定位，会综合应用各种营销手段，如整合营销、事件营销、会员营销等，同时借助营销方案去整合各种资源。这种模式的店铺能让顾客更容易记住甚至爱上他，可以整合到更多的免费资源，可以在花同样钱的情况下引进更多的流量，可以让店铺转化率、客单价和顾客忠诚度都更高。

电子商务，顾名思义，就是电子加商务。而电子只是一种平台，一种工具，商务才是它的本质。在行业发展初期，因为大家都不了解这个平台，所以那些先了解平台的人获得了先机，抢占了市场，先做起来了。然而，当行业发展日趋成熟，"商务"的本质作用会越来越大。那些只懂"电子"，却不擅长"商务"的人将逐渐失去竞争力，市场也将逐步被那些真正懂"商务"的人夺走。"电子"对应的就是运维式和推广式运营模式，"商务"则对应营销式运营模式，随着电子商务竞争力从"电子"向"商务"转变，运维式和推广式运营将逐渐被淘汰，取而代之的将是营销式运营。三代模式的更迭正代表着中国的 C2C 网店运营模式正在由"电子"走向"商务"的趋势。

（3）专业化程度不断提高。

最初的网店经营范围广而杂，网店经营者往往抱着"什么赚钱做什么"的心态运营网店，在物流的选择上则有"哪个便宜选哪个"的做法，一个网店同时经营多个品类的商品。这种网店"大而全"的状况造成了物流服务和售后服务的滞后，导致了消费者对 C2C 网店形成了"低端，缺乏技术支持和售后服务"的不良印象。目前的网店往往只经营一种类型的商品，并承诺提供售后服务，在物流选择上也基本形成与固定的物流公司合作的模式。这种专业化程度的提高也在不断提高 C2C 网店在消费者中的口碑。

（4）与 B2C 模式的融合趋势明显。

纯粹的个人网店数量正在逐年下降，大多数的网店已经或正在向 B2C 网店的方向转变。从淘宝网近几年的数据也可以看出，淘宝的销售额增长率正逐年下降，而天猫的销售额则处于迅猛增长阶段。

思考题

1. 什么是 C2C 网店经营模式？
2. C2C 网店的优劣势有哪些？
3. 自查资料，分析 C2C 网店数量逐年下降趋势的成因。

4.2.2 网上商店经营模式案例

案例 1　柠檬绿茶

1. 柠檬绿茶概述

2003 年 8 月 21 日，淘宝网正式开始运营不到 1 个月，柠檬绿茶依靠 500 元起家，如图 4 - 8 所示。

图 4 - 8　柠檬绿茶淘宝美妆直营店主页

（数据来源：www.taobao.com）

中国第一 C2C 网店，淘宝网信誉度第一网店，最大最全最专业的卖家。淘宝网第一家五皇冠网店，第一家突破淘宝 50 万金冠信誉网店，第一家突破淘宝 100 万双金冠信誉网店，第一家突破淘宝 200 万三金冠信誉网店。拥有淘宝网最高人气流量，目前是淘宝 500 万四金冠信誉店铺，日均 PV80 万以上，日均 IP7 万以上，日均 UV12 万以上（相当于 12 家在华沃尔玛门店日均访客数）。网上交易量已经超过全球 eBay 上最大的卖家，成为世界交易量最大的 C2C 网店。柠檬绿茶业务涉及化妆品、服装、居家用品、饰品、鞋包、玩具、食品、手表等。团队成员近 200 名，下设总裁办、人力资源中心、财务管理中心、技术研发中心、采购管理中心、市场营销中心、仓储物流中心等业务职能部门。

2. 柠檬绿茶经营模式分析

（1）市场定位精确。

柠檬绿茶从发展初期就将其客户群定位为白领女性，原因是该群体接触网络购物时间早，接受网络购物概念快，消费能力强。

柠檬绿茶在发展初期定位于白领化妆品网上销售商。他们认为，化妆品的主要消费群体白领女性的消费承受能力强，此外，相对其他女性用品来说，化妆品品牌集中、成熟度高、流转快、周期短、品种多、消耗大，是短时间提高知名度、积攒人气的最佳商品。精准定位让柠檬绿茶受益匪浅，迅速成为淘宝知名网店。

在化妆品的经营达到一定规模后，柠檬绿茶嗅到更广泛的市场发展空间，试着在网店里卖一些白领女性或许会感兴趣的关联产品，开始了专而全的扩张，先后进军服装、居家用品、饰品、鞋包、玩具、食品、手表等市场。适时的定位调整，帮助柠檬绿茶明晰了发展方向，前进的道路更加坦荡。

拉开产品线，从单一产品到多元化产品，变成系列产品销售，定位明确的柠檬绿茶在做大做强的过程中不仅极大地提升了销售额，其本身也具备了强大的品牌影响力和号召力。在 C2C 销售中，柠檬绿茶具有普通店家所不具备的价格优势：一是由于本身所支付的费用低，没有商场的进场费等渠道、代理费用，可降低 30% 左右的价格；二是因为进货量非常大，议价能力特别强，通常其零售价是很多店铺的进货价。另外，就是与很多供应商建立了良好的信任与合作关系，他们也给予了柠檬绿茶很大的支持，很多产品都是到货结款、售完结款或者月结，这让柠檬绿茶拥有了宝贵的资金周转时间。

（2）注重消费体验。

柠檬绿茶将自己定位为"潮流、健康、高品质、精品购物商城"。柠檬绿茶的服务定位是："精品、服务、专业。"

柠檬绿茶不是卖商品，而是帮助客户选择。跟客户"谈恋爱"，用心跟客户沟通，微笑服务，从交易中获得快乐，结交朋友。

柠檬绿茶不是卖茶，也不是销售商品（不是在做传统的倒买倒卖，靠搬砖头赚取进销差价）。柠檬绿茶是在做一个公立性的商品选购的平台，在传递快乐，在传递美、塑造美，打造一种形象，在传递一种感觉，引导一种时尚，在传递一种生活方式。

（3）准确把握消费者心态和市场发展的脉搏。

从在易趣开店，到在易趣投入广告，到转战淘宝、招财进宝、拍拍蚂蚁搬家、百度有啊、大淘宝战略……现在以 B2C 为核心、以淘宝为主战场、C2C 平台多触角延伸、低成本获取客户、快速发展。每一个过程都把握得非常准确，都能抢占先机，提前调整战略。正如柠檬绿茶的口号："前期，我们始终紧跟市场节拍；后期，我们将逐步引导市场发展。"

柠檬绿茶对消费者需求、心态的清晰了解，并有针对性地采取适当的措施。

2003—2005 年：开设实体店铺。（解决当时消费者对诚信的忧虑）

2005—2007 年：低价竞争。（当时消费者选择网购的唯一因素就是价格便宜）

2007 年：提升客服专业水平、提高服务质量、提升价格、打造柠檬绿茶品牌形象。（价格已经不是客户关注的重点）

2008 年：注重购物体验、加强与客户互动，多元化发展，为消费者提供一站式购物环境，打造健康、潮流、高品质精品购物商城。（客户需要一站式方便快捷购物体验）

2009 年至今：拓展与传统品牌及网货品牌的合作，打造网货品牌，提升柠檬绿茶超市形象，迎合消费者及市场引导消费理念。

（4）渠道优势。

柠檬绿茶现在已经拥有了 C2C、B2C、B2B 等多种经营业态，分别在其经营模式中起到不同的重要作用：

①C2C：在淘宝、腾讯拍拍、百度有啊、易趣等 C2C 平台拥有十几家皇冠、钻石级高信誉网店组成的 C2C 连锁经营店铺群；其中"柠檬绿茶"店被称为中国第一 C2C 网店；

②B2C：拥有独立 B2C 网站柠檬绿茶网；

③B2B：拥有独立 B2B 网站（绿茶网），拥有 5000 多个渠道商客户；在阿里巴巴拥有 2 家 2 年以上的诚信通会员网站；在淘宝网建立了分销网店、分销渠道。

论坛博客：建立了自己的消费者社区——蜜酷儿时尚购物论坛；在淘宝帮派、阿里巴巴、新浪、天涯等知名专业类及娱乐类社区论坛都已经具备了较大影响力。

柠檬绿茶已逐步搭建起以 B2C 网站为中心，C2C 多终端连锁、B2B 多渠道分销的大柠檬绿茶销售网络。随着移动电子商务的出现和发展，柠檬绿茶又走在了"博客购物"的前沿。

（5）强大的物流能力。

柠檬绿茶拥有 C2C 领域最大的标准化仓储物流系统，现有 4000 平方米的自由专属物流仓库，70 余人的专业仓储物流团队，商品的储藏、包装、运输均实现了标准化。与中国邮政、申通 E 物流、宅急送、中通速递、天天快递、DHL、韵达快递等国内知名的第三方物流公司建立了长期紧密的合作。柠檬绿茶让客户可以根据自身需求，个性化地选择价格低、速度快、服务好的快递服务。

案例2 Mr. ing

1. Mr. ing 概述

Mr. ing 于 2007 年在广东成立，公司创始人为尹志强。该公司是一家专注于鞋类的模仿开发和销售网络贸易公司，该公司起家于淘宝。致力于通过低成本的电子商务网络平台向消费者提供低价的鞋类产品，始终倡导：先销售，后生产的低成本运营模式！以低价诱使消费者产生购买欲望，从而打造零库存低成本的全新的网络销售模式。广州羊皮堂鞋贸有限公司旗下品牌"Mr. ing"无专属工厂，所有产品均找当地小厂贴牌生产，这可以进一步地为消费者降低成本。致力将 Mr. ing 打造成网络平台最物廉价美鞋类品牌。

Mr. ing 自创立之初就扎根于网络，依靠淘宝网店而发展壮大。2009 年 5 月，Mr. ing 正式成为淘宝官方鞋类类目收录品牌。2010 年 5 月 8 日，Mr. ing 著名的"阮清风"系列情侣鞋的推出，创造了上架 4 小时之内爆售 7888 双的傲人销售神话。Mr. ing 在整个网络男鞋类目中，交易额始终保持排名第一位，成为淘宝乃至整个中国网络中最受欢迎的时尚男鞋新锐品牌。2010 年双"11"活动期间，Mr. ing 系列产品在 24 小时内销售达 70000 余双，其中"潘多拉"系列的成功上架更是单日销售 36000 余双，让 Mr. ing 成功进入线上单日销售额达千万行列，当时线上销售达千万的 13 家企业中，Mr. ing 是唯一的网络品牌，创造了中国电子商务的一个奇迹。

图 4 – 9　天猫 Mr. ing 官方旗舰店主页

（数据来源：www. tmall. com）

2. Mr. ing 经营模式分析

（1）市场定位。

Mr. ing 将自己的客户群定位为 23～35 岁男性，具有现代及时尚气息的都市蚁族，生活在都市的工薪阶层。他们具备如下心理及消费特征：彰显个性和实现群体认同，经济独立却不充裕，懂得享受生活但是囊中羞涩，欣赏你给予他们的流行美学感受，追求骄扬跋扈的生活态度，拒绝平庸和传统，崇尚时尚，崇尚生活，强调舒适，强调简约。

在 Mr. ing 网店中你是否经常觉得某款鞋款非常眼熟？没错，Mr. ing 从它诞生的那天起就倔强地以成本价贩售知名品牌热销款式改版款而名噪一时。在物价飞涨的当下，这确实迎合了很大一部分人的心理。他们追求时尚与个性，却无奈囊中羞涩无法购买原版正品，而 Mr. ing 很好地弥补了这一点。你可以花很少的钱买到热销款，而且有更多的颜色选择，适合不同场景。Mr. ing 坚持自己的身份，不做山寨，而做改版款，应值得业界尊重。"Mr. ing"品牌模仿世界知名品牌最新热销鞋款，力争做到领先淘宝市场的款式，低于淘宝的价格，高于淘宝市场的质量。"Mr. ing"力争成为中国的 Fast Fashion 品牌。

（2）预售。

Mr. ing 以独特的预售文化异军突起于网购市场，预售就是没有存货，公司预先设计款式并完成货样，然后便放置于网络之上在各个网店进行销售，消费者可以和购买其他商品一样在网店上进行咨询、挑选、购买。而公司待其在网店上的销售达到一定量之后再向工厂下订单，进行单批量生产。待生产厂商将产品完工后，发给公司，最后由公司统一进行发货。

预售的成功之处在与完美的降低成本以及公司的风险，预售意即本身无存货，预先设计款式并完成货样，然后便放置于网络之上开始销售，待销售达到一定量之后再向工厂下单批量生产。这样以后，公司的成本极其之低，只有产品的直接成本，没有任何库存，资金的流动也比较顺利。再加上零库存，预先知道销售量，公司基本没有风险，不会因某一产品出色而产生销售断货的现象，或者因某一产品不受欢迎而产生堆积库存的风险。

（3）单品制胜。

为了让消费者快速地认知 Mr. ing 这个新品牌，尹志强决定采取单品策略，推出一个具有代表性的产品，用所有的资源进行主推，让大量的用户来体验，形成爆炸性传播效应，然后再带来口碑传播和二次销售。

尹志强将自己的客户群定位在年轻的白领和大学生群体，为了确定主推什么样的单品，Mr. ing 经常会根据市场的需求设计出几款产品，然后将这些细节图放在店铺里进行网上调查投票。按照尹志强的经验，投票超过 2000 就可以成为主推单品。

2010 年 5 月，在 Mr. ing 的店铺里出现了一款名为"阮清风"的鞋。正如鞋的名字一样，所有的图片和文字都将鞋子的柔软、舒适、透气等卖点和功能表现出来，并设计了 10 种颜色供选择。

为了推广这款叫"阮清风"的鞋，Mr. ing 采取了低价秒杀的传播手段，并将秒杀时间选定在晚上 8 点到 12 点之间，这是淘宝网流量最大的时间段。同时在淘宝网首页最后的广告位做了广告。在这 4 个小时内，秒杀的价格是 99 元，略低于成本价，但是过了这个秒杀时段，定价就会随时间逐渐升高。

由于推单品，工厂订单量比较大，批量采购原材料，生产的时候也可以批量生产，不需要考虑产品多元化的情况，这样也可以在一定程度上削减成本。另外单品的火爆销售基本没有库存，公司就不需要付出其他的费用，这样就增加了资金流转速度，同时降低了财务成本。因此，单品策略最大的好处是压缩供应链整个链条的成本，以优势产品打品牌，最终使公司的品牌做大，做强，使利润得到增长。

用 20% 的有代表性的产品爆破市场，完成 80% 的销售额，同时也完成了品牌传播和初始积累的过程。Mr. ing 的逻辑是，首批参与秒杀的顾客给这款鞋子打了广告，进行口碑传播。第二次再来购买的顾客往往已经看到了实物，对产品的品质已经有了直观的了解，可以接受更高一些的价格。因此秒杀之后，依然保持了每天 500 双的销量。而价格的提升态势一来可以刺激顾客立刻成交，二来二次销售的价格毛利率得以提高，能够平衡整个单品的成本。

　　事后盘点这次秒杀推广，Mr. ing 4 个小时实现销售金额 78 万元。同时，活动带动其他鞋的销售是 2500 双，45 万元。合计在 4 个小时里卖鞋 10388 双，销售额为 123 万元。在接下来的几个月时间里，这款名为"阮清风"的鞋又陆续提价销售卖掉了近 10 万双。Mr. ing 品牌在网上开始有了知名度。

　　仔细分析尹志强的传播策略会发现，虽然是用低价秒杀引爆市场，但是实际上更大量的销售是在过后的价格升势中完成的。尹志强表示，由于推单品，工厂订单量比较大，批量采购原材料，也可以在一定程度上削减成本。单品的火爆销售基本没有库存，增加了资金流转速度，同时降低了财务成本。因此，单品策略最大的好处是压缩供应链整个链条的成本，以优势产品打品牌。尹志强强调，这次秒杀实际上把"二八法则"运用到了极致：用 20% 的有代表性的产品爆破市场，完成 80% 的销售额，同时也完成了品牌传播和初始积累的过程。

　　（4）完全代工生产。

　　Mr. ing 没有自己的生产工厂，全部的产品都是由代工工厂生产制作的。为 Mr. ing 代工的工厂一共有三家，一家在佛山，两家在广州。Mr. ing 之所以选择广东作为自己的生产基地，主要是出于产品质量的考虑。广东的工厂以手工为主，产品比较精细。

　　品牌创建初期，Mr. ing 出于建立品牌的质量口碑和建立与代工厂长期稳固的发展的需要，选择的是生产成本较高，但产品质量好，交货速度快的代工厂。

　　当品牌打响后，Mr. ing 开始加强对代工厂的控制。作为一个淘宝掌柜，Mr. ing 不但做到了和工厂平起平坐，还做到了"我怎么说工厂就怎么做"。别人要 300 双才能开版，Mr. ing 只要 60 双工厂就给做。其他人打版要 10 天，尹志强打版只要 3 天。别人都是预付 30% 定金工厂才给开工，Mr. ing 可以做到先货后款，付款期甚至跟支付宝到账周期是一致的。

　　Mr. ing 对工厂的控制力如此之强最主要的原因是其销量足够大，目前 Mr. ing 平均每天售出 2000 双的鞋子，遇到类似"091"或者"阮清风"这样的热销款上市，一天的销量可能要上万。这么大的订货量足以让一般规模的工厂吃饱。

　　佛山工厂的价格不便宜，Mr. ing 可以很轻松地找到价格低 3～5 元的工厂，但 Mr. ing 更看重的是长期稳定的合作，因此宁愿付出这个价格。如果向多家工厂下单，虽然价格可能便宜一点，然而，一旦产品出现问题，损失更大，还会影响品牌形象。

　　Mr. ing 让利于厂、合作共赢的模式给他带来了实实在在的好处。不但鞋子的质量好，而且还可以根据销售情况实时调整产量，最大限度地减少了库存损失。在售后服务上，三家工厂都承诺任何质量问题，包括瑕疵，统统接受返工。工厂还想办法提高自己的工艺水平，例如，采用新研究出来的环保型鞋材、更好的机器设备等。

　　（5）拓展销售渠道。

　　随着品牌实力的增强，Mr. ing 已经慢慢走出了初创期。店铺收藏量达到 20 多万，每天有 2 万个独立 IP。在这样一个大流量的基数下，如果公司还是主卖一两款单品的话，满足不了客户多元化的需求如图 4－10、图 4－11 所示。

图 4 – 10 　 Mr. ing 爆款伐木鞋

（数据来源：www. tmall. com）

图 4 – 11 　 Mr. ing 夏季爆款透气鞋

（数据来源：www. tmall. com）

　　2011 年，淘宝拆分为淘宝网、淘宝商城和一淘网时，Mr. ing 马上意识到了 B2C 的巨大潜力，很快转战淘宝商城，逐渐发展成了现在的天猫 Mr. ing 旗舰店。

　　天猫旗舰店中的一款伐木鞋就创造了月销量 1038 双，总销量 52368 双的成绩。另一款网面透气鞋更是在 2014 年夏季创造了月销量 17014 双的记录。

此外，Mr. ing 还积极拓展实体店业务，在昆明、武汉、广州等大城市开设了连锁店，并通过招商形式在全国开设了一百余家实体加盟店。

3. 柠檬绿茶与 Mr. ing 精英模式比较分析

柠檬绿茶和 Mr. ing 作为两家成功的网店，其经营模式既有一些相似之处，又有各自鲜明的特色。

（1）两者的市场定位都十分精准。

柠檬绿茶的客户群定位为城市白领女性，销售的主要是化妆品和女性周边产品，将自己定位为"潮流、健康、高品质精品购物商城"。柠檬绿茶之所以如此定位原因在于其进入网络购物时间早，而城市白领女性容易接受新鲜事物并且购买能力强。

而 Mr. ing 主要销售时尚男鞋，并且是成本价贩售知名品牌热销款式改版款，其客户群主要是 23—35 岁的年轻男性，抓住这个群体"彰显个性和实现群体认同，经济独立却不充裕，懂得享受生活但是囊中羞涩"的特点，将自己定位为中国的 Fast Fashion 品牌。

（2）二者的成功有所区别。

柠檬绿茶是中国 C2C 模式的先行者，是第一批淘宝网店。"非典"在 2003 年第二季度对国内旅游、餐饮、运输业造成严重影响，甚至出现改革开放 20 多年来首次负增长。但是与此同时，有些行业也得到了新的机遇，如电子商务。当我们说到淘宝的发展，就会从 2003 年开始讲。"非典"肆虐的时候，白领女性逛街购物受到限制，转而投向"网购"这个新鲜事物，柠檬绿茶的发展可以说就得益于"非典"时期中国电子商务的飞跃。

2008 年，Mr. ing 品牌刚刚创立，正赶上金融危机，本应低价吸引客户，但自己做品牌，价格却不得不高出原来外贸鞋的一大截。比如，当时每双鞋售价在 150—250 元之间，利润率却与原来售价 100 元的外贸鞋相差无几。原来的客户群体也流失了三四成，网店每天 IP 少了 2000，PV 则少了 2 万。当务之急，是把 Mr. ing 这个品牌做起来，让大众有直观认知度。让一个新品牌传播开来并且扎根，并不是件简单的事。除了投入大量营销费用，还需要整个供应链相互支撑。不过金融危机也正好帮了 Mr. ing 的忙。在广州，Mr. ing 找到了三家制鞋工厂合作。由于这三家工厂主营外贸产品，金融危机导致订单大量下滑，已经濒临倒闭。Mr. ing 的订单无疑给工厂带来了生机，工厂也给了 Mr. ing 极优厚的条件。

（3）二者的经营策略有所区别。

柠檬绿茶主要是做品牌代理销售，而不自己创建品牌和生产产品。在柠檬绿茶 10 年的经营中，做大了很多品牌，如：

相宜本草：国内本草类护肤类化妆品第一品牌，柠檬绿茶是相宜本草网络最大代理商，年销售达百万，为相宜本草成功拓展电子商务渠道起到了决定性作用。相宜本草已成为目前国产化妆品在网络渠道上最具规模的国产化妆品品牌。

Shills：柠檬绿茶是中国台湾著名购物网站 PayEasy 主要品牌在大陆地区的唯一网络代理商，短短数月时间通过定价策略、多店铺展示推广、直通车客服引导推荐、淘友推荐、淘客推广、论坛展示秀及心得分享、数百家下线铺货、互动式推广等手段陆续成功推 Shills 品牌，目前 Shills 品牌已成为网络市场的最畅销的台湾品牌，居柠檬绿茶化妆品品牌销售之首。目前已成为淘宝成长最快的品牌之一，已有众多店铺的 Shills 产品销售都创造其店铺单品牌销售新高。

SEXY GIRL：柠檬绿茶自有女装品牌，通过有效的定价策略、多店铺展示推广、活动促销、品牌传播等电子商务营销手段的推进，短短半年时间，由日销售 100—200 件，截至目前零售日均就达 1000 多件，1 年时间 SEXY GIRL 品牌已拥有 Fans 会员 21 万，SEXY GIRL 已成为最受大众女性欢迎的网络服装品牌之一。

目前，柠檬绿茶还经营了纽比士、苏瑞、雅诗兰黛等知名品牌。柠檬绿茶将自身的核心竞争力定义为"做服务，做平台"，而不仅仅是销售产品，是为消费者提供更多更好的选择，打造一站式的购物平台，给消费者提供更好的购物体验。

而 Mr. ing 拥有自己的品牌，其经营策略的核心是 Mr. ing 品牌的营销。无论是预售，还是单品制胜的营销策略，其目的都是为了 Mr. ing 品牌的成长。Mr. ing 从一开始就摒弃了自己生产而选择代工生产，放弃实体经营而选择网络销售，其主要精力都放在产品的设计和营销上。产品设计上，Mr. ing 坚持自己的身份，不做山寨，而做改版款，在名牌产品的基础坚持二次开发。营销上，Mr. ing 推出了适应于自身的"预售"和"单品制胜"策略。以低成本、低价格以及时尚、舒适、简约的产品风格打动了消费者。

（4）二者的宣传策略不同。

柠檬绿茶是中国第一批 C2C 网店，做的是平台和服务，宣传策略更多强调的是其 10 年的网络销售历史和金皇冠卖家的头衔，以此在消费者心目中建立其店铺信誉高、服务好的形象。

而 Mr. ing 是 C2C 的后起之秀，其宣传策略中更多的是突出产品和品牌，这与其"单品制胜"的营销策略是密不可分的。Mr. ing 更注重的是在消费者心目中建立其时尚简约的品牌形象。

（5）二者的发展方向不同。

柠檬绿茶目前已形成了 C2C、B2B、B2C 多种模式经营，但其主力销售店铺——柠檬绿茶美妆店依然扎根于淘宝，扎根于网络，延续着其金冠卖家的辉煌。

而 Mr. ing 已转投 B2C 模式经营，建立了自己的天猫旗舰店，并开始了网店与实体店铺相结合的消费模式。

总的来说，企业的经营模式是由企业的核心竞争力决定的。由于柠檬绿茶和 Mr. ing 对自身的定位不同，其核心竞争力也有很大的区别。柠檬绿茶的核心竞争力是平台和服务，Mr. ing 的核心竞争力是品牌。这种不同的核心竞争力也导致了其迥异的经营策略。

思考题

1. 柠檬绿茶经营模式的成功之处是什么？
2. Mr. ing 经营模式的成功之处是什么？
3. 自查资料，分析柠檬绿茶和 Mr. ing 经营模式的异同？
4. 自查资料，思考总结还有哪些其他不同的网店经营模式。

参考文献

［1］杨帆. 从用户角度讨论我国 C2C 目前存在的问题——以淘宝网为例［D］. 武汉：武汉大学信息管理学院，2006.

［2］舒悦. 中国电子商务 e2e 模式优势探讨和发展趋势［R］. 中国电子商务. 北京大学经济研究中心，2010：12 - 13.

［3］周朴雄. 国内互联网企业盈利模式分析［J］. 创新（深圳），2010，（2）：15 – 19.

［4］胡书君，黄娟. 淘宝网盈利模式研究［J］. 现代商业，2008，（17）：171.

［5］欧阳凌翔. 解读淘宝网 C2C 电子商务模式［J］. 信息与电脑，2008，（7）：37 – 41.

［6］杨木，张润彤，杨海楼. C2C 电子商务交易流程优缺点分析及改进［J］. 商业时代，2009（4）.

［7］姜蓉. Mr. ing：电子商务上的疯狂售卖［N］. 中国经营报，2010 – 07 – 19：http：//www. cb. com. cn/businesses/2010_ 0719/139323. html

［8］刘璇，张向前. "淘宝网"盈利模式分析［J］.《经济问题探索》，2012（1）：148 – 154.

［9］中国电子商务研究中心. 2013 年度中国电子商务市场数据监测报告［EB/OL］. （2014 – 3）［2014 – 07 – 01］. http：//b2b. toocle. com/zt/2013ndbg/

［10］中国 B2B 研究中心. 易趣网电子商务案例分析.（2009 – 05 – 11）［2014 – 07 – 01］. http：//b2b. toocle. com/detail——2234927. html.

［11］陈凯. C2C 电子商务平台下个体经营者经营模式［D］. 郑州大学，2010.

［12］中华医药网. 淘宝网站案例分析［EB/OL］.（2007 – 06 – 14）［2014 – 07 – 01］. http：//b2b. toocle. com/zt/2013ndbg/

［13］中国电子商务研究中心. 我国 C2C 电子商务体系现状与风险防范.（2009 – 11 – 05）［2014 – 07 – 01］. http：//b2b. toocle. com/detail——4841171. html.

［14］高嵩，马敏书. 国内 C2C 电子商务网站竞争策略初探［J］. 今日科苑，2007，（20）.

第五章　C2B 经营模式

5.1　C2B 经营模式

5.1.1　C2B 经营模式概述

1. 定义

所谓网络团购，是指一定数量的消费者通过互联网渠道组织成团，以折扣向厂商或门店购买同一种商品。其根本特征就在于借助互联网的凝聚力量来聚集资金，加大与商家的谈判能力，取得价格上的优惠。这种电子商务模式可以称为 C2B（Consumer to Business），和传统的 B2C、C2C 电子商务模式有所不同，需要将消费者聚合才能形成交易，所以需要有即时通讯（Instant Messaging）和社交网络（SNS）作支持。随着全球服务业和互联网经济的不断发展与融合，网络团购行业得到了越来越多的消费者青睐。

2. 发展历程

中国互联网络信息中心（CNNIC）2014 年 1 月发布的《第 27 次中国互联网络发展状况统计报告》显示：截至 2013 年 12 月底，我国网民规模已达到 6.18 亿，较 2012 年年底增加5358 万人，其中，中国网络购物用户规模达 3.02 亿人，使用率达到 48.9%，通过手机网络购物的用户规模达到 1.44 亿。其中网络团购用户规模达 1.41 亿人，团购的使用率为22.8%，相比 2012 年增长 8.0 个百分点，用户规模年增长 68.9%，是增长最快的商务类应用。这些统计数据所反映出的现象和问题就是目前我国团购网站的发展现状。

团购网站的典型代表 Groupon 于 2008 年 11 月在美国芝加哥成立，其凭借简单清晰的商业模式迅速获得了成功，开创了团购网站新的商业模式。由于 Groupon 式具有极易被复制、操作方式简单、盈利模式清晰等特点，因此，该商业模式一传入中国，国内便开始了一场网络团购的跟风热潮，团购网站如雨后春笋般在全国大中小城市出现，发展速度令人吃惊。自 2010 年 1 月，国内第一家团购网站满座网正式上线之后的几个月时间里，美团网、拉手网、F 团、团宝网、24 券等大型团购网站纷纷上线，同时，一些具备用户资源优势的门户网站、SNS 社区、地方分类信息网站等也纷纷进入团购市场，如搜狐爱家团、新浪团、qq团、58 团购等。截至 2013 年 11 月底，短短 6 个月的时间，中国团购网站数量达到 6246家，网络团购的市场规模（销售额）达到 532.89 亿元。

但是，从 2011 年春节之后，国内网络团购市场的销售额大幅下降，团购网站之间的竞争日益加剧，信用问题越来越突出。团购行业经历了 2011 年的大洗牌后，进入到 2012 年团购行业逐渐回归理性，行业洗牌加剧。2012 年行业洗牌倒闭蔓延至大型团购网站，团宝网倒闭，F团高朋并购重组，京东团购转型平台，赶集网外包团购频道变现流量，爱帮网回归本地搜索。截至 2013 年年底，全国共诞生团购网站 6246 家，目前全国尚在运营中的网站数量为 870 家。

从团购开始至今，团购网站关闭数量累计达 5376 家，团购网站倒闭率达 86%。

3. 团购网站发展趋势

（1）团购网地方区域性特征愈发显现。

区域性特征主要表现在线下市场。这种区域性充分体现了用户消费的块状经济现象。未来团购网站的线下营销将更加细分，在一线大城市，至少要按照商圈活跃的程度进行细分，通过分析商圈的人口结构、商圈特点、商圈面积和商圈交通资源等各个方面制定灵活多变的营销策略。随着城市化的加速进行，一线城市与二线城市的界限逐渐模糊，大区概念将会出现，因此团购网站仅对一二线城市分类将越显不足。

（2）网络团购细分市场扩大。

团购在服务于细分市场时所产生的价值也是无限量的。如搜狐爱家团主要深耕于家装建材家居类，作为门户网站搜狐推出的团购业务，不仅在品牌认知度还是资金、技术、客户、用户等都有了先天优势，发展迅猛。此外，化妆品团购的"团美网"每月的营业额能达到数百万元，并且保持快速增长。由于其极为专注化妆品，形成用户预期和反复购买的忠诚度，从流量转化率反映，是普通电子商务网站的数倍。可见，把握好细分市场，形成自己的产品特色的这类专业性强的垂直类团购网站将会引发又一轮的潮流。

（3）"消费者主权时代"到来。

团购将推动"消费者主权时代"的到来，使消费者从被动消费转化为主动消费，消费者的聚合力量越大，所产生的价值就越大。一场按需定制的"C2B"电子商务模式将由团购引爆。

（4）移动互联网将成为网络团购竞争的新阵地。

随着 3G 和 4G 时代的到来，移动互联网若与团购潮"碰撞"，将会引发产业的新一轮的"波峰"。用户通过手机端实现团购，并配合 SNS 平台交互式应用，以 App 的身份驻扎平台之上，充分利用其庞大的客户资源，将营造省时、快速、精准、便捷的团购环境。

（5）团购将成为分类信息网站、社区网站、电子商务网站的"标配"。

这一趋势最为突出的便是电子商务网站推出的团购业务，如珂兰钻石网推出的"火拼团"，淘宝推出的"聚划算"等；还有分类信息网如大众点评网推出的"点评团"；以及 SNS 社区如开心网即将上线的团购业务。这三类网站未来都将使用团购业务模式以聚合用户，团购将成为这三类网站的"标配"。

4. 经营模式

（1）目标市场。据了解，目前网络团购的主力军是 25 岁到 35 岁的年轻群体，在北京、上海、深圳等大城市十分普遍，已经蔓延到全国各大城市，成为众多消费者追求的一种现代、时尚的购物方式。团购市场地域化特征明显。截至 2013 年 6 月底，全国范围内按网络团购企业数量分，最热门城市依次为北京、上海、深圳、广州、杭州、成都、武汉、南京、天津、西安、长沙、重庆、沈阳等，其中主要一线城市占据了绝大部分的市场份额。

从产品来看，网络团购产品逐渐从最初的单一化向多样化、从小物件逐渐向大件过渡，小到图书、软件、玩具、酒店、家电、数码、手机、电脑等小商品，大到家居、建材、房产等价格不是很透明的商品，都有消费者因网络聚集成团购买。除了实体商品外，一些服务类行业也是网络团购的重点，例如，餐饮业、美容美发和酒店和娱乐等行业占了团购分类的半壁江山。不仅如此，团购也扩展到个人消费、健康体检、保险、旅游、教育培训以及各类美容、健身、休闲等多个领域。其中，精品网购的份额占8.9%，实物类面向全国性的产品占优势。

由于资本浪潮的一次次掀起，网络团购市场空间的诱人利润，致使入行者不断暴增，整体行业势态已呈"非理性"介入与扩张局面。目前团购市场主要有四股力量实力较为强劲：第一股力量是平台；第二股力量是独立团购网站；第三股力量是媒体，第四股力量是门户网站及其线下的传统媒体。

（2）交易主体和交易内容。

网络团购的主体大体可以归为三类：团购网站、商户和消费者。对三类主体结合方式的不同，也决定了网络团购具体形式的不同。目前存在的网络团购形式大体可分为以下三种。

①自发团购模式。由上网的消费者自发组织起来向厂商进行批量购买的行为称之为自发团购，它是网络团购最初产生形态。此种团购中，所有参与网络团购的都是消费者，组织者作为消费者之一通过网络将零散的消费者组织起来，以团体的优势去与销售者谈判，从而获得比单个消费者优越的购买条件。

②商业团购模式。由商业网络公司组织的团购称之为商业团购，是由自发团购衍生出的新型模式，也是在网络中主要流行的团购方式。这一模式由商业网站提供第三方服务平台，针对某类商品如汽车、房产、装修产品等通过议价吸引消费者加入，消费者通过加入服务平台发起团购项目。商业团购服务比较规范，项目一般具有较好的延续性。

③网络营销团购模式。网络团购电子商务模式的成功运作，同样吸引了众多生产厂商及分销商的眼光。在网络团购中厂商与分销商一般处于被动地位。因此厂商及分销商通过组织自身产品的团购取得网络团购的主动权，将网络团购纳入自身网络营销体系，从而形成网络营销团购模式。

（3）运营模式。

团购网站实现了商家、消费者和团购网站本身三者共赢。国内主流团购网站的运营模式大多比较类似，主要通过大规模的广告宣传，吸引消费者的关注，进而通过性价比极高的价格，打动消费者去体验，通过提供种类和数量众多的团购活动，形成相对固定的用户访问量，如图5-1所示。

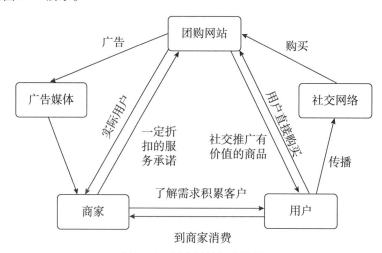

图5-1　团购网站运营流程

首先，团购网站搜集线下商户信息，并将商户商品信息在团购网站展示，对商户的产品提供推广、产品服务，同时集合第三方支付、物流配送资源，扩大网站在消费者和商户之间的声誉。对于团购网站本身，通过与商家分成，也可以获得不错的收益。三者各自的需求均得到满足，正是因为这种模式的存在，使团购网站具有有不错的生命力和发展前景。

其次，商户同团购网站进行合作展示产品，并提供给参与团购的消费者以产品和服务，给团购网站 CPS 付费。于商家而言，通过团购可以带来更多客流量，通过规模效应降低成本，通过薄利多销实现盈利，同时还有利于商家清理库存，提升企业品牌的知名度和人气。

最后，消费者将具有相同购买意向的零散消费者集合起来，向商家大批量购买，求得最优惠的价格。对于消费者而言，团购改变了单个消费者与商家谈判的弱势和不利地位，团购将众多有同样需求的人整合到一起，通过团购他们可以享受更低的折扣价格和更大的实惠，节省了很多时间和精力。

所以，从团购的购物方式和流程来看，团购网站在规定的时间内将商家的产品或服务以非常低的价格放在网上销售，参与团购的消费者将预购款以在线支付的方式交与网站，达成交易，并在一个约定的时间内完成线下消费；之后，网站与商家在一个约定的时间内进行结算。在这一产品销售过程中，团购网站并没有真正把产品销售给消费者，这与 B2C 或 B2B 之类通过互联网进行产品销售的电子商务根本就没有相同之处。

（4）盈利途径。

目前在团购类网站中相对成熟的盈利模式主要有以下 6 种，但不限于 6 种。根据自身的发展状况、环境特点、创新，可以产生更多的盈利方式，比如为商家、买家提供更丰富的增值服务等。

①商品代售。

网络团购企业通过代销或与第三方合作的模式，直接获得商品销售的返利模式。就代销而言，会面临物流快递、库存积压的成本风险。因此，与第三方 B2C 电子商务企业的合作是最为典型的，规避了以上的风险，更灵活了自身的产品品类的调整与拓展。

②交易佣金。

团购网站利润的一个重要来源在于商家产品销售提成/佣金，根据商家品牌知名度、影响力的不同，团购网站收取不同的佣金比例。网络团购企业通过合作商户发起团购活动，预订来自团购的消费者产生的交易额，团购企业向合作商户以收取 10% ~20% 的交易佣金。而竞争激烈的团购市场，这部分交易佣金回扣愈发有限。

③会员制度。

会员制度是增加用户黏度的一剂良方。网络团购企业可以一方面为会员提供更低廉的商品价格，更贴心的服务；还可以通过会员卡在团购企业所掌握的商户资源中进行折扣消费。

④商户服务费。

商户服务费是网络团购企业对所拥有的商户及新开发的商户的一个长期合作及维护的综合服务，通过对商户收取年费而提供广告支持、营销推广、用户需求调查、满意度调查等多项服务。

⑤广告费。

团购类网站除了具有区域性特征外，它的受众一般都是具备消费、购买能力、购买欲的 20—35 岁左右的受众群体。对于商家来说定位精准、目标明确，成本低廉，故必将成为商家广告宣传的最佳平台。商户通过支付固定的广告费用，不仅能够提升知名度，还可获得超出预期的用户数量。

⑥加盟授权。

一般而言，大多数团购网站均采用直销模式。当网站发展到具有一定影响力，无形中已经在为你做项目招商。当需要进军跨区域市场时，此时可以提供授权给加盟商成立分站，为加盟商提供网络平台、运作经验、共享网站品牌等。在获得加盟费的同时也扩大了自身规模的影响力。因此分站加盟的费用也是团购网站收入的一个来源，对于那些加盟的地方分站和加盟商来说，其在当地往往具有比较多的资源和本地化优势，能够为消费者提供优质的产品和服务。但这种方式也存在一些问题，如如何保证加盟商的质量等。

5. 风险因素及控制机制

由于所处国家及所在国情不同，Groupon 所处的美国团购市场竞争并不如中国这般激烈，其总体团购数量及团购网站仍然偏低，不及中国的十分之一，市场规模及竞争压力相对较小，而且美国有相对健全的诚信和法律体系，对互联网监管法律法规比较完善，消费者对团购网站及提供的服务项目信任度普遍高于中国。而纵观国内，团购网站存在缺乏诚信和相关的法律体系、网站经营模式单一、同质化严重一味的价格战、没有良好的盈利模式等风险。

（1）缺乏诚信体系。

"网络团购"作为一种新生事物，与一般的网络交易相比存在较大不同，监管难度较大。团购网站发展到现在面临最大的问题是诚信问题，包括如何让消费者放心下单，对团购网站提供的商品或服务质量放心，如何让商家放心把款项先放到团购网站这里。在打造诚信体系方面，需要团购网站和商家双方共同努力，团购网站应该对团购项目进行担保，向消费者承诺提供货真价实的团购产品，保证团购产品质量。另外团购网站可以建立消费者反馈和评价机制，就像淘宝网、京东商城等 B2C 电子商务平台一样，根据消费者的评价对商家进行打分和信用评级，督促商家提供货真价实甚至超出消费者期望的商品或服务，通过这样的循环，逐步引导团购网站正确发展。同样目前团购网站遇到的盈利能力不足也可以通过创新和寻找新的利润增长点来解决。

（2）网站经营模式单一，同质化严重。

长期以来，国内大型团购网站借助资金和规模的优势，在电视、广播、户外及楼宇媒体上疯狂投放广告，通过这种烧钱换规模的方式迅速做大，最后寄望于 IPO 上市来进一步筹集资本的目的。这种粗放型的经营方式，不仅为其自身发展埋下了隐患，而且也对整个团购行业带来了不良的影响，迫使整个团购行业加入广告烧钱大战中，使那些专注于做好服务和产品的优质网站受到了不小打击。因此，国内大型团购网站应转变过去粗放型经营方式，深耕细作，集中精力做好产品和服务，将推广思路拉回聚焦到"团购"上，也只有这样，团购 O2O 才能真正良好的发展下去。

（3）一味的价格战，没有良好的盈利模式。

不稳定的商家和消费者群体是团购所面临的根本性问题。团购网站需要稳定的商家群长期提供商品或服务，也需要消费者较高的活跃度。绝大多数团购网站都没有很好的盈利模式，只会一味地打价格战，自身没有盈利能力。由于商家通过团购网站在短时间内提高品牌知名度和处理一些积压和库存商品，而消费者更是冲着团购网站的低价而来。正是在这种商家和用户环境中，消费者对于低价产品的需求，促使团购网站在成长的过程中用低价来争取用户，造成了毛利率一降再降，整个行业进入了只能依靠价格战才能扩大市场份额的状态。因此，待这些团购网站烧完上一轮融资的钱，赚不到钱的网站在所难免会陆续倒下。据最新的报告显示，目前中国团购网站已累积倒闭近 3500 家，随之而来的"烂尾"问题则让消费者有苦难言。

（4）如何更加精准把握用户需求。

如何更加精准把握用户需求，为用户提供更加有针对性和细分的服务是团购网站面临的一个挑战。随着时间发展，消费者对大众化的团购项目热情会逐渐消退，他们更青睐的是为其量身定做的专业的精细化服务。因为消费者的兴趣爱好、教育背景、审美和购买力存在差异，消费者对多样化的团购项目会越来越感兴趣，单一的团购项目将失去吸引力。目前绝大部分团购是团购网站主动发起的，其发起的项目事前并没有对消费者进行调查，消费者只能被动去选择。今后也可以由消费者主动发起，寻找一批有相同需求的人，然后交给团购网站去帮忙寻找此类商家，商议团购价格，这种多样化的需求今后一定会越来越受到欢迎。

6. 团购经营模式的优劣

网络团购的兴起有其内在原因，凭借其互利共赢的商业模式开拓了一种全新的消费模式。在这种消费模式下，团购网站、商家及消费者三方均能获益；由于团购网站的运营成本和固定成本投资非常低，其主要通过向商家收取佣金及广告费用来获取收益；商家通过团购活动一方面可以扩大知名度，进行广告宣传，另一方面也有利于摊薄房租、水电、人员公司、税收及原材料等固定成本，实现资源的最优配置与合理利用，最终通过薄利多销实现盈利；消费者更多关注的是商品的性价比，希望买到物美价廉的产品，团购商品正好满足了消费者这一需求。团购网站涉及的商家、消费者及网站自身三方共赢的特征决定了其具备长期存在的生命力，其商业模式是比较先进的。

模式先进并不能说团购网站就不存在问题。事实上，团购网站自成立以来就存在很多问题，有些问题甚至关系到企业的生死存亡。例如，企业的盈利能力，团购网站为了快速抢占市场份额，大多采取电视广告、报刊杂志及楼宇户外等推广方式，广告宣传费用十分高昂，依靠传统的餐饮、美容美发等日常生活类团购项目很难支撑如此大规模的宣传费用，在这种情况下，团购网站的盈利变得遥遥无期。很多规模比较大的团购网站之所以还能持续经营，资金链没有断裂，主要源于风险投资。由于 Groupon 在美国的巨大成功，让风险投资家看到了团购网站在中国的巨大前景，各种风险投资基金蜂拥而入，风险投资家期待地是更高的投资回报率，他们希望团购网站能够提升在行业中的市场占有率，最后通过上市获取超额收益。团购网站的"广告大战"和跑马圈地也是在此种背景下进行的，如果团购网站无法实现上市的预期，很难想象风投资本的持续投入。因此改变目前单纯依靠传统团购项目营收模式刻不容缓，团购网站一方面要降低广告宣传费用；另一方面要开创新的营收渠道，开源与节流并举。

作为一种新型的购物模式，团购网站在发展的过程中也需要以诚为首，规范运作，这是企业发展最基本的要求。团购网需要立足本土的用户，吸取国外团购网的发展经验，而不是照搬国外团购网的模式。不同的团购网站应该抓住自己的优势和特色来发展而不是全面都抓。加强网站媒体的创意能力，而不是单纯地靠低价来吸引顾客。团购网站和商家同心同力，共同为用户提供更加具有新意和高质量的商品服务。一句话，只有用心为消费者服务的企业才能最终获得消费者的青睐并最终得到营销上的成功。

5.1.2 C2B 经营模式案例

案例 1 拉手网经营模式

1. 拉手网基本情况

网站介绍：拉手网（http：//www. lashou. com），由吴波创建于 2010 年 3 月 18 日，是中国内地最大的团购网站之一，开通服务城市超过 500 座。是全球首家 Groupon 与 Foursquare（团购 + 签到）相结合的团购网站。拉手网会每天推出一款超低价精品团购，使参加团购的用户以极具诱惑力的折扣价格享受优质服务。拉手网推出的这些超低价精品团购，有着强烈地域性。拉手网凭借其强大的市场拓广团队，在中国内地一线城市如北京、上海、广州、深圳及 500 多座二三线城市，不断网络与发掘优质的、符合当地品味的餐饮娱乐商家，如图 5 - 2 所示。

图 5 - 2 拉手网网站首页

创始人情况：吴波是拉手网 CEO，互联网技术及商务领域的先行者和开拓者。清华大学电子工程学士，美国西密歇根大学计算机科学硕士，美资影立驰公司的创始人 CEO。公司以视频技术优势为核心，积极开拓互联网商务领域业务。后又创立焦点房地产网、Richcore 等。2009 年看好中国电子商务市场，率领原有团队参照美国最热门电子商务网站 Groupon 和 Foursquare，创立拉手网。

企业盈利情况：拉手网在用户服务体系上的创新和坚持，为其赢得了丰厚市场回报。自 2011 年 7 月以来，在拉手网、窝窝团、美团网等多家团购网站的销售额均突破亿元量级后，"亿元俱乐部"一直未有一家团购企业的营收额超过 2 亿元。而拉手网 2011 年 11 月销售额已近 3 亿元，这是中国首家月销售额过 2 亿元的团购网站。据第三方公开数据显示，拉手网在 2011 年以 16.3 亿元的销售额稳居行业第一。其业务覆盖全国 500 多个城市，注册用户多达 2200 万人。就在 2012 年 3 月，拉手网以 458.6 分的成绩荣登团购网站类第一品牌。从 2013 年上半年的交易总额来看，半年交易额为 12 亿元。

2. 商业模式

拉手网的商业模式是通过团购活动实现三方共赢。拉手网通过与众多的商家和服务提供商合作获得交易佣金收入和用户资源。从商户角度来看，拉手网扮演渠道销售商的角色，商家通过与拉手网合作推出团购活动，进行大幅打折交易或者以超低价推出体验服务等，这使得大量的消费者蜂拥而至。商户满载而归的同时，自身的品牌形象和销售业绩也得到了提升。从用户角度来看，拉手网通过与商户合作，以中介的形式提供高性价比的实物产品网购或服务体验消费信息，为用户创造了超低价的购买机会。图 5-3 展示了拉手网的运营流程。

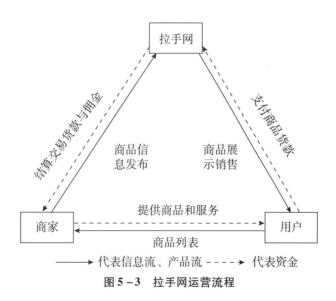

图 5-3　拉手网运营流程

3. 经营模式

拉手网创新推出"一日多团"模式，同时推出基于 LBS 的创新产品"午餐秒杀"，基于无线技术的"拉手秒杀"，是中国团购行业的领军企业之一。拉手网积极创新，先后开通了酒店频道、化妆品频道。同时拉手网扩大呼叫中心、建立同城物流、自建实体体验店等，让用户更好地体验拉手网的服务，有更好的团购体验。拉手网也是国内第一个获得风险投资的团购网站。目前无论从网站流量、用户支持度、销售额还是企业规模上，已经稳居市场第二的位置。此外拉手网提出的七天无条件退款服务、"团购三包"等策略也已经成为引领团购行业标准，为团购行业树立了标杆。拉手网也因优质服务获评"2010 RedHerring 全球百强"称号，是亚洲地区唯一一家获此殊荣的团购企业。

（1）独特的"G + F"模式。

拉手网没有单纯的模仿 Groupon 的运营模式，而是在 Groupon 模式基础上，根据中国国情和消费者的消费习惯做了很多有益的创新，例如，拉手网在团购网站中首创了"G + F"的模式，所谓"G"代表 Groupon 模式，"F"代表 Foursquare 模式，Groupon 模式能够快速带来流量，但这些流量很容易"流走"，此类用户的黏性和忠诚度不高，而 Foursquare 吸引用户使用的门槛相对高，但一旦使用，效果却很好。"Groupon + Foursquare"（团购 + 签到）虽然说只是一个简单的组合，但是这种敢于在实践中不断创新的精神无疑给国内互联网产业做出了榜样。

拉手网在开始团购业务时就已经开发了多款基于 iPhone 和 GPhone 的移动互联网应用，比如"拉手离线地图""开心生活"和"拉手四方"。团购本身就是和地理位置紧密相关的一个商业模式，用户如果团购，就必须要了解商家的信息和地理位置。拉手网紧密结合了 Foursquare 这样的定位社区交友网站，拉手网的用户就不需要去了解商家的地理位置。这样，拉手网就能更好地为用户提供服务。拉手网同时也开发了类似 Foursquare 的手机客户端，将用户通过手机绑定在拉手网上。在互联网推广上，拉手网更多的时候也是在做黏性，比如网站抽奖、做线下活动。这些提高黏性的做法为拉手网赢得了大量回头客。而在互联网营销成本不断飙涨的今天，当获取新用户的成本越来越高时，拉手网快速建立的用户规模优势将是它很重要的竞争门槛。其实，"服务"和"用户体验"是拉手网着力打造的重要竞争优势，而这也是拉手网在加速圈地、快速成长之外，吴波坚持增加拉手网"重量"的最主要原因。

（2）创新的"一日多团""午餐秒杀"及"线下体验店"建设。

拉手网在 Groupon 模式基础上，创新的推出"一日多团"服务，进一步增加和丰富了服务内容，给消费者和用户更多的选择空间。事实证明，这一创新是非常成功的，因为中美两国在人口数量和年龄结构上差异比较明显，中国的 30 岁左右的年轻消费群体更多，这些人正是团购网站消费的主力和吸引的对象，因此 Groupon 的每日一团模式在中国并不一定是最合适的。

"午餐秒杀"活动以商圈为单位，以商圈中的地标建筑为中心，在地标建筑周围选择 10 家左右餐厅作为合作商家，团购时间限制在工作日 10：00 到 13：30 之间，团购产品按类限量出售。在团购时限以外，消费者的团购会宣告"失败"，未完成消费者，拉手网会在次日将消费金额退还至用户拉手网账户。一旦用户成功秒到，即可就近享用超值午餐。"午餐秒杀"推出的时候异常火爆，无论对消费者还是商家，都有意义。对于消费者来说，这一午餐秒杀活动是为其量身定做的，解决了午餐的难题；对于商家而言，通过限制消费时间，用户只能在规定时间内到店消费，解决了以往团购中无序的消费习惯。商家也可以根据本店的实际情况，自主选择接待用户的时间，侧面上填补了商家消费的空闲时段，因此这一活动对于消费者和商家都是有利的。

　　线下体验店的建设则是为了使消费者对团购活动有更好的体验，通过现场实际操作，感受团购带来的乐趣，拉手网将团购活动从线上延伸到线下，让消费者感到网络团购更加真实可信。

　　在团购行业面临危机之时，拉手网推出了"升级版"服务，用户只要在移动终端下载"拉手秒杀"软件，拉手网可以为用户提供"即时定位秒杀"服务，这种新奇和创新的想法给消费者带来不同体验，极大地吸引了年轻一代消费群体。从仅仅局限于餐饮消费直至延展到吃喝玩乐，包括生活中的各个方面，拉手网悄然为消费者与服务商之间铺设出一条畅通大道。而且该"秒杀版"获得 ios、Android 两种系统支持，覆盖绝大部分智能手机。

　　从消费者到商家，拉手网无一不为其提供周到双赢的服务项目，鼓励商家自主创新，参加其构思独特的团购秒杀活动。有商家表示，拉手网以创新、服务为中心，提升用户体验为基础，拉手网秒杀升级，不仅为自身带来了高额的回报，更为消费者和商家双方提供了贴心服务，推动团购业进入了一个全面发展阶段，给予互联网行业一种全新指引，迈出了勇于创新的一步。

　　（3）创新服务塑造品牌个性。

　　自成立以来，拉手网从未停止创新脚步，从"一日多团"到"午餐秒杀"的 LBS 应用；从"频道分类"到"站内搜索"的垂直细化；从"团购三包"呼叫中心到"自建体验店"的服务升级；从无线业务"拉手团购"到"点评返利"的社会化应用，其用差异化的服务走出一条独具特色的品牌营销之路。

　　可见，不论是微创新还是大到改变市场格局，拉手网始终走在行业前沿。"在拉手网，用户永远第一。"拉手网创始人兼 CEO 吴波表示，"团购的本质是服务，为消费者提供好的服务，让他们放心、满意，始终是我们的目标。规范化、品牌化一定是团购发展的主要方向"。电商最本质的核心就是服务，拉手网永远走在用户之前，并以用户需求为目的不断推陈出新，用持续变化的用户需求作为拉手网前进的动力。正是基于这样的经营理念，拉手网一直把用户的利益放在首位。拉手网率先响应政府政策，在上海、北京、重庆等各地工商局的指导下，全国联网 13 座城市开通 12315 绿色通道，快速解决消费者纠纷，进一步引领团购行业服务水平提升。同时拉手网设立消费者保障部，搭建了一套独特、高效的金字塔服务体系，切实保证消费者权益，成为业内服务典范。这种以消费者为重的做法引起了同行的广泛追捧，包括糯米网、窝窝团等团购网站陆续开始效仿拉手网开通 12315 绿色通道的做法。

　　拉手网在客户服务方面还做了很多有益的尝试，针对团购网站参差不齐，存在很多欺诈、以次充好、消费者维权困难的问题，拉手网在业内率先推出"团购三包"服务。第一，消费者在购买拉手网产品并付款成功后 7 天之内，如果没有消费，可以申请退款；第二，如果消费遇到问题，可以向拉手网寻求帮助，如果消费者遇到商家虚假承诺问题，可以致电拉手网，拉手网将根据消费者的投诉进行核实，如果情况属实，拉手网将提供解决方案给消费者，如免单或者赔偿等；第三，针对过期未消费的团购项目，消费者可以申请办理退款，退款将充值在拉手网账户中，可在以后消费中直接使用。上面的三条措施站在消费者的角度很好地考虑了消费者的感受，消费者无需担心逾期未消费或者遭遇虚假承诺的商家。

（4）自建物流体系，提升用户的体验。

对于实物团购而言，物流是团购网站与消费者接触的重要环节。目前，大部分团购网站的实物团购物流环节，均是由合作商家接到订单后，联系物流公司进行配送。为掌控配送流程，提高用户体验，拉手网选择了自建物流体系。电商企业发展至今，在物流方面遇到了共同的问题：物流是否便捷影响了绝大多数买家的购物满意度，而消费者对于物流的要求也越来越高，快递物流是目前团购投诉比例比较大的一部分，这一瓶颈亟待突破。对于快速发展的团购市场，相对落后的物流已经成为制约电子商务快速发展的障碍。随着拉手网的转型，推出类似淘宝网和京东商城的生活服务类拉手商城，今后对物流快递的倚重会越来越深。

4. 盈利模式

拉手网的盈利核心在于收取商户30%～50%的高额交易佣金，回款周期为两个月，即网上团购活动结束当天结算1/3，1个月后结算1/3，2个月收结算剩余的1/3，如此能迅速回笼资金，变现利润获得盈利。拉手网的盈利模式有以下6类：

（1）商品代销。

通过代销或者与第三方合作模式，直接获得商品销售返利。就代销而言，会面临物流快递、库存积压的成本风险。因此，与第三方B2C电子商务企业的合作是最为典型的，规避以上的风险，更灵活了自身的产品品类的调整与拓展。

（2）分站加盟授权。

加盟形式不管是对于实体店还是团购都是很好的运营模式。当网站发展到一定程度，具有一定影响力时，获得加盟费的同时也扩大了自身规模的影响力，无形中进行了项目招商。一般而言，大多数的团购网站均采用直销模式，即需要进军跨区域市场时，采取建立分站，以收购当地有影响力的相关网站或者直接经营。

（3）活动回扣。

拉手网作为商家与买家的中间桥梁，组织有共同需求的买家向商家集体采购，事后商家向网站支付利润回报，即大家生活中常见的"回扣"形式。现在拉手网有千人团购会甚至有万人团购会，这种大规模的采购其产生的利润回报之大可想而知。

（4）会员制度。

目前很多商家会推出"会员"制度，如众所周知的超市、商场、书店甚至是银行。而"IP会员"拉手网通过会员卡在团购企业所掌握的商户资源中进行折扣消费。

（5）商户服务费。

是网络企业对所有的商户及新开发的商户的一个长期合作及维护的综合服务，通过对商户收取年费而提供高支持、营销推广、用户需求调查、满意度调查等多项服务。

（6）广告费。

团购类网站最大的特色就是有区域性，其受众群体一般都是具备消费、购买能力、购买欲的人群，商户通过支付固定的广告费给拉手网，不仅能够提升知名度，还可以获得更多的客户。

5. 拉手网的风险控制

（1）过度依赖风险投资，企业自身盈利能力薄弱。

拉手网自成立以来先后获得三轮风险资本投资，融资总额高达1.66亿美金。在巨额资金的支持下，拉手网开始大规模进行市场推广宣传，包括聘请明星葛优代言，在全国一线城市地铁、公交、楼宇电视上进行全方位的营销与宣传。如此大规模的宣传推广一方面是为了抢占市场份额，扩大市场占有率；另一方面也是打造拉手网品牌，与竞争对手区别开来的需要，包括为后面的上市做准备，但这种大规模的市场推广也给企业带来了沉重的负担。

面对困境，拉手网对前期公司推广策略开始进行调整，包括裁员以及停掉 hao123、360 导航、团 800 等知名导航网站的广告投放，全线缩减广告支出。这被普遍认为是拉手网资金吃紧的征兆。在节流的同时，拉手网也在积极开拓新的利润增长点，如推出拉手商城及酒店和旅游团购频道等、扩大公司经营范围、与竞争对手相区别、实施差异化竞争策略。

（2）竞争者众多，同质化严重。

团购网站因其投资小、进入门槛低，一时间大量团购网站蜂拥而起，数量多达数千家。众多团购网站竞争非常激烈，提供的产品和服务同质化非常严重，大多是餐饮、休闲娱乐及生活服务类项目。对于团购网站来说，其提供的服务主要来自商家，因此无论大小团购网站只要拥有商家资源，能够拿到商家更好的价钱，推出的团购就更容易成功。消费者选择团购的首要因素是价格，考虑最多的是性价比是否高以及提供团购的商家是否有信誉，对于由哪家团购网站提供的活动则不那么重要，消费者对网站的忠诚度相对不是很高。因此第一阵营的团购网站如拉手网、美团网、聚划算等同样要面临中小团购网站的竞争。

拉手网的优势在于提供服务类团购项目。在获得三轮风险投资后，拉手网开始大规模推广实物类产品团购，包括筹建拉手商城，介入到商品团购领域，相当于给自己增加了一批比团购网站更成熟，且实力更强大的 B2C 网站竞争对手。在拉手网创始人吴波看来，本地化服务商业模式的对象，既可以包括服务类商家，也可以是商品、金融服务等一切将来发生在周边的服务。但从目前情况来看，在和淘宝的聚划算、京东团购的竞争中，拉手网无论从质量控制还是物流体系都占不到上风。团购本质上是一个营销渠道，但很多人把它当成了销售渠道，销售渠道是要赚钱的，一方面要赚钱；另一方面又要价格低、折扣低，这本身就是一个两难的问题。

（3）快速扩张引发巨大成本支出及相关管理问题。

国内的团购行业之所以选择快速抢占市场策略，一方面由于行业门槛太低，不快速扩张容易被竞争对手超越；另一方面也是对互联网规模效应的迷信，即市场份额足够大的话就能实现盈利。大规模的扩张是建立在大量市场投入基础上的，要维持销售额和用户数量的增长必须不断花钱，2011 年前三个季度，拉手网在销售和市场上的支出超过了 5.2 亿元人民币，而这三个季度的毛利润仅为 8800 万元，照此花钱速度，在不考虑其他成本和支出情况下，拉手三轮总计 1.66 亿美元的融资只能维持一年多的时间。

大规模扩张帮助拉手网实现销售额增长的同时，也带来了一系列的管理问题，拉手网的人员流动率一直偏高，从一些离职人员反馈看，拉手网对员工的管理十分混乱，员工缺乏对公司的认同感，没有形成良性的公司文化，导致工作执行力不高。

（4）消费者的信任度有待提升。

由于拉手网在交易过程中充当的是一个中间者的角色，并不直接向用户提供商品和服务。特别是团购平台介入组织商品、订单、转移货款，甚至是物流售后等诸多环节使得购物流程、客户投诉都变得更为复杂、混乱，往往造成相互推诿现象，影响顾客抱怨的及时解决。据团800网络调查显示，拉手网的用户满意度仅为43%。因此，如何赢得消费者的信任是摆在拉手网站面前的一大难题。影响消费者信任的因素有团购网站的信用、商家的口碑及知名度，团购网站和商家能够提供名副其实的商品和服务。在经历了众多网络欺诈、虚假宣传以及携款潜逃等事件之后，消费者对团购的信用要求越来越高，如果团购项目出现质量问题，消费者的合法权益要能够得到保障。众所周知，团购的项目通常不开发票，因此一旦遇到质量问题，消费者很难维权，这就要求团购网站一方面对团购项目做好审查，把好质量关；另一方面，由团购网站牵头，建立消费者权益保障机制，当消费者权益受到损害时，由团购网站根据实际情况协调解决，对消费者先行赔付，之后再与商家协调处理。

案例2　口碑网经营模式

（1）口碑网基本情况。

网站介绍：口碑网（www.koubei.com）于2004年6月成立于杭州，是中国最大的生活搜索引擎，涵盖餐饮娱乐、租房、买房、工作、旅游等生活消费信息，信息遍布所有大中城市。2008年6月中国雅虎和口碑网整合成立雅虎口碑网。口碑网现是淘宝网旗下网站，致力于打造生活服务领域的电子商务第一品牌。网站为消费者提供评论分享、消费指南，是商家发布促销信息，进行口碑营销，实施电子商务的平台，如图5-4所示。

图5-4　口碑网站首页

创始人情况：李治国，此前曾担任阿里巴巴产品经理。1999 年 10 月，李治国只身来到杭州，随后正式成为阿里巴巴的员工。在阿里巴巴，李治国至今最为乐道的事情是参与了阿里巴巴第一个成功产品"诚信通"的研发。在今天回想起来，李治国认为，打造"诚信通"的经历与其后来创办口碑网的初衷也一脉相承，都是希望依靠网络舆论的力量帮助用户作出选择，并维护用户的利益。不过前者是中小企业，而后者更为广泛，是所有的消费者。2004 年 6 月，在阿里巴巴工作即将满 5 年之际，李治国正式辞职。李治国认为，在不久的将来，网上社区将对百姓生活产生很大的影响，不仅能加强小区内住户的交流，还会通过学校、公司、兴趣圈等渗透到方方面面，给生活带来极大的变化。因此他利用 8 万元启动资金创办了"口碑网"，两年后阿里巴巴集团大约耗资 5000 万元完成了对"口碑网"的战略投资。

企业盈利情况：2008 年 10 月 31 日雅虎口碑荣获"2008 中国最具商业传播价值新媒体调查——生活服务类最具商业传播价值网站"。雅虎口碑网开辟了一种全新的生活服务、分类信息、免费发布与检索模式，能够最大程度地满足用户需求。2009 年 9 月，口碑网并入到亚洲最大的网上零售商圈淘宝网，正式进入到阿里巴巴集团重要的战略——大淘宝战略。作为大淘宝战略中的重要一环，口碑网亦承担着推动阿里巴巴所倡导的"新商业文明"向生活消费领域扩延的使命，以此促进国内生活消费这一重要经济业态持续健康发展。截至 2010 年年初，口碑网注册用户超过 5000 万，并共享淘宝网、中国雅虎等阿里巴巴其他子公司会员，影响 3 亿会员群体，其中绝大多数集中在都市白领以及具有较高消费能力的人群。目前口碑网在 Alexe 排名上显示突破全球 800 名，成为国内首个突破全球 1000 强的生活搜索类网站，牢牢站稳了国内第一的生活服务平台的位置。口碑网已经成为众多大中城市百姓的首选生活社区，并获得多个机构评选的"商业百强网站""成长最快商业网站""全国创新十强""最具商业价值 50 强""最佳 Web2.0 网站"等奖项。

（2）商业模式。

①价值定位。口碑网立足于全国所有城市的同城生活消费领域，涵盖餐饮娱乐、租房、买房、工作、生活超市等生活消费，做好老百姓的本地生活好向导。在未来通过阿里巴巴电子商务生态链，口碑网能彻底打通服务行业资金流和物流等链条，将电子商务应用于服务产业，为国内数千万生活服务网商和上亿老百姓提供全面的生活服务电子商务平台。

②市场环境。生活服务类网站的未来市场空间很大，口碑网在国内的市场份额占领先地位。

③产品与市场的细分。口碑网将产品细分为主要产品和服务以及增值服务两部分。主要产品和服务包括口碑卡、网点、壹推广，为客户提供了简便的客户管理系统、高效的信息展示平台和先进的搜索竞价词服务。同时口碑网也不断推出增值服务，例如，新建的凤凰平台、雅虎关系对推广的辅助以及雅虎口碑网与时俱进举办的各类活动。

④目标客户。口碑网从最基本的生活内容做起，业务范围涵盖房产、工作培训、汽车、交友聚会、餐饮休闲、跳蚤市场等百姓生活各个层面，所以其目标人群为会上网的老百姓。

（3）营销策略

①产品营销策略。本地搜索是口碑网提供给用户的重要服务功能，帮助百姓通过网络和手机终端，随时随地获得最新鲜和全面的周边生活消费信息。口碑网两大行业频道餐饮休闲、房产交易都在同类网站中居首位。其中地图找店和品客点评是口碑餐饮休闲的两大

特色功能，为用户本地化生活提供更加便利和趣味的服务。易赁房产则为百姓提供出租、求租、二手房买卖的发布、查询和交易服务，并拥有国内分类信息领域完善的诚信体系。而本地搜索是口碑网提供给用户又一大重要服务功能，它为老百姓查找各种生活信息提供了更加便捷的途径，并且正引领着业内的发展方向。

②价格营销策略。口碑网在为客户提供了可靠信息后还有价格上的优惠。首先，口碑网有专门的优惠券标签，专门为客户提供各个店铺的优惠券，还有各种优惠信息的及时发布，使感兴趣的顾客可以及时的享受到店铺的优惠。其次，口碑卡还提供了相关店铺的折扣，使消费者在获取信息消费的同时还能享受折扣，享受到最优惠的价格，节省消费开支。再者，口碑卡的积分政策也给客户带来了很好的回馈，消费的同时获取积分，积分可以换取奖励和其他的优惠。

③渠道营销策略。通过发行口碑卡，吸引客户是口碑网的一个营销渠道。口碑卡把商家和消费者进行简单的衔接，给消费者一定的折扣，帮助商家带来些客户。对每一个客户进行很好的客户管理，能让他来长期消费，能够做些精准的营销。通过口碑网准确地知道是谁来消费，这样就能对每一个客户做好管理，能够积累大量的客户数据。这样以后的促销、活动等就可以通过口碑网来做到精准营销了。另一个营销渠道是从商家方面入手，口碑网上发布商家的信息给客户作为参照信息，对商家进行分类。作为口碑网这样的分类内容提供商来说，想具有较强的竞争力和极具地方特色的网站内容、想给商家提供一个系统化的广告服务，建立一个网站和商家之间的高效互动渠道是必要的。通过建立的沟通渠道，可以从商家身上获取一部分利益，同时也对商家有利，实现了双方更好地良性循环和良性发展。

④促销营销策略。口碑网主要的促销手段是利用口碑卡的折扣和支付、积分等功能，促进消费者进行消费。有关淘宝口碑卡的功能：特点一，尽享杭州吃喝玩乐商家最低折扣。持淘宝口碑卡消费，具有VIP身份资格，可享受最低折扣，参加各种优惠活动，享受VIP服务，吃喝玩乐一卡通用。特点二，消费获积分。持淘宝口碑卡消费获得相应积分奖励，使用积分可兑换各种精美礼品。特点三，具有便捷付款功能。淘宝口碑卡具有付款功能，是国内首张集打折、付款、积分等功能于一体的超级打折卡，用卡内金额付款还可以双倍积分，网上、线下充值点均能方便充值。特点四，持卡用户专享活动。"嘀嘀三重礼、iPad、现金天天送"活动，精彩纷呈，等待更多持卡用户专享活动，如"您的参与"。

（4）盈利模式。

口碑网比较成熟的盈利模式主要有流量＋广告模式、内容收费模式、竞价排名模式、会员卡收费模式、优惠券、无线增值服务。另外还有点评模式、增值服务以及注册会员收费、提供与免费会员差异化的服务、产品招商、分类网址和信息整合付费推荐和抽成盈利等形式。总的来讲，口碑网的盈利模式不是很固定，从目前各生活搜索网站的不断尝试来看，未来可能的盈利模式还有创新的标准化产品。

（5）口碑网信用评价模式。

信用评价是电子商务网站和各类企业的核心竞争力的源泉之一。面对竞争对手如大众点评网和饭统网等，口碑网非常重视通过顾客评价传播口碑，进而赢得竞争优势。口碑网给了每一个用户点评推荐的权利，评价和推荐都是有用户名显示的，具有很高的可靠度。让客户自己来筛选出自己所喜欢、所需要的信息，并使别人以此为借鉴进行尝试。商家可以通过这个平台推荐自己的产品，而具体的评价还是由客户来决定，给了客户更加自由更加可靠的信息。商户的排行方式也可以多种选择，可以综合排名，也可以点评数、好评率、折扣、人均等方式排列，方便客户根据自己的需要进行排列方式选择，更加人性化，内容都是不断进行更新的，使用起来非常方便。

思考题

1. 什么是 C2B 模式，C2B 模式的分类及其特点。
2. 简述团购网站的业务流程。
3. 拉手网的经营模式有何创新之处。
4. 口碑网的营销方法如何？

5.2　众包经营模式

5.2.1　众包经营模式概述

1. 定义

众包概念（Crowd – sourcing）来源于欧美，具体的定义是一种特殊的新兴的大众网络聚集方式，它指一个公司或机构把过去由员工或者承包商完成工作任务，以自由自愿的形式外包给非特定的大众网络或虚拟社区的做法。众包的任务通常是由个人来承担，但如果涉及需要多人协作完成的任务，也有可能以依靠开源的个体生产的形式出现。"众包"这一概念实际上是源于对企业创新模式的反思。

中国式众包也可称为威客，源自英文 Witkey（wit：智慧，key：钥匙），是指那些通过互联网把自己的智慧、知识、能力、经验转换成实际收益的人，他们在互联网上通过解决科学、技术、工作、生活、学习中的问题从而让知识、智慧、经验、技能体现经济价值。其代表应用包括 Google answer、百度知道和新浪爱问，以及雅虎知识堂、时间财富网等，这些都没有收费。另外一些，如中国威客网、猪八戒网等，通过任务平台来获得收入。

2. 发展历程

众包这一概念是由美国《连线》杂志的记者杰夫·豪（Jeff Howe）在 2006 年 6 月提出的。但其所描述的商业实践，却早已存在。互联网的出现导致大众沟通成本的大幅降低，是现代意义上的众包活动成为可能的直接原因。2005 年先后出现的 Web2.0 与威客（Witkey）理念，以及近 10 年来大量的用户生成内容（UGC）网站蓬勃发展，都可以理解为众包模式的具体表现。

最早实施众包的"创新中心"InnoCentive 网站创立于 2001 年，由医药制造商礼来公司资助，现在已经成为化学和生物领域的重要研发供求网络平台。10 年来国际创新领先企业（宝洁、波音、杜邦、宝马、Google、Cisco 等）着力推进网络技术与企业科技创新体系的融合，凭借 Web2.0 信息技术的强大交互功能，积极发展基于网络众包的创新模式，并已经取得了超预期的创新成果。例如，宝洁公司通过网络众包模式聚集的全球科技人员超过 200 万人，研发生产力提高了近 60%，35% 新产品来源于公司外部，创新成功率提高两倍多，创新成本下降了 20%，五年来销售收入年均增长 14%。网络众包创新模式日益成为企业科技创新体系的重要补充。而后维基百科的诞生是第一个被称为互联网内容领域最致命、也最成熟的非商业化众包。截至 2012 年 1 月，维基百科的英文版已经创建了 385 万个条目，在全球 282 中语言的独立运作版本更是超过 2100 万个条目，登记用户超过 3200 万人，总编辑次数超过 12 亿次。维基百科在全球前 50 大网站中排名第五，并且是唯一一家非营利性机构运营的网站。与其他商业网站相比，维基百科月均页面浏览量达到 190 亿次，而网站的运营预算费用却远低于其他网站。

尽管众包在中国起步晚，但作为一种新型的商业模式，众包在中国制造向中国创造转型的过程中发展潜力巨大。国内很多企业都已经在做这样一个尝试。例如，中国创新激励中心（Evo-Centvie）也在国内首开先河，构建起为中国所有行业工作者提供展示自身能力的平台。七果网（http://www.7guo.com）就是利用众包模式来建立的一个内容集成平台，通过口水的形式发表的短信一旦通过审核，就会为你带来一定的报酬。人人猎头是移动互联网时代众包招聘的创新者。微差事是临时任务众包平台，帮助用户开发碎片时间的价值。还有搜狗输入法、起点中文网，采用众包的思维和形式，分别生成了数以万计的皮肤设计和词库，或者是超过 700 万的"线上工人"，又或者是数亿的营收。猪八戒网（www.zhubajie.com）是一个典型的现金激励型的网站，需求方有任何创意方面的需求，都可以以现金悬赏的方式发布，由这个网站整合全国范围内的创意从业人员就会帮你解决问题。网站采取由客户定价、全款预付且不退款的规则。所有的提案过程公开进行，创意人员对自己的提案作品负完全责任，任何人都有权查看提案作品。被需求方选中的提案的版权归需求方所有，未被选中的提案的版权归原作者。网站发布的任务大部分来自企业 LOGO 设计、图书封面设计、网站设计以及软件编程或者其他更加个性化的任务领域。2008 年北京奥运会火炬，就是采用公开征集创作和定向委托创作相结合的征集方式。截至 2013 年已经发展了近 8 年时间，众包模式也在不断变化。根据艾瑞最新发布的《中国威客行业白皮书》的调查显示，国内最大的众包网站已拥有 800 余万用户。而更为重要的是，这种用互联网整合大量脑力劳动者进行群体创意的方式为企业研发提供了一种跨越时空的新模式。在这些案例中，借助众包，有些获取了海量 UGC 内容，有些完成了巨额融资，有些大幅降低了成本。

3. 众包网站的发展趋势

众包产于网络，也离不开网络。互联网未来最大价值及红利是众包，是 6.18 亿网民的智慧。其本质是用群众力量驱动商业未来，让非专业人士提供专业内容，使消费者兼为内容创造者。以开放的平台聚集网民的集体智慧，充分发挥互联网大众的互动、评价、创意。在市场需求逐渐走向细分化、用户需求逐渐走向多样化的今天，产品设计由过去的以生产商为主导，慢慢转向以消费者为中心。如果互联网是一场风暴，那么消费者就是这场风暴的中心点。电子商务营销众包正在成为未来的一种必然趋势，因为其核心是"与用户共创价值"，每一个提供众包服务的网民，也都是企业的潜在消费者，在未来，成千上万活跃于众包平台上的消费者，将运用他们的智慧与实践，影响、推动千万中小企业的生存与发展，创造新的电子商务生态链时代。

欧美国家采用众包模式非常普遍，企业至少有 90% 的问题都交给众包服务商，但中国市场才刚刚起步而已，现在至多有 15%。尽管目前国内也涌现了不少类似众包的网站，但是大部分规模都很小，层次还很低，但未来 5~10 年，国内企业交由众包商的业务量将达到 50% 以上。实际上，在中国商业模式服务中心之前，国内已经有不少众包服务商发展壮大。其中最为成功的综合众包商是猪八戒网，其号称拥有 960 万"员工"。倘若数据属实，猪八戒网将成为全球最大的在线外包/众包网站，"员工"人数远超美国众包巨头 Freelancer. com 的 650 万和 Elance. com 的 200 万。因此我们可以预见，未来的网络营销模式中，众包平台将成为公司企业不可或缺的组成部分，而他们的领先使用者也将比任何一家企业的研发部门都更活跃、更具有创造力。说到这里就不难想象，像携手网这样的众包平台为什么会大受欢迎了，三个臭皮匠顶个诸葛亮的众包时代终于到来。

4. 经营模式

（1）目标市场。

众包，如同浪潮，席卷多个产业。互联网众包平台上，不受地区、国别和民族等的限制，只要有能力，谁都有可能成为众包的对象。对公司企业来说，互联网上蕴藏了不可想象的智慧力量，无论是精英还是草根，均可充分整合互联网上的剩余劳动力资源，以开放的平台聚集网民的集体智慧，为全球中小企业提供了一种崭新的在线服务模式，帮助中小企业借力、借势、借资源发展。因此，企业既可以将其作为一种营销策划或者解决问题的求助，也可以整合企业内外资源，构建产品和服务运行机制，形成可持续盈利的整体解决方案。

（2）交易主体和交易内容。

众包商业模式的行为主体分别为发包者、接包者和平台，这三者分别是专业服务企业的客户、资源提供方和专业服务众包平台。发包者是服务的需求方，他们通过互联网平台发布需求；接包者是任务的接受者和服务的提供方；平台是企业自身，是发包方和接包方联系的桥梁，也是交易的促成者、信息交流和费用流通的渠道，如图 5 - 5 所示。

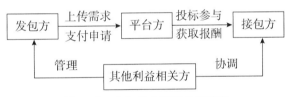

图 5 - 5　众包的主要角色和流程

①发包方。

众包商业模式的发包方是指公司或者拥有工作任务需要解决的个人，他们在通信技术迅猛发展、经济全球化浪潮以及产销合一的环境下，力求摆脱自身资源、能力束缚，寻求外界突破时间、空间限制的具有创新价值来源的先驱者。对于发包方来说，其发布任务的方式有两种：一种是在公司网站上直接发布，以悬赏的方式吸引众多的网民来参与问题解决，我们称其为"解决者"，这种方式避开了中介机构，因而其问题解决的成本更低。另外一种方式就是通过中介机构，通常是网站社区协会等，发包方与新型网络签订合约，合约中包括了需要解决的问题、价格和售后服务条款等。

②接包方。

众包商业模式的接包方是数量众多的互联网用户，他们既可以是有一技之长的专业人士，也可以是非专业的兴趣爱好者和社区的参与者。每个网民个体都是物质、信息、知识资源的集合体，存在可值得挖掘空间，需要公司或机构在引导过程中实现资源外溢，并加以利用。他们数量巨大，分布在世界各地，属于深度触网的网民，通过网络社区分享专业知识和工作经验，也寻求工作机会，利用业余时间创造收入。全球范围有兴趣和能力研究该难题的人或团队通过在中介机构注册，认可有关优胜解决方案的选择、悬赏兑现以及知识产权处理办法等协议，成为"解题者"，实施解题活动，借助互联网递交解决方案。

③平台方。

平台是沟通发包方和接包方的桥梁，平台由企业搭建，面向企业用户或个人用户。在专业服务众包模式下，企业建立一个开放的或半开放的平台，使外部资源和客户吸附于这个平台，形成透明的信息交换机制。用户通过平台检索信息，发布任务，接包方则通过平台接受任务，最终双方通过平台完成一次服务和资金的传递。如网络零售巨头亚马逊推出了提供众包服务的平台 Mechanical Turk（Beta 版），企业用户针对的是那些需要以数美分起价外包简单计算任务的公司，而个人用户将通过完成某项工作获得小额的报酬。

④其他利益相关方。

众包商业模式的利益相关方既包括公司或者机构内部员工，也包括外部合作伙伴及服务机构，如供应商、生产商、第三方物流、银行、律师事务所等，甚至包括政府、竞争对手。而外部利益相关方、公司或机构与供应商、生产商、研发机构等合作者的关系也在转变。此外，与众包相适应的电子支付系统、物流交付，以及涉及知识产权归属、保护法律、法规的政府部门，甚至还需考虑到竞争对手的员工参与众包任务导致的商业机密泄露等问题。由此可见，众包商业模式是各种利益群体相互权衡、协调的集合体。

（3）运营模式。

众包商业模式是采用众包的公司或机构通过与平台方签约，缴纳一定的保证金额，然后将工作或任务的具体要求、悬赏金额等发布在第三方平台上。接包方根据自身的兴趣以及知识、技能，选择工作和任务，并提交结果。第三方平台在收集、整理结果后，将其反馈给发包方评审。一旦有工作或任务通过，平台方将向接包方支付奖金，并收取发包方相应的平台费。总之，平台方自身没有发包产品和服务，而是发包方和接包方的市场组织者，并以向发包方收取平台佣金作为盈利点。

目前，较为成熟的众包商业模式包括大众参与内容创造的维基模式和对传统产品、服务按照众包重新架构的价值链模式。维基模式是在开放源技术支撑下，应用众包理念的新型商业模式；价值链模式可视为对传统产品、服务，依照众包理念重新架构网络商业模式。

维基模式有其独特的特征：公司或机构属于内容网站，其产品或服务即网站的内容，该内容是动态的、自由的，不断地更新或者创新是网站的基本特征；公司或机构仅依靠自身的资源和能力难以应对数量巨大或者需要时常更新、维护的产品或服务，存在耗时长、成本高等企业自身难以克服的难题，这也是企业或机构采用众包商业模式的主要动力；公司或机构将自身的产品或服务众包给大规模社区或者非特定社区的网络大众，大众可基于维基技术创建、编辑、修订、增补、删除（或仅包含部分权限）相关内容，即大众属于内容提供者、写作者，同时也是产品和服务的享有者、评价者、监督者，角色多元化。

众包的价值链模式是指企业摒弃占据关键环节的传统思维，让大众尽可能的参与价值链各个环节，重新构建价值链体系。企业最大限度的退出价值链活动，通过众包和外包的结合，实现自身组织结构扁平化、弹性化，提升灵活性，角色更像是流程再造者、后台维护者，大众按照固定的流程、规则参与其中。由此可见，价值链模式是将众包的理念应用于传统观念中的关键技术开发环节，并以此为中心扩展到价值链的其他活动。企业跳出产品的技术开发，专心网络技术的开发延伸，并重新定位自身的价值链活动。并非所有企业的技术开发活动都可众包，就目前成功的案例来看，设计开发的产品必须是大众熟知的、能够发挥创造力的、个性化的事物，不需要特别专业的技能，产品使用、维护简单，即使千奇百怪的设计却具有物流、生产、售后服务的共性，方便公司幕后运营。而从设计拓展到营销、销售等各个环节也是每一个社区成员在既定规则下能够驾驭的流程，社区更像是每个成员实现创业梦想的一个平台，设计者肩负起许多本应该由公司耗费人、财、物力的责任和义务。

（4）盈利途径。

众包模式的收入以收取中介费用为主，收取发包方的费用，然后按照一定比例的分成，将费用付给接包方。根据服务工作的难易程度和费用的高低，这一收入模式具体有三种形式：预付费、赏金制和订金制。由于众包网站出现的时间不长，广告收入在这一类网站的收入中所占的比例还非常小。

①预付费。

这是众包模式普遍采取的收入模式。发包方在将任务上传给平台，全权委托平台代为选择合适的接包方，平台会根据服务内容的难易程度、时间要求等给出报价，发包方需要在下单的同时将费用预付给平台。这一收入模式适合于较为简单、规范的服务工作，产生的费用通常在千元以下，如购买一张图片、翻译一份简历等。

②赏金制。

赏金制适合规模中等的项目，如标志/LOGO 的设计、活动策划等。发包方将任务全权委托给专业服务众包平台，同时交纳任务全款。平台发布任务后，多位接包方在规定时间内同时完成任务，提供多个方案，平台从中选择最佳方案交给发包方。发包方接收服务后，平台将扣除中介费后的服务费交给中标的接包方。

③订金制。

订金制适合大型的项目，如大型网站设计、程序或软件的开发等，费用高、周期长。发包方将任务委托给平台发布，同时预付一定比例的订金。在多个接包方投标后，由平台代为选择最佳投标人承接任务，发包方在收到接包方完成的任务且满意后再将余款补清。根据项目金额的大小，发包方也可以选择一次性或分期付款。

④广告收入。

主题明确、人数众多、形式活跃的社区往往成为众多商家投放广告的目标，这不仅是众包商业模式的收入流，也是众多虚拟社区维持生存主要方式。广告费受客户群体的针对性、流量、广告点击量等众多因素影响，针对性越强，流量越大，点击量越高，广告费收入越多。

⑤其他收入。

虚拟社区的收入方式还有很多。例如会员费，根据注册用户不同的服务要求将会员分为不同等级，高等级即要求高附加值服务的会员收取相对较高的费用，例如 istockphoto 的图片求购者对图片质量要求越高，支付的费用越高。再者第三方应用平台收入，即第三方开发商针对相同的目标市场开发的相关应用，例如，社区中原本没有的游戏、视频、播客等应用内容，公司或机构可收取相应的社区平台费用作为收入方式，即为专注于自身业务的同时实现共赢，也为提升社区群体的粘着力，更好服务大众。其他的收入方式还有很多在此不再赘述。

众包商业模式应认真考虑收入来源。为了更好地吸引大众和客户，对该类群体的收入可能是薄利多销的方式，靠量多价低制胜。但由于互联网的普及，众多消费者可以通过网络方便的搜寻到更多的产品或服务提供商，全球总会存在定价更低的情况，因此公司或机构不能单纯依靠低价取胜，而是低成本与差异化共存，或者低成本与全套解决方案相搭配等方式提升客户附加价值，留住大众和客户。再者，众包商业模式的收入来源也可以来自于二级客户，即广告商或者第三方平台商等，他们看中的是社区的眼球经济以及粘着力，因此公司或机构应该在获取和保留社区群体的基础上，将收入主要来源对准该类高付费群体，不过在实施的过程中应该注意避免大众和客户的抵触。

5. 风险因素及控制机制

众包在中国还是一种比较粗糙的"商业模式"，在中国仅在部分中小企业和较小的领域得到发挥，还是处于初级发展阶段。

众包只是管理，而不是一种真正的模式。众包也是需要前提条件的，这些条件就是：首先，能激起人们的参与兴趣；其次，参与者有空闲时间，否则无法保证持续参与；再次，构建起具有撮合功能的平台，能让其发挥出沙里淘金的作用；最后，任务单一而明确，大多数人能正确理解并能试着去解决，最终从大量的方案中找到最佳；任务的解决呈现出多样和偶然性，应用其他方式不如众包具有优势。可见众包很难独立存在，需要依托于一个更大的、有别的收入来源的平台、社区来凝聚用户，否则就不可能让他们"顺便"完成众包任务。因此众包模式决非普遍适用的模式，它很难具备商业模式应该具备的稳定性、持续性、扩张性，而且如果没有有用知识的广泛分布，也不可能良好地运作。

任何一种商业形态的出现，必然会引起针对这个业态的健康运行而修订出相应的法律和规范来。众包的出现，即给法律工作者提出了新的法律课题。要使得众包能够成为我国众多的中小企业降低生产成本、提升竞争力和引领市场潮流的有效途径，就必须为这种经营模式作进一步的规范和完善。比如不仅要健全知识产权制度，还可以借鉴银行系统的做法建立用户身份认证制度，对用户身份进行实名制，为众包在中国的发展创造一个良性的信用环境。众包平台也存在着自身的缺陷，比如文化差异造成的沟通障碍、竞标者的抄袭纠纷以及招标者的诚信问题等。由于众包的来源主要是学生和部分专业人士，加上大项目使用众包的模式存在较高的风险，所以，目前只在部分中小企业和个人之间实用。

6. 众包经营模式的优劣

在美国，众包模式已经获得了巨大的商业成功。当前我国也涌现了不少网络众包网站，如 K68、任务中国、淘智网、脑力库、猪八戒网等，但基本上属于网络众包模式在信息处理和简单创新问题外包等初级应用范围的简单尝试，急需理论体系的引领；其次，国内主流企业的参与不足，也与国外创新领先企业倾力打造基于网络众包的开放式创新体系形成强烈反差，问题的关键是企业界对于知识经济时代信息化与科技创新体系结合所蕴含的巨大价值缺乏认识，制约了发展思路的拓展。同时，国内该类网站的整体需求层次还较低，多是取名、名片 LOGO 设计等，也没有形成有效的产业推进效应。希望采纳众包商业模式的企业必须认真思考包括自己到底要什么，以及如何筛选出智慧，以及如何根据成果支付给参加者的报酬型商业模式等问题。否则就急忙建立消费者社区，会导致企业在发展道路上的不确定性。但是，星星之火、可以燎原，相信随着国内互联网发展的逐渐成熟，众包模式的产业链推动效应以及其促进知识、智力的生产力转化作用会越来越明显。

5.2.2　众包经营模式案例

案例 1　猪八戒网经营模式

1. 猪八戒基本情况

网站介绍：猪八戒网（http：//www.zhubajie.com）成立于 2005 年年底，是中国威客行业最早创立的一批威客网站，经过这些年的发展，中国威客行业大浪淘沙，猪八戒网已经发展成为中国威客行业的领头羊，引领着中国威客行业前进的方向。其服务交易品类涵盖创意设计、网站建设、网络营销、文案策划、生活服务等多种行业。分布在世界各地的威客通过猪八戒网将自己的知识、智慧、创意等转化为货币。猪八戒网现有 50 多万名威客，他们主要为各种机构、企业组织、社会团体以及个人提供在线工作服务，为企业、公共机构和个人提供定制化的解决方案，将创意、智慧、技能转化为商业价值和社会价值。猪八戒网是重庆市伊沃客科技发展有限公司独立运营的网站，如图 5-6 所示。

图 5-6　猪八戒网站首页

创始人情况：朱明跃，猪八戒网创始人。曾做过三年老师、一年公务员，八年媒体记者。中国新闻奖获得者，曾荣获第三届重庆市"渝中区十大杰出青年"荣誉称号。2006 年10 月辞去重庆晚报首席记者工作，创办猪八戒网。依托猪八戒网这个新媒体平台，致力于创意和营销领域的研究和实践，创建"中国百强商业网站"。

企业盈利情况：2006 年 9 月猪八戒发布新鸥鹏集团 30 万元任务是为中国威客第一单。至 2013 年 8 月 1 日，用户总数突破 960 万，交易额突破 25 亿元，日均增长达 200 万～400 万元，交易总数超过 180 万件，总用户数量达 900 万，活跃用户超过 700 万，买家遍及中国、美国、英国、日本和印度在内的 25 个国家和地区，占据了威客行业 50% 以上的市场份额。2011 年猪八戒网获得 IDG 千万级美金投资，并被评选为中国 2011 年度"最佳商业模式十强"企业。猪八戒网获得由商务部颁发的"2013—2014 年度电子商务示范企业"荣誉称号，猪八戒网已经发展成为中国虚拟电子商务领域的"淘宝网"。

2. 商业模式

（1）价值定位。

猪八戒网的战略目标是创造一个没有门槛，只要有本事就能拿悬赏金，知识和智慧充分体现价值；让人容易发展潜力、展示才华的地方！为广大威客提供一个公平、公正、公开的威客平台，为企业提供信息。

（2）客户定位。

作为一个为交易双方提供交流的平台，猪八戒网站的客户主要是拥有一定技能的威客和想通过互联网获得帮助的企业或个人，当然还包括那些想通过猪八戒网站发布广告的企业及那些想从猪八戒网站获取注册用户资料的机构等。目前，猪八戒的用户增长非常迅猛，他们主要包括设计师、网络程序员、撰稿人、策划人等各个职业人群以及在校大学生。

（3）产品与市场的细分。

猪八戒网将产品细分为主要产品和服务以及增值服务两部分。猪八戒网的主要产品和服务有工作室、诚付宝、网盘、在线悬赏平台和威客社区。猪八戒网的普通会员在申请金牌会员服务后可以享受网站给予金牌会员提供更多的增值服务。

（4）服务项目。

创意设计包括标志设计、LOGO 设计、网页设计、宣传品设计、包装设计、产品/工业设计、动漫设计、照片图片美化、书籍装帧设计、服装设计、名片/卡片设计、PPT 设计、其他设计；营销推广包括网络营销、网店装修、微博营销、搜索引擎优化、其他推广；程序开发包括网站开发、软件开发、移动应用开发、其他开发；文案写作包括起名取名、软文写作、论文写作、宣传文案、产品文案、新闻稿撰写、品牌故事创作、公司策划、广告语、歌词、短信彩信创作、出版印刷、其他写作；商务服务包括市场调查、翻译、商标专利、工商财税、法律、文职招聘、其他商务服务；装修服务包括家具装修、工程设计、建筑设计、定制家具、其他装修；生活服务包括创意祝福、网游、人脉资源、跑腿、咨询、家政、搬家、婚庆、家教、旅游、DIY 生活、其他生活服务；配音影视服务包括影视创作、配音、其他影音。

3. 经营模式

猪八戒网站主要由任务悬赏系统、定价和交易系统、信用评价体系等部分组成，通常还包括为威客做个人展示的博客网页。它一方面为各种机构、企业组织、社会团体以及个人提供网上在线服务，另一方面为能够上网，并能在网上从事各种工作任务的网民提供工作机会。

猪八戒威客网的注册客户可以根据自己需要的东西发布悬赏并设立时限，悬赏金额从几十元到几万元不定，赏金由客户在发布任务的同时就全额支付给网站。时限通常在7~15天之间，根据任务的难易程度由客户自主决定。任务发出之后，网站的所有注册用户都可以在悬赏时间内向某个悬赏任务投标，最佳方案由客户选定。在投标的过程中，网站采取公开交稿机制，但可以通过技术手段，设计师设定编辑密码以防止有人篡改，并可将作品打上水印或者设为仅会员可见，以此来减少会员抄袭，防止企业自己批马甲套取会员作品。一旦客户选定中标方案，网站就把客户悬赏金的80%支付给中标网友。完成交易后，作品版权归客户所有，该作品设计师只有署名权。如果流标，客户也只能更改任务要求或增加悬赏金额继续竞标：客户如果无满意作品可以追加10%以上费用延期征集；如果无人交稿，客户需要追加50%以上的费用继续延期征集。用户可以通过会员博客展示自己的技术才能和已完成作品，以吸引企业或个人来选中，如图5-7所示。

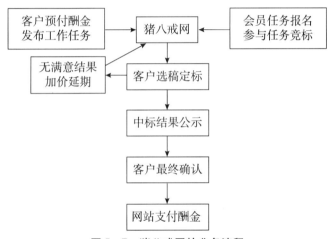

图5-7　猪八戒网的业务流程

猪八戒网的在线工作平台流程具体到买家流程是：发布任务需求→将赏金托管到诚付宝→确定中标商品→中标者从诚付宝提现具体到卖家流程参加任务竞标→被任务发布者选中→完成实名认证→从诚付宝提现。这种自助投标模式，威客的成果由用户和网站确认，再通过公示结果，在大家的监督下进行，力求公正，公平。

4. 盈利模式

猪八戒的利润主要是威客的劳动成果分成。同时也有广告收入、接手公司业务、提供金牌会员服务等利润来源。

（1）威客的劳动成果分成。

提供平台的服务费，这种费用的收取是双向的，有人曾对此有过异议。但目前威客的运营方式也都大同小异。收费原则是不用退费。

（2）广告收入。

猪八戒在当地和其他地方都是小有名气的，在媒体报道里，很多慈善活动、文化活动都是由猪八戒的人员组织的。网站有很大的影响力。

（3）接手公司业务。

猪八戒威客网不仅仅是被动让客户寻找自己，而且也在主动联系客户。在接手大量的公司业务之后，在通过发布任务，由威客们完成，这是一种一举两得的做法。

5. 猪八戒网的特色

纵观猪八戒网发展壮大之路，发现有三点值得注意。

（1）发现创意服务的巨大市场。

猪八戒网立足西南，在一个互联网环境相对落后的地方，打造了一个具有世界影响力的互联网商业平台，很大程度上在于其创始人朱明跃对于创意服务市场的把握。如同实物电子商务需要阿里巴巴等这样的中间平台一样，知识、智慧、技能、经验以及在此基础上形成的创意产品通过互联网进行交易显然也需要一个中间平台。但是，由于知识、智慧、技能、经验这些虚拟产品因为没有标准的答案，而且生产成本相对实物商品来说较低，因此诸如此类的虚拟产品交易就不能仅仅按照实物电子商务模式这样一对一进行，而应该在多个产品（作品）中选优。在这个基础上，朱明跃创建了猪八戒网这个虚拟电子商务交易平台，才有了招投标的模式。

（2）求新求变的探索精神。

猪八戒网基于世界创意经济走势而推出的"创意板"，于2010年11月大刀阔斧的"腾云 II"改版等。关于创意板，按照猪八戒网的官方解释，指的是猪八戒网依托其430万创意人才资源和相对成熟的创意交易服务体制的优势，针对企业、政府、机构等客户广泛存在的创意需求，提供的一款创意产品，旨在帮助客户在全球创意时代建立属于企业的创意中心，以大众智慧解决客户的创意需求问题。

创意板有两大核心功能，一块是命题创意，一块是自由创意。命题创意是指雇主把指定的任务主题发布到创意板，威客根据雇主的任务要求进行创意工作，雇主选择最优方案进行付费，跟悬赏任务相似。自由创意则是一种全新的模式，在这种模式下，所有的威客可以自由地为客户提供意见和建意，客户为采纳的方案付费。

创意板实质是猪八戒网的一种资源整合策略。雇主到猪八戒网上发布任务，主要有三种，一种是诸如广告语征集、LOGO设计这种要求大众参与的任务，悬赏费用不高，但能收到成百上千份方案；一种是诸如程序设计等外包工作，雇主可以在猪八戒网上找到各个行业的高手，委派工作；一种是诸如发帖营销这种看重猪八戒网独特的网络推广模式的任务。这三种任务目前猪八戒网都有相应的产品帮助客户实现需求，但是一种广泛存在于雇主之间的创意需求猪八戒网却没有产品承载。基于此，创意板这一款可以承载企业传播需求、外包需求、悬赏需求以及集纳创意需求的产品就有了雏形。不过，这还仅仅整合了创意产业的需求方，在供给方威客方面，创意板则通过虚拟员工这种方式，建立起了企业与威客的联系，使威客对企业保持长期的关注，在这个过程中加深对企业的认识，由此可以提出一些对企业具有建设性的意见或建议，并获得相应的报酬。

（3）塑造完美的"客户体验"。

威客网站由于交易的是知识产品，具有无形性和一次消费等特征，更增加了交易的风险。对于买方来说，全额预付款后会不会收到作品，收到什么样的作品，能不能挑选出满意的作品等都是未知的；对于卖方来说，自己的创意作品会不会被选中，会不会被别人剽窃，中标后会不会收到付款等也是不可知的。在这样的情况下，双方成交的可能性几乎为零。猪八戒首先看到了这一矛盾，在网站服务方面，包括全额退款，体验付款等一系列打破传统威客模式规则的新的服务推出，在信用方面使用"第三方支付担保""消费者保障"和"威客认证"等技术减小这些风险的同时，猪八戒提出"阳光作业"的口号，努力用"公开"的方式将自己打造成为"中国最诚信的威客在线工作平台"。

6. 猪八戒网的风险控制

（1）诚信问题。

威客是建立在诚信的基础上的。因而，诚信也是威客网站发展中不可回避的问题。然而，威客网站在解决诚信问题方面存在一定困难。首先，威客与任务发布者的诚信取决于个人的品德。其次，网络的虚拟性和交易产品的电子性也决定了威客在对诚信方面的管理存在一定困难。如果不能较好地解决诚信问题，必将打击威客的积极性，影响威客网站的正常发展。

（2）竞标问题。

目前，国内大多数威客网站获得悬赏金的形式是采用公开作品竞标方式进行的。这一形式有诸多不合理的地方，如导致威客智力劳动的浪费、不利于高端任务的发布和承接、信息泄密较容易发生等，这些问题都对威客网站的发展产生了制约。如何避免智力劳动的重复和浪费是当前威客网站有待解决的难题之一。按照项目管理的理论：项目获得成功的关键是开发方与用户方的深入交流，项目管理的重要目标便是建立一个有利的环境，以便于促进开发方与用户方之间的深入交流。然而，当前的威客竞标制度是在作品完成之后通过竞标的方式才选中中标者的，威客与发布者在作品完成之前两者之间几乎没有任何沟通，更不用说深入了解对方。因而，也导致任务完成者很难实现一流的作品，在更高的程度上满足发布者的要求。

（3）报酬支付问题。

现有的支付体系还不够严密。任务发布者和承接人都需要有一个类似于"支付宝"的第三方交易渠道作保障，而不是威客网站本身认证，这样才更加可靠和客观。这个渠道除了身份信息核实外，还应增加银行账户信息核实，以极大提高其真实性。毕竟，在网络上办事靠的就是"诚信"二字。如果连这个基本要求都达不到，凭什么让人相信威客完成了对方的要求后，他会如数付款。

案例2　任务中国经营模式

1. 基本情况介绍

任务中国（www.taskcn.com）是一个为消除劳务信息的地域差异、为广大有能力工作者们建立的2010年后主流工作平台之一，2006年初创办至今均采用实名注册制。任务中国致力于帮助雇主们（中小企业和个人）将主营业务以外的项目找到适合的工作者合理地完成，并为广大社会闲余劳动力创造工作机会，如图5-8所示。

创始人简介：钟聪华是任务中国的CEO，他拥有8年的互联网产品、营销、战略成功经验，拥有广泛的媒体资源，曾历经腾讯、TOM在线等上市企业并创造了优秀业绩，著名的QQ软件Web和TOM-Skype推广运营均出自钟先生手笔。2006年获国际数百万风险投资创立任务中国网站，组建北京亿信互动网络科技有限公司。

图 5-8　任务中国网站首页

企业盈利情况：自推出以来，任务中国以"诚信至上"为准则，现有威客三百多万，1500 万企业用户，4 千万的任务总金额。另外，任务中国也是中国 IT 外包供应商最多、性价比最高的外包交易平台。数十个国家的企业或个人在此成功解决外包项目，平台曾被中央电视台、新华网、国际电台等大量媒体报道，甚至被美国商务部列入数据考察项目。

2. 商业模式

任务中国主要客户群体是中小企业者、高级白领、自由职业者等各界人士，作为真实可靠的实名制网站，雇主与工作者之间可以在这里通过任务的形式进行交易，任务款可以通过"任务宝"的第三方存管功能得到 100%保障，工作者们还可通过任务中国将自身的能力展示出来以吸引雇主直接在线雇佣。任务中国的用户被划分为雇主和工作者两种：雇主是有需求等待实现的人群；工作者是自由职业者、工作室或中小企业等，在任务中国上为雇主解决需求的人群。

3. 产品与服务

（1）全款悬赏频道。

全款悬赏任务是为完成步骤相对简单的任务搭建的平台，在此平台上雇主支付任务赏金，发布任务信息，从众多威客的作品中即可挑选出满意的作品。

（2）新招标任务频道。

订金招标任务是为完成步骤相对复杂的任务量身定做的平台，让买卖双方自由协商，达成交易。任务中国提供中间服务，最大限度地促成交易。在此产品平台上发布者可以托管订金发布任务信息，承接者根据任务信息，提出解决方案和报价，双方达成一致协议后，承接者即可为发布者完成任务。

（3）任务宝。

由任务中国与腾讯财付通联合推出的供用户进行网上交易的支付平台。任务宝旨在建立信任、化繁为简，建立交易双方完善的信用体系，保证网络交易和支付安全。"任务宝"安全快捷。任务赏金由第三方管存，使双方交易快捷且有保障。使用"任务宝"付款或者提现完全免费，将100%获得任务收益。

（4）资讯频道。

涵盖 IT 界最新资讯，为客户解读职场人生，给出最流行的设计教程，讲述威客们的真实生活。

（5）社区。

任务中国的网络舆论中心，以便捷、稳定、友好的互动平台为威客提供生活化、多元化的资讯交互服务。

（6）咨询顾问。

以简单的手续，让客户满意的保证，任务中国的专业人才在任务周期内为威客服务，节约威客的时间和精力。

（7）找服务。

任务中国打造展示能力与作品的平台，汇聚了各领域的行业精英，集中展现多元化的服务信息。

4. 经营模式

任务中国的在线工作平台流程是免费注册用户→点击发布悬赏→提交项目要求→支付赏金托管→正式发布项目→威客参与项目→项目截止评标→中标结果公示→成果权益交接→确认支付报酬→项目圆满结束。这种自助投标模式，威客的成果由用户和网站确认，再通过公示结果，在大家的监督下进行，力求公正，公平。

5. 盈利模式

任务中国网站的收入来源可以包括佣金、广告及出售注册客户资料信息等。其中，发布招标需支付50元或者99元任务发布费，交易成功佣金是通过从交易金额中抽取5%的费用。广告收入主要来源于从网站广告公司获取的收入。作为专业的网站，任务中国网站是一类点击率比较高的网站，很多广告公司必然关注该网站对网民的吸引力，因此会在上面刊登广告。另外，任务中国一般要求交易双方必须注册才能够发布信息，这些客户注册信息对于一些经营许可营销的公司来说是非常有用的信息，任务中国可以将自己的用户资料信息出售给这些公司而获利。

思考题

1. 简述众包模式的概念。
2. 众包的经营模式有什么特点？
3. 众包商业模式在我国的发展以及存在的问题。
4. 猪八戒网站和任务中国网站的优缺点。

参考文献

［1］唐洋华．团购网站的运营模式分析——以拉手网为例［D］．北京交通大学，2012.

［2］任国慧．网络团购商业模式的运行机制与评价研究［D］．山东大学，2012.

［3］曹丽，尤颖．基于 Groupon 的中国网络团购运营模式及发展对策研究［J］．江苏商论，2011（9）.

［4］蔡军，田剑．国内网络团购发展模式、问题与对策研究［J］．电子商务，2012（1）.

［5］马薇，鲁梁，华艳辉．电子商务环境下网络团购的发展状况分析［J］．中国商贸，2012（4）.

［6］朱雅杰．众包商业模式要素模型及运行机制研究［D］．山东大学，2011.

［7］魏拴成．众包的产生、发展以及构建众包商业模式应遵循的路径［J］．上海管理科学，2010（1）.

［8］谢旭阳．众包商业模式及其构建原则探讨［J］．商业时代，2012（12）.

第六章　新型电子商务模式

6.1　Web2.0 电子商务

6.1.1　Web2.0 电子商务概述

1. Web2.0 概述

"Web 2.0"的概念 2004 年始于出版社经营者 O'Reilly 和 MediaLive International 之间的一场头脑风暴论坛。身为互联网先驱和 O'Reilly 副总裁，Dale Dougherty 指出，伴随着令人激动的新程序和新网站间惊人的规律性，互联网不仅远没有"崩溃"，甚至比以往更重要。更进一步说，那些得以活过泡沫破裂的公司之间似乎拥有某种相同点。难道是破裂标志着互联网的一个转折点，因而导致了诸如"Web 2.0"这种运动？我们同意这种说法，"Web 2.0"的概念由此诞生了。Web2.0 则更注重用户的交互作用，用户既是网站内容的浏览者，也是网站内容的制造者。所谓网站内容的制造者是说互联网上的每一个用户不再仅仅是互联网的读者，同时也成为互联网的作者；不再仅仅是在互联网上冲浪，同时也成为波浪制造者；在模式上由单纯的"读"向"写"以及"共同建设"发展；由被动地接收互联网信息向主动创造互联网信息发展，从而更加人性化。

在那个会议之后的一年半的时间里，"Web 2.0"一词已经深入人心，从 Google 上可以搜索到 4.7 亿以上的链接。但是，至今关于 Web 2.0 的含义仍存在极大的分歧。

早期的网络营销不外乎是透过电子邮件发送、弹出式视窗、横幅式广告等几种手法。最常见的例子就是入口网站将其网页上的广告空间待价而沽，等到广告商上门之后，入口网站再依点选率或是摆放时间的长短来收取费用。这样的缺点是，广告商永远无法知道你所摆放的广告是不是真的接触到你的目标客户，还是只是在茫茫的网海中找寻一两个真正有需求的消费者。

然而，抛开纷繁芜杂的 Web 2.0 现象，进而将其放到科技发展与社会变革的大视野下来看，Web 2.0 可以说是信息技术发展引发网络革命所带来的面向未来、以人为本的创新 2.0 模式在互联网领域的典型体现，是由专业人员织网到所有用户参与织网的创新民主化进程的生动注释。

2. Web2.0 的主要特点

（1）用户参与网站内容制造。

与 Web1.0 网站单向信息发布的模式不同，Web2.0 网站的内容通常是用户发布的，使得用户既是网站内容的浏览者也是网站内容的制造者，这也就意味着 Web2.0 网站为用户提供了更多参与的机会，例如，博客网站和 Wiki 就是典型的用户创造内容的指导思想，而 Tag 技术（用户设置标签）将传统网站中的信息分类工作直接交给用户来完成。

（2）Web2.0 更加注重交互性。

不仅用户在发布内容过程中实现与网络服务器之间交互，而且，也实现了同一网站不同用户之间的交互，以及不同网站之间信息的交互。

（3）符合 Web 标准的网站设计。

Web 标准是国际上正在推广的网站标准，通常所说的 Web 标准一般是指网站建设采用基于 XHTML 语言的网站设计语言，实际上，Web 标准并不是某一标准，而是一系列标准的集合。Web 标准中典型的应用模式是"CSS + XHTML"，摒弃了 HTML4.0 中的表格定位方式，其优点之一是网站设计代码规范，并且减少了大量代码，减少网络带宽资源浪费，加快了网站访问速度。更重要的一点是，符合 Web 标准的网站对于用户和搜索引擎更加友好。

（4）Web2.0 网站与 Web1.0 没有绝对的界限。

Web2.0 技术可以成为 Web1.0 网站的工具，一些在 Web2.0 概念之前诞生的网站本身也具有 Web2.0 特性，例如，B2B 电子商务网站的免费信息发布和网络社区类网站的内容也来源于用户。

（5）Web2.0 的核心不是技术而在于指导思想。Web2.0 有一些典型的技术，但技术是为了达到某种目的所采取的手段。Web2.0 技术本身不是 Web2.0 网站的核心，重要的在于典型的 Web2.0 技术体现了具有 Web2.0 特征的应用模式。因此，与其说 Web2.0 是互联网技术的创新，不如说是互联网应用指导思想的革命。

（6）Web2.0 是互联网的一次理念和思想体系的升级换代，由原来的自上而下的由少数资源控制者集中控制主导的互联网体系，转变为自下而上的由广大用户集体智慧和力量主导的互联网体系。

（7）Web2.0 体现交互，可读可写，体现出的方面是各种微博、相册，用户参与性更强。

3. Web2.0 的典型应用

（1）Blog——博客/网志。

Blog 是 Weblog 的缩写，是一种网上共享空间，以日志的形式、按照日期顺序发布事件或发表自己的个人内容。Blog 的交流主要是通过反向引用（Trackback）和留言/评论（Comment）的方式来进行的。用户可以把 Blog 作为个人的资源库和展示中心，获取并链接全球互联网中最有价值、最相关、最有意思的信息与资源。

（2）Tag——互动标签。

一种网络用户根据个人对内容的理解、运用自由定义关键词的方式进行协作分类的活动。它最早使用于图书馆的书籍标引工作。与图书馆分类法必须要求严格按照要求对书籍进行内容划分不同，Tag 标引更为自由，每个用户可以自由的为某些资源做标注，用以区分资源的性质。

（3）SNS——社会化网络软件（Social Networking Service）。

SNS 是 Web2.0 体系下的一个技术应用架构，它是基于六度分隔理论运作的。在 Web2.0 的背景下，每个用户都拥有自己的 Blog、自己维护的 Wiki、社会化书签或者 Podcast，用户通过 Tag、RSS 或者 IM、邮件等方式连接到一起。按照六度分隔理论，每个个体的社交圈都不断放大，最后成为一个大型网络，这就是社会化网络（SNS）。在 SNS 的帮助下，可以轻松认识"朋友的朋友"，通过认识的人找到需要的人，扩展自己的人脉，可以更科学地管理人际网络资源，为自己赢得更多的机会。

（4）RSS——站点摘要（Really Simple Syndication）。

RSS 以 XML 为基础，是站点用来和其他站点共享内容的一种简易方式。它把网站内容如标题、链接、部分内文甚至全文转换为 XML 的格式，以向其他网站供稿，使用户可以用一般的浏览器观看，也可以用特殊的"阅读器"软件来阅读。并且有了 RSS，你只要将需要的内容订阅在一个 RSS 阅读器中，这些内容就会自动出现你的阅读器里。因此 RSS 被广泛应用于 Blog 中，用来看别人的 Blog 有没有更新。

（5）BT（Bittorrent）。

一种基于 P2P 的多点共享协议软件，由美国加州一名叫 Bram Cohen 的程序员开发出来。和通常的 FTP、HTTP 下载不同，使用 BT 下载不需要指定服务器，实际上每个用户在下载的同时，也在作为信源上传。这种情况有效地利用了上行的带宽，也避免了传统的FTP 大家都挤到服务器上下载同一个文件的瓶颈，加入下载的人越多，实际上传的人也多，其他用户下载得就越快。

6.1.2　Web2.0 电子商务案例

案例1　"野兽派花店"微博经营模式

"野兽派花店"，这个名字则被更多文艺青年所熟悉。没有实体店，甚至没有淘宝店，仅凭微博上几张花卉礼盒的照片和 140 个字的文字介绍，"野兽派花店"开通微博到现在，野兽派花店已经吸引了超过 58 万粉丝，甚至连许多演艺界的明星都是它的常客（图 6－1）。

为什么传统简单的花店生意会有如此新鲜的生命力？答案是，他们卖的不仅仅是花。

图 6－1　野兽派花店微博

2011 年年末，顾客 Y 先生在野兽派花店订花，希望能表现出莫奈的名作《睡莲》的意境，可是当时并没有合适的花材进行创作。

几个月过后，店主兼花艺师 Amber 想起日本直捣的地中美术馆，从中获得灵感，做成了后来野兽派花店的镇店作品之一，"莫奈花园"。

与其他花店不同的是，野兽派花店倾听客人的故事，然后将故事转化成花束，每束花因为被赋予了丰满的故事而耐人寻味。这其中，有幸福的人儿祝自己结婚周年快乐的、有求婚的、有祝父母健康的、有纠结于暗恋自己的男同事的……在日复一日的寻常生活中，阅读 140 字的离奇情节，也成为粉丝们的一种调节剂。

野兽派花店所选用的花束绝不是市场上常见的，这些进口花卉品种经过精心雕饰之后，针对不同的人群、送花与收花人的心境、起上颇有文艺范儿的名字，包装完成的花束，只在微博上出售，顾客也都是花店的粉丝，在微博上通过私信下订单，客服通过私信回答顾客的问题最终达成交易。

和传统的花店相比，野兽派花店绝对算得上花店中的奢侈品品牌。从野兽派出品的花卉礼盒少则三四百元，多则近千元，然而即使是如此高的价格，仍然有众多顾客追捧。

野兽派的花艺在上海花艺圈绝对不算是最好的，但野兽派的成功源自于故事营销。对于许多花店粉丝来说，成为故事的男女主角，围观寻常生活中有趣的细节，已经成了一种买花之外的附加值。

野兽派的成功告诉我们，原来电商有这样的一种经营方式。利用微博的病毒式的故事传播免费获得大量的潜在客户，而动辄几百上千的礼盒又保证了毛利。这完全颠覆了传统电商拼刺刀见红拼价格的悲催局面。甚至只有一个微博，只要愿意分享故事，什么网站，PHP，服务器，架构，通通都是浮云。私信＋支付宝就搞定一切。

野兽派在 2012 年 8 月终于上线了网店，除了花艺外，还扩展到了干花、香氛蜡烛、配饰等更多的品类。

案例 2　凡客诚品的微博经营模式

凡客以网络媒体发布商品的方式起步，兼用其他媒体，配合自身门户网站，逐渐在网购市场打下了一片天地。随着 Web2.0 时代的到来，凡客的董事长兼 CEO 陈年又乘着东风之便，在新浪微博开始了新的试验。由于微博兼具了 IM 的个体性、即时性，博客空间的个人信息发布和分享性、社区论坛的话题讨论性，以及 SNS 社区的人际关系纽带性，这使其更像一个天然的口碑传播平台。由于对这些特点的洞悉，加上灵敏的商业嗅觉和经验，凡客诚品已经把微博驯服成为一个很好地与客户进行沟通的工具。凡客诚品的媒介经理李剑雄介绍说，凡客目前的顾客定位在三十多岁，喜欢创新、新鲜事物，而这正是微博的客户群。虽然凡客最初并没有抱着太大的预期，但现在看来，随着微博的影响越来越大，客户群越来越多样，微博作为一种营销方式的优势会越来越明显（图 6-2）。

2010 年 7 月，网络服装零售商凡客诚品（VANCL）邀请了青年作家韩寒和青年偶像王珞丹出任形象代言人，一系列的广告也铺天盖地地出现在公众的眼帘。在广告中，韩寒以一身简单的 T 恤衫、牛仔裤亮相，并喃喃自语着自己的喜爱（包括"爱夜间大排档，爱赛车"）和他所代表的个性（"我只代表我自己。我和你一样，我是凡客。"）。该广告系列意

图6-2　凡客诚品官方微博

在戏谑主流文化，彰显该品牌的自我路线和个性形象。然其另类手法也招致不少网友围观，网络上出现了大批恶搞"凡客体"的帖子。"爱网络、爱自由；爱晚起、爱夜间大排档……"这些凡客相联系的个性标签，经过网友的想象和加工，已变成众多明星甚至个人的标签。以被传播得最广的郭德纲"凡客体"为例，大大的图片旁边的文字被改为："爱相声、爱演戏、爱豪宅、爱得瑟、爱谁谁……我是郭德纲"，极富调侃，令人捧腹。"爱碎碎念，爱什么都敢告诉你，爱大声喊'爱爱爱'，要么就喊'不爱不爱不爱'，请相信真诚的广告创意永远有口碑，我不是'某白金'或'某生肖生肖生肖'，我是凡客体"。通常凡客体以此为开头。据不完全统计，截至2010年8月5日已经有2000多张"凡客体"图片在微博、开心网、QQ群以及各大论坛上疯狂转载。黄晓明、唐骏和曾子墨等千余位明星或被恶搞或被追捧。此外，也有不少是网友个人和企业出于乐趣制作的"凡客体"。

总结凡客诚品的微博经营模式，有三点值得学习。

（1）利用名人效应。

对最早一批微博用"上微博，送围脖"活动，雪人飘红的围脖在去年那个冬天里甚是可爱，在凡客的品牌微博"VANCL粉丝团"的配合下，之后的很长一段时间内，凡客和这条并没有凡客LOGO的围脖一直都是人们讨论的热点，凡客的品牌微博由此知名度大升。因网络而成功的出身注定了凡客对网络的敏感度，网络营销的每一次蜕变和升级，都能看到凡客的身影，微博也不例外。在新浪微博上，VANCL的一系列活动赚足了眼球：抢楼送周年庆T恤；参与铅笔换校舍活动；1元秒杀原价888元衣服；拉来姚晨和徐静蕾就VANCL产品进行互动等。作为"骨灰级"的微博用户和网络营销最优秀的企业，凡客对微博营销有着自己的经验。

（2）像朋友一样沟通。

几乎所有的商业交流都是以友好的调子开始的。由"周末过得怎么样"或者"你儿子被大学录取了吗"构建的关系，似乎要比"你今天打算买货吗"建立的关系更加牢固。"我们的微博肯定是为销售服务的，但我们并不会在微博上卖东西。"凡客媒介经理李剑雄说。作为 B2C 企业，凡客的特点是交互性强，凡客微博成功地复制了这一点。在凡客的微博上，没有硬邦邦的广告与枯燥的文字，更没有凡客的产品介绍。凡客所发布的内容都是用户最关心的事情，比如服务、配送、退换货服务等；而对顾客的问题，凡客的回复更像是朋友之间的沟通，为客户出主意、想办法。用户可以在凡客的微博上畅所欲言，绝大多数时间里，凡客微博都是在跟踪用户对公司产品、服务的反馈意见，并及时给予回复。

（3）利用次级传播的力量。

"过去凡客对粉丝数量并没有特别的要求，但是现在觉得有必要增加，需要做一些事情推动一下。"李剑雄说。如何扩大微博影响，凡客有自己的办法。"我们大多数员工都有自己的微博和粉丝，比如公司总裁陈年，他的新浪微博开通一个月就有了 2 万多的粉丝，如果把凡客所有员工的粉丝加起来至少有 10 万。"这已经接近一家地方性报纸的发行量了。凡客就不断做话题，与焦点新闻、事件结合在一起，做一些抢购和"盖楼"活动。这还不是全部，在微博中，一个人的微博往往跟其他人的微博关联，因此一条信息只要具有穿透性，能激起不同人群的兴趣、关注与转发，很容易就会产生病毒式的传播。在 SNS 网上，一条有趣的文章随着不断的转帖影响范围越来越大，而如果凡客的十万粉丝能把凡客的微博继续转发下去，随着粉丝层级的递增，带来的几乎是核裂变式的传播效应。

思考题

1. Web2.0 的特点是什么？
2. 如何利用微博进行营销？

6.2 物联网电子商务

6.2.1 物联网电子商务概述

1. 物联网产生的背景

2009 年 8 月以来，随着温家宝总理视察中科院无锡高新微纳传感网工程技术研发中心，以及一系列活动的开展，物联网的概念一时之间响彻大江南北。事实上，物联网并不是什么新鲜的名词。早在 1999 年，在美国召开的移动计算和网络国际会议就提出，"传感网是下一个世纪人类面临的又一个发展机遇"。同年，中科院启动了"传感网"研究，并已建立了一些适用的传感网。2003 年，美国《技术评论》提出传感网络技术将是未来改变人们生活的十大技术之首。2005 年，在突尼斯举行的信息社会世界峰会上，国际电信联盟（ITU）发布了《ITU 互联网报告 2005：物联网》，正式提出了"物联网"的概念。根据 ITU 的描述，在物联网时代，通过在各种各样的日常用品上嵌入一种短距离的移动收发器，人类在信息与通信世界里将获得一个新的沟通维度，从任何时间任何地点的人与人之间的沟通连接扩展到人与物和物与物之间的沟通连接。物联网概念的兴起，很大程度上得益于国际电信联盟（2005 年以物联网为标题的年度互联网报告。

然而，ITU 的报告对物联网缺乏一个清晰的定义。虽然目前国内对物联网也还没有一个统一的标准定义，但从物联网本质上看，物联网是现代信息技术发展到一定阶段后出现的一种聚合性应用与技术提升，将各种感知技术、现代网络技术和人工智能与自动化技术聚合与集成应用，使人与物智慧对话，创造一个智慧的世界。物联网技术被称为是信息产业的第三次革命性创新。

2. 物联网的定义

物联网的英文名称为"The Internet of Things"，简称 IOT。由该名称可见，物联网就是"物物相连的互联网"。这有两层意思：第一，物联网的核心和基础仍然是互联网，是在互联网基础之上的延伸和扩展的一种网络；第二，其用户端延伸和扩展到了任何物品与物品之间，进行信息交换和通信。虽然物联网的定义很多，目前比较认同的是通过射频识别（RFID，Radio frequency identification）装置、红外感应器、全球定位系统、激光扫描器等信息传感设备，按约定的协议，把任何物品与互联网相连接，进行信息交换和通信，以实现智能化识别、定位、跟踪、监控和管理的一种网络。

3. 物联网的应用

物联网是通信网络的应用延伸和拓展，是信息网络上的一种增值应用。感知、传输、应用三个环节构成物联网产业的关键要素：感知是基础和前提；传输是平台和支撑；应用则是目的，是物联网的标志和体现。物联网发展不仅需要技术，更需要应用，应用是物联网发展的强大推动力。物联网的应用领域非常广阔，从日常的家庭个人应用，到工业自动化应用，以至军事反恐、城建交通。当物联网与互联网、移动通信网相连时，可随时随地全方位"感知"对方，人们的生活方式将从"感觉"跨入"感知"，从"感知"到"控制"。目前，物联网已经在智能交通、商业智能、智能物流、公共安全等领域初步得到实际应用。

（1）商业智能。

商业智能，又称商务智能，英文为 Business Intelligence，商业智能的概念于 1996 年最早由加特纳集团（Gartner Group）提出，加特纳集团将商业智能定义为：商业智能描述了一系列的概念和方法，通过应用基于事实的支持系统来辅助商业决策的制定。商业智能技术提供使企业迅速分析数据的技术和方法，包括收集、管理和分析数据，将这些数据转化为有用的信息，然后分发到企业各个部门。

一说起商业智能，大家都感觉很神秘、高深，其实在我们的生活中，随时都可能在使用商业智能产品或商业智能系统提供的服务。比如我们搜索信息会使用的百度、谷歌的搜索引擎，这个搜索引擎就是商业智能。我们在网上购物时购物网站会向我们推荐一些商品，这个推荐系统也是商业智能，其他包括天气预报、广告定投、超市布局、保险理赔防诈骗系统，这些都是商业智能。

近几年来，云计算、物联网、移动计算概念很流行，服务器的内存也越来越大，这些新技术、新方法的出现，给商业智能的发展带来了新的契机。移动计算满足了人们随时随地查阅信息的需求，未来的商业智能也必然会越来越多地出现在手机、iPad 等移动设备上。物联网是一个很宏大的概念，它的后面需要云计算作为支撑，考虑到现在人人手机不离手，那么人也可以作为物联网的一部分。因此可以说物联网、云计算、移动计算其实是一体的。

未来的人们可以只需手持一部智能手机，即可利用云计算平台，分析物联网中的数据，完成决策分析，指导企业的运营和发展。

（2）智能物流。

随着物联网的出现，物流行业也迎来了新的发展契机。物联网的概念，首先就是在物流行业叫响的。现代物流系统利用信息生成设备，如无线射频识别设备、传感器或全球定位系统等种种装置与互联网结合起来而形成的一个巨大网络，并能够在这个物联化的物流网络中实现智能化的物流管理。智能物流是利用集成智能化技术，使物流系统能模仿人的智能，具有思维、感知、学习、推理判断和自行解决物流中某些问题的能力。

在未来的智能物流系统中，由于物联化智能信息处理系统和智能设备的普遍运用，物流企业的管理者希望实现采购、入库、出库、调拨、装配、运输等环节的精确管理，将库存、运输、制造等成本降至最低，同时把各环节可能产生的浪费减至零。除了实现减少成本和降低浪费的基本目标之外，未来物流系统需要智能化地采集实时信息，并用物联网进行系统处理，为最终用户提供优质的信息和咨询服务，为物流企业提供最佳策略支持。物联网为智能物流的智能处理提供了多层面的支持，除了利用已有的 ERP 等商业软件进行集成式的规划、管理和决策支持之外，未来的智能物流更应该注重利用物联设备和网络本身进行更多的智能化服务。可以设想，未来的物联设备不应该只提供标示和信息采集的功能，同时也能承担更为广泛的处理功能。有了智能物流，物流企业可以优化资源配置，业务流程，并为最终用户提供增值性物流服务，拓宽业务范围，最终实现利润最大化。

电商价格大战的背后，考验企业运营的还有配送效率。我们来看凡客诚品的高技术配送。

走进凡客诚品北京分库房，与多数开放式作业区为主不同，一间用塑钢隔离出的 20 平方米小房子内，忙碌工作的是 12 台打印机和两台高速打印机，仅有一名工作人员负责装订打印出来的订单。

每台打印机打印出来的订单，30 张为一组。这些订单并不是简单打印出来的，而是根据订单上的商品在库房内的分区形成的最科学分组。它可以帮助拣货员沿着库房内的最科学路线快速拣货，提高工作效率。这些订单的科学分组是电子商务企业信息化的体现之一。通过后台管理软件，电子商务企业将库房内商品的分区信息进行电子化管理，这为商品出库提供智能化支持。这些高技术的管理，可以保证顾客在网上购物时享受到订单当日送达的极速服务。

凡客诚品库房管理人员介绍，这套库房管理软件可以保证每名拣货员每个班次平均完成 20 多组订单，也就是每天可以完成近 300 张订单的拣货任务。这一速度高于电子商务同行。经常网购的消费者应该熟悉，下单后通过个人账户可以及时了解订单的商品打包时间、出库时间等详细的货物处理情况。其实，提供顾客订单处理信息在一定程度上反映了电子商务企业处理订单的完整流程。拣货员按照每组 30 张订单的信息将货物分拣到小推车上后，这些商品会进入到商品的打包流程。但是，如何将每车 30 张订单的商品快速准确分开，这是衔接拣货和包装的一个重要环节。在打包区，有一些可以灵活推动的类似立体书架的小车。每个小车有 15 个格子，工作人员会将两辆小车垂直摆放在打包员和二次分拣员的工位旁。

"这种立体书架式小车的设计以及二次分拣员操作台的高度，我们都是在实践中一点点摸索出来的。"凡客诚品库房管理员讲述，立体书架式小车的 3 层设计可以方便分拣员按照每张订单的信息将商品分开投放，同时也方便包装人员拿取打包。

有了前面货物分拣的科学流程，打包员在将每张订单的商品打包时，用时不足一分钟。经过上述 5 道程序后，订单进入库房的配送分配环节。按照配送地址，这些打好包的商品码放在不同区域，出库后进入快递公司的配送流程。

（3）智能交通。

车辆控制系统指辅助驾驶员驾驶汽车或替代驾驶员自动驾驶汽车的系统。该系统通过安装在汽车前部和旁侧的雷达或红外探测仪，可以准确地判断车与障碍物之间的距离，遇紧急情况，车载电脑能及时发出警报或自动刹车避让，并根据路况自己调节行车速度，人称"智能汽车"。目前，美国已有 3000 多家公司从事高智能汽车的研制，已推出自动恒速控制器、红外智能导驶仪等高科技产品。

智能交通是当今世界交通运输发展的热点和前沿，它依托既有交通基础设施和运载工具，通过对现代信息、通信、控制等技术的集成应用，以构建安全、便捷、高效、绿色的交通运输体系为目标，充分满足公众出行和货物运输多样化需求，是现代交通运输业的重要标志。交通安全、交通堵塞及环境污染是困扰当今国际交通领域的三大难题，尤其以交通安全问题最为严重。采用智能交通技术提高道路管理水平后，每年仅交通事故死亡人数就可减少 30% 以上，并能提高交通工具的使用效率 50% 以上。为此，世界各发达国家竞相投入大量资金和人力，进行大规模的智能交通技术研究试验。目前，很多发达国家已从对该系统的研究与测试转入全面部署阶段。智能交通系统将是 21 世纪交通发展的主流，这一系统可使现有公路使用率提高 15%～30%。

成都公交集团正在积极研究和争取将公交 GPS 智能调度系统与 110 对接。一旦公交驾驶员在运营过程中发现有乘客携带易燃、易爆和危险品乘车行为和其他危及公共交通安全行为，即可通过车内报警装置将车辆位置、车内监控图像直接传输到 110 指挥中心，以便于公安人员及时、准确、高效地处置突发事件。另外，成都公交在运行的全封闭空调车内增加配置安全锤并增加能够作为应急出口的活动侧窗，并对公交车车门开启系统进行改造，以提高应急状态车门开启的可靠性。

（4）其他应用领域。

①精准农业。

精准农业是当今世界农业发展的新潮流，是由信息技术支持的、根据空间变异定位、定时、定量地实施一整套现代化农事操作技术与管理的系统。其基本涵义是根据农作物生长的土壤性状调节对农作物的投入，即一方面查清田块内部的土壤性状与生产力空间变异，另一方面确定农作物的生产目标，进行定位的"系统诊断、优化配方、技术组装、科学管理"调动土壤生产力，以最少的或最节省的投入达到同等收入或更高的收入，并改善环境高效地利用各类农业资源，取得经济效益和环境效益。精准农业由 10 个系统组成，即全球定位系统、农田信息采集系统、农田遥感监测系统、农田地理信息系统、农业专家系统、智能化农机具系统、环境监测系统、系统集成、网络化管理系统和培训系统。精准农业并不过分强调高产而主要强调效益。它将农业带入数字和信息时代，是 21 世纪农业的重要发展方向。

②智能家居。

智能家居概念的起源很早，但一直未有具体的建筑案例出现，直到 1984 年美国联合科技公司将建筑设备信息化、整合化概念应用于美国康乃迪克州哈特佛市时，才出现了首栋的"智能型建筑"，从此揭开了全世界争相建造智能家居的序幕。

智能家居是以住宅为平台，兼备建筑、网络通信、信息家电、设备自动化，集系统、结构、服务、管理为一体的高效、舒适、安全、便利、环保的居住环境。智能家居通过物联网技术将家中的各种设备连接到一起，提供家电控制、照明控制、窗帘控制、电话远程控制、室内外遥控、防盗报警、以及可编程定时控制等多种功能和手段。与普通家居相比，智能家居不仅具有传统的居住功能，提供舒适安全、高品位且宜人的家庭生活空间；还由原来的被动静止结构转变为具有能动智慧的工具，提供全方位的信息交互功能，帮助家庭与外部保持信息交流畅通，优化人们的生活方式，帮助人们有效安排时间，增强家居生活的安全性，甚至为各种能源费用节约资金。

③智慧旅游。

智慧旅游，就是利用移动云计算、互联网等新技术，借助便携的终端上网设备，主动感知旅游相关信息，并及时安排和调整旅游计划。它是一种以物联网、云计算、下一代通信网络、高性能信息处理、智能数据挖掘等技术在旅游体验、产业发展、行政管理等方面的应用，使旅游物理资源和信息资源得到高度系统化整合和深度开发激活，并服务于公众、企业、政府等面向未来的全新的旅游形态。它以融合的通信与信息技术为基础，以游客互动体验为中心，以一体化的行业信息管理为保障，以激励产业创新、促进产业结构升级为特色。

近年来，我国也开始启动了智慧旅游创建工作，国家旅游局部署了"智慧旅游城市"的试点工作，确定了江苏镇江为"国家智慧旅游服务中心"。从 2010 年始，南京、苏州、扬州、温州、北京相继制定了建设"智慧旅游城市"的发展战略，至今已经取得了初步成效，如上海市面向旅游者提供的基于智能手机终端的"智能导游"，涵盖导游、导航、导览等服务，北京市采用基于二维码（AIM）的物联网技术，向旅游者提供一种线上、线下融合的"景区电子门票"服务等。

2010 年，海南省开始在三亚市试点旅游信息采集工作，南京市正式启动了智慧旅游工程。更有不少企业在研制用于旅游方面物联网的传感器设备和技术，如酒店的智能门禁系统、景区的容量感应系统、手机加载 RFID 芯片等，也有个别企业利用云计算技术搭建中小酒店的管理平台。一些高校已经开始相关的研究，比如东南大学旅游学系通过整合校内的理工科资源，正在搭建一个智慧旅游平台，谓之云旅游，通过打造成旅游公共云信息发布平台，并连接私有云，最终成为一个高度智能化的旅游信息平台。目前，已经能将 GPS 导航和移动互联网结合起来，可以随时随地在网络地图上显示位置，并将位置周围的旅游信息自动地显示在地图上和网页上，也就是说，可以一边上网一边导航。同时，确定了用于云旅游平台的旅游信息标准，包括采集和发布标准。所有这些迹象表明，智慧旅游已经渐行渐近。相信未来智慧旅游将会是旅游界讨论的最热点的话题之一。

6.2.2 物联网电子商务案例

案例1 京东商城利用物联网优化商品配送实例

在如今电商的竞争中，用户体验逐渐成为大家关注的焦点，配送的速度是用户体验的关键点之一，此外，对于电商企业来讲，采购进来的商品，既不能库存时间太长，也不能断货；库存时间长会占用资金，而缺货则会影响用户体验。下面以两位顾客在京东商城购物的亲身体验来说明物联网在商品物流配送方面的应用效果。

2013年6月5日中午1点，上海的张先生在京东商城下单购买了一台笔记本电脑和一个无线路由器。

几乎同一时间，北京的于小姐在京东商城下了一个包括几本书和一个瑜伽展巾的订单。

购买笔记本电脑的张先生在京东商城订单跟踪页面看到，10分钟后该订单进入生产流程，而在第二天早晨8点，张先生就收到了产品。

而于小姐的订单则在下单的同时被分成两个子订单。订单跟踪页面显示，10分钟后，其中图书子订单进入了库房生产流程。而瑜伽展巾订单却显示缺货，暂时不能出库。

第二天中午，家住北京北苑家园的于小姐收到了图书子订单。而另一个子订单直到6月10日才进入北京一号库，预备出库。

于小姐和张先生的这两张订单分别代表了京东商城最擅长的3C、百货以及新增图书品类。两个订单生产速度以及送货速度也反映了一个发展中的电子商务企业在供给链治理上的上风和不足。

解读京东商城供给链，可以看到，供货、系统、数据、仓储、配送，是一个综合的相互作用、不断升级的体系，而累积数据的时间和经验也直接决定着系统对于整个供给链的治理效率。

京东商城将物联网应用融进其配送环节，也是其优化供给链的一个尝试，如图6-3和图6-4所示。

1. 历史数据决定仓储位置

整个订单生产的过程在京东商城内部，库房相当于工厂，即生产订单的地方。用户下单的前台，也就是京东商城的网站对接的是全国仓储系统。前台的订单下单后，系统会根据用户的送货位置计算最快的送货路径，以自动匹配仓库。

图6-3　京东物流仓储

图6-4　京东的物流配送

在于小姐的在线订单跟踪显示页面看到，6月5日中午13：10：31订单已经进入北京五号库预备出库系统，13：30：07订单已经打印完毕，14：21：17订单已经开始拣货，14：22：02订单已通过扫描确认，14：24：36订单已打包完毕，在每个流程节点上，都有具体经手人姓名。

这是整个订单生产的过程，在京东商城内部，库房相当于工厂，即生产订单的地方。用户下单的前台，也就是京东商城的网站对接的是全国仓储系统。前台的订单下单后，系统会根据用户的送货位置计算最快的送货路径，以自动匹配仓库，比如，北京于小姐的订单自动匹配北京5号库。而上海张先生的订单则自动匹配到上海库。

京东商城的每个库房都分三个大部分，最前面是收货区，中间是仓储区，后面是出库区。在收货区，厂家送来的货进行质量抽查后，每个商品都要贴上条形码作为识别这个商品的"身份证"。然后，商品全部在仓储区上架进库，在货架上，每个架位都有编号，在上架时，理货员会扫描货物的商品条形码与货位进行关联，并上传进系统。这样，订单在生产时，取货员只要根据系统记录的货位往相应货架上取货，不用核对商品的名称。

于小姐订单自动分成了两个子订单，分别由不同的仓库生产。对此，京东商城副总裁姜海东表示，这实际上是兼顾了效率和用户体验的，这不是人为的，是由系统说了算的。于小姐的订单中，其中一个商品缺货，那么订单自动分成两个子订单。

另外，还有库房限制上的客观原因。目前，在北京，由于大面积的单体库房很难租到，因此，京东的产品分在6个库房中。图书目前是独立库房，百货类和3C类的产品在不同的库房，为了兼顾效率，系统会将订单拆分分别配送。

理论上来说，用户订单一次性打包配送是本钱最低的方式。不过并非所有的商品都可以打包成一个订单，比如，大型家电和床上用品就不能一起配送。既使仓储在同一个库房，系统也会自动分成两个订单。

以张先生的订单生产过程为例，张先生下了订单之后，15—30分钟以后，订单就在库房的高速打印机上打印出来，订单一式三联，订单上写有该商品的货位编号。库房的配货员会用一辆手推车，一次拿20—30张订单的货物，其行走的路线是根据订单上的货位递时针方式行进。

但根据用户下单的数据，同一个库商品库存的位置并不是一成不变的。系统会对历史数据计算，一些购买关联度比较高的商品摆放的位置会比较近，以节约库房组合完成订单的时间。另外，前台在进行搭配促销时，库存位置也会随着改变，季节性强的产品在季节改变时会改变进库位置，以节约取货时间。取货完成之后，不同的订单被放在不同塑料筐内。最后由包装区进行打包。

打包完成后，在发货区扫描条形码。这个商品就算出库了，用户可以在自己的跟踪页面看到订单情况变为"商品出库"。

2. 可视的包裹运输

"通过 GIS 系统，物流治理者在后台可以实时看到物流运行情况，同时，车辆位置信息，车辆的停留时间，包裹的分拨时间，配送员与客户的交接时间等都会形成原始的数据。这些数据经过分析之后，可以给治理者提供更多、更有价值的参考。"

在北京 5 号仓库生产的子订单包装好后，就放在待发货区。在北京、上海、广州是由京东自己的配送队伍在配送，在一些其他城市，京东给每个快递公司的货都分区域摆放好。每个区都有联网的电脑，快递公司把货拿走的同时，会进行电脑扫描，此时，用户在页面上看到的订单信息会变为已经配送。

原先，用户在自己的页面上可以观察到这个订单每个时间分别到达什么位置。比如，什么时间到达配送站点，什么时间分配给配送员等。目前，很多电子商务企业甚至是淘宝网的大卖家基本都能提供上述物流信息查询的服务。

近日，京东商城上了一套 GIS 系统之后，用户可以在京东页面上看到自己订单的适时移动轨迹。这个 GIS 系统来自于京东商城 CEO 刘强东的创意。他在一次阅读客服简报时发现，有 32% 的用户咨询电话是货物配送以后打来的。用户打电话来，大多数询问订单配送了没有，目前到哪了，什么时候能到等。刘强东认为，实际上，客服职员根本无法知道每一张订单到达的具体位置，也不可能正确地告诉用户到达时间。因此，用户这样的咨询电话往往是无效的，与其让用户打电话来问，还不如让他自己适时地看，这样就减少了用户的麻烦，提升了用户体验。在刘强东的提议下，京东商城开始开发 GIS 系统，半年后投入使用。

在于小姐订单页面，可以查询看到一个包裹标识在舆图上以一条红色的轨迹移动着（订单舆图是一个供客户查询包裹行踪的系统）。包裹的红色线条沿着五环移动，包裹将要经过的线路是一条红色的虚线，已经经过的线路是红色的实线。

到达立水桥分站之后，包裹标识停止了。第二天一大早，打开舆图，又可以看到包裹开始移动起来。于小姐可以看到包裹在舆图上运行，甚至可以看到包裹转过了的一个路口。于小姐根据包裹的运行情况，正确地计算出投递自己手中的时间。

京东商城在电子商务企业中第一个使用 GIS 系统，这使用户感到很新奇。京东商城副总裁张立民认为，这个 GIS 系统是物联网的典型应用，是一种可视化物流的实现。传统的线下店，用户可以看到摸到商品，眼见为实的体验是电子商务无法代替的。而这种可视化物流可以消除用户线上线下的心理差距。用户可以实时感知到自己的订单，是一种提升了的用户体验。

GIS 系统在技术上不是特别难，京东和一家提供舆图服务的公司合作，将后台系统与舆图公司的 GPS 系统进行关联，在包裹出库时，每个包裹都有一个条形码，运货的车辆也有相应的条形码，出库时每个包裹都会被扫描，同一辆车上包裹的条形码与这辆车的条码关联起来。当这辆车在路上运行时，车载GPS与舆图就形成了实时的位置信息传递，与车载GPS系统是一个道理。

当车辆到了分拨站点分配给配送员时，每个配送员在配送时都有一台手持PDA，而这台手持PDA也是一个GPS，通过扫描每件包裹的条形码，这个包裹又与舆图系统关联，而这个适时位置信息与京东商城的后台系统买通之后开放给前台用户，用户就能实时地在线页面上看到自己订单从出库到送货的运行轨迹。

提升用户体验的同时，GIS也提供了物流队伍的实时监控，以及原始的数据以提升整体的物流治理水平。GIS系统使物流治理者在后台可以实时看到物流运行情况，同时，车辆位置信息，车辆的停留时间，包裹的分拨时间，配送员与客户的交接时间等都会形成原始的数据。这些数据经过分析之后，可以给物流治理者提供更多、更有价值的参考，比如，怎么公道使用职员，怎么划分配送服务职员的服务区域，怎么缩短每单票的配送时间等。通过大量的数据分析，以优化整个配送流程。另外，通过对一个区域的发散分析，可以看到客户的区域构成、客户密度、订单的密度等，根据这些数据进行资源上的匹配。

3. 销售预测准确率高

涉足电子商务京东累积了大量的数据，通过对这些数据的计算，京东能够猜测每个地区某个产品的销售表现。根据历史数据的猜测来针对每个库房进行备货。而这些数据则是来源于商品的点击率、浏览量、搜索率等。

一般而言，3C品类很难涉足，由于3C类产品的价格波动非常快。这对于电子商务企业是很大的考验。而京东商城恰恰从3C品类起家。

对于电商企业来讲，采购进来的商品，既不能库存时间太长，也不能很快断货，库存时间长会占用资金，而用户下单后缺货则会影响用户体验。销售预测，根据销售量来备库，是电子商务企业供给链核心的能力。另外，对于用户体验来说，商品离用户越近，配送速度越快，消费体验越好。因此，采购来的商品具体分配到哪些仓库，每个仓库分配多少，这也是供给链中的核心技术。

京东在3C类产品有着超过10年经验，同时涉足电子商务会累积大量的数据。通过这些数据的历史计算，能够预测每个地区某个产品的销售表现。根据历史数据的猜测来针对每个库房进行备货。这数据来源于商品的点击率、浏览量、搜索率等。

另外，还可以通过价格调整等方式对商品进行测试，对于特别新、没有多少历史数据可以参考的产品，则会加进人为的判定。由于京东的采购员都在3C行业有非常丰富的经验，因此，这些经验也是对于备库的有力参考。比如iPhone上市了，这是一个以前没有的产品，京东的采购职员会根据这个电子产品的特性以判定它的市场表现，根据经验进行备货。

对于那些销售了很长时间的产品，比如笔记本电脑，已经完全可以根据历史数据进行备货。京东的3C类产品均匀库存周转率为12.6天。尽管价格波动非常快，但将库存周转率缩短为12.6天，往往在该商品价格还未跌时，就已经销售完毕。这样，京东的采购职员会频繁进行采购。甚至对供给商开放平台，供给商可以在后台适时看到自己商品的销售情况以便及时补货。

任何供给链体系的建立和最优化运行都是由大量的历史数据分析计算，由此指导进行进货，分配仓库等。京东有所长，也必有所短。对于百货的某单一品类，受经营时间和经验的影响，其累积的数据有限，供给链就难以像3C类产品那么顺畅。比如，本文开头提及于小姐订购的瑜伽展巾就出现了缺货的情形。另外，由于某一品类在大规模促销时，对于销售的预估偏低，采购还未及时补货，也可能造成缺货。

以前广州的用户，在京东上订购图书，其体验就没有北京的用户好，图书要三天才送到他的手里。这是由于，当时在广州下的订单，货是从北京库房发出，由于当时在广州本地还没有图书库。随着广州图书仓库的投进使用，用户当天的图书订单，第二天便能收到。

电子商务企业供给链的完善是一个系统工程。前台网站搭建起来非常迅速，但是要是与后台的库存治理、物流配送关联起来，这就是一个巨大的工程。因此，用户往往会发现，在北、上、广这样有自建库房和自己的物流队伍的地区，用户从下单到收单的过程就更快，体验会更好。

案例2　联邦快递经营模式

总部位于美国田纳西州孟菲斯市的联邦快递公司成立于1973年，在此之前，还没有一家公司对包裹、货物和重要文件提供门对门翌日送达服务。经过三十多年的发展，联邦快递的业务现在遍及世界业务遍布世界211个国家，这些国家的国内生产总值占全球国内生产总值的90%。2001年，联邦快递总收入达到196亿美元。

联邦快递的创始者佛莱德·史密斯有一句名言，"想称霸市场，首先要让客户的心跟着你走，然后让客户的腰包跟着你走"。由于竞争者很容易采用降价策略参与竞争，联邦快递认为提高服务水平才是长久维持客户关系的关键。长期以来，联邦快递以其可靠的服务，在客户中赢得了良好的声誉。世界因为它的存在，变得更小、更舒适。

联邦快递可向客户提供24—48小时内完成清关的门对门服务。快速、准时、可靠是这家著名的速递公司的特色。该公司在世界设有43000个收件中心，聘用员工约14万人。每个工作日，它都在全球的211个国家运送近300万个快件。为了保证名副其实的"快递"，该公司拥有一个庞大的机队，总共615架货机。其中包括26架MD–11、25架A300、39架A310、69架DC–10、163架B727、261架Cessna208、32架Fokker F–27，此外还订购了50架Ayres LM200，它们服务于世界325个机场。

联邦快递非常注重利用科技进行开发与创新。早在1978年，当联邦快递每日的货件处理量尚不足4万件时，他们就购买了两部IBM大型主机电脑，其资料处理容量是当时业务需求量的几倍。1980年，联邦快递又引进了数码支援分发系统，为车队的每部汽车配备了小型终端机，这样，可以用数码技术将资料传到每辆车的终端机上，使速递员迅速到下一个目的地取邮件。从1986年开始，联邦快递采用条码技术，以电子讯号追踪处理中的货物状况，以电子讯号追踪处理中的货物状况，每个速递员都配有条码扫描器，这样，他们可同时肩负起分发处理员和资料收集员的任务，提高了工作效率。而且，一旦有邮件被运送到错误的地方，联邦快递能在几分钟内查出货件位置，改正运送途径。此外，联邦快递首创了轮辐式包裹传输系统，并利用它将货物汇集运送到位于美国、欧洲和亚洲的分拣中心。在那里，货物被快速搬卸和分拣，再被转运到飞机上，以便在第二个工作日的早8：00之前送到。每天晚上11点到第二天凌晨3点，约有180架飞机在这里起降，相当于平均每1.5分钟1架次。中心的包裹分拣能力和文件处理能力分别为每小时16万件和32.5万件。

互联网的发展推动了货运技术的变革。联邦快递及时运用这一资讯科技的最新成果，与自己已建立的全球速递服务网络结合，推出了一系列方便客户的软件和服务，为客户打开了通往电子商务世界的大门。联邦快递于 1998 年推出电子商务业务。通过网络，联邦快递与世界各地建立了更加广泛的联系，从而令其业务更快更新。在现今这个技术高速发展的时代，一家公司要想更加富有创造力、具有更好的灵活应变能力，就必须严格控制订货，对所订产品进行跟踪，加快其运输速度。联邦快递的电子商务就是要帮助客户缩短产品投入市场的循环时间，不仅要为客户运送货物，还要向他们传送信息，帮助客户进行原材料的购买、产品的分销并尽量减少库存，从而降低成本。例如，一家半岛体公司分别在不同的地方进行制造、测试、组装及分销，过去产品从制造到运抵分销中心需要经过 60～120 天，而到达分销中心以后还要等待顾客的订货，如果有订单则还需要 45 天才能到达客户的手中。现在通过联邦快递则大大缩短了从一个地点到另一个地点的运送时间，即从制造、测试、组装到运抵分销中心只需不到 30 天的时间。由于顾客可以通过联邦快递公司网页看到产品的情况，因此产品到达后无需等待订货，这就有效减少了库存。而且，公司还可以通过这一系统跟踪查询货物状况和运输情况并处理包裹，要求信使上门取件和提醒收件人接收货物，从而保证货物能按时到达客户手中。目前，有近 100 万人在使用这一系统。

1999 年 10 月，联邦快递在国内推出了业内首个简体中文网页。2002 年，他们在上海研发了全新通关处理系统，大大缩减了货物处理时间。客户可上网随时查询自己的货物情况。目前，由联邦快递运送的货物，使用电子清关系统❶的已占 80%，每个工作日都有成千上万批货件抵达孟菲斯、安克雷奇和巴黎，其中绝大多数的清关都是在同一天完成。

联邦快递每年投资 16 亿美元用于信息技术基础建设，并使之成为主要竞争优势之一。

2003 年，联邦快递在亚洲推出汇聚崭新功能的"数码笔"（Anoto Pen），当中采用了瑞典高科技公司 Anoto 的精湛技术，成为首家为亚洲客户提供该项崭新技术的航空速递运输公司。联邦快递全球服务中心的速递人员在收取和运送包裹时，均会使用数码笔，从而为客户提供更方便快捷的服务。

联邦快递亚太区首席信息总监 Linda Brigance 指出："虽然在亚洲以至全球各地，已有很多客户采用联邦快递的电子工具安排速递服务，但仍有不少客户选择或须要手写空运提单或其他文件。全新的数码笔是一项重要的发明，让联邦快递的速递人员将手写资料实时转化成数码数据，过程非常简单，协助客户延续沿用已久的书写习惯。收集到的数据可实时传送到联邦快递的转运中心，毋须以人手再行复制，因此能够精简信息流程、大幅减少废纸，并为员工和客户提高服务效率。"

除了数码笔外，联邦快递同时在亚洲推出 FedEx PowerPad。FedEx PowerPad 为一部采用微软系统的袋装型计算机，能在包裹经过扫描后，实时将资料上传至联邦快递的网络。通过 FedEx PowerPad 的触控屏幕上的签署扫描功能，可以将客户收到快件后签署的签名也上传到网络内，让联邦快递人员确认货件已被签收。FedEx PowerPad 可担当个人网络门户的角色，能在数分钟内，直接在联邦快递的内部网络上存取资料。速递人员毋须回到货车上，或查阅服务手册，就能将包裹的资料上传，充分提升速递人员的工作效率，以及包裹的透

---

❶ 电子清关，也称电子结关，通过电子化的方式完成传统方式下的结关手续，目前在逐步推广电子清关系统。

明度。

2004 年 6 月，联邦快递宣布即将推出全新网上全球货运时测（GTT）系统，协助客户查询货件的运送时间，以选择最合适的货运方式。客户只需登录联邦快递网站即可运用 GTT 系统，计算出货件来往联邦快递网络内两个或两个以上地点所需的运送时间。

新的 GTT 系统联通互联网，使用方便，能协助客户确定货件的类别，并就运送时间作出估计。GTT 系统会根据所输入的资料，并考虑所有可能导致货件延误的因素，计算出货件的运送时间。

2004 年 7 月，联邦快递又全面启动全球性服务提升计划，推出"掌上宝"——无线掌上快件信息处理系统，用于追踪包裹递送状态，以缩短取件时间。中国是联邦快递公司内部首个运用此项先进技术的国家。

联邦快递"掌上宝"集成了安全控制、将信息上传下载至联邦快递信息库的多项功能，该信息中心实时监控每一个快件的处理过程。通过无线传输，"掌上宝"可保证实时扫描并上传信息，可取代车载电台、寻呼和手机短信。"掌上宝"还能够加强联邦快递快件取送及查询的服务。通过升级，联邦快递有望将目前 1.5 个小时的取件时间缩短为 1 个小时，将业界标准提升到了一个新的高度。"掌上宝"的使用令联邦快递成为业内首家可以满足客户实时运送信息需求的公司。

除了重视科研的投入外，联邦快递还非常重视客户关系的管理，它称之为 ECRM。作为一个服务性的企业，客户服务管理体现在客户和联邦快递接触的每时每刻。

当客户打电话给联邦快递的时候，只要报出发件人的姓名和公司的名称，该客户的一些基本资料和以往的交易记录就会显示出来。当客户提出寄送某种类型的物品时，联邦快递会根据物品性质向客户提醒寄达地海关的一些规定和要求，并提醒客户准备必要的文件。在售前阶段联邦快递就已经为客户提供了一些必要的支持，以减少服务过程中的障碍。

联邦快递的速递员上门收货时，采用手提追踪器（SuperTracker）扫描货件上的条形码，而这些条形码是从 FedEx PowerShip 自动付运系统或 FedEx Ship 软件编制，说明服务类别、送货时间及地点。所有包裹在物流管理的周期内，至少在货件分类点扫描六次，而每次扫描后的资料将传送到孟菲斯总部的中央主机系统。客户或客户服务人员可利用 PowerShip 自动化系统及 FedEx Ship 软件发出电子邮件或查看互联网上联邦快递的网页，即时得到有关货件的行踪资料。这项技术不仅方便公司的内部管理，而且大大提升客户满意度和忠诚度。

联邦快递还拥有良好的客户服务信息系统：首先是一系列的自动运送软件。为了协助顾客上网，联邦快递向顾客提供了自动运送软件，有三个版本：DOS 版的 Power Ship、视窗版的 FedEx Ship 和网络版的 Fed interNetShip。利用这套系统，客户可以方便地安排取货日程、追踪和确认运送路线、列印条码、建立并维护寄送清单、追踪寄送记录。而联邦快递则通过这套系统了解顾客打算寄送的货物，预先得到的信息有助于运送流程的整合、货舱机位、航班的调派等。其次是客户服务线上作业系统（Customer Operations Service Master On-line System，COSMOS）。这个系统可追溯到 20 世纪 60 年代，当时航空业所用的电脑定位系统倍受瞩目，联邦快递受到启发，从 IBM、Avis 租车公司和美国航空等处组织了专家，成立了自动化研发小组，建起了 COSMOS，在 1980 年，系统增加了主动跟踪、状态信息显示等重要功能。1997 年又推出了网络业务系统 VirtualOrder。

联邦快递通过这些信息系统的运作，建立起全球的电子化服务网络，目前有 2/3 的货物量是通过 Power Ship、FedEx Ship 和 FedEx interNetShip 进行，主要利用它们的订单处理、包裹追踪、信息储存和账单寄送等功能。

思考题

1. 什么叫物联网，网联网的应用前景主要在哪些方面？
2. 联邦快递经营的主要特点是什么？

6.3 移动电子商务

6.3.1 移动电子商务概述

1. 移动电子商务的定义

伴随着 3G 时代的到来，互联网和移动通信服务的发展趋于交融，移动通信技术的不断更新，短距离通信技术及其他信息处理技术的完美结合，使人们可以在任何时间、任何地点进行各种商务活动，实现随时随地、线上和线下的各种商务活动，如购物、交易、在线电子支付等。电子商务出现了新的形式——移动电子商务，移动电子商务作为新兴的电子商务显示出其独特的魅力，进入世人的视线。

目前，有关移动电子商务的概念尚没有统一的界定。计世资讯（CCW Research）基于我国移动电子商务的应用特征和未来发展趋势的判断，定义为通过连接公共和专用网络，使用移动终端来实现各种活动，包括经营、管理、交易、娱乐等。也有很多的学者将移动电子商务定义为，通过手机、PDA、掌上电脑等手持移动通信设备从事的商务活动；移动电子商务通过移动通信网络进行数据传输；同时移动电子商务在开展过程中离不开与因特网的有机融合。

移动电子商务（Mobil - Commerce）是电子商务的延伸和拓展，从本质上归属于电子商务的类别。移动电子商务是在移动电子商务主体在移动状态下进行的，是适应电子商务市场发展与变化出现的新的电子商务模式，已成为目前以及未来中国电子商务增长的新领域和新行业。

2. 移动电子商务的特点

与传统的电子商务形式相比较，移动电子商务具有以下几个特点。

（1）无处不在。

移动电子商务最大的特点就是无处不在，随时随地的特点。传统的电子商务依赖于有线网络的 PC 机等固定终端进行商务活动，感受网线所带来的便利和快乐，但在很大的程度上局限于有线的网络和固定的终端。移动电子商务改变了传统的商务的这种局限性，保证了用户可以在移动的状态下，在任何时间、任何地点进行商务活动，享受移动电子商务所带来的便利，感受独特的商务体验。

（2）即时连通性。

随着移动网络的发展，用户不仅可以在移动的状态下进行日常的工作学习、生活以及社交等活动，还可以满足用户由于当前活动所产生的各种需求，如获取相应的文字信息、图片信息以及视频信息等，同时在移动电子商务的支持下完成所需信息的定制和相关服务的定制。

同时，位于不同位置的用户根据相关的兴趣，可以通过移动网络和移动设备方便的进行文字和视频聊天的方式连接到一起，移动电子商务可以为商家提供广告服务，进行商品促销，并能给出特别的建议，以期望消费者能回答和接受他们的信息。

（3）开放性、包容性。

传统的电子商务由于网络和终端的局限性在很大的程度上限制了用户的接入，而移动电子商务因为接入方式的无线性、接入终端的手持化，使得任何人都能更容易地接入网络，进行商务活动，从而使电子商务的延伸更广阔，更开放；同时，使网络虚拟功能更带有现实性，因而更具有包容性。

（4）可定制个性化服务。

移动互联网中，每部手机都有且只有一个明确的使用者。由于现实性的存在，移动电子商务就更为突出地要求个性化。同时，移动电话比 PC 机有更高的可定位性，移动终端的使用者具有更高的自主性，移动电子商务的生产者也可以更好地发挥主动性，为不同的移动电子商务用户定制个性化的服务。例如，商家可以根据用户的不同特点进行针对性广告宣传，从而满足客户的需求。同时商家可以根据不同移动用户的生活、工作、学习各不同需求提供个性化的服务，例如：音乐服务、股票服务、天气通服务、购物资讯等。

（5）身份鉴别与定位性。

互联网基于虚拟空间获得了极大的成功应用。而移动互联网则正好相反，每部手机具有一个唯一的手机号码，手机 SIM 卡号是全球唯一性，每一个 SIM 卡对应一个用户。目前，我国已经实行手机实名制，随着实名制的实施，利用手机进行身份确认将更加容易。移动终端的这种特性，对于移动电子商务而言，有了信用认证的良好基础，可以成为移动用户天然的身份识别工具和定位工具。

（6）易于推广。

在世界范围内，手机的普及率远高于电脑的普及率。同时，我国是全球最大的手机生产、消费国，拥有全球最大的移动运营商和手机用户群。在移动互联网的时代，中国庞大而独特的消费市场，对于移动电子商务的推广非常有利。移动通信所具有的灵活、便捷的特点，决定了移动电子商务更适合大众化的个人消费领域，比如：自动支付系统，包括自动售货机、停车场计时器等；半自动支付系统，包括商店的收银柜机、出租车计费器等；日常费用收缴系统，包括水、电、煤气等费用的收缴等；移动互联网接入支付系统，包括登录商家的 WAP 站点购物等。

（7）易于技术创新。

移动电子商务领域因涉及 IT、无线通信、无线接入、软件等技术，并且商务方式更具多元化、复杂化，因而在此领域内很容易产生新的技术。随着 3G、4G 网络的兴起与应用，这些新兴技术将转化成更好的产品或服务。所以移动电子商务领域将是下一个技术创新的高产地。

3. 移动电子商务的模式

（1）移动电子商务模式的内涵。

移动电子商务是商务活动中以应用移动通讯技术、使用移动终端为特征的一种创新商务模式。是与商务活动参与主体最贴近的、最具有动态化特征的一种新的商务模式。

移动电子商务模式是移动电子商务主体在移动状态下，使用移动终端运营和完成的；或是通过无线终端再去整合有线网络资源，为顾客提供的一种或多种崭新的商务体验和增值服务的商业模式。

这种崭新的商务模式无论是在是理论上还是实践中，都对过去传统的商业模式提出了挑战。对已有的或正在运行的多种电子商务模式，提供了扩展的空间、延伸的可能，更提供了信息主体在移动状态中，进行更广泛的信息资源和商务资源整合的现实可能性。

（2）移动电子商务价值链。

在移动电子商务中，由于不仅具有一般电子商务价值链构建中的高技术性和高智能性特征，而且具有移动电子商务主体在移动电子商务活动过程中的移动性特征，因此，其移动电子商务价值链构成的外延更加宽泛，其构成形式将更加灵活；构成模式更加多样；将更加易于相关组织和单位的共同参与，相互衔接，整合资源，协同合作，发挥各自的分散优势。

运用移动技术或通过移动运营服务的扩展和延伸创造价值，来满足社会需求的活动或行为，构成创造性的、动态的、完整的或虚拟的价值实现链条，称为移动电子商务价值链。

移动电子商务价值链中的参与者可分为用户、内容和服务相关参与者、技术相关参与者以及其他参考者。用户包括个人用户、商业用户等，内容和服务的参与者包括网络运营商、内容提供商、内容综合商、应用提供商、应用开发商和无线门户等；技术相关参与者包括网络设备提供商（如基地站、手机信号接收塔、交换器等）、基础设施提供商和中间件/平台提供商等，整个移动电子商务价值链中还包括其他参与者，如政府机构、法律机构等。

（3）移动电子商务的主要参与角色。

移动电子商务模式中参与者主要角色有：内容提供商、服务提供商、移动用户、移动门户网站和移动网络运营商等。

内容提供商通过门户网站间接向移动用户提供各种信息或服务，然后按年、月、或者其他计量单位向移动用户收取费用，一般收费的金额是按单位固定的。内容提供商可以通过 WAP 网关或 WEB 服务器为用户提供各种有用的信息，如用手机收发电子邮件。

移动门户网站集成了不同的移动运营商和内容提供商的各种服务，然后通过无线网络给移动用户提供个性化、区域化的服务，移动门户通过广告和交易来收取费用。

移动运营商为移动用户和商户提供一个范围更广，使用更为方便的业务平台，为用户提供更为快捷方便的接入，并在安全、计费、支付等方面提供支持。在移动运营商的平台上，移动用户、服务提供商、银行都在此平台上交换信息，例如，大家所熟悉的中国移动的移动梦网。移动运营商确保参与者的交易信息的安全，安全因素无论在传统的电子商务模式还是移动电子商务模式中都是尤为重要的影响因素之一。

移动虚拟社区是移动用户目前使用非常广泛的业务，如交友、聊天和同学录等。移动虚拟社区类似于传统互联网的虚拟社区功能。

（4）移动电子商务模式。

移动电子商务价值链中的几个部分相互合作，最终形成一个完整的赢利模式，构成一种移动电子商务模式。由于相互合作的部分不同，形成的移动电子商务模式就有所不同。

在移动电子商务模式的形成过程中受多种因素的制约，其中包括使用者对无形产品的消费态度、移动电子商务市场的需求情况、移动终端的普及及使用环境、移动终端的数据处理能力、无线网络的带宽不足问题、各种技术的标准问题、内容提供商的服务问题等。研究移动电子商务模式中各个组成部分的特征及影响因素对于移动电子商务模式的优化和构建有重要的意义。

传统的电子商务模式根据交易对象的不同分为 B2B（商业机构对商业机构的电子商务）、B2C（商业机构对消费者的电子商务）、C2C（消费者对消费者的电子商务）、G2B（政府对商业机构的电子商务）、G2G（政府对政府的电子商务）等方式。移动电子商务除了这基本的商务模式以外，又有新的商务模式。例如，根据服务的特征，Ballon 等在荷兰电信市场分析的基础上，总结了 4 种移动电子商务模式，即语音通信、SMS 服务、移动运营商整合的 WAP 服务和移动办公服务。还有研究者把移动电子商务模式分为移动通讯、基于定位的服务、无线网络和移动员工支持。除此之外，还有根据交易参与者进行交易方式的移动电子商务模式分类。

我国移动电子商务在发展过程中出现了很多具有特色和自身特点的运营模式。

①引领创新的亿美软通模式。亿美软通为国内外企业提供具备国际技术水准的移动商务平台及运营服务。

②3G 门户的移动门户模式。移动门户是针对政府、企业或个人在手机移动互联网上以最低成本、最少的人力投入在最短的时间内架设一个功能齐全、性能优异、规模庞大的移动门户平台，它直接面向中国近 7 亿手机用户群体，是移动互联网上的智能信息互动渠道。

③用友打造的"移动商街"模式。移动商街是基于移动互联网聚集消费者与商家的虚拟商业中心是数千万手机注册会员和上百万提供服务的商家的汇聚之地。在移动商街会员可通过手机获得及时有用的消费和生活服务信息比较、选择和消费了解商家并参与互动享受折扣、奖品和积分回报等实惠。入驻的商家可通过移动商街进行市场营销、产品推广和形象展示为会员提供商业服务促进销售并可实现移动交易和支付节省成本。主要通过短信和手机互联网进行商家与消费者之间的商品交易。

④金蝶的 ERP 支撑的移动电子商务模式。金蝶是最早将移动通信技术应用于管理软件的国内软件厂商之一，2005 年，金蝶宣布进入移动商务市场，并发布了最新的移动商务系列产品及解决方案。金蝶推出 3G 移动 ERP，除了支持传统的 ERP 应用移动化，同时还精心设计了包括"企业通讯录查询""供应商合作伙伴查询""薪资查询""企业 KPI 查询""价格策略查询与报价计算""客户现场服务"等完全面向手机的应用。移动 ERP 的载体是传统 ERP，当"ERP"融合了"移动通信网"＋"互联网"多个网络系统，它将成为个性化管理的利器，推进 ERP 延伸到每一个人，让 ERP 随时随地，无处不能！移动 ERP 消除了人不在电脑前无法进入 ERP 系统的局限；让 ERP 在移动空间无限延伸，进一步推动了 ERP 的全面、深入、个性化应用。

⑤以动态管理为特征的"移动商宝"移动电子商务模式。移动商宝是由北京商基恒业技术开发有限公司自主开发，应用于移动商务管理、商品流通行业实现"移动业务数据采集、移动计算、移动销售管理"的移动电子商务、移动数字化应用产品。移动商宝是综合PDA、移动网络、互联网络、SAP 电子商务模式开发的移动数据采集、移动销售管理、移动商务中进、销、调、存的应用软件产品。适用于业务灵活、移动性强、卖点规模较小、

不方便布置台式电脑和电话线的地方，适用于业务移动性强的商品直销、分销企业的移动业务和业务的管理。

⑥滚石移动全线切入的移动电子商务模式。滚石移动成立于2002年8月，是一家大中华地区音乐行业内领先的内容和服务提供商。滚石移动发源于华人世界最大的唱片业者——滚石唱片，拥有20年的音乐素养积淀，深谙华语音乐产业。滚石移动凭借自身丰富的娱乐资源，统合国际级唱片公司的音乐内容，加上多年来深耕此一领域所累积的丰厚经验与产业知识，公司已具备了强大的品牌优势和资源实力，建构出大中华地区具领先地位的数字音乐服务及销售平台。

以上都是非常成功的移动电子商务模式，都具有各自的特色和优势的移动电子商务模式。

6.3.2 移动电子商务创新案例

案例1 易易商城的创业故事

"同学你好，这是你订的'舌尖上的童年'大礼包，下周我们还有新产品推出，记得关注我们的微信公共号哦!"很难相信，眼前这个长得高高胖胖，裤子上每个口袋都能掏出一把毛票的"送货小哥"，是广西大学目前最成功的微信在线购物平台——易易商城的创办者李思达。

2014年4月19日在广西大学创立的易易商城，主要销售日用品和各类零食，是面向全校师生的移动购物平台，上线一个半月，商城便累计粉丝9700多名，实现最高日销售196笔。李思达2010年大学毕业。2013年，受广州大学城微信商城的启发，萌生了在广西找所高校试水微信营销的念头。在调研的基础上，他为易易商城制订了吸引粉丝、销售创意、逐渐转型的微信营销"三步走"计划。

在粉丝原始积累阶段，李思达选择了价格战。易易商城在开业之后很长一段时间，都是在赔本赚吆喝。商城在售商品总共63类，定价维持在实体店八折的水平。一袋心相印牌卷筒纸利润是1元，但为了有人来买这袋纸，商城前期推广的宣传费、后期配送的人工费等投入已远远超过零售利润。"最多的时候亏了两万多元。"对于价格战带来的亏损，李思达记忆犹新，不过最初他已经做好了赔钱的心理准备。幸运的是，原本计划用3个月时间完成粉丝原始积累的目标，一个半月就快实现粉丝破万了。

有了人气作基础，2014年"六一"儿童节前夕，李思达以寻找"舌尖上的童年"为卖点，推出了一款别具匠心的"童年大礼包"。

"刚开始也想过卖一些旧时的儿童玩具，但成本太高且众口难调，所以最终选择将小浣熊干脆面、跳跳糖、大白兔奶糖等富有时代印记的零食打包在一起销售，定价为6.1元。"在李思达看来，这款商品表面上看是在打包销售零食，实际上是满足了80后集体怀旧的情节。

"大礼包上线第一周，我们就接到了200多份订单，还有很多班委和学生会部门联系我们，以整个班或整个部门为单位订购。"5月31日，李思达还一边腾出手脚来把各种零食分包装好。他高兴地说，"童年大礼包"的销售额不但填平了易易商城之前的亏损，还为他的团队带来了 1 万多元的盈利。

其实，在推出"童年大礼包"之前，易易商城就已经对创意商品的销售进行过一次试水。5 月上旬，商城将名为"开心药""后悔药"等谐趣的创意糖果混在总共 52 类的零食里进行推送，当天就收到很多同学的在线询问，一周便接到订单 300 多份。每卖出一瓶创意糖果所得的利润相当于卖了十几袋心相印卫生纸。这让李思达深刻认识到，和锱铢必较的网络价格战相比，创意商品的销售才是打破微信营销微利润的秘诀。

回顾易易商城的创业过程，李思达坦言，互联网营销主要依靠与客户之间的互动交流，先建立起信任的关系，再展开消费行为。因此，在易易商城的经营中，李思达重视每一个与客户联系的环节，从不断实验，以得到最有效的信息推送时间，到努力寻找到最有特色的推送内容，从微信平台上对客户每一条留言的精心回复，到坚持独自送货面对面交流的原则，每天的奔波，让他和很多客户都成了关系不错的朋友。

案例2　微信卖酒，月销5万

糯米酒先生来自厦门，顾名思义是位酿造糯米酒的先生，其酒坊坐落在福建永定县下洋镇廖陂村东兴楼，特点是采用传统纯手工工艺酿造客家土楼糯米酒，而永定的客家土楼早已闻名遐迩，我们并不陌生。很难想象这位来自客家土楼的先生，早在 2014 年 8 月份就申请了微信公共账号，名称叫"客家土楼糯米酒"，在半年多的时间里，他边摸索边积累，获得了初步成功，来看看他的成绩单：

公共账号最新数据显示已有近 22500 名粉丝，每月有近 5 万的销售额，糯米酒定价 60元/斤，多数客户一次性会购买 5～10 斤，因此每单价格在 300～600 元不等。

短短数月取得如此傲绩，他是怎么做到的？我们一起来揭开其中的秘密。

微博和微信的差异。微信更加精准，信息达到率更高，可以粗略地这么理解：微博就像是农村里的大喇叭，广而告之，但你不一定在家，更听不到，即使你在家也许正在专注看韩剧，信息很快石沉大海，因此宣传效果如同散弹打鸟，而微信更像是一对一的电话营销，效果类似"狙击"，信息可精准传达到个人。

正是基于这点，糯米酒先生从开始便放弃了微博阵地，而直接把战略放在了微信上，如果不经过认真的思考和对比，是不可能做到这个选择的，更何况去年 8 月时"公共账号"并没有现在这么火，所谓先下手为强。

微信的粉丝更忠诚，如果李开复在微博里公布自己的公共账号，凭借千万级别的粉丝量，会很快抓取数十万甚至上百万的粉丝，但这些粉丝需要完成"搬家"动作，愿意过去的一定是更加忠诚的粉丝或叫"铁粉"。对于大部分人来说，除非这个账号能提供不一样的价值（资讯），否则没人会擅自去关注一个公共账号。

公共账号是一个更精准、更认真、更专业的互动平台，但却缺少一个粉丝增长的内生机制，故获取粉丝的能力要比微博差很多。

之所以谈到以上几点差异，是因为这些差异会直接影响到你获取粉丝及沟通信息的方式。

（1）如何获取第一批粉丝。

我们都知道，第一批粉丝比较难以获得，有不少"微博达人"为了吸引关注，先给账号买几车皮"僵粉"做引子，有的僵粉率甚至高达90%以上，不明真相的过客便很容易被吸引过去"关注"，但这招在微信里却行不通。

前文中谈到微信缺少粉丝增长的内生机制，即我和你可以有效互通，但我和你的粉丝就很难发生关系，因此，微信粉丝的获取更多需要借助其他媒介或渠道。

如果你是微博里的大V，本身坐拥数十万甚至数百万的粉丝，只需在微博里公布自己账号便可，第一批粉丝会很容易获得，但多数人并没有如此高的影响力，更难以靠粉丝"搬家"获得增量。

糯米酒先生酿造的糯米酒定价是60元/斤，无论是品质还是价值，同市场上20~30元的米酒有很大差异，因此知道自己的客户是谁在哪里便非常重要。

为了锁定目标群体，并让他们成为粉丝，他是这么做的：

首先，他花了些时间调查厦门当地的高端厨房、橱柜企业及其店铺信息，最终锁定了10个大品牌和20个中端品牌。

之后，他精挑细选了些店铺，便和同事用了近半年的时间深入到每家门店现场互动"拉粉"。

我们都知道，闲逛高端厨房橱柜的人多数是有点经济实力的小夫妻，他们要么将要结婚要么准备换新房，尤其更重要的是这个场合更加适合搭讪，如果在超市里，人更多、环境更嘈杂，人们是没耐心停下来听你讲故事的。

接下来，他们根据自己的判断，一旦遇到合适的客户，便走过去主动搭讪，并递上印有二维码的名片，当场邀请客人关注，微信公共账号的私密性较强，一般不用担心泄露隐私的后顾之忧，因此多数人也便不会拒绝。

最后，糯米酒先生便施展攻心术，要求免费邮寄一瓶给客户试喝，因而同时获得了客户的第一手信息，他们会根据实际情况适度开展电话回访，进一步获得情感上的认可，最终取得客户信任。

从消费心理学上理解，只要他接受了你的试喝邀请，通常最终都会成为你的客户，只是时间问题。如此反复坚持，他们最终获得了400多位忠实客户，并在公共账号上建立了互动关系。

丁辰灵曾经讲到过一位南京商户利用微信卖板鸭的故事，刚开始其公共账户没有足够粉丝，为了吸引眼球提高关注度，他们采取的是美女策略，直接在陌陌等各类聊天工具上看哪个南京姑娘的粉丝数最多，然后把该姑娘挖过来工作，当群建到一定规模以后，就号召粉丝关注其公共账户，如此便完成了原始粉丝的积累。

（2）如何达成粉丝的量变。

第一批粉丝到手后，你的信心一定会大涨，剩下的工作是继续广而告之。

糯米酒先生从不放过任何一个曝光自己账号的机会，当客户来电咨询时，其会直接告知账号，邀请客户关注，当然还有"利诱"的引导，诸如折扣、抽奖或线下体验等。同时，所有产品的标签上都有二维码接口，一样是"利诱"客户关注。

我曾经收到过他的一张名片，上面醒目的印有二维码标识，一边交换名片一边邀请关注，充分利用每次机会。

当然，罗马建成也非一朝一夕，获取粉丝本质上也是一种有技术含量的曝光行为，充分利用好每次曝光机会定会有收获，只是执行中也要学会总结并不断完善。

还有更多曝光方式，比如 DM 单、展会等，更吃力点的是利用微信里的"附近的人"功能，筛选附近的目标群体，加他为好友，然后再邀请其关注公共账号。

（3）如何营销自己。

第一，线上内容。糯米酒先生并不着急在微信里做硬推销，他说得很实在"没有必要刻意推销产品，更重要的是沟通交流"，因此除了常规的酒文化介绍、酿造工艺等，还针对性的介绍糯米酒的喝法、功效、保健知识等，客户也会直接咨询或提出各种问题，他们便组织专人一一解答。

但糯米酒先生在内容方面做得还不够，内容本身的所涉及的话题可以从酒延伸到生活、家庭等各方面，目前公共账号里仅有三个目录轮换播放，显然过于单调。另外，内容需要一定的互动性，尽量避免单向传播，多做双向互动，比如内容可以设计成题目问答或互动游戏，充分调动粉丝的参与热情，提高粉丝的黏性。

第二，线下活动。他们会不定期组织线下体验活动，召集大家到客家土楼的酿造基地监督、考察，这也是调动粉丝参与的一种方式，试想，在一个天气晴朗的周末，小夫妻带着孩子去体验客家土楼文化，了解传统酿酒工艺，也是不错的亲子体验。在活动结束后，客户都或多或少买些产品带回家，真是一举两得。

思考题

1. 什么叫移动电子商务，主要特点是什么？
.2. 移动电子商务经营的前景如何？
3. 结合书中的案例总结微信营销的成功要点。

参考文献

［1］约翰·哈格尔三世. 网络利益——通过虚拟社会扩大市场［M］. 北京：新华出版社，1998.

［2］埃瑟·戴森. 2.0 版——数字化时代的生活设计［M］. 海南：海南出版社，1998.

［3］百度公司. 贴吧_ 百度百科. http：//baike. baidu. com/view/2185. htm? from_ id = 95221 & type = syn & fromtitle = % E7% 99% BE% E5% BA% A6% E8% B4% B4% E5% 90% A7&fr = aladdin，2014 - 05 - 18.

［4］百度公司. 天涯社区_ 百度百科. http：//baike. baidu. com/view/5437. htm? from_ id = 5042778 & type = syn&fromtitle = % E5% A4% A9% E6% B6% AF&fr = aladdin，2014 - 05 - 18.

［5］百度公司. 百度_ 百度百科. http：//baike. baidu. com/view/262. htm? fr = aladdin，2014 - 05 - 18.

［6］塞思·戈丁. 许可行销［M］. 北京：企业管理出版社，2000.

［7］艾瑞咨询集团. 艾瑞广告先锋. http：//case. iresearchad. com/html/200401/1804070013. shtml，2014 - 05 - 18.